C·H·Beck
PAPERBACK

Dieses Buch schildert die Geschichte der Hexenverfolgungen in Europa vom Spätmittelalter bis zum Ende der Frühen Neuzeit. Es zeigt, wie Hexenjagden entstanden, welche Voraussetzungen dafür erfüllt sein mußten, wer gejagt wurde und wer jagte. Warum kam es zu diesen Gerichtsverfahren? Weshalb häufte sich ihre Zahl so dramatisch in jenem Zeitraum? Warum wurden in einigen Ländern die Hexen schärfer verfolgt als in anderen? Wer waren die Ankläger, und wer die Angeklagten? Und schließlich: Warum gingen die Hexenverfolgungen im 18. Jahrhundert allmählich zu Ende?

Brian P. Levack beantwortet diese und weitere Fragen in seiner eindrucksvollen und in viele Sprachen übersetzten Geschichte der Hexenjagden. Der amerikanische Historiker legt ein komplexes Geflecht von Ursachen für die grausamen Verfolgungsexzesse der Frühen Neuzeit frei: die Ausbreitung des Hexenglaubens im späten Mittelalter, Veränderungen der Gerichtspraxis, die Auswirkungen von Reformation und Gegenreformation sowie eine Vielzahl sozialer und ökonomischer Spannungen.

Brian P. Levack ist Professor für Geschichte an der University of Texas in Austin, Texas. Sein Buch «The Witch-Hunt in Early Modern Europe» wurde ins Französische, Italienische, Portugiesische, Niederländische und Polnische übersetzt. Eine spanische und tschechische Übersetzung sind in Vorbereitung.

Brian P. Levack

Hexenjagd

Die Geschichte der Hexenverfolgungen in Europa

Aus dem Englischen von Ursula Scholz

Verlag C.H.Beck

Mit 13 Abbildungen
Titel der Originalausgabe:
The Withch-Hunt in Early Modern Europe

1. Auflage. 1999
2. Auflage. 1999
3. Auflage. 2002
4. Auflage in der Beck'schen Reihe. 2009
5. Auflage in der Reihe C.H.Beck Paperback. 2019

6. Auflage. 2020

Satz: Janß GmbH, Pfungstadt
Druck und Bindung: Druckerei C.H.Beck, Nördlingen
Umschlagentwurf: malsyteufel, Willich
Umschlagbild: Frans Francken II, Hexenversammlung (1607),
akg-images, Berlin/Erich Lessing
Printed in Germany
ISBN 978 3 406 73796 1

www.chbeck.de

Inhalt

Vorwort

Dieses Buch entstand aus Vorlesungen und Seminaren, die ich in den vergangenen zehn Jahren zum Thema Hexenwesen gehalten habe. Im Laufe dieser Lehrtätigkeit vermißte ich eine kompakte, zusammenfassende Untersuchung der europäischen Hexenjagd zwischen 1450 und 1750, einer Zeit, in der Tausende Menschen wegen Hexerei angeklagt, verurteilt und schließlich hingerichtet wurden. Besonders in den letzten Jahren wurde über dieses wichtige, wenn auch traurige Thema viel geschrieben. Aber waren schon Zahl und Umfang dieser Arbeiten schwer zu überblicken, so förderte die ausufernde Anzahl von Theorien zur Hexenverfolgung eher die Verwirrung als den Erkenntnisfortschritt. Mit der vorliegenden Arbeit möchte ich eine umfassende Einführung in das Thema und einen Beitrag zur anhaltenden wissenschaftlichen Diskussion bieten.

Ich möchte zu erklären versuchen, warum die große europäische Hexenjagd überhaupt stattfand, warum sie im späten 16. und frühen 17. Jahrhundert ihren Höhepunkt erreichte, warum sie in einigen Ländern weit härter betrieben wurde als in anderen und weshalb sie schließlich aufhörte. Auf alle diese Fragen gibt es keine einfachen Antworten; ein Grund dafür ist, daß die europäische Hexenverfolgung kein vereinzeltes historisches Ereignis oder eine Episode darstellt, sondern einen Zeitraum von 300 Jahren umfaßt, in welchem viele tausende Menschen von Schottland bis Siebenbürgen und von Spanien bis Finnland verfolgt wurden. Und obwohl diese Verfolgungen zahlreiche gemeinsame Züge aufweisen, entsprangen sie doch unterschiedlichen historischen Bedingungen und spiegelten Formen von Hexenglauben, die oft nur für einen bestimmten Ort spezifisch waren. Ein weiterer Grund liegt darin, daß die Hexenjagd ein außerordentlich komplexes Phänomen war. Da sich sowohl gebildete Schichten als auch ganz einfache Menschen daran beteiligten, spiegelte sie sowohl die volkstümlichen Vorstellungen von Hexerei als auch jene der Eliten. Die Hexenverfolgung besaß sowohl religiöse als auch soziale Dimensionen, und sie war von vielfältigen politischen und sozialen Faktoren abhängig. Alle monokausalen Erklärungen erweisen sich daher als wenig überzeugend, wenn nicht als eindeutig falsch.

Bei der Analyse der Hexenjagd legte ich großen Wert darauf, sowohl ihre komplexe Struktur als auch ihre vielfältigen Formen deutlich zu betonen. Vier Kapitel befassen sich mit den unterschiedlichen Ursachen der Hexenverfolgung in ganz Europa. Die Kapitel 2 und 3 analysieren die beiden wichtigsten Vorbedingungen der großen Jagd, die Herausbildung des kumulativen Konzepts der Hexerei und die Entwicklung gerichtlicher Prozeduren zur massenhaften Verurteilung von Hexen. Die Kapitel 4 und 5 behandeln die allgemeinen religiösen und sozialen Entwicklungen, auf deren Grundlage sich die Hexenjagd entwickelte, und zwar besonders in ihrer intensivsten Phase, im späten 16. und frühen 17. Jahrhundert. Kapitel 6 wendet sich von den europaweiten Ursachen ab und untersucht die Ursachen der einzelnen Verfolgungen. Hier soll gezeigt werden, warum einzelne Hexenjagden begannen und in welch unterschiedlicher Weise sie verliefen und gegebenenfalls zu Ende gingen. Die Vielfalt der Hexenjagd kommt in Kapitel 7 einmal mehr zum Ausdruck; denn dort wird nach den Gründen für das zeitlich und geographisch unterschiedliche Auftreten der Verfolgungswellen gefragt. In Kapitel 8 geht die Untersuchung zurück auf die gesamteuropäische Dimension der Hexenverfolgung und versucht, ihren Niedergang zu erklären. Auch hier habe ich mich bemüht, die Komplexität des Vorgangs zu betonen und zu zeigen, daß der Rückgang der Verfolgungen ein Ergebnis der rechtlichen, philosophischen, religiösen und sozialen Entwicklungen war.

Obwohl dieses Buch einen großen geographischen Raum und viele Jahrhunderte der europäischen Geschichte umfaßt, erhebt es nicht den Anspruch, die Geschichte des europäischen Hexenwesens umfassend darzustellen. Abgesehen von einigen Hintergrundinformationen über das Mittelalter und einigen Hinweisen auf Hexerei in der Neuzeit, widmet es sich ausschließlich der Frühen Neuzeit. Dabei befaßt es sich vorwiegend mit der Hexenverfolgung und weniger mit dem Hexenwesen, seinen Glaubensinhalten und Aktivitäten. Eine umfassende Untersuchung des volkstümlichen Hexenglaubens und der damit verbundenen Praktiken in den verschiedenen Teilen Europas steht noch aus, ist aber nicht das Ziel dieses Buches.

Danken möchte ich dem Forschungsinstitut der University of Texas in Austin, Texas, für die finanzielle Unterstützung, mit deren Hilfe ich einen großen Teil dieses Buches schreiben konnte. Mein Dank gilt auch Myron Gutmann, Richard Kieckhefer und Guy Lytle, die einzelne Kapitel des Manuskripts gelesen und mir zahlreiche kritische Hinweise gegeben haben. Zu Dank verpflichtet bin ich auch Travis Hanes für die Durchsicht des gesamten Manuskripts und viele hilfreiche Vorschläge. Bei der Entwicklung meiner Ideen hinsichtlich der rechtlichen Aspekte der Hexenjagd profitierte ich von den klugen Kommentaren von Edward Cohen, John Langbein, Bruce Mann und Edward Powell. Mein größter persönlicher Dank gilt meiner Frau Nancy, die mit Kritik und Unterstützung immer dann zur Stelle war, wenn ich sie am dringendsten benötigte.

Austin/Texas im Juli 1985 B. P. L.

Vorwort zur zweiten Auflage

Bei der Vorbereitung einer zweiten Auflage war die umfangreiche wissenschaftliche Literatur zu berücksichtigen, die seit dem Erscheinen der ersten Auflage vor acht Jahren publiziert wurde. Ich habe zahlreiche neue Informationen aufgenommen, einige Abschnitte neu gefaßt und den Anmerkungsapparat und das Literaturverzeichnis ergänzt.

Die Veröffentlichung zahlreicher regionaler Untersuchungen, von denen sich viele mit dem Hexenwesen in europäischen Randbezirken beschäftigen, bekräftigte meine These von der Komplexität und Vielfalt der großen Hexenverfolgung und von der Unmöglichkeit, ihre Ursprünge und ihre Entwicklung auf einfache Art zu erklären. Das gleiche gilt von den Untersuchungen über die unterschiedlichsten Aspekte des Themas, insbesondere über den Zusammenhang von Geschlecht und Volksglaube. Ich habe mich bemüht, diese Arbeiten im Zusammenhang mit meinem eigenen multikausalen Erklärungsversuch zu berücksichtigen. Dabei fand ich keinen Anlaß, den juristischen Aspekt der großen Hexenjagd, der in manchen Arbeiten völlig übergangen wird, weniger stark zu betonen, besonders im Zusammenhang mit der Erklärung der geographischen Verteilung der Prozesse. Auch bin ich heute fester als vor acht Jahren davon überzeugt, daß die Hexenverfolgung vorwiegend lokalen Ursprungs ist und weniger zentral betrieben wurde und daß die Zentralbehörden sich stärker um die Begrenzung als um die Ausdehnung der Hexenverfolgung bemühten.

Austin/Texas im November 1993 B. P. L.

I.
Einführung

In der Frühen Neuzeit, also etwa zwischen 1450 und 1750, wurden in Europa Tausende von Menschen, vorwiegend Frauen, wegen des Verbrechens der Hexerei vor Gericht gestellt. Etwa die Hälfte von ihnen wurde hingerichtet, meistens auf dem Scheiterhaufen verbrannt. Einige Hexenprozesse wurden von den verschiedenen kirchlichen Gerichtshöfen Europas durchgeführt, Institutionen, die im Mittelalter und in der Frühen Neuzeit bei der Überwachung von Moral und Religion eine wichtige Rolle spielten. Häufiger jedoch und besonders nach 1550 führten weltliche Gerichtshöfe, die Gerichte der Königreiche, Staaten, Fürstentümer, Herzogtümer, Grafschaften und Städte die Verfahren. Die geographische Verteilung der Fälle in Europa war äußerst ungleichmäßig. In einigen Gerichtsbezirken gab es, wenn überhaupt, nur sehr wenige Prozesse, während in anderen innerhalb von drei Jahrhunderten Hunderte und manchmal Tausende Menschen vor Gericht gestellt wurden. Ungleichmäßig war auch die zeitliche Verteilung der Prozesse. Einer allmählichen Zunahme während des 15. Jahrhunderts folgte ein leichter Rückgang im frühen 16. Jahrhundert, dann ein dramatischer Anstieg im späten 16. und frühen 17. Jahrhundert und endlich ein allmähliches Absinken im späten 17. und frühen 18. Jahrhundert. Noch stärkere Schwankungen finden sich innerhalb einzelner Gerichtsbezirke, in denen sich manchmal Hexenprozesse häuften, in anderen Zeiten hingegen Hexerei kein Problem gewesen zu sein scheint.

Obwohl die Zahl der Hexen, die vor Gericht gestellt wurden, nach Ort und Zeit unterschiedlich groß war, können alle Prozesse nur im Rahmen und als Teile einer umfangreichen juristischen Kampagne betrachtet werden, die ausschließlich in Europa und nur in der Frühen Neuzeit stattfand. Diese allgemeine, aber dennoch klar abgrenzbare historische Erscheinung wird gewöhnlich als europäischer Hexenwahn oder europäische Hexenjagd bezeichnet. Der am häufigsten verwendete Begriff «Hexenwahn» sollte allerdings nur sehr vorsichtig gebraucht werden. Er trifft den Sachverhalt zwar insofern, als Obrigkeit und Gesellschaft in dieser Zeit eine derart tiefe Furcht vor Hexen entwickelten, daß sie manchmal panikartige, irrationale oder manische Verhaltensformen bei deren Verfolgung an den Tag legten. Gelegentlich war die Zahl der Verdächtigten so groß und die Furcht vor ihnen so tief, daß ganze Gemeinden von Panik ergriffen wurden. Problematisch ist der Begriff Wahn in diesem Zusammenhang aber deshalb, weil er impliziert, daß die der Hexenverfolgung zugrundeliegende Form der Gläubigkeit das Produkt geistiger Verwirrung war, was sicherlich nicht zutraf.

Der Begriff «Hexenjagd» trifft dagegen den Sachverhalt deshalb genauer, weil mit allen Hexenverfolgungen, auch denjenigen, die nicht mit einer kollektiven Psychose zu erklären sind, die Suche nach Übeltätern verbunden war. Hexenjagden hatten nicht die Verfolgung bestimmter Individuen zum Ziel wie etwa die Suche nach einem entflohenen Gefängnisinsassen oder einem flüchtigen Straftäter. Zwar wurden auf diese Weise gelegentlich Hexen gejagt, die entflohen waren oder sich versteckt hielten; das Wesentliche bei der Bekämpfung der Hexerei war aber herauszufinden, *wer* die Hexen waren, und nicht so sehr, *wo* sich Hexen aufhielten. Hexen zu jagen bedeutete, Personen zu identifizieren, die nach allgemeiner Überzeugung an geheimnisvollem Wirken beteiligt waren. Hexen wurden daher in derselben Weise gejagt wie heutzutage Angehörige einer Untergrundbewegung oder einer Geheimorganisation. Normalerweise übernahmen diese Aufgaben Justizbehörden, aber manchmal auch professionelle Hexenjäger. Aufgrund von Anschuldigungen, Denunziationen und manchmal bloßen Gerüchten nahmen diese Menschen fest, auf deren Namen sie aufmerksam geworden waren, verhörten sie und taten alles in ihrer Macht Stehende, um aus ihnen Geständnisse herauszupressen. Manchmal setzten Justizbehörden diese Nachforschungen fort, indem sie geständige Hexen zwangen, Komplizen zu benennen; gerade diese Art der gerichtlichen Verfolgung wird heutzutage gewöhnlich mit dem Begriff Hexenjagd assoziiert.[1] Den Abschluß einer Hexenjagd bildete meist die förmliche Verurteilung der Angeklagten, gefolgt von der Urteilsvollstreckung durch Hinrichtung, Verbannung oder Einkerkerung.

Dieses Buch versucht zu erklären, warum die große europäische Hexenjagd stattfand. Ein wissenschaftlicher Konsens über diese Frage existiert nicht, im Gegenteil. Über kaum ein anderes historisches Problem gibt es mehr Mißverständnisse und mehr kontroverse Ansichten. Allein im 20. Jahrhundert wurde die Hexenjagd als Ganzes oder zum Teil auf die unterschiedlichsten Gründe zurückgeführt; genannt wurden unter anderem die Reformation, die Gegenreformation, die Inquisition, die Anwendung der Folter beim gerichtlichen Verhör, die Religionskriege, der religiöse Eifer des Klerus, das Entstehen des modernen Staates oder des Kapitalismus, der weitverbreitete Genuß von Narkotika, Veränderungen der medizinischen Vorstellungen, soziale und kulturelle Konflikte, der Versuch, das Heidentum auszurotten, das Bedürfnis der herrschenden Klassen, die Massen zu unterhalten, die Ablehnung der Geburtenkontrolle, die Ausbreitung der Syphilis und schließlich der Haß auf die Frauen. Die vorliegende Arbeit übernimmt keinen dieser summarischen Erklärungsversuche für die Hexenjagd, sondern bemüht sich um eine multikausale Annäherung. Daß sich innerhalb des hier untersuchten Zeitraums das allgemeine Verständnis des Begriffs «Hexe» und wesentliche Elemente des Strafrechts grundlegend veränderten, scheint die Vorbedingungen für die Hexenjagd geschaffen zu haben; sowohl religiöser Wandel als auch soziale Spannungen aber scheinen sie schließlich ausgelöst zu haben. Nur durch die Analyse dieser sich wechselseitig verstärkenden Faktoren, die in den ersten vier Kapiteln erfolgen soll, können wir möglicherweise verstehen, warum es zu dieser Jagd kam. Aber auch dann müssen über die allgemeinen Ursachen hinaus die besonderen Umstände und Ereignisse untersucht werden, die zu den einzelnen Hexenverfolgungen führten; die europäische Hexenjagd war nämlich insgesamt nichts anderes als eine Reihe individueller Jagden, von denen jede einzelne auf ihre besondere Weise entstand. Außerdem entwickelte jede einzelne ihre eigene Dynamik, weshalb wir auch nach einer Erklärung dafür suchen müssen, warum sie so unterschiedlich verliefen, nachdem sie erst einmal begonnen hatten.

Die Komplexität der großen europäischen Hexenjagd läßt sich allein durch eine Ursachenanalyse nicht erfassen, dazu bedarf es auch einer Untersuchung ihrer zeitlichen und geographischen Entwicklung. Da die Hexenjagd in einigen Regionen und in manchen Zeiten intensiver als in anderen betrieben wurde, ergibt sich die Notwendigkeit, diese Schwankungen zu erklären. Nur so können wir den jeweiligen Einfluß einiger allgemeiner Ursachen der gesamten europäischen Hexenjagd abschätzen. Deshalb wollen wir zunächst versuchen, diese Verschiedenheiten schrittweise darzustellen, und erst in Kapitel 7 soll dann eine systematische Annäherung an die Gesamtproblematik unternommen werden.

Das letzte Kapitel beschäftigt sich schließlich mit dem Rückgang der großen Hexenjagd. Obwohl Magie und Hexerei in gewissem Sinne universale Phänomene sind, die zu allen Zeiten und in allen Gesellschaften vorkommen, war die europäische Hexenjagd ein zeitlich begrenztes Phänomen, das nicht vor dem 15. Jahrhundert einsetzte und Mitte des 18. Jahrhunderts endete. Eine Betrachtung der Endphase kann daher das Verständnis für die Bedingungen vertiefen, die Hexenjagden sowohl ermöglichten als auch in Gang hielten. Sie kann auch dazu beitragen, die Unterschiede zwischen dem europäischen Hexenwesen der Frühen Neuzeit und einigen zeitgeschichtlichen Phänomenen zu klären, mit welchen es oft verglichen wird.

Was ist Hexerei?

In der Auseinandersetzung mit einem so komplexen Gegenstand wie der Hexerei ist es unerläßlich, zunächst die Bedeutung des Wortes zu klären. Das ist nicht einfach, weil selbst Zeitgenossen unterschiedliche Bedeutungen mit dem Wort verbanden und viele andere Ausdrücke für Hexe und Hexerei verwendeten. Wenn Europäer der Frühen Neuzeit jedoch das Wort Hexerei benutzten, dann taten sie es immer im Zusammenhang mit einer Art oder gar mit beiden Typen der den Hexen zugeschriebenen Aktivitäten. Es handelte sich dabei erstens um die Ausübung unheilbringender, schwarzer oder bösartiger Magie, um die Ausführung böser Taten mittels einer außergewöhnlichen, geheimnisvollen, okkulten, außernatürlichen oder übernatürlichen Macht. Zu dieser Art von Magie gehörte es beispielsweise, einen Menschen dadurch zu töten, daß eine nach seinem Abbild geformte Puppe durchstoßen wurde, eine Krankheit durch einen Zauberspruch auf ein Kind zu übertragen, durch die Verbrennung verzauberter Substanzen eine Ernte zu schädigen, durch ein verhextes Schwert, das in einem Raum abgelegt wurde, ein Feuer ausbrechen zu lassen und einen Bräutigam dadurch unfruchtbar zu machen, daß ein verknotetes Stück Leder in seiner Nähe versteckt wurde. Im Lateinischen wurden solche Taten meist als *maleficia* bezeichnet, im Englischen als *witchcrafts*.[2] Die solche Taten vollbrachten, nannte man meist *malefici* oder *maleficae*, und genau diese Begriffe wurden im Spätmittelalter und in der Frühen Neuzeit zur Bezeichnung von Hexen verwendet.

In der Ausübung von *maleficia* ist das europäische Hexenwesen am ehesten mit der in primitiven und nichteuropäischen Gesellschaften der Gegenwart praktizierten Form von Hexerei zu vergleichen. Alle hexengläubigen Gesellschaften halten Hexen für Menschen, die eine außerordentliche und geheimnisvolle Fähigkeit besitzen, böse Taten zu vollbringen. Das wichtigste Charakteristikum dieser Taten besteht darin, daß sie eher magisch als religiös, eher schadenstiftend als wohltätig sind. Diese Unterscheidung ist allerdings nicht immer eindeutig und bedarf einer Erläuterung.

Magie im engeren Sinne ist eine Fähigkeit, die vom Menschen selbst aktiviert und kontrolliert wird. Die Macht ist zum großen Teil die Kraft des Magiers, die er einsetzt, um unmittelbar zu beobachtende, konkrete Ergebnisse im Diesseits zu erzielen. Fast immer nutzt er seine Kraft in kritischen Situationen; er handelt gewöhnlich alleine und im Verborgenen. Der Magier geht davon aus, daß er nur dann automatisch das erwünschte Resultat erzielt, wenn er seine Kunst richtig ausübt. Versagt er, schließt er daraus, daß er seine Kunst nicht korrekt angewendet hat. In der Praktizierung einer Religion hingegen übt der Mensch, ob Priester oder Laie, nicht dieselbe Art von Kontrolle über die Macht aus, die er nutzt. Er appelliert lediglich an die Geister oder Götter, von denen er sich die Erfüllung seiner Wünsche erhofft oder denen er sie zumindest zutraut. Erreicht er sein Ziel nicht, liegt dies daran, daß die Götter die Erfüllung seiner Bitte nicht gewährten. Darüber hinaus sind die Ziele, die der Gläubige verfolgt, in der Regel nicht auf sein irdisches Dasein, sondern auf das Jenseits, etwa ein Leben nach dem Tode, gerichtet. Auch ist religiöses Handeln stärker gemeinschaftlich ausgerichtet und organisiert als die Magie, und es beschränkt sich nicht auf kritische Situationen. Anders als die Magie versucht die Religion bei der Verfolgung ihrer Ziele, die Menschen zu überzeugen, und da sie es mit übergeordneten Wesen zu tun hat, ist sie eher geeignet, dem Menschen einen Sinn für Ehrfurcht zu vermitteln.[3]

Nun läßt sich zwar zwischen Religion und Magie idealtypisch scharf unterscheiden, in der Praxis dagegen verschwimmen die Unterschiede häufig.[4] Dies sollte uns nicht überraschen, da sich bekanntlich viele Religionen aus der Magie entwickelt haben, während andere zur Magie verkamen.[5] Ein Beispiel dafür, wie sehr Religion der Magie gleichen kann, ist die Tatsache, daß der Priester manchmal Gebete spricht oder Riten vollzieht und dabei wie der Magier die Gewißheit an den Tag

Ein Magier befiehlt einem Dämonen.
Titelbild aus: Christopher Marlowe, Dr. Faustus, 1636,
Mary Evans Picture Library.

legt, das gewünschte Ergebnis allein dadurch erzielen zu können, daß er die Formalien einhält. Außerdem zielt religiöses Handeln sehr oft wie die Magie auf erfahrbare weltliche Vorteile und unter Umständen auch auf die Lösung von akuten Krisen. Andererseits kann Magie leicht mit Religion verschmelzen, wann immer sie die Macht von Göttern oder Geistern einsetzt, um bestimmte Wirkungen zu erzielen. In der griechischen und römischen Antike etwa spielten dieselben Götter, zu denen die Menschen beteten und deren Kult sie ehrfürchtig pflegten, eine wichtige Rolle bei der Ausübung von Magie. Und wie wir sehen werden, betonte die frühchristliche Kirche immer wieder, jegliche magische Tätigkeit zeuge von der Macht heidnischer Götter, die nichts anderes als Dämonen seien.

Da die Unterschiede zwischen Magie und Religion häufig verschwimmen, kann es hilfreich sein, sich ein ganzes Spektrum von Aktivitäten vorzustellen, die den Einsatz einer gewissen außernatürlichen, übernatürlichen oder jedenfalls nichtempirischen Macht einbeziehen. An dem einen Ende des Spektrums wäre dann die Magie im reinsten oder «idealen» Sinne anzusiedeln, bei der die Götter keine Rolle spielen und deren Ziele unmittelbar, weltlich und empirisch sind. Am anderen Ende befände sich die organisierte und öffentlich ausgeübte Religion im rein theologischen Sinne, in welcher der Mensch den Göttern als Bittsteller gegenübertritt und im wesentlichen nichtempirische Ziele in einer anderen Welt verfolgt. Zwischen beiden Idealtypen liegen vielfältige Formen von Magie, die öffentlich ausgeübt werden und die Intervention von Göttern oder Geistern einbeziehen, sowie Formen von Religion, die Merkmale von Magie aufweisen.[6] Innerhalb dieses Spektrums läßt sich aber immer noch zwischen Magie und Religion unterscheiden, wobei das Kriterium der Zwang bzw. die Macht ist.[7] Diejenigen Aktivitäten, bei denen der Mensch geheimnisvolle, übernatürliche oder andere Kräfte beherrscht oder manipuliert, sind im Wesen magisch; Aktivitäten, bei denen der Mensch bittet und die Macht dem Geist oder Gott überläßt, sind im Wesen religiös.

Das zweite wichtige Charakteristikum der *maleficia* kommt in der lateinischen Bezeichnung deutlich zum Ausdruck; sie sind unheilbringend und nicht wohltuend. Sie sollen körperliches Ungemach, Krankheit, Tod, Armut oder ein anderes Unglück bringen. Sie müssen daher von den Akten der weißen Magie unterschieden werden, die zugunsten des Magiers oder anderer Menschen Gutes bewirken sollen. Weiße Magie kann produktiv sein in dem Sinne, daß durch ihre Ausübung die Feldfrüchte besser wachsen oder eine Frau empfängnisfähig wird; sie kann kurativ wirken und etwa einen Kranken heilen; sie kann schützen, indem sie ein Unheil abwendet oder einen bösen Geist oder eine Hexe abschreckt. Die Grenze zwischen beiden Formen der Magie ist wieder-

Ein angehextes Augenleiden. Aus: Georg Bartisan, Ophthalmologeia, Dresden 1583.

um fließend, besonders wenn der Magier jemandem schadet, um sich selbst zu schützen, oder wenn er jemanden heilt, indem er die Krankheit auf eine andere Person überträgt. In diese Grauzone zwischen schwarzer und weißer Magie fallen häufig die Liebeszauber, da der Gewinn, den eine Person durch ihr Wirken davonträgt, oft für eine andere Verlust bedeutet. Liebeszauber kann – wenigstens nach allgemeiner Auffassung – auch dann als unheilvoll angesehen werden, wenn er eine ehebrecherische Verbindung begünstigt, als wohltätig dagegen, wenn er einen untreuen Ehemann wieder mit seiner Frau zusammenführt.

Unser Begriff von *maleficium* kommt dem der Hexerei sehr nahe, darf aber nicht mit ihm gleichgesetzt werden. Eine allgemein akzeptierte Definition von Hexerei existiert zwar nicht, aber fast ausnahmslos bezeichnet das Wort die Ausübung von Magie durch eine gewisse Art von mechanischer, manipulativer Handlung. Hexerei ist eine erworbene Fähigkeit. Dazu kann es gehören, das Bild eines Menschen zu zerstören, um ihm Unglück zu bringen, einen Zauberspruch auszusprechen oder einen Zaubertrank zu verabreichen. Aus zwei Gründen läßt sich Hexerei von *maleficium* unterscheiden. Erstens weil sie nach Ansicht einiger Gelehrter sowohl wohltätig als auch schadenstiftend sein kann.[8] In diesem Sinne umfaßt sie einen erweiterten Bedeutungsbereich. Zweitens erfordern manche unheilstiftenden Akte keine Anwendung von besonderen Techniken, Substanzen oder Gegenständen. In diesem Sinne umfassen *maleficia* einen engeren Bereich. *Maleficium* kann das Ergebnis der allgemeinen Macht einer Hexe sein, Unheil zu stiften, und nicht so sehr die Ausübung einer besonderen Kunst. Ein Beispiel für diese Art von *maleficium* war die in Europa verbreitete Vorstellung, daß der böse Blick einer Hexe einem Menschen Unheil zufügen könne, ein anderes der Glaube, daß ein Mensch sterben könne, weil eine Hexe seinen Tod herbeigewünscht hatte, durch einen Vorgang also, der sich ganz im Inneren der Hexe abspielte. Sicherlich waren dies *maleficia* im umfassenden Sinne des Wortes, aber es handelte sich nicht um Hexerei.[9]

Schließlich muß hinsichtlich der von Hexen ausgeübten Magie noch eine weitere Unterscheidung getroffen werden. Alle Magie, ob wohltätig oder schadenstiftend, ist entweder hohe oder niedere Magie. Auch hier ist die Unterscheidung nicht immer eindeutig, aber generell ist hohe Magie eine ausgeklügelte, spekulative Kunst, die ein gewisses Maß von Bildung voraussetzt. Die gebräuchlichsten Formen der hohen Magie sind die Alchemie, die Umwandlung von Grundmetallen in Edelmetalle, die Wahrsagerei und die Beschwörung, das heißt die Anwendung bestimmter Methoden, um geheime oder verborgene Kenntnisse zu erlangen. Astrologie – die Ermittlung der Sternenkonstellation als Quelle solcher Erkenntnisse – und Geisterbeschwörung – die Befragung der Geister Verstorbener zum selben Zweck – sind die bekanntesten Formen der Wahrsagerei, aber die verschiedenen Gesellschaften haben mehr als hundert verschiedene Methoden verwendet, von der Beschau eines tierischen Schulterblattes oder der Fingerdeutung mit Hilfe eines Rings bis hin zur Traumdeutung. Niedere Magie hingegen erfordert keine oder nur geringe formale Kenntnisse und kann durch mündliche Tradition, eine Lehrzeit oder sogar durch individuelles Experimentieren erlernt werden. Sie beschränkt sich in der Regel auf einfache Zaubersprüche. Die Mehrzahl der den Hexen der Frühen Neuzeit zugeschriebenen *maleficia* sind dieser Kategorie der niederen Magie zuzuordnen, weil die meisten Hexen aus den unteren Schichten der Gesellschaft stammten und außerdem der größte Teil der hohen Magie zur weißen Magie zählte. Es muß jedoch betont werden, daß gelegentlich auch Ausübende der weißen Magie der Hexerei angeklagt wurden und daß die Ausübung der Wahrsagerei durch viele Hexengesetze ausdrücklich verboten wurde. Außerdem spielte eine besondere Art der gelehrten oder halbgelehrten Magie, nämlich die zeremonielle Kunst der Dämonenbeschwörung, in der Entwicklung des Hexenglaubens im mittelalterlichen Europa eine wichtige Rolle, wie im zweiten Kapitel erläutert werden wird.

Das *maleficium* war nur ein Element der Definition von Hexerei im frühneuzeitlichen Europa. Das zweite war die Beziehung zwischen der Hexe und dem Satan, der Personifizierung des Bösen und dem über-

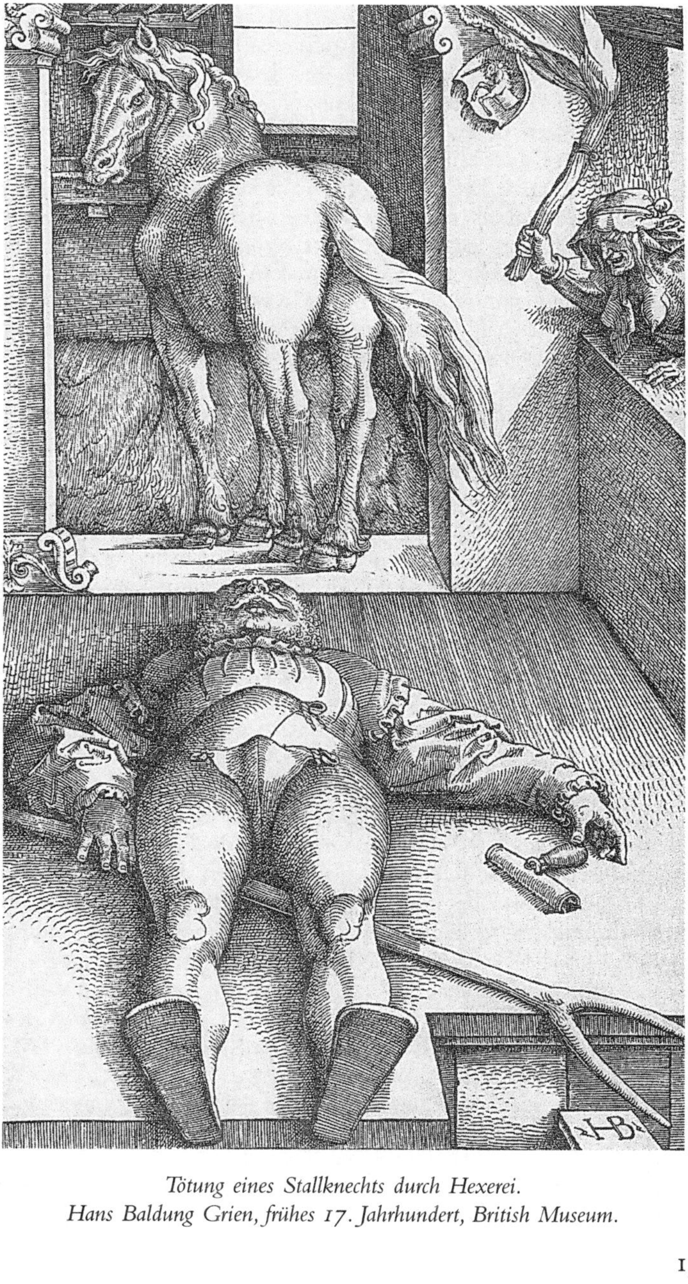

Tötung eines Stallknechts durch Hexerei.
Hans Baldung Grien, frühes 17. Jahrhundert, British Museum.

natürlichen Feind des Christengottes. Eine Hexe war nicht nur eine Person, die schadenstiftende Magie ausübte, sondern auch jemand, der mit dem Teufel einen Pakt abschloß und ihm eine Art von Verehrung zollte. Deshalb war Hexerei Satanskult, die Anbetung des Teufels. Die beiden Aktivitäten, deren die Hexen angeklagt wurden, Magie und Satanskult, waren eng miteinander verbunden; denn es herrschte weithin die Überzeugung, daß eine Hexe ihre Fähigkeit, den Menschen durch Magie zu schaden, durch einen Pakt mit dem Teufel erwarb. Die Ansicht, daß Magie und Teufelskult miteinander verbunden seien, stammte aus theologischen Schriften, die bereits seit dem 4. Jahrhundert dargelegt hatten, daß Magie nur durch dämonische Kraft ausgeübt werden könne. Doch im Laufe des Mittelalters erfuhr die Vorstellung, daß Magier Umgang mit Dämonen pflegten, eine wesentliche Veränderung. Da eine wachsende Zahl von Menschen begann, zeremonielle Magie zu praktizieren, behaupteten die Scholastiker, daß Magier mit dem Satan persönlich paktierten und deshalb Häretiker und Abtrünnige seien. Ferner behaupteten sie, daß Magier genauso wie andere Häretiker in ausgedehnten nächtlichen Versammlungen, zu denen sie oft flogen, den Satan als ihren Gott verehrten. Bei diesen Feiern des Hexensabbats, wie die Versammlungen genannt wurden, verehrten die Hexen nicht nur den Satan, sondern sie gaben sich angeblich auch vielfältigen lustvollen, obszönen, kindermörderischen und kannibalistischen Praktiken hin, die gegen die moralischen Normen der Gesellschaft verstießen.

Der Glaube, daß Hexen nicht nur Magier, sondern auch Teufelsanbeter seien, veränderte das Verbrechen der Hexerei grundlegend. Hexen waren fortan nicht nur Verbrecher, Mördern und Dieben vergleichbar, sondern sie wurden zu Häretikern und Abtrünnigen, zu durch und durch bösen Menschen, die ihren christlichen Glauben verleugnet und beschlossen hatten, dem Satan, dem Feind Gottes, zu dienen. Nun stimmt es zwar, daß in der gesamten Geschichte des Christentums Magie als Teufelswerk betrachtet wurde, als eine Form der Häresie und als Abfall vom Glauben. Aber im späten 15. Jahrhundert erschienen Häresie und Abtrünnigkeit der Hexe weit vorsätzlicher, organisierter und bedrohlicher für die Gesellschaft; sie wurden als neue und besonders virulente Form der Häresie empfunden. Als sich dieser Wandel vollzog, erhielten der Satanskult der Hexe, ihr Pakt mit dem Satan und seine Anbetung sehr viel größere Bedeutung als die Ausübung schwarzer Magie. Tatsächlich betrachteten nun viele Juristen den Teufelspakt als das Wesentliche am Hexenwesen, während viele Theologen, besonders solche aus dem protestantischen Lager, Hexerei als ein rein spirituelles Verbrechen verurteilten. Daraus folgte, daß vielen der Hexerei angeklagten Menschen nicht die Ausübung von *maleficia*, sondern die Verehrung Satans zum Vorwurf gemacht wurde.[10] Wann immer große Hexenjagden

Hexen kochen und verbrennen Kinder.

Hexen erweisen dem Teufel ihre Reverenz mit einem Kuß auf das Hinterteil. Beide Abb. aus: Guazzo, Compendium maleficarum, 1610.

stattfanden, wurden die von den geständigen Hexen denunzierten Menschen fast ausnahmslos der Teilnahme am Hexensabbat beschuldigt und nicht etwa eines bestimmten Aktes der Magie.

Diese diabolische Komponente des frühneuzeitlichen Hexenwesens unterscheidet es am stärksten von der heute in vielen primitiven Gesellschaften ausgeübten Magie. Der Glaube an die Magie, sogar an schadenstiftende Magie, existiert in fast allen primitiven Gesellschaften, aber der Glaube an den Teufel, wie ihn Generationen christlicher Theologen im Mittelalter entwickelten, beschränkte sich ausschließlich auf den westlichen Kulturkreis und die aus ihm hervorgegangenen Kulturen. Natürlich glauben viele primitive Gesellschaften an böse Geister oder Götter, und manche glauben auch, daß diese Geister die Magier bei ihrem Tun unterstützen können. In einigen dieser Gesellschaften herrscht auch die Überzeugung, daß Hexen Dinge tun, die gegen die geltenden Normen verstoßen. Aber keine einzige hat einen so ausgefeilten Glaubenskanon hervorgebracht, der mit der mittelalterlichen Dämonologie auch nur annähernd vergleichbar wäre, und keine entwickelte die Vorstellung, daß eine große Sekte von fliegenden Magiern die Dämonen in kindermörderischen und kannibalistischen Geheimorgien verehrt. In dieser Hinsicht ist die spätmittelalterliche und frühneuzeitliche Kultur Europas einzigartig.

Mit dem Begriff Hexerei wurden im frühneuzeitlichen Europa also zwei ganz unterschiedliche Handlungstypen bezeichnet und miteinander in Verbindung gebracht, einerseits die Ausübung des *maleficium*, andererseits der Satanskult. Im allgemeinen Verständnis waren beide Bedeutungsgehalte eng mit dem Begriff Hexe verbunden, und zwar so sehr, daß bei Feststellung des einen Tatbestandes der jeweils andere als selbstverständlich vorausgesetzt wurde.[11] Gelegentlich jedoch bezeichnete der Begriff Hexerei auch nur eine dieser beiden Aktivitäten. Einerseits wurden Menschen der Hexerei angeklagt, nur weil sie angeblich an einem Sabbat teilgenommen hatten, ohne daß es einen Hinweis darauf gab, daß sie *maleficia* verübt oder «Zauberei praktiziert» hätten.[12] Andererseits wurden Personen beschuldigt, *maleficia* ausgeübt zu haben, ohne daß eine zusätzliche Anklage wegen Satanskult erhoben wurde. Dies geschah vorwiegend, wenn die Anschuldigungen wegen Hexerei von unten kamen, also etwa von den Nachbarn der Hexe und nicht von Justizbehörden, und wenn die Verfahren nicht von Richtern und Hexenjägern, die selbst in phantasiereichen Vorstellungen vom Teufel befangen waren, geleitet wurden. Die Nachbarn von Hexen waren meist sehr viel stärker über das Ungemach besorgt, das ihnen nach ihrer Meinung aufgrund magischer Kräfte der Hexe widerfahren war, als über deren angeblichen Umgang mit dem Teufel. Zwar waren ihnen solche Dinge wie der Teufelspakt und die Satansverehrung keineswegs unbekannt, und während großer Hexenpaniken wurde die Bevölkerung oft von Klerikern über diese Dinge instruiert.[13] Aber die Vorstellungen vom Satanskult waren doch überwiegend bei Gelehrten, Juristen, Richtern und Magistraten verbreitet, also in der gebildeten und herrschenden Gesellschaftsschicht, und Anklagen dieser Art wurden in der Regel dann gegen Hexen erhoben, wenn Angehörige dieser Gesellschaftsschicht von sich aus gegen Hexen ermittelten oder die Folter einsetzten, um Menschen, die wegen eines *maleficium* angeklagt waren, zum Eingeständnis des Umgangs mit dem Teufel zu zwingen. In England, wo die Richter nicht auf dieses «Rechtsmittel» zurückgreifen konnten und wo nahezu alle Hexenprozesse von unten ausgingen, enthielt der Tatbestand der Hexerei im wesentlichen die Ausübung schadenstiftender Magie und nicht den Satanskult. In anderen Ländern wie Rußland oder Norwegen war die Situation entweder aus rechtlichen Gründen ähnlich oder weil die Vorstellungen vom Satanskult, die in Frankreich, Deutschland und Italien herrschten, sich in den europäischen Randregionen nie ganz durchsetzen konnten.

Der Begriff Hexerei wird in diesem Buch benutzt, um die Ausübung von *maleficium* oder Satanskult zu kennzeichnen; in seiner umfassendsten Bedeutung meint er beides. Darüber hinaus kann der Begriff aber noch auf zwei weitere Handlungstypen ausgedehnt werden, die mit der Hexerei eng verwandt sind. Der erste ist die Teufelsbeschwörung, bei der Satan oder öfter noch einer der kleineren Dämonen angerufen wird, um eine Erkenntnis oder eine Hilfeleistung zu erlangen. Die Anrufung vollzog sich gewöhnlich in ritueller oder zeremonieller Form, deren Zweck die Ausübung einer Art Magie, meist der Wahrsagerei war. Im 16. und 17. Jahrhundert wurde rituelle Magie zwar nicht grundsätzlich der Hexerei zugeordnet, aber dennoch gelegentlich als Hexerei verfolgt. Zu solchen Prozessen kam es meist, wenn es sich um schadenstiftende Magie handelte und wenn zwischen Magier und Dämon eine Beziehung wie zwischen Diener und Herr zu bestehen schien. Dies war allerdings selten der Fall. Vielmehr versuchte der Magier, durch den Ritus eine Art vertraglicher Beziehung zu den beschworenen Dämonen herzustellen. Oft jedoch machte er als Teil dieses Vertrages dem Dämon Angebote, die als Zeichen der Verehrung verstanden werden konnten, was den Magier der Gefahr einer Anklage aussetzte.

Der zweite Handlungstyp, der in eine weitgefaßte Definition von Hexerei einbezogen werden kann, ist die sogenannte weiße Hexerei, worunter man im frühneuzeitlichen Europa entweder die Ausübung magischer Heilungen verstand oder auch einfache Formen der Wahrsagerei, etwa zur Voraussage der Zukunft, als Hilfe bei der Suche nach verlorengegangenen Dingen oder zur Identifizierung von Feinden. Weiße Hexerei umfaßte gemäß ihrer Benennung natürlich nicht die

Ausübung von *maleficium*, aber weil alle Magie das Wirken des Teufels einschloß, konnten auch weiße Hexen in den Verdacht geraten, mit ihm einen Pakt geschlossen zu haben. Abhandlungen über Hexerei, die den Satanspakt als Wesensmerkmal der Hexerei betrachteten, machen zwischen weißen und schwarzen Hexen kaum einen Unterschied.[14] In der Praxis jedoch wurden weiße Hexen oft sehr viel milder als schwarze Hexen behandelt. In England wurden sie sehr viel häufiger von den kirchlichen als von den weltlichen Gerichten verurteilt, dabei wurden ihnen lediglich Kirchenbußen auferlegt. In manchen Gegenden wurden sie nicht einmal angeklagt. Doch konnten auch weiße Hexen, die als Heiler bekannt waren, in den Verdacht geraten, den Kranken geschadet zu haben, so daß sie schwarzen Hexen gleichgestellt wurden.[15]

Hexerei und ihre Wirklichkeit

Hexerei wird oft, zumindest von Skeptikern, als erfundenes Verbrechen betrachtet, als Phantasieprodukt, das in der Wirklichkeit keine Grundlage hat. Die wegen Hexerei Verurteilten gelten daher als unschuldige Opfer einer irregeleiteten Justiz und eines repressiven Rechtssystems. Ist dieses Urteil zutreffend? Hat die europäische Hexenjagd Tausende von Kriminellen geschaffen, die keinerlei Verbrechen verübt hatten, oder haben die Hexen zumindest einige der Taten, deren sie bezichtigt wurden, wirklich begangen? Wenn wir diese Fragen stellen, müssen wir nicht entscheiden, ob magisches Wirken oder der Satan tatsächlich existieren. Diese Probleme entziehen sich der historischen Erforschung. Aber der Historiker kann und muß fragen, ob die der Hexerei angeklagten Menschen tatsächlich einige der Taten begangen hatten, derentwegen sie vor Gericht gestellt wurden. Die Antwort auf diese historische Frage beeinflußt unvermeidlich die Antwort auf die damit eng verbundene Frage nach der juristischen Schuld der Hexen; denn Schuld ist zumindest in gewissem Maße von der historischen Wirklichkeit des behaupteten Verbrechens bestimmt. Wenn die Hexen die Taten, deren sie beschuldigt wurden, nicht wirklich begangen und sie auch nicht zu begehen versucht hatten, konnten sie im Sinne der Anklage auch nicht schuldig sein.

Bei der Betrachtung der Hexerei muß man zunächst die beiden wichtigsten Tatbestandsmerkmale des Verbrechens voneinander unterscheiden, das *maleficium* und den Satanskult. Ersteres hat insofern einen soliden Wirklichkeitsbezug, als in fast allen Gesellschaften manche Menschen tatsächlich schadenstiftende oder böse Magie ausübten. Über die Realität solcher Taten in der Vergangenheit gibt es eine Vielzahl von materiellen, rechtlichen und literarischen Zeugnissen. Im alten Rom zum Beispiel schrieb man Verwünschungen auf Bleitafeln, widmete die

Tafeln den Dämonen und trieb dann Nägel hindurch. Wir wissen, daß diese Form der Hexerei, die *defixio*, wirklich praktiziert wurde, da solche Tafeln erhalten geblieben sind.[16] Aus anderen Kulturen sind Puppen oder sonstige Gegenstände überliefert, die zur Bildmagie benutzt wurden. Wenn im Mittelalter Geisterbeschwörer gerichtlich verfolgt wurden, dienten die von ihnen benutzten Gerätschaften meist zum Beweis ihrer Schuld. Und die literarischen Zeugnisse der Magie, die Hunderte von Handbüchern und Anleitungen zur weißen und schwarzen Magie, die aus vielen Epochen überliefert sind, beweisen allesamt, daß die Menschen in der Tat Hexerei praktiziert haben und sie bis heute praktizieren.

Ob irgendeine europäische Hexe in der Frühen Neuzeit tatsächlich Hexerei praktiziert hat, ist etwas schwieriger zu beweisen. Die bei der Ausübung angeblicher Hexenkünste benutzten Gerätschaften wurden selten vor Gericht vorgeführt, und da Hexen zum größten Teil ungebildete Menschen waren, ist kaum anzunehmen, daß sie Bücher über schwarze Magie besaßen.[17] Den rechtswirksamen «Beweis» für ihre Hexerei lieferten ihre eigenen Geständnisse und die Aussagen der Nachbarn, die entsprechende Beschuldigungen erhoben. Beide Beweismittel sind von zweifelhaftem Wert, die Geständnisse, weil sie oft unter der Folter erpreßt wurden, die Zeugenaussagen, weil sie von der feindseligen Gegenpartei vorgebracht wurden. Hingegen berichten die Zeugen oft über zahllose Verwünschungen und Zaubersprüche sowie über den Gebrauch von Gerätschaften der Bildmagie, weshalb der Verdacht aufkommt, daß zumindest einige Beschuldigte tatsächlich versuchten, ihren Feinden mit Hilfe der Magie zu schaden. In einer Untersuchung der bekannten Hexenjagd, die 1692 in Salem, Massachusetts, stattfand, kam Chadwick Hansen zu dem Ergebnis, daß zumindest drei der wegen Hexerei angeklagten Frauen tatsächlich Hexerei ausgeübt hatten.[18]

Aber auch wenn einige Hexen in der Frühen Neuzeit tatsächlich schadenstiftende Magie ausübten, dürfen wir nicht annehmen, daß dies für alle oder auch nur für die große Mehrheit gilt. Wir werden nie genau wissen, wie hoch unter den Tausenden von hingerichteten Hexen der Prozentanteil derer war, die das *maleficium* wirklich praktizierten. Mit Sicherheit war er sehr niedrig. Eine etwas größere Anzahl, aber immer noch eine deutliche Minderheit, übte vermutlich eine Form der weißen Magie aus, die ihre Nachbarn oder die Obrigkeit falsch interpretierten oder vielleicht absichtlich als böse Magie darstellten. Die meisten angeklagten Hexen übten jedoch überhaupt keine Magie aus, sondern wurden entweder beschuldigt, mit magischen Mitteln Schaden verursacht zu haben, wenn unerklärliches Unheil einen ihrer Nachbarn getroffen hatte, oder sie wurden im Verlauf einer größeren Hexenjagd von anderen Hexen als Komplizen benannt.

Wenn wir uns dem Thema Satanskult zuwenden, wird es noch schwieriger, eine wirkliche Tätigkeit der Hexen nachzuweisen; denn den einzigen Beweis lieferten die Hexen selbst mit ihren Geständnissen und die angeblichen Komplizen mit ihren Anschuldigungen. Diese Beweise sind aus verschiedenen Gründen nicht tragfähig. In erster Linie, weil häufig Dinge behauptet wurden, die offensichtlich unmöglich sind, etwa daß eine Hexe durch die Luft geflogen sei. Derartige Aussagen machen für sich genommen noch nicht die gesamte Zeugenaussage unglaubwürdig, aber sie stellen doch die Glaubwürdigkeit des Zeugen in Frage und erfordern weitere Beweise.[19] Wirklich nachgewiesen wurde kein einziger Fall von Satanskult. Nicht ein einziges Mal bezeugten zum Beispiel die Nachbarn, die Hexen wegen *maleficia* angeklagt hatten, daß sie Augenzeugen einer kollektiven Satansverehrung oder des feierlichen Paktes zwischen einer Hexe und dem Teufel gewesen seien. Noch wichtiger ist, daß kein unparteiischer und unbeteiligter Beobachter sich jemals schriftlich oder mündlich als Zeuge eines solchen Aktes bezeichnete. Im frühen 16. Jahrhundert räumte sogar der eher leichtgläubige italienische Inquisitor Paulus Grillandus in seinen Schriften ein, daß er niemals erlebt oder gehört habe, daß eine Hexe *in flagrante crimine* überrascht worden sei.[20] Nicht ein einziges Mal hoben Behörden eine Hexenversammlung aus, obwohl dieselben Behörden nachweislich durchaus in der Lage waren, in die Versammlungen anderer subversiver Gruppen hineinzuplatzen. Und jedesmal, wenn unabhängige, unparteiische Nachforschungen über den angeblichen Satanskult durchgeführt wurden, erbrachten sie negative Resultate. Als etwa der spanische Inquisitor Alonso de Salazar Hunderte von Hexen aus dem Baskenland befragte, die gestanden hatten, 1610 an Hexenversammlungen teilgenommen zu haben, kam er aufgrund zahlreicher Widerrufe und Widersprüchlichkeiten zu dem Schluß, die ganze Angelegenheit sei «nichts als eine Chimäre».[21]

Der zweite Grund, warum Geständnisse von Hexen, die Satanskult zugegeben hatten, fragwürdig sind, liegt darin, daß sie oft unter der Folter oder mit der Androhung der Folter erpreßt wurden. Auf diese Weise erwirkte Geständnisse lieferten vergiftete Beweise, da sie vermutlich eher das enthielten, was der Folterer zu hören wünschte, als das, was der Angeklagte wirklich getan hatte. Während des 16. und 17. Jahrhunderts hatten die meisten kirchlichen und weltlichen Richter in Europa eine recht klare, vorgefaßte Meinung von den diabolischen Aktivitäten der Hexen. Sobald jemand der Hexerei angeklagt wurde, gingen die Richter davon aus, daß der Beschuldigte nicht nur Magie ausübte, sondern auch Mitglied einer geheimen, häretischen Teufelsanbetersekte sei. Unter Anwendung äußerst wirksamer Foltermethoden wurden die Angeklagten oft zu dem Geständnis gezwungen, mit dem Teufel persönlich einen Pakt abgeschlossen zu haben und ihn zusammen mit anderen verehrt zu haben. Entschlossen, die ganze Hexensekte zu zerschlagen, entlockten sie darüber hinaus unter weiteren Torturen die Namen der angeblichen Komplizen.

Den offenkundigsten Beweis für die enge Verbindung zwischen Folter und Geständnissen des Satanskults liefert die Tatsache, daß entsprechende Beschuldigungen in Hexenprozessen fast nie erhoben wurden, bevor im Laufe des Verfahrens die Folter zur Anwendung kam.[22] Manchmal geschah dies in einem frühen, vorbereitenden Stadium des Verfahrens, kurz nach der Verhaftung der Hexe, aber ansonsten wurde die Folter erst eingesetzt, nachdem die Hexen ihre Aussagen gemacht hatten. Diese Aussagen bezogen sich fast immer ausschließlich auf das *maleficium*, nicht auf den Teufelskult. Sobald aber die Folter angewendet wurde, kam die Anklage des Satanskults auf. Daher darf man wohl mit Recht behaupten, daß die Folter in gewissem Sinne die Hexerei «hervorbrachte», zumindest aber die mit dem Satanskult verbundene Hexerei.

Die entscheidende Rolle, die die Folter bei derartigen Geständnissen spielte, illustriert ein Prozeß, der 1617 auf der Kanalinsel Guernsey gegen drei Hexen geführt wurde. Bei diesem Prozeß wurde die Folter erst zu einem sehr späten Zeitpunkt des Verfahrens eingesetzt, nachdem die Angeklagten überführt und bereits verurteilt waren. Bis zu diesem Zeitpunkt drehte sich der Prozeß nur um *maleficia*. Zahlreiche Zeugen hatten ausgesagt, daß die drei Frauen Dinge mit Zaubersprüchen belegt, vielen Menschen und Tieren seltsame Krankheiten angehext, eine große Anzahl von Männern, Frauen und Kindern schwer verletzt und den Tod vieler Tiere verursacht hätten. Auf Grund dieser Zeugenaussagen, die keinerlei Hinweise auf Satanskult enthielten, wurden die drei Frauen überführt und zum Tode verurteilt.[23] Als der Richterspruch gefällt war, bekannte eine der Hexen, eine Witwe namens Collette Du Mont, daß sie eine Hexe sei; aber da sie sich weigerte, näher zu erläutern, welche Verbrechen sie begangen hatte, wurde sie in die Folterkammer gebracht.

Genau in diesem Augenblick tauchte in dem Prozeß das Thema Satanskult auf. Sobald Collette peinlich befragt wurde, gab sie zu, der Teufel sei ihr bei vielen Gelegenheiten in Gestalt einer Katze erschienen und habe sie aufgestachelt, sich an ihren Nachbarn zu rächen. Auf diese Weise wurde eine Verbindung zwischen ihrer Beziehung zum Satan und den *maleficia* hergestellt, deren sie angeklagt worden war. Doch mit diesem Geständnis begnügte sie sich noch nicht, sondern sie beschrieb die satanischen Praktiken, die häufig mit Hexerei in Verbindung gebracht wurden: «Der Teufel kam, sie mit zum Sabbat zu nehmen, rief nach ihr, ohne daß es jemand bemerkte. Und er gab ihr eine schwarze Salbe, mit der sie sich, nachdem sie sich ausgezogen hatte, Rücken, Bauch und Brust einrieb. Sie trat aus ihrer Tür und wurde sogleich mit großer Geschwindigkeit in die Luft erhoben. Und binnen kürzester Zeit befand sie sich auf dem Sabbatplatz, der manchmal in der Nähe des Gemeindefriedhofs lag, ein andermal nahe am Strand in der Nähe von Rocquaine Castle, wo sie nach ihrer Ankunft oft 15 oder 16 Hexer und Hexen zusammen mit den Teufeln in Gestalt von Hunden, Katzen oder Hasen antraf. Die Hexer und Hexen konnte sie nicht erkennen, weil sie alle geschwärzt und entstellt waren. Sie hörte jedoch, wie der Teufel sie mit ihren Namen ansprach, und sie erinnerte sich unter anderem an *Fallaise* und *Hardie.* [. . .] Sie gestand, daß ihre Tochter Marie, die Frau des Massy, die ebenfalls verurteilt worden war, eine Hexe sei, und daß sie diese zweimal zum Sabbat mitgenommen habe. Beim Sabbat hätten sie den Teufel, der auf den Hinterbeinen zu stehen pflegte, verehrt und dann mit ihm in Gestalt eines Hundes Verkehr gehabt. Anschließend tanzten sie Rücken an Rücken. Nach dem Tanz tranken sie Wein (sie wußte nicht, welche Farbe), den der Teufel aus einem Krug in einen silbernen oder zinnernen Becher goß. Dieser Wein schien ihr nicht so gut wie der, der sonst getrunken wurde. Sie aßen auch Weißbrot, das er ihnen reichte. Niemals hatte sie beim Sabbat irgendwelches Salz gesehen.» Das Geständnis schloß mit dem Bericht, der Teufel habe Collette beim Verlassen des Sabbats ein schwarzes Pulver geschenkt, das sie auf Menschen und Tiere werfen könne, um ihnen zu schaden.[24]

Collette Du Monts Bericht über den Hexensabbat können wir ohne Schwierigkeiten als Produkt der Zwangsjustiz betrachten. Aber was sollen wir von den Bekenntnissen zum Satanskult halten, von denen überliefert ist, daß sie freiwillig und ohne Zwang erfolgten? Manche dieser «freiwilligen» Geständnisse verdienen diese Qualifikation keineswegs, da sie kurz nach Beendigung einer Folter oder vor Beginn einer neuen abgelegt wurden. Freiwillig kann man auch die Geständnisse derjenigen kaum nennen, die es einfach für geratener hielten, zu gestehen und hingerichtet zu werden als die grauenhafte Folter auszuhalten, die sie erwartete, wenn sie nicht aussagten. Diese Menschen hatten offenbar erkannt, daß ihre Lage hoffnungslos war, und sie entschieden sich deshalb dafür, ihre Qualen durch ein Geständnis abzukürzen. Auch wenn der Angeklagte glaubte, er könne die Folter überleben und freigesprochen werden, bewirkte die unerträgliche Aussicht auf soziale Isolierung und kollektiven Haß sicher so manches «freiwilliges» Geständnis.[25] In allen diesen Fällen hatten die Geständnisse zur Folge, was wir als «Selbstmord vor Gericht» bezeichnen könnten, eine Alternative zu dem Selbstmord, den viele Hexen während ihres Gefängnisaufenthaltes verübten. Wann immer eine Hexe diese Art von Suizid beging, ist die Beweiskraft ihres Geständnisses äußerst dürftig; denn allein durch ihre Aussage zeigte sie sich zumindest in gewissem Maße bereit, ihren Richtern das zu sagen, was diese hören wollten. Das gleiche Problem erhebt sich bei solchen Geständnissen, die in der Hoffnung auf richterliche Milde abgelegt wurden. In manchen Fällen gründete sich diese Hoffnung auf falsche Versprechungen der Behörden oder auf ungerechtfertigte Erwartungen der Angeklagten; in anderen Fällen beruhte sie auf der überkommenen Praxis der Gerichte, geständigen Angeklagten Strafmilderung einzuräumen. Wo immer die Beweggründe lagen, solche Geständnisse konnten von den Angeklagten leicht erdacht werden, um ein gewisses Entgegenkommen zu erreichen, weshalb sie als Beweise für tatsächlichen Satanskult untauglich sind.

Nicht alle «freiwilligen» Geständnisse wurden in der bewußten Absicht abgelegt, der Folter zu entgehen. Manche waren vermutlich eher die Folge von Altersschwäche. Wir müssen die Ansicht Johann Weyers, der im 16. Jahrhundert die Hexenjagd kritisierte, und Hexen für von «Melancholie» befallene Menschen hielt, nicht teilen, um zu erkennen, daß viele der alten Frauen, die der Hexerei beschuldigt wurden, senil und verwirrt waren. Solche Frauen konnten vielfältige Phantasien entwickeln und ihre Peiniger mit Material versorgen, das als Beweis für die Ausübung des Teufelskultes taugen mochte. Wir wissen heute ja nur allzu gut, daß Menschen Verbrechen gestehen, die sie nicht begangen haben, und sogar Verbrechen, die niemand begangen haben kann, so daß auch die Möglichkeit kaum von der Hand zu weisen ist, daß einige der Menschen, die sich freiwillig des Satanskults bezichtigten, psychisch krank waren.

Und selbst wenn Hexen, die freiwillige Geständnisse ablegten, nicht geistig verwirrt waren, können sie unter Umständen Taten gestanden haben, die sie lediglich geträumt hatten. Die Basis solcher Träume waren manchmal kulturelle Traditionen, etwa wenn Kinder träumten oder sich vorstellten, sie seien mit zu Plätzen genommen worden, von denen man ihnen erzählt hatte, daß sich dort gewöhnlich die Hexen versammelten. In anderen Fällen können die Träume durch Drogen ausgelöst worden sein. Im 16. und 17. Jahrhundert war der Glaube weit verbreitet, daß die Hexen ihren Flug zum Sabbat durch die Anwendung magischer Salben erleichterten. Die Rezepte für solche Salben sind überliefert; sie enthalten Substanzen wie Atropin, die nach Anwendung in entsprechenden Dosen von der Haut aufgenommen werden und sich alterierend oder halluzinogen auswirken.[26] Es wäre zwar sehr gewagt, eine umfassende Erklärung der großen Hexenjagd auf den Gebrauch solcher Narkotika zu gründen, aber es erscheint durchaus möglich, daß manche Hexen, die sich der Teilnahme am Sabbat bezichtigten, entweder unter dem Einfluß von Drogen eine Art Fluggefühl empfunden hatten oder in einen tiefen Schlaf gefallen waren und phantastische Traumbilder oder Albträume erlebt hatten.[27] Der Inhalt solcher Träume konnte sich unter der Folter leicht in einen stereotypen Bericht über Vorgänge beim Hexensabbat verwandeln.

Obwohl Geständnisse von Satanskult als Zeugnisse historischer Realität höchst verdächtig sind, waren sie nicht unbedingt immer reine Phantasieprodukte. Manche Menschen, die der Hexerei angeklagt wurden, schlossen möglicherweise tatsächlich einen Pakt mit dem Teufel. Diese Möglichkeit einzuräumen, bedeutet nicht, daß wir an die reale Existenz des Teufels glauben müssen oder daß er den Hexen tatsächlich erschien oder mit ihnen Umgang pflegte. Wir müssen lediglich erkennen, daß in der Frühen Neuzeit viele arme, alte Frauen in einer verzweifelten Lage waren und glaubten, daß der Teufel im Austausch gegen Anbetung den Menschen materielle Freuden verschaffe, und daß sie ihm deshalb ihre Dienste anboten und ihre Seele verkauften.[28] Andere Hexen mögen ihn in kritischen Situationen um Hilfe angefleht haben. Wenn solche Menschen selbst glaubten, sie hätten mit dem Teufel einen Pakt abgeschlossen, dann hatten die Inquisitoren relativ leichtes Spiel, ihnen auch andere, weniger glaubwürdige Formen der Teufelsverehrung nachzuweisen. Es kommt hinzu, daß die Gerichtsprotokolle denselben Menschen Schuldbewußtsein und tiefe Reue über ihre Taten bescheinigen, und genau so werden viele Hexen beschrieben.[29]

Aber auch wenn viele Hexen tatsächlich mit dem Satan einen Pakt abgeschlossen haben mögen, gibt es keine wirkliche Grundlage für den weitverbreiteten Glauben, daß sie den Teufel gemeinschaftlich verehrten. Bis zum Beweis des Gegenteils müssen wir annehmen, daß alle diese Aktivitäten nur in den Köpfen der Angeklagten oder ihrer Ankläger oder beider existierten.[30] Auch gibt es keine Gewißheit darüber, daß der Hexerei angeklagte Menschen sich zu anderen, nichtdiabolischen Zwecken organisiert hätten, die von den Justizbehörden dann als gemeinsame Satansverehrung verstanden worden wären. Es mangelt jedoch nicht an historischen Theorien, die Hexerei in eben dieser Weise interpretierten. Am bekanntesten wurde die These der Anthropologin Margaret Murray, die in drei aufsehenerregenden Studien die Auffassung vertrat, daß die Hexen der Frühen Neuzeit in Wirklichkeit Mitglieder eines alten, vorchristlichen Fruchtbarkeitskults gewesen seien, dessen wohltuende Rituale von besorgten Klerikern und Richtern als schädlich und teuflisch fehlgedeutet worden seien.[31] Andere Forscher interpretierten die Hexerei romantischer und deuteten die Hexenversammlungen als organisierten Protest entweder gegen die etablierte wirtschaftliche und soziale Ordnung oder gegen das Patriarchat. Ein Historiker betrachtete den Hexensabbat gar als Parodierung der geltenden kirchlichen Ordnung durch Goliarden.[32] Alle diese Interpretationen erscheinen deshalb problematisch, weil es keinen Beweis dafür gibt, daß sich jemals Hexen in größerer Zahl zu irgendeinem Zweck, einem teuflischen oder einem anderen, versammelt haben. Die Angst vor kollektiver Teufelsverehrung mag darin begründet gewesen sein, daß es tatsächlich geheime Zusammenkünfte anderer Gruppen gab. So wissen wir zum Beispiel, daß sich Häretiker in recht großer Zahl zu gemeinsamen religiösen Ritualen trafen. Aber wenn überhaupt Hexen als solche tätig waren, so betätigten sie sich nach allem, was wir wissen, individuell oder in kleinen Gruppen.

Murrays Theorie scheint durch eine Arbeit von Carlo Ginzburg bestätigt zu werden, der entdeckte, daß in der italienischen Provinz *Friaul* im späten 16. und frühen 17. Jahrhundert einige Hexen tatsächlich Mitglieder eines Fruchtbarkeitskults waren. Die *benandanti*, wie diese Menschen sich nannten, trugen «Glückshauben» (Fruchtblasen der Neugeborenen) als Amulett um den Hals und behaupteten, sie bekämpften in der Nacht die Hexen, die Feinde der Fruchtbarkeit. Unter dem Druck der Inquisition betrachteten sie sich schließlich selbst als Hexen und legten entsprechende Geständnisse ab. Ginzburg interpretiert seine Entdeckung als Beleg für einen «Kern von Wahrheit» in Murrays Theorie, denn die *benandanti* bewiesen, daß Hexerei «ihre Wurzeln in einem alten Fruchtbarkeitskult» habe.[33] Das mag wohl stimmen, wenn man unter Hexerei den Hexenglauben versteht. Aber Ginzburgs Ergebnisse stützen nicht die Annahme, daß Hexen Heiden waren oder daß sie ihre Religion tatsächlich ausübten. Die *benandanti* bekannten nicht nur häufig ihre Loyalität zur katholischen Kirche, sondern, was noch wichtiger ist, sie gingen so gut wie nie nachts aus, um gegen Hexen zu kämpfen. Statt dessen gingen sie «im Geist» aus, während ihr Körper in eine Art Starrkrampf verfiel. Ginzburg nimmt an, daß sich die *benandanti* unter gewissen Umständen tatsächlich versammelten, aber dafür gibt es keinen Beweis.

Daß Hexen möglicherweise träumten oder sich einbildeten, bestimmte Dinge getan zu haben, bietet die einzige plausible Grundlage für eine romantische Erklärung des Hexenwesens. Die Bauern, die der Hexerei angeklagt wurden, besaßen genau wie die Inquisitoren ihre jeweils eigene Phantasiewelt. Es war leicht möglich, daß ihre Phantasien die ihrer Verfolger beflügelten. So wissen wir etwa, daß viele Frauen glaubten, sie seien nachts geflogen und hätten mit Dämonen kopuliert, was wiederum die Überzeugung der Inquisitoren bestärkte, eben diese Frauen hätten nichts anderes auch beim Hexensabbat getan. Emmanuel Le Roy Ladurie hat gezeigt, daß viele Bauern des Languedoc als eine Art symbolischen Protests die Vorstellung von einer umgekehrten Gesellschaftsordnung entwickelten und diese Phantasien leicht als Bericht über einen Hexensabbat gedeutet werden konnten, bei dem nach allgemeiner Vorstellung ohnehin alle Werte auf den Kopf gestellt wurden.[34] Aber es sei eindringlich daran erinnert, daß sich diese Umwertung im Geist und nicht in der Wirklichkeit vollzog. Damit fehlt uns immer noch ein Beweis dafür, daß tatsächlich ein Hexenkult oder eine Gruppe von Menschen existierte, die ein als Hexerei zu bezeichnendes Ritual vollzogen hätte.

Daß die große europäische Hexenverfolgung mit so vielen Phantasievorstellungen verbunden war – den Phantasien der Hexen selbst, aber auch denjenigen ihrer Ankläger –, hat viele Historiker, besonders jene der liberalen und positivistischen Schule, dazu verleitet, das Hexenwesen als eine Art von massiver Verblendung oder Autosuggestion zu betrachten, die im späten 17. und im 18. Jahrhundert durch den wissenschaftlichen Fortschritt und die Aufklärung in Europa zerstört worden sei. Es ist jedoch unangemessen, Hexerei als Wahnvorstellung zu charakterisieren, weil dies zum einen die unvoreingenommene Erforschung der Funktionen beeinträchtigt, die der Hexenglaube in der frühneuzeitlichen Gesellschaft Europas ausübte, und weil es zum anderen unterstellt, daß die Hexerei, wie sie die Zeitgenossen verstanden, keine reale Grundlage besaß. Wie oben dargelegt, trifft dies nicht zu. Nachweislich gab es Menschen, die Magie und sogar schwarze Magie praktizierten, und andere, die Pakte mit dem Teufel abschlossen. Dagegen mag man einwenden, daß der Magier und der Teufelsanbeter sich selbst täuschten; ein solcher Einwand mag auch die Effektivität der Magie oder die Existenz eines Teufels in Frage stellen, der mit Menschen Verkehr pflegen kann. Aber als Schriftsteller und Gerichte versuchten, das Hexenwesen auszurotten, gingen sie keineswegs gegen eine nur eingebildete Bedrohung vor.

Das Ausmaß der Hexenjagd

Die Anzahl der Hexenprozesse und Hinrichtungen läßt sich nicht einmal annähernd genau ermitteln, weil zahlreiche Gerichtsakten vernichtet wurden oder verlorengingen und weil bei vielen Hexenprozessen keine offiziellen Akten angelegt wurden. Schätzungen, die von neun Millionen Hinrichtungen sprechen, dürften weit übertrieben sein.[35] Die überhöhten Zahlenangaben gehen höchstwahrscheinlich auf die Aussagen der Hexenjäger selbst zurück, die sich oft damit brüsteten, wieviele Hexen sie verbrannt hatten, oder auf spätere Autoren, die aus den unterschiedlichsten Gründen die Bedeutung des Falles, den sie gerade behandelten, übertreiben wollten.[36] Genaue wissenschaftliche Untersuchungen führten meist dazu, daß die Gesamtzahl der Opfer niedriger eingeschätzt werden mußte. Lange Zeit nahm man beispielsweise an, daß eine Hexenjagd im frühen 17. Jahrhundert im baskischen Pays de Labourd zu 600 Hinrichtungen führte. Aber nun stellt sich heraus, daß die genaue Zahl bei etwa 80 liegt.[37] In Bamberg, wo zwischen 1624 und 1631 angeblich 600 Hexen verbrannt wurden, lag die Zahl vermutlich eher bei 300.[38] Und in Schottland, wo nach Henry C. Lea 7500 Menschen wegen Hexerei hingerichtet worden sein sollen, liegt die tatsächliche Zahl wahrscheinlich unter 1500.[39]

Um das Ausmaß der Hexenjagd zu ermitteln, ist es unerläßlich, zwischen der Anzahl der Prozesse und der Zahl der Hinrichtungen genau zu unterscheiden. Zwar gab es in Deutschland Hexenjagden, in denen vermutlich alle Angeklagten verurteilt und hingerichtet wurden, aber das waren Ausnahmen von der Regel.[40] Tabelle 1 erfaßt die Hinrichtungsrate von Hexen in einigen europäischen Regionen.[41] Die Anzahl der Prozesse, auf deren Basis diese Zahlen ermittelt wurden, ist sehr gering, da sie nur solche Fälle erfaßt, deren Ausgang bekannt ist. In den meisten Regionen lag die Hinrichtungsrate jedoch unter 70 Prozent und in manchen Gegenden, zum Beispiel in der Grafschaft Essex, im finnischen Österbotten und in Genf, lag sie sogar unter 25 Prozent. Lediglich im schweizerischen Kanton Waadt erreichte die Hinrichtungsrate den hohen Stand von 90 Prozent.

Tabelle 1: Hinrichtungen in Hexenprozessen

Region	Zeitraum	Verurteilte (soweit bekannt)	Hinrichtungen	Prozent
Freiburg	1607–1683	162	53	33
Genf	1537–1662	318	68	21
Neuchâtel	1568–1677	341	214	63
Kanton Waadt	1537–1630	102	90	90
Luxemburg	1509–1687	547	358	69
Grafschaft Namur	1509–1646	270	144	54
Insel Guernsey	1563–1634	78	33	46
Dépt.Nord/Frankreich	1542–1679	187	90	48
Finnland	1520–1699	710	115	16
Norwegen	1551–1760	730	280	38
Schottland	1563–1727	402	216	54
Grafschaft Essex/England	1560–1672	291	74	24
Ungarn	1520–1777	932	449	48

Selbst wenn wir in Betracht ziehen, daß Gerichtsakten verlorengegangen sind oder vernichtet wurden, lag die Gesamtzahl der Personen, die in Europa tatsächlich wegen Hexerei verurteilt wurden, vermutlich nicht erheblich über 100 000. Rund die Hälfte von ihnen lebte im deutschsprachigen Raum innerhalb des Heiligen Römischen Reiches. In den dreißiger Jahren veranlaßte Heinrich Himmler eine Untersuchung über Personen, die in der Vergangenheit wegen Magie oder Hexerei angeklagt worden waren. Diese Studie kam zu dem Ergebnis, daß rund 30 000 Prozesse angestrengt wurden, von denen der größte Teil in Deutschland stattfand. Da manche Prozeßakten mehr als eine Person betreffen und die Akten vieler Verfahren aus den unterschiedlichsten Gründen in dieser Arbeit nicht erfaßt sind, kann die Gesamtzahl der Verfolgungen in Deutschland leicht 50 000 erreicht haben.[42]

Darüber hinaus konzentrierten sich in Europa die Hexenprozesse in jenen Ländern, die an Deutschland angrenzten. In Polen, wo die Prozeßakten noch kaum systematisch untersucht worden sind, lag die Zahl bei etwa 15 000 Prozessen.[43] In der Schweiz, die lange Zeit als Zentrum der Hexenjagd galt, wurden mindestens 10 000 Hexen abgeurteilt,[44] während im Westen eine Reihe autonomer Gebiete innerhalb des Reiches, einschließlich Lothringens und der Freigrafschaft, zusammen mit dem Königreich Frankreich ebenfalls auf ungefähr 10 000 Prozesse kommt. In vieler Hinsicht war Frankreich die Wiege der großen Hexenjagd, und wenn auch Deutschland Frankreich vermutlich übertraf, verfolgten die französischen Gerichte Hexen in großer Anzahl. Das Parlament von *Paris*, das die Jurisdiktion über etwa die Hälfte des Landes besaß, führte zwischen 1565 und 1640 1123 Berufungsverfahren durch, und da bis 1624 Berufungsverfahren nicht automatisch eingeleitet wurden, darf man annehmen, daß die Anzahl der ursprünglichen Prozesse weit höher lag.[45] Die Gegend mit der intensivsten Verfolgung lag in Frankreich allerdings im Südwesten und Südosten, außerhalb der Jurisdiktion des Parlaments von Paris.

Neben diesen Gebieten mit vergleichsweise intensiver Hexenverfolgung gab es auf den Britischen Inseln etwa 5000 Hexenprozesse (mehr als die Hälfte davon in Schottland) und weitere 5000 in den skandinavischen Ländern. Noch weniger Verfahren, vermutlich nicht mehr als 4000, fanden in Böhmen, Ungarn, Siebenbürgen und in Rußland statt. In den europäischen Mittelmeerländern schließlich – in Spanien, Portugal und den Staaten Italiens – waren es ungefähr 10 000 Prozesse.[46] Viele von diesen Verfahren wurden jedoch wegen relativ geringfügiger Formen von Magie und Aberglauben angestrengt, die in anderen Rechtskreisen keineswegs immer als Hexerei galten. Nur sehr wenige davon endeten mit Hinrichtungen.[47]

Diese sehr überschlägigen Zahlenangaben machen eine Summe von knapp unter 110 000 Verfahren in Europa aus. Geht man von den Daten in Tabelle 1 aus, so kommt man zu einem europäischen Durchschnitt der Hinrichtungen von 47 Prozent. Allerdings umfaßt die Tabelle keine Angaben für die deutschen oder polnischen Gebiete, in denen die meisten Prozesse angestrengt wurden und die offensichtlich relativ hohe Hinrichtungsraten aufweisen. In Kiel etwa wurden mindestens 67 Prozent der zwischen 1530 und 1676 verurteilten Hexen hingerichtet, möglicherweise lag die Rate sogar bei 81 Prozent.[48] Die unautorisierten Verfahren, die meist mit Hinrichtungen endeten und in Tabelle 1 nicht erfaßt sind, würden die Zahl sogar noch erhöhen. Es ist daher mit Recht davon auszugehen, daß im frühneuzeitlichen Europa etwa 60 000 Hexen hingerichtet wurden.[49]

Eine Gesamtsumme von nahezu 110 000 Hexenprozessen und 60 000 Hinrichtungen liegt zwar immer noch bedeutend niedriger als viele früheren Schätzungen, aber dennoch spiegelt sich in diesen Zahlen eine grausame Realität. Dies gilt um so mehr, wenn wir bedenken, daß die meisten Hexen wegen Verbrechen sterben mußten, die sie nicht begangen hatten oder die grotesk übertrieben worden waren. Außerdem vermitteln diese Zahlen keineswegs das ganze Ausmaß oder die Intensität der großen Hexenverfolgung. Die Zahl der vor Gericht angeklagten Personen sagt zum Beispiel nichts darüber aus, wieviele Menschen der Hexerei verdächtigt wurden oder ohne Gerichtsverfahren Opfer von Denunziationen wurden. Es existieren kirchliche Gerichtsakten über Prozesse, in denen als Hexen denunzierte Menschen ihrerseits die Ankläger wegen Verleumdung vor Gericht brachten, was belegt, daß es sehr viel mehr Anklagen wegen Hexerei als Hexenprozesse gegeben haben muß.[50] Auch können wir ziemlich sicher sein, daß viele Menschen, die als Hexen benannt wurden, gegen ihre Ankläger keine Gegenklage erhoben. Die Beschuldigung der Hexerei war im dörflichen Leben der europäischen Frühen Neuzeit vermutlich ein sehr viel häufiger anzutreffendes Phänomen, als die Anzahl der förmlichen Anklagen und Verfahren vermuten läßt.

Auch gab es nicht wenige Menschen, die wegen Hexerei förmlich angeklagt, aber nie vor Gericht gestellt wurden. Sie wurden häufig von ihren angeblichen Komplizen, meist unter der Folter, als Hexen benannt, aber aus vielerlei Gründen dann nicht gerichtlich verfolgt. In einigen Fällen kann der Verzicht auf die Verfolgung mit der Entscheidung der Justizbehörden erklärt werden, die Hexenverfolgung zu beenden, bevor alle Verdächtigen abgeurteilt waren. In anderen Fällen mögen die Dauer und die Kosten der Gefangenschaft und des Prozesses für Hunderte von Verdächtigen die Entschlußkraft selbst des eifrigsten Hexenjägers ins Wanken gebracht oder die Finanzkraft einer Gemeinde überfordert haben. Jedenfalls darf eine umfassende Untersuchung der Hexenverfolgung diese angeklagten, aber nicht verurteilten Personen nicht vernachlässigen, die zum großen Teil demselben Terror ausgesetzt waren wie die tatsächlich Verurteilten und die oft selbst nach dem Ende der Hexenjagd gesellschaftlicher Isolierung und fortgesetzten Verdächtigungen ausgesetzt waren.

Die Zahlen über Prozesse und Hinrichtungen sagen ferner überhaupt nichts darüber aus, wie sich die Hexenjagd auf einzelne Städte und

Dörfer auswirkte. Nur wenn wir die Zahlen Jahr für Jahr und Dorf für Dorf aufschlüsseln, können wir das ganze Ausmaß der Hexenjagd erfassen. Wenn wir etwa erfahren, daß im Hochstift Eichstätt innerhalb eines Jahres 274 Personen und 1589 in den Besitztümern des Klosters Quedlinburg an einem einzigen Tag 133 Hexen hingerichtet wurden, können wir den Blutzoll, den die Hexenverfolgung forderte, weit besser ermessen, als wenn wir Zahlen für ein ganzes Land und einen Zeitraum von 300 Jahren addieren.[51]

Für die Menschen des 16. und 17. Jahrhunderts stellte sich im übrigen nicht die statistische Frage, wieviele Hexen bereits hingerichtet worden waren, sondern wieviele noch in Freiheit lebten. Einige dieser Schätzungen lagen erstaunlich hoch. Auf dem Höhepunkt einer besonders intensiven Hexenjagd im Jahre 1587 erklärte der Richter des französischen Dorfes Brieulles, allein in der Grafschaft Rethelois habe er 7760 Hexen nachgewiesen.[52] 1571 erzählte eine französische Hexe namens Trois-Eschelles König Karl IX., in seinem Königreich lebten 300 000 Hexen, und diese Zahl nutzte 1602 der Dämonologe Henri Boguet, um für ganz Europa eine Gesamtzahl von 1 800 000 zu errechnen. Nach Boguet gab es «überall Hexen zu Tausenden, die sich auf der Erde vermehren wie Würmer in einem Garten».[53] Die Anzahl der Teilnehmer an Hexenversammlungen wurde von einem Dämonologen auf mindestens 500, von einem anderen gar auf 100 000 geschätzt.[54] Solche Schätzungen sind zumindest hilfreich bei der Erklärung, warum die gebildeten Schichten Europas sich vor dem Hexenwesen so sehr fürchteten. Sie machen auch deutlich, warum sie Hexen mit solcher Härte verfolgten. Eine Bedrohung dieses Ausmaßes durfte man nicht ignorieren, sondern mußte ihr mit der ganzen gerichtlichen Macht, die den europäischen Staaten zur Verfügung stand, begegnen.

II.
Die geistigen Grundlagen

Am Ende des 16. Jahrhunderts glaubten die meisten gebildeten Europäer, daß Hexen nicht nur schadenstiftende Magie ausübten, sondern auch vielfältige Formen von Satanskult betrieben. Insbesondere glaubten sie, daß Hexen buchstäblich von Angesicht zu Angesicht einen Pakt mit dem Teufel schlossen. Dieser Pakt gab der Hexe nicht nur die Fähigkeit, *maleficia* zu vollbringen, sondern nahm sie auch in die Dienste des Teufels. Der Vertragsabschluß vollzog sich in einer förmlichen Zeremonie, nachdem der Teufel der Hexe meist als ansehnlicher, gut gekleideter Mann erschienen war und sie mit dem Versprechen materieller Belohnung oder sexueller Vergnügungen verlockt hatte. Die Hexe erklärte sich bereit, ihrem Christenglauben abzuschwören, was oft dadurch symbolisiert wurde, daß sie auf einem Kreuz herumtrampelte, und sie ließ sich vom Teufel neu taufen. Dann erwies sie ihm ihre Reverenz, indem sie sich entweder vor ihm verneigte – oft von hinten – oder sein Hinterteil küßte. Als Zeichen der Hörigkeit drückte der Teufel dann ein Zeichen auf den Körper der Hexe, meist an einer verborgenen Stelle. Anschließend instruierte er sie sorgfältig für die Ausführung ihres bösen Tuns und stattete sie gegebenenfalls mit den dazu benötigten Tränklein, Salben und Bildern aus.

Darüber hinaus glaubten die meisten gebildeten Europäer im späten 16. Jahrhundert fest daran, daß Hexen, die mit dem Teufel einen Pakt abgeschlossen hatten, sich regelmäßig mit anderen, manchmal Hunderten oder Tausenden von Hexen trafen, um blasphemische, obszöne und abstoßende Riten zu vollziehen. Bei diesen Treffen erschien der Teufel zusammen mit untergeordneten Dämonen angeblich in verschiedenen Gestalten. Dabei opferten die Hexen dem Teufel sehr häufig Kinder, sie aßen von dem Fleisch dieser Kinder und andere wenig appetitliche Gerichte, tanzten nackt und pflegten mit dem Teufel und anderen Hexen sexuellen Verkehr. Im Rahmen dieser Versammlungen soll die christliche Eucharistiefeier oft parodiert und insgesamt das böse Hexenwerk vorbereitet worden sein. Mit all diesen Aktivitäten eng verbunden war der Glaube, daß die Hexen die Macht des Teufels nutzen konnten, um durch die Lüfte zu fliegen, und so schnell zu den Versammlungen gelangen konnten, die oft in beträchtlicher Entfernung von ihrem Wohnort stattfanden.

An dieser Stelle sei ausdrücklich darauf hingewiesen, daß der Hexenglaube in dieser Form, soweit er die Beziehung zwischen den Hexen und dem Teufel betrifft, vorwiegend von den gebildeten und herrschenden Schichten und nicht vom gemeinen Volk geteilt wurde. Obwohl volkstümliche Vorstellungen von bösen Geistern, von *incubi* und *succubi*, von Orgien und Kannibalismus das Rohmaterial lieferten, aus dem solche Ideen erwuchsen, wurden sie erst von Theologen, Philosophen und Rechtsgelehrten detailliert ausformuliert und dann von Richtern, Klerikern, Magistraten und Grundherren übernommen. Begrenzte Kenntnisse über die diabolischen Aktivitäten von Hexen konnten Bauern bei der öffentlichen Verlesung der Anklagen vor der Hinrichtung gewinnen oder auch durch die gezielten Bemühungen der Obrigkeit, im Laufe einer Hexenjagd die ungebildeten Massen über das Hexenwesen zu unterrichten. Waren ihnen diese Vorstellungen einmal begegnet, übernahmen sie sie ohne Schwierigkeiten; denn der Gedanke, daß ein armer Bauer einen Pakt mit dem Teufel schloß, um sein Los zu verbessern, oder daß er sich auf eine schockierende Orgie einließ, um kulinarische oder sexuelle Freuden zu genießen, lag der bäuerlichen Mentalität keineswegs fern.[1] Aber die ungebildeten Bauern konnten die ausgefeilten Theorien der Dämonologen sicher nicht ganz nachvollziehen, und vermutlich waren sie nicht so veranlagt, daß sie sich vor teuflischen Aktivitäten ebenso fürchteten wie Mönche und Theologen. Ihre Sorge und ihre Furcht vor der Hexerei konzentrierte sich auf die Fähigkeit der Hexe, mit okkulten Mitteln Schaden zuzufügen, nicht auf ihre Beziehung mit dem Teufel. Vielleicht wurden die Ängste der unteren Schichten dadurch geschürt, daß der Teufel als Quelle der Hexenmagie identifiziert wurde, besonders nachdem die Reformation das Bewußtsein von der Macht des Teufels geschärft hatte. Aber weit stärker als den Satanskult der Hexen fürchteten sie deren magische Kräfte.[2]

Die große europäische Hexenjagd konnte nicht beginnen, bevor die herrschenden Eliten der europäischen Länder, besonders diejenigen, die die Gerichtsbarkeit kontrollierten, sich die oben beschriebenen Vorstellungen über die teuflischen Aktivitäten der Hexen angeeignet hatten. Der Glaube an die Realität der Magie, die die Hexen ausübten, war allein nicht tragfähig genug, um die systematische Verfolgung und Hinrichtung großer Zahlen von Hexen durchzusetzen. Das Verbrechen des *maleficium*, das von europäischen Hexen in der Frühen Neuzeit ausgeübt wurde, war zwar eindeutig niederträchtig, aber nicht schwerwiegend genug oder nicht weit genug verbreitet, um eine solche Justizkampagne, wie sie schließlich gegen die Hexen in Gang gebracht wurde, auszulösen. Damit die intensive Hexenjagd entstehen konnte, mußte zuvor die herrschende Schicht glauben, daß das Verbrechen von größter Bedeutung war und daß es in breitem Umfang und in konspirativer Form ausgeübt wurde. Sie mußte davon überzeugt sein, daß nicht nur einzelne Hexen ihren Nachbarn mit magischen Mitteln schadeten, sondern daß große

Zahlen von Hexen den christlichen Glauben verleugneten sowie die christliche Kultur unterhöhlten und daß Magier zu einer organisierten, konspirativen Sekte von Teufelsanbetern gehörten.

Daß viele einflußreiche und politisch mächtige Europäer diese Vorstellungen übernahmen, wirft eine Reihe schwerwiegender Fragen auf. Woher stammten alle diese Vorstellungen über den Pakt mit dem Teufel, über den Sabbat und die Fähigkeit der Hexen zu fliegen, und wie verschmolzen sie zum kumulativen Konzept der Hexerei? Zweitens, wie entstanden diese Vorstellungen, und wie verbreiteten sie sich in den oberen und gebildeten Schichten der europäischen Staaten? Drittens, warum übten diese Vorstellungen damals eine so große Anziehungskraft aus, und warum wurden sie bis zum späten 17. Jahrhundert nicht erfolgreich bekämpft?

Das kumulative Konzept der Hexerei

Der Teufel

Im Zentrum des Hexenglaubens der meisten Gelehrten stand der Teufel, die Quelle der Hexenmagie, der Vertragspartner der Hexen und das Objekt ihrer Verehrung. Bevor wir den eigentlichen Teufelspakt untersuchen, müssen wir zunächst klären, wer diese geistige Macht war und welche Attribute die Europäer ihr zuschrieben. Wie die vielfältigen Formen des Hexenglaubens, die den Teufel involvieren, hatte sich auch die Vorstellung vom Teufel im Laufe des Mittelalters beträchtlich verändert.

Das ganze Mittelalter hindurch wurde der Teufel meist als Satan bezeichnet, ein Name, den die Bibel in der Bedeutung «der Feind» verwendet. Im Alten Testament spielt Satan keine wichtige Rolle. Das Judentum als monotheistische Religion schrieb die Schöpfung und den Lauf des Universums dem einen wahren Gott, Jahwe, zu. Alles, was lebte, ob böse oder gut, ist von ihm erschaffen. Erst in einer der späteren Schriften des Alten Testaments, dem Ersten Buch der Chroniken, nimmt Satan eine eigenständige Persönlichkeit an und stellt sich als Feind Gottes und Verkörperung des Bösen dar. Im Neuen Testament tritt Satan deutlicher hervor. Als Anführer einer Horde von untergeordneten Dämonen versucht er nicht nur Jesus selbst in der Wüste, sondern er wird auch zum mächtigen Gegenspieler der gesamten Christenheit, indem er die Menschen dazu aufwiegelt, sich von Christus zurückzuziehen und seine Lehren abzulehnen. So beginnt ein gigantischer Kampf zwischen dem Königreich Christi einerseits und dem Reich Satans andererseits, ein Konflikt, der nach allgemeiner Ansicht bis zur zweiten Wiederkehr Christi andauern wird.

Als die Christenheit, das Königreich Christi, sich nach Osten und Westen ausdehnte, war es naheliegend, daß die Kirchenväter diejenigen Religionen, mit denen sie konkurrierten, sowohl die jüdische als auch die heidnischen, dem Reich Satans zuordneten. Dieser Vorgang wirkte sich auch auf die Darstellung des Teufels in der christlichen Kunst aus. Eine der wirkungsvollsten Taktiken der christlichen Kirche gegenüber Konvertiten oder potentiellen Konvertiten, die weiterhin ihre heidnischen Gottheiten verehrten, bestand darin, diese Götter zu dämonisieren, das heißt zu behaupten, daß sie in Wirklichkeit Dämonen oder der Teufel selbst seien. Weil diese Gleichsetzung so häufig vorgenommen wurde, begannen die Christen den Teufel in der Weise darzustellen, wie die Heiden ihre Götter sahen. Die mittelalterliche Kunst kannte kein Standardbild des Teufels. Manche Züge, die in den Darstellungen häufig wiederkehrten, gehen eher auf die christliche Theologie als auf heidnische Vorbilder zurück. Daß der Teufel zum Beispiel schwarz dargestellt wird, beruht auf der traditionellen Assoziation der Farbe Schwarz mit der Sünde und erinnert nicht an irgendeinen schwarzen heidnischen Gott. Ebenso gehen seine Flügel auf seinen Status als gefallener Engel zurück und nicht etwa darauf, daß manche heidnischen Götter geflügelte Kreaturen waren. Trotzdem stammen viele Züge, die allgemein dem Teufel zugeschrieben wurden, ursprünglich von heidnischen Göttern. Der Spitzbart, die gespaltenen Hufe, die Hörner, die runzlige Haut, die Nacktheit und die halbanimalische Form verweisen sowohl auf den griechisch-römischen Gott Pan als auch auf den keltischen Gott Cernunnos, während weibliche Brüste, wie sie in englischen Teufelsdarstellungen des 17. Jahrhunderts mehrfach auftauchen, mit großer Sicherheit von der Fruchtbarkeitsgöttin Diana inspiriert sind.[3]

Die Ähnlichkeit zwischen dem mittelalterlichen christlichen Teufel und den alten heidnischen Gottheiten, die das Christentum ersetzte und dämonisierte, ist einer der wichtigsten Beweise, auf den Gelehrte die These gestützt haben, daß die Hexen der Frühen Neuzeit tatsächlich alte Fruchtbarkeitsreligionen praktizierten. Viele Hexen gestanden, ein gehörntes Tier als Gott verehrt zu haben. Doch als Beweise sind diese Geständnisse wertlos. Die Details waren mit großer Sicherheit von dem Inquisitor oder Richter suggeriert worden und spiegelten eine christliche Sicht des Teufels wider, den die Hexe nach Meinung des Inquisitors als Gott verehrte. Es ist nur natürlich, daß der oder die Angeklagte bei der Beschreibung seines «Gottes» die Züge aufzählte, die dem Teufel allgemein zugeschrieben wurden und die ihrerseits zu einem großen Teil aus älteren Vorstellungen von heidnischen Fruchtbarkeitsgottheiten abgeleitet waren.

Neben der Bezeichnung des Teufels als Satan finden sich auch andere Namen, gelegentlich zum Beispiel Luzifer, wie die Kirchenväter den großen Erzengel genannt hatten, der sich gegen Gott erhob und deshalb vom Himmel in die Hölle verstoßen wurde. Der Name, ein römisches Wort für Morgenstern, findet sich zwar nicht in der Bibel, aber einige Kirchenväter setzten ihn mit dem Stern in Isaias gleich, der so sein wollte wie Gott und den Gott vom Himmel herabgeworfen hatte. So wurde Luzifer zum Namen, mit dem man Satan vor dem Fall beschreiben konnte.

Die mittelalterlichen und frühneuzeitlichen Christen glaubten nicht nur an den als Satan, Luzifer oder mit Titeln wie Fürst der Finsternis, Fürst dieser Welt oder einfach als Dämon benannten Teufel, sondern auch an die Existenz einer großen Anzahl von Dämonen oder Unholden, die dem Teufel bei der Ausübung des Bösen, der Versuchung und der Zerstörung unterstützten. Das Neue Testament nennt die Zahl dieser Dämonen Legion, ohne sich genau festzulegen, so daß ihre genaue numerische Stärke zu einem spekulativen Topos unter den Dämonologen wurde. Im 15. Jahrhundert kam der spanische Theologe Alfonso de Spina zu der bemerkenswert präzisen Zahl von 133 306 668 Teufeln, worin er nur noch von den weit ungenaueren Berechnungen von 26 Billionen in einem der von Sigmund Feyerabend 1569 kompilierten Teufelsbücher übertroffen wurde.[4] Andere Schätzungen waren meist weit vorsichtiger und begnügten sich mit sechs bis sieben Millionen. Da diese Dämonen als gefallene Engel galten, waren sie wie die Engel auch oft hierarchisch geordnet.

Einige Dämonen, vor allem die der höheren Ränge, erhielten eigene Namen, besaßen ausgeprägte Persönlichkeiten und verführten zu ganz bestimmten Sünden. Allerdings herrschte in der Namensgebung nicht einmal ein Schein von Übereinstimmung, sondern heillose Verwirrung, etwa wenn Dämonologen Satan mit den Namen der Oberdämonen wie Beelzebub, Leviathan, Asmodeus, Belial oder Behemoth bezeichneten oder gar Satan bzw. Luzifer oder beide neben ihren Untergebenen als gleichrangig darstellten. Dies überrascht nicht, da diese Namen entweder aus der Bibel oder aus apokryphen Schriften der vorchristlichen Zeit stammten, in denen die verschiedenen Namen bereits unterschiedslos benutzt wurden. Verwirrung herrscht im übrigen nicht nur in den Arbeiten der Dämonologen, sondern auch in den Berichten über Hexensabbate, wo häufig unklar bleibt, ob der Zeremonienmeister, der manchmal als gehörntes Tier beschrieben wird, der Teufel oder einer seiner Oberdämonen war.

Da das ganze Mittelalter hindurch das körperliche Erscheinungsbild des Teufels mehrfach beschrieben und außerdem oft behauptet wurde, er bewohne menschliche Körper, erhebt sich die wichtige Frage nach seiner metaphysischen Natur und seiner Macht. Diese Frage blieb das ganze Mittelalter hindurch umstritten, aber im 12. und 13. Jahrhundert entwarf eine Gruppe von scholastischen Theologen eine Sichtweise, welche die ganze Periode der Hexenjagd hindurch maßgeblich blieb. Nach Ansicht dieser Scholastiker waren Dämonen ebenso wie die Engel reine Geister ohne Fleisch und Blut. Sie konnten jedoch das Aussehen von Menschen oder Tieren annehmen, indem sie verschiedene Ausdünstungen der Erde mit der Luft vermischten und so eine körperlich nicht gefestigte oder luftige Gestalt bildeten. Dieser Körper, der aus Elementen der Natur bestand, besaß eine physikalische Realität und konnte bestimmte körperliche Funktionen wie den Tanz oder den Geschlechtsverkehr ausüben. Nach Auffassung einiger Dämonologen konnte der Teufel sich sogar fortpflanzen, indem er den Samen eines Mannes benutzte, aber diese Vorstellung blieb höchst umstritten.[5] Die besonderen Eigenschaften der Dämonenkörper erklären auch, warum nach den Beschreibungen der Teufel und seine zahlreichen *incubi* oder *succubi* während des Geschlechtsaktes als kalt beschrieben werden. Um die Kälte des satanischen Geschlechtsorgans zu erklären, müssen wir nicht auf die These zurückgreifen, die Hexen benutzten bei ihrem Fruchtbarkeitsritus einen Phallus aus Stein; es genügt die Interpretation der Theologen, daß der Teufel kein Blut besaß.[6]

Der Teufel oder seine nachgeordneten Dämonen konnten nicht nur die Gestalt eines Menschen oder eines Tieres annehmen, sie konnten auch vom Körper eines menschlichen Wesens Besitz ergreifen bzw. in ihm wohnen. Berichte über solche Besessenheit erscheinen in der Bibel, in frühchristlicher Zeit und das ganze Mittelalter hindurch. Häufig fuhr der Teufel in Kleriker, die dann beklagten, er habe die Kontrolle über einige Organe oder Körperfunktionen übernommen. Wenn der Teufel eine Person in Besitz nahm, mußte er nicht Luft komprimieren oder verdichten, um einen luftigen Körper zu schaffen; er besetzte einfach den Körper der betroffenen Person und nutzte seine Macht über die Materie, um die Funktionen des menschlichen Körpers zu lenken. Daß er Besitz von Menschen ergriff, konnte bei der Hexerei eventuell eine Rolle spielen und tat es vermutlich auch, da diese Besitzergreifung das Ergebnis der Tätigkeit einer Hexe sein konnte. Mit anderen Worten, die Hexe konnte als Teil des Paktes, den sie mit dem Teufel geschlossen hatte, ihm befehlen, in ein Opfer zu fahren. Die Besitzergreifung konnte jedoch auch ohne Beteiligung einer Hexe erfolgen, rein aus einer Laune des Teufels heraus, wenn Gott ihm dies erlaubte.

Eine der wichtigsten Kräfte des Teufels war seine Macht, Illusionen zu erzeugen. Genauso wie seine Fähigkeit, die menschliche Gestalt anzunehmen, beruhte auch sie darauf, daß er verschiedene Substanzen, Bilder und Düfte zu beeinflussen vermochte. So wie er in der Lage war, Luft zusammenzupressen und zu verdichten, konnte er die Bilder, die im menschlichen Geist gespeichert waren, benutzen und die Menschen mittels ihrer geistigen Fähigkeiten so manipulieren, daß sie etwas zu sehen glaubten, was nicht vorhanden war. Scholastische Theologen betonten, daß viele der erstaunlichen Effekte, die der Teufel produzierte, nur von ihm erzeugte Illusionen waren. Genau dies geschah zum Beispiel, wenn er Menschen in Tiere verwandelte oder einen Mann seiner Männlichkeit beraubte. Weder verwandelte er die Substanz des Mannes, noch veränderte er seine physische Beschaffenheit. Er verleitete ihn lediglich dazu zu denken, daß sich ein solcher Wandel vollzogen habe.[7] Entweder inspirierte er eine Person, sich das Bild eines Tieres oder eines gliedlosen Mannes vorzustellen, oder er beeinflußte ihr perspektivisches Unterscheidungsvermögen, indem er ihre Fähigkeit, die Bewegung im Raum zu kontrollieren, verwirrte. Ein Großteil der Magie praktizierte der Teufel auf diese Weise, obwohl er auch durch Zauberei den Naturgesetzen trotzen und beispielsweise Körper zusammenfügen oder auseinandernehmen konnte.

Es muß allerdings klargestellt werden, daß der Teufel nach Ansicht der Scholastiker keine auch nur annähernd unbegrenzte Macht über die physische Welt besaß. Er konnte die Substanz der Dinge nicht verändern und keine Wunder wirken. Auch konnte er kein neues Leben in irgendeiner Form schaffen; er mußte mit dem Universum arbeiten, so wie Gott es geschaffen hatte. Gott allein hatte die Natur und die geistige Welt geschaffen und herrschte über sie. Was immer der Teufel anstellte, tat er mit der ausdrücklichen Erlaubnis dieses allgegenwärtigen Gottes, der sich viele Kräfte für den eigenen Gebrauch vorbehielt. Zu erklären, daß der Teufel in irgendeiner Weise Gott gleich sei, daß er Materie erschaffe oder deren Wirkungen kontrolliere, war dualistische Häresie, wie sie Manichäer und Katharer lehrten. Zeitweise vertraten allerdings auch rechtgläubige Christen sehr ähnliche Vorstellungen. Wann immer sie vom Reich Satans sprachen, wann immer sie Zweifel daran hegten, daß der Kampf zwischen Christus und dem Satan nicht mit dem Sieg Christi enden könnte, wann immer sie glaubten, sie könnten der Macht des Teufels nicht entkommen, waren sie gefährlich nahe daran, ihm Fähigkeiten zuzuschreiben, die ihm die offizielle kirchliche Lehre absprach. Es überrascht nicht, daß der Glaube an die übergroße Macht des Teufels in der Zeit der großen europäischen Hexenjagd am weitesten verbreitet war.[8]

Als im 15. Jahrhundert die Macht Satans in der Welt zuzunehmen schien und die ersten Hexenprozesse stattfanden, erfuhr die Vorstellung vom Teufel eine bedeutsame Veränderung. Das ganze Mittelalter hindurch war Satan als Feind und Gegenspieler Christi verstanden worden, der Haß anstelle von Liebe lehrte. Nun jedoch wurde er zunehmend als Gegenspieler von Gottvater, als Quelle und Objekt des Götzendienstes und der Häresie angesehen. Ein Grund für diesen Wandel lag darin, daß die Spätscholastiker die Zehn Gebote und nicht so sehr die Sieben Todsünden zur Grundlage der christlichen Ethik erklärten. Das erste Gebot verbietet die Verehrung falscher Götter, ein Vergehen, das nicht unter die Sieben Todsünden zu subsumieren war. John Bossy hat gezeigt, daß die Propagierung dieses neuen Moralsystems, das Katholiken und Protestanten in der Reformationszeit übernahmen, dazu beitrug, das Verbrechen der Hexerei umzudeuten; aus dem *maleficium* wurde der Satanskult.[9] Nicht zufällig beeinflußte Johannes Gerson, der eifrigste Verfechter der neuen biblischen Ethik, 1398 die Entscheidung der theologischen Fakultät der Universität Paris, daß alle Zauberer, ob wohltätige oder schadenstiftende, des Götzendienstes schuldig seien. Es ist auch kein Zufall, daß Johannes Nider, der dominikanische Theologe und Inquisitor, der zwischen 1435 und 1437 mit seinem *Formicarius* einen der ersten Hexentraktate verfaßte, einer von Gersons deutschen Schülern war.[10] In seiner Abhandlung beschrieb Nider Hexen als Männer und Frauen, die nicht nur Menschen und Tiere verhexen, sondern auch den Teufel verehren, ihren christlichen Glauben verleugnen und auf dem Kreuz herumtrampeln.[11]

Der Pakt mit dem Teufel

Der grundlegende Gedanke des kumulativen Konzepts der Hexerei ist der Glaube, daß Hexen sich mit dem Teufel verbünden. Der Pakt bildete nicht nur in vielen Rechtskreisen die Grundlage des juristischen Tatbestands des Verbrechens der Hexerei, sondern auch das wichtigste Verbindungsglied zwischen der Ausübung schädlicher Magie und der angeblichen Teufelsanbetung. Im umfassendsten Sinne war eine Hexe sowohl ein schadenstiftender Magier als auch ein Teufelsanbeter, und den eindeutigsten Beweis für beide Aktivitäten lieferte der Pakt.

Der Glaube, daß ein Mensch einen Pakt mit dem Teufel schließen könne, findet sich bereits in den Schriften des heiligen Augustinus, aber erst im 9. Jahrhundert, als Legenden über solche Pakte ins Lateinische übertragen wurden, verbreitete er sich allmählich in Westeuropa. In diesen Pakten trafen die Menschen eine vertragsähnliche Vereinbarung, nach welcher der Teufel im Austausch gegen Dienstleistungen oder den Besitz der Seele nach dem Tode dem Vertragspartner Wohlstand oder eine andere Art irdischer Macht verschaffte, wozu manchmal auch die Macht der Magie gehörte. Nach einem der berühmtesten Berichte verlockte ein jüdischer Zauberer den heiligen Theophilus dazu, eine solche Übereinkunft zu unterzeichnen, und als Ergebnis dieses Abkommens erlangte Theophilus unter anderem Zauberkräfte. Nach einer anderen Legende, die Erzbischof Hinkmar vom Reims im 9. Jahrhundert vom heiligen Hieronymus übernahm, schloß ein junger Mann auf Drängen eines Zauberers einen Pakt mit dem Teufel, um die Liebe eines Mädchens zu gewinnen. Zwar erwarb er selbst keine Zauberkräfte, auch schloß der Zauberer keinen Pakt mit dem Teufel, aber der junge Mann erreichte das begehrte Objekt des Liebeszaubers, und man darf daher annehmen, daß der Magier zuvor tatsächlich einen Teufelspakt abgeschlossen hatte. Andere Geschichten wie die von einem italienischen Bischof aus dem 9. Jahrhundert, der großen Reichtum begehrte, enthalten keinen Hinweis auf die Verleihung von Zauberkräften durch den Teufel.[12] Insgesamt jedoch war im 9. Jahrhundert der Glaube, daß Zauberer sich mit dem Teufel verbündeten, schon so fest verankert, daß Hrabanus Maurus den Abschluß des Paktes mit dem Teufel als einen Grund dafür anführen konnte, die Ausübung gelehrter Magie zu verurteilen.[13]

Die Verbindung zwischen Magie und Satanspakt festigte sich noch stärker, als im 12. und 13. Jahrhundert die Übersetzungen zahlreicher islamischer und griechischer Zauberbücher zu einem dramatischen Anstieg der Ausübung der Zauberei führten und kirchliche Autoren dazu übergingen, diese entschiedener und ausdrücklicher zu verurteilen. Zu der nun vermehrt praktizierten Magie gehörte die Anrufung und Beherrschung von Dämonen, weshalb sie häufig Geisterbeschwörung genannt wurde, ein Begriff, der an sich die Beschwörung der Geister von Verstorbenen bezeichnet. Diese zeremonielle oder rituelle Magie wurde hauptsächlich an den europäischen Fürstenhöfen und sogar am päpstlichen Hof praktiziert. Die sie ausübten, mögen später den *magi* der Renaissance als «ignorante Geisterbeschwörer» erschienen sein, aber sie waren keineswegs ungebildet und hatten sowohl mit den Magiern der Antike als auch mit denen der Renaissance sehr viel mehr gemeinsam als mit den Hexen, die später in großer Zahl verfolgt wurden. Die Dämonen anzurufen, um geheimes oder verbotenes Wissen zu erlangen, mag keine differenzierte Gelehrsamkeit erfordert haben, aber es setzte tiefere Kenntnisse voraus als die reine Ausübung bäuerlichen Aberglaubens. Die Methoden dieser Beschwörungen waren sehr unterschiedlich, aber meist wurde eine Formel benutzt, um etwa den Dämon in eine Flasche, einen Ring oder einen Spiegel zu bannen und ihm dann zu befehlen, die gewünschte Hilfeleistung zu erbringen.

Es waren vorwiegend die scholastischen Theologen, kräftig unterstützt von Päpsten und päpstlichen Inquisitoren wie Nicholas Eymeric, die diese neue Art von Magie verurteilten. Dazu genügte es nicht, die von den Kirchenvätern übernommene Verdammung der Magie zu wiederholen; es mußte auch der Einwand widerlegt werden, daß die Ausübung solcher Magie gute Ziele verfolge und daß die Magier den Dämonen, die sie beschworen, nicht dienten, sondern ihnen Befehle erteilten. Den Schlüssel zur Antwort der Scholastiker auf diese Herausforderung lieferte das logische Argument, daß Dämonen keine Dienstleistungen ohne Gegenleistung erbringen. Die Praxis der Magier bewies, daß genau dies der Fall war; denn sie boten dem Dämon entweder ihre Verehrung oder ein Objekt wie ein Huhn oder ihr eigenes Blut an, um sie in ihre Dienste zu locken. Daraus konnten die Scholastiker den Schluß ziehen, daß vermutlich alle Zauberer einen Pakt mit dem Teufel eingingen. Wenn Magier tatsächlich den Dämonen Befehle erteilten und ihnen eine Gegenleistung anboten, war die Angelegenheit eindeutig; in anderen Fällen galt dies implizit oder stillschweigend, obwohl keine direkten Verhandlungen stattfanden, da die Ausübung von Magie irgendeine Form gegenseitiger Beziehungen zwischen Teufel und Zauberer voraussetzte.[14] In jedem Falle mußte der Magier verurteilt werden, weil er durch jeden Pakt dem Teufel etwas gegeben hatte, was allein Gott zustand. Deshalb war der Magier als solcher bereits ein Häretiker, zumindest indirekt, weil er die exklusive Stellung leugnete, die Gott nach der katholischen Lehre innehatte.[15] Noch schlimmer, er war ein Apostat, denn er leugnete den christlichen Glauben, indem er freiwillig Satan verehrte oder ihm in irgendeiner Weise diente.[16]

Die Bezeichnung der Zauberer als Häretiker und Abtrünnige war nicht neu, sie findet sich schon bei den Kirchenvätern. Auf die Behauptung der Magier, sie seien keine Häretiker, reagierten die Theologen des 14. Jahrhunderts lediglich mit einer Bekräftigung älterer Ansichten der Kirche zur Magie. Neu an der scholastischen Position waren aber die Betonung des Teufelspakts als Begründung der Häresie und, vor diesem Hintergrund, die umfassende Verurteilung aller rituellen Magie. Für die Entwicklung des gelehrten Hexenglaubens bedeutete dies erstens, daß die Verurteilung aller rituellen Magie als Häresie leicht auf Arten von Magie ausgedehnt werden konnte, mit denen sich die Scholastiker nicht befaßten, insbesondere die Ausübung des einfachen *maleficium* durch ungebildete Bauern. Nach der Logik der scholastischen Argumentation mußten auch diese Bauern Bündnisse mit dem Teufel abgeschlossen haben, da nur der Teufel die Macht besaß, magische Effekte auszuüben, und da sie ihm, um magische Kräfte zu erlangen, eine Gegenleistung bieten mußten. Zweitens gingen mit der Einstufung der Magier als Häretiker und Abtrünnige sämtliche Beschuldigungen, die im Spätmittelalter gegen Häretiker erhoben wurden, insbesondere die Anklage der geheimen gemeinschaftlichen Satansverehrung und des perversen Verstoßes gegen die göttliche Ordnung und die menschlichen Verhaltensnormen, auch auf die Magier über. Und nachdem Magier auf diese Weise zu Häretikern geworden waren, konnten sie auch als solche von päpstlichen Inquisitoren verfolgt werden.

Da die Vorstellung, daß Magier Verträge mit dem Teufel abschlossen, sich auch auf Menschen erstreckte, die einfache Zauberei betrieben, und der Magier gewissermaßen zur Hexe wurde, erfuhr auch die Vorstellung von dem Pakt selbst eine bedeutsame Veränderung. Die Bündnisse, die rituelle Magier mit dem Teufel abschlossen, bedeuteten immer eine Art Verehrung des Teufels und – zumindest nach den scholastischen Kommentatoren - den Verlust der geistigen Integrität sowie des Glaubens des Zauberers, aber sie verliehen dem Zauberer auch eine gewisse Macht über den Teufel. Sie zwangen diesen nämlich, dem Magier zu dienen und ihm die benötigte Hilfe zu leisten. Die Aushandlung des Paktes vollzog sich ursprünglich zwischen zwei Gleichgestellten, wobei jeder den anderen zu betrügen versuchte, um von ihm mehr zu erhalten, als er selbst gab. Als die Anklage wegen Magie und des Teufelspaktes jedoch gegen arme, unwissende Bauern erhoben wurde, veränderte sich die offizielle und gelehrte Interpretation des Paktes. Der Magier, der schrittweise zu einer Hexe gemacht wurde, wurde dadurch sehr viel stärker zum Diener als zum Herren des Teufels. König Jakob VI. von Schottland formulierte es später so: «Hexen sind nur Diener und Sklaven des Teufels; aber die Geisterbeschwörer sind seine Herren und Beherrscher.»[17]

Gewiß wurde zwischen beiden immer noch ein Handel abgeschlossen, aber die Befehlsgewalt der Hexe über den Teufel beschränkte sich darauf, daß sie ihn zwingen konnte, sie zum *maleficium* zu befähigen, während die Verehrung, welche die Hexe dem Teufel entgegenbrachte, sehr viel freiwilliger, unterwürfiger und bedingungsloser wurde. In vieler Hinsicht gewann der Teufel die Oberhand, eine Position, die er im Handel mit rituellen Magiern nie gehabt hatte. Ein deutliches Zeichen für die Veränderung ist die Tatsache, daß die Hexe sich später in der Regel bereit erklärte, dem Teufel gegen sehr geringe finanzielle oder materielle Belohnung zu dienen. Häufig gewinnt er die Gefolgschaft einer Hexe mit dem Angebot einer kleinen Münze, die sich nach Abschluß des unauflöslichen Paktes prompt in einen Stein verwandelt. Der Teufel, daran sollte erinnert werden, ist der große Betrüger, wie uns die Bibel lehrt, und sobald die Hexe ihm nicht mehr gleichgestellt ist, kann sie leicht zu seinem Narren werden. Interessant ist auch, daß sich das Geschlecht des Übeltäters ändert, sobald der Hexenmeister in eine dienstbare Hexe verwandelt wird. Aus dem Mann wird eine Frau.

Der Hexensabbat

Der Klerus und die weltliche Elite im Europa der Frühen Neuzeit hielten den Teufelspakt der Hexen für einen wesentlichen Bestandteil des Hexenwesens. Von gleicher und in mancher Hinsicht größerer Bedeutung war die von denselben Kreisen vertretene Ansicht, daß die Hexen, die mit dem Teufel paktierten, ihn auch gemeinschaftlich verehrten und eine Reihe von blasphemischen, unmoralischen und obszönen Riten vollzogen. Diese Vorstellung war nicht so weit verbreitet wie die vom Teufelspakt, und ihre Ausformung war nicht so einheitlich. Doch wie der Glaube an den Pakt bildete auch sie eine wesentliche Voraussetzung für die große Hexenjagd. Genauso wie der Glaube an den Pakt die Verfolgung der Hexen zwingend gebot, veranlaßte die Vorstellung von den nächtlichen Hexenversammlungen die Obrigkeiten in Europa, nach deren Komplizen zu suchen. Ohne den Glauben an den Hexensabbat hätte die Justizkampagne der europäischen Hexenjagd bei weitem nicht dieses Ausmaß erreicht.

Obwohl Teufelspakt und Hexensabbat in der Meinung großer Teile der gebildeten Elite eng miteinander verbunden waren und obwohl die Teufelsverehrung und manchmal auch die Darbringung von Opfern mit beiden Begriffen assoziiert wurden, stammten diese doch aus unterschiedlichen Quellen, und ihre vollständige Verschmelzung zum kumulativen Konzept der Hexerei erfolgte erst im 15. Jahrhundert. Aber auch dann waren die beiden Bestandteile des Hexenglaubens nicht notwendigerweise miteinander verbunden, nicht einmal in der Literatur. Der berühmteste Hexentraktat, der jemals geschrieben wurde, der *Malleus Maleficarum,* handelt zum Beispiel ausführlich vom Teufelspakt, Hinweise auf kollektive Teufelsverehrung finden sich darin aber nur gelegentlich.[18]

Der Glaube an den Sabbat speiste sich sowohl aus allgemeinen psychologischen als auch aus einzelnen historischen Quellen. Die psychologischen Wurzeln, die – um es vorsichtig auszudrücken – bislang nicht vollständig verstanden werden, sind dieselben, die in ganz unterschiedlichen Gesellschaften Albträume und Phantasien über unmenschliche und unmoralische Aktivitäten auslösen. Bekanntlich hat jede Gesellschaft Mythen über Personen hervorgebracht, die besondere Fähigkeiten oder physische Merkmale besaßen, den moralischen oder religiösen Normen der Gesellschaft zuwiderhandelten und daher eine Bedrohung für ihren Bestand darstellten. Man darf wohl annehmen, daß der Glaube an die Existenz solcher Individuen notwendig ist, um gesellschaftliche Normen zu definieren oder zumindest diejenigen zu bekräftigen, die allgemein akzeptiert werden. Die besondere Bedeutung dieser angeblich abartigen Menschen variiert je nach den Normen jeder Gesellschaft, aber da alle Gesellschaften bestimmte moralische Normen teilen, besitzen die Albträume, die sie auslösen, auch gemeinsame Züge. Zu allen diesen Albträumen gehört vermutlich der kannibalistische Kindermord, den die meisten Gesellschaften als den schlimmsten moralischen Verstoß betrachten. Das gleiche gilt vom nackten Tanzen, einer Handlung, die viele Gesellschaften bis in die neueste Zeit hinein als gesellschaftlich und moralisch höchst anstößig empfinden.[19]

In gewisser Weise repräsentiert der Glaube an den Hexensabbat, zu dessen Ritualen sowohl der nackte Tanz als auch der kannibalistische

Kindermord gehörten, im spätmittelalterlichen und frühneuzeitlichen Europa eine Version von Albträumen, wie sie dem Wesen nach weit oder gar weltweit verbreitet waren. Gleichzeitig jedoch umfaßte der europäische Hexensabbat viele Elemente, die den Einfluß des mittelalterlichen Christentums widerspiegeln. Mit Sicherheit entspringt die deutliche Betonung der erotischen Aspekte des Sabbats – der rituelle Verkehr mit dem Teufel und die heterosexuelle und homosexuelle Promiskuität zwischen den Hexen – der negativen Haltung der mittelalterlichen und frühneuzeitlichen Kirche zur Sexualität. Die Parodie der katholischen Messe, die keineswegs in allen, aber in vielen französischen und italienischen Beschreibungen des Hexensabbats auftaucht, spiegelt ebenfalls den besonderen christlichen Abscheu vor dem Spott über die heiligste Zeremonie. Sie bestand jedoch nie aus einer schwarzen Messe, einer komplizierten Zeremonie, die manche neuzeitlichen Hexen tatsächlich über dem Körper einer nackten Frau vollziehen. Aber bei einigen angeblich im 16. und 17. Jahrhundert abgehaltenen Sabbaten wurde das Glaubensbekenntnis von Nicaea rückwärts aufgesagt, während der Zelebrant auf dem Kopf stand, es wurden Formeln gebraucht wie «Gehet hin im Namen des Teufels», die Versammlung wurde mit einem schwarzen Wedel gesegnet, man konsekrierte eine Hostie aus Abfall, Rüben oder einer schwarzen Substanz, und man sang im Chor mit «heiseren, rauhen und tonlosen Stimmen».[20]

Die spezifisch christlich-europäische Darstellung einer Anti-Gesellschaft in den Bekenntnissen der Hexen entspringt im wesentlichen den rhetorischen Attacken von Mönchen des 11. und 12. Jahrhunderts gegen Häretiker. Bedroht von der erschreckenden Ausbreitung von Häresien wie dem Katharertum und dem Waldensertum, entwarfen sie bewußt das Bild einer antimenschlichen, häretischen Gesellschaft, um das Anwachsen solcher Bewegungen zu verhindern und ihre Bekämpfung zu beschleunigen. Bei der Ausmalung dieses Bildes stützten sich Mönche wie Ralph von Coggeshall nicht nur auf die weltweit verbreitete Vorstellung einer Anti-Gesellschaft, sondern auch auf eine Reihe besonderer Quellen.[21] Eine davon war das Bild, das sich die Römer von den frühen Christen gemacht hatten. Diese galten als Mitglieder einer Geheimorganisation, die kannibalistischen Kindermord und Inzest praktizierte, eine Vorstellung, die sich durchgesetzt hatte, weil die Christen sich im geheimen trafen und die Eucharistie als zentraler Ritus des Christentums leicht als Kannibalismus fehlinterpretiert werden konnte. Eine andere Quelle war die von den Kirchenvätern entwickelte Vorstellung, daß der Häretiker (sowohl der Magier als auch der Jude) ein Götzendiener und Sohn Satans sei. Eine dritte Quelle, die auf einer realen Grundlage basierte, aber ohne Unterschied allen Häretikern angelastet wurde, war die Überzeugung, daß sie sich wie die frühen Christen der

Römerzeit heimlich trafen, ein Vorwurf, den die Unfähigkeit der Behörden, die Häretiker ausfindig zu machen, nur verstärken konnte.[22] Eine vierte Quelle war der Inhalt der häretischen Lehre selbst oder genauer die Art, wie sie interpretiert wurde. Die Katharer zum Beispiel waren Dualisten, das heißt, sie hielten die Macht des Teufels und insbesondere seine Herrschaft über die materielle Welt für außerordentlich groß. Nach der Lehre der Katharer sollte das Christentum die Menschen im wesentlichen darüber belehren, wie sie ihre Seelen, die geistiger Natur waren, von der Bosheit, die sie gefangen hielt, befreien konnten. Christus, der reiner Geist war, hatte den Menschen die Fähigkeiten dazu verliehen. Das Katharertum war daher betont antidämonisch, aber es ist leicht zu erkennen, wie die Überbewertung der Macht des Bösen in der Welt und seine Erhebung zu einer fast gottgleichen Stellung die Verteidiger der Rechtgläubigkeit dazu verleiten konnte, die Katharer und dann auch andere Häretiker als Teufelsanbeter zu bezeichnen. Auch konnte die Verachtung der Katharer für die Fortpflanzung, die ihrer Ansicht nach Teufelswerk war, den Vorwurf der Abtreibung nähren, und diese Beschuldigung nährte ihrerseits aus ganz anderen Quellen stammende Phantasien über kannibalistischen Kindermord.

Aus diesen Vorstellungen amalgamierten die Mönche des späten 12. und frühen 13. Jahrhunderts das Klischee vom Häretiker als geheimbündlerischem, nächtlich aktivem, sexuell promiskuitivem Teufelsanbeter. Dieses Klischee, das in vieler Hinsicht aus sich selbst Glaubwürdigkeit gewann, konnte undifferenziert auf jeden Häretiker und jeden Menschen, der vom rechten Christenglauben abwich, übertragen werden; im Spätmittelalter war es charakteristisch für Häretiker, rituelle Magier und einfache *malefici* oder Hexen. Im Rahmen unserer Überlegungen ist die wichtigste Frage, wie und wann es auf die Hexen, die angeblich schadenstiftende, niedere Magie praktizierten, übertragen wurde. Einige Wissenschaftler glaubten, die frühesten Belege dafür in Gerichtsverfahren gegen französische Katharer aus dem 14. Jahrhundert gefunden zu haben.[23] Diese Häretiker praktizierten angeblich *maleficia*, und deshalb wurden die Vorstellungen der päpstlichen Inquisitoren und Anklagevertreter von den Handlungen der Katharer ohne Schwierigkeiten auf die *malefici* übertragen. Auf diese Weise wurden die Katharer zu Hexen. Es konnte jedoch nachgewiesen werden, daß die Beschreibungen ihrer Gerichtsverfahren und Geständnisse Fälschungen sind,[24] und wir müssen daher nach anderen Gründen suchen, warum die Vorstellungen von Magie einerseits und geheimer und kollektiver Ausübung von Häresie andererseits miteinander verschmolzen.

Der wichtigste und berühmteste Fall, bei welchem diese Verbindung zum Tragen kam, war der Prozeß, der 1324/25 im irischen Kilkenny gegen Dame Alice Kytler und ihre Komplizen geführt wurde. Kytler wurde beschuldigt, zum Zwecke der Bereicherung zahlreiche *maleficia*, darunter einen Mord, verübt zu haben. Im Laufe des Verfahrens, das am bischöflichen Gericht von Ossory stattfand, wurden sie und ihre Komplizen nicht nur wegen *maleficia* angeklagt, sondern auch beschuldigt, zu einer häretischen Sekte zu gehören, die sich nachts insgeheim traf, den christlichen Glauben leugnete und den Dämonen Opfer darbrachte. Darüber hinaus wurde Dame Alice bezichtigt, mit ihrem eigenen persönlichen Dämon zu kopulieren. Den Mitgliedern der Sekte wurde zwar nicht kannibalischer Kindermord vorgeworfen, aber es wurde behauptet, sie hätten aus den Kleidern von verstorbenen, ungetauften Kleinkindern und dem Fett von Leichen Zaubertränke hergestellt. Der Prozeßverlauf zeigt nicht nur, wie eine Anklage wegen *maleficium*, die in diesem Falle mit großer Sicherheit politisch motiviert war, Anklagen wegen ritueller dämonischer Magie nach sich zog, sondern auch, wie die Anklage wegen Magie, die mit Häresie gleichgesetzt wurde, den Vorwurf geheimer Satansverehrung und Kopulation mit Dämonen auslöste.

Als der Prozeß gegen Dame Alice Kytler stattfand, war das kumulative Konzept der Hexerei noch nicht voll ausgebildet. Aus später zu erörternden Gründen wurden weder sie noch ihre Komplizen beschuldigt, zu den nächtlichen Versammlungen geflogen zu sein. Die Sekte, die sie angeblich bildeten, bestand aus nur zehn Personen und war damit weit kleiner als spätere Hexenkonvente. Darüber hinaus war die Beschreibung ihrer Versammlungen nicht so grausig wie spätere Berichte über Hexensabbate, und, wie oben erwähnt, wurde keine Anklage wegen Kindermords erhoben und Kannibalismus überhaupt nicht erwähnt. Auch der Teufelspakt, den man bei der Anklage wegen ritueller Magie eigentlich erwarten mußte, spielte keine Rolle. Dennoch bildet der Fall einen Wendepunkt in der Ausformung der gelehrten Auffassung von Hexerei; denn er spiegelt zum erstenmal den Glauben wider, daß *malefici* als teufelsanbeterische Sekten organisiert sind. Er führt uns, wie Norman Cohn dargelegt hat, an die Schwelle der großen Hexenjagd.[25]

Ein zweites Verfahren, das in vielen Aspekten dem gegen Dame Kytler gleicht und zwischen 1397 und 1406 in Boltigen in der Schweiz stattfand, bringt uns in mancher Hinsicht weiter. Der Prozeß gegen einen Mann namens Stedelen glich dem gegen Kytler insofern, als er von der Anklage wegen *maleficia* ausging. Stedelen wurde unter anderem beschuldigt, Ernten vernichtet und Vieh unfruchtbar gemacht zu haben. Wie Kytler gestand Stedelen unter der Folter nicht nur die *maleficia*, sondern auch, er könne Dämonen befehligen und gehöre zu einer häretischen Sekte von Teufelsanbetern. Die Mitglieder dieser Sekte leugneten angeblich den Christenglauben, töteten Kleinkinder durch magische Kräfte und verwendeten Zaubertränke zur Herstellung magischer

Salben. Abgesehen von der expliziten Anklage des Kindermords unterschied sich der Fall von dem der Kytler in zweierlei Hinsicht: Erstens deutet alles darauf hin, daß Stedelen und seine Komplizen nicht wie Kytler zur Oberschicht gehörten, sondern einfache Leute wie die meisten Hexen des 16. und 17. Jahrhunderts waren. Zweitens fand das Verfahren wie viele spätere Hexenprozesse vor einem weltlichen Gericht statt. In diesem Falle war es das Gericht der Stadt Bern unter Vorsitz des Laienrichters Peter von Greyerz. Dies zeigt, daß zu Beginn des 15. Jahrhunderts nicht nur Kleriker wie der Bischof von Ossory, sondern auch weltliche Magistrate wie Greyerz ursprünglich kirchliche Auffassungen über häretische Praktiken übernehmen und sie gegen Menschen vorbringen konnten, die wegen *maleficia* angeklagt waren. Dies ist besonders deshalb bemerkenswert, weil Stedelen ursprünglich nicht wie Kytler der Häresie angeklagt war, sondern des weltlichen Verbrechens der Magie.[26]

Die Vorstellung von kollektiver Apostasie und Teufelsverehrung, die in den Verfahren gegen Kytler und Stedelen auf *malefici* übertragen wurde, war ursprünglich von Mönchen als Beschreibung der häretischen Praktiken formuliert worden. Als diese Prozesse geführt wurden, wurde sie jedoch nicht mehr mit der Häresie, sondern ausschließlich mit der Magie in Verbindung gebracht. Weder literarische Berichte noch Prozeßakten aus dem 14. Jahrhundert oder aus späterer Zeit beschrieben die Häretiker in einer so extremen Weise, wie es die Mönche des späten 12. und frühen 13. Jahrhunderts getan hatten. Die Anklagen wegen Geheimbündelei und kollektivem Satanskult blieben zwar erhalten, besonders wenn ein realer Hintergrund gegeben war. Aber den Häretikern wurden nun in den Traktaten und Gerichtsakten nicht mehr die von den Mönchen beschriebenen Exzesse angelastet. Insbesondere verschwand im frühen 12. Jahrhundert die Anklage wegen kannibalistischen Kindermords; sie tauchte erst wieder um 1450 auf.[27] In dem Maß, wie über die tatsächlichen Aktivitäten der Häretiker immer mehr bekannt wurde, wurden diese sensationellen Anklagen auf rituelle Magier und Hexen verlagert. Als dann im 16. Jahrhundert das Klischee der Hexe nahezu jegliche Verbindung mit der rituellen Magie verloren hatte und insbesondere nicht mehr mit Geisterbeschwörung assoziiert war, wurden solche Anklagen nur noch gegen Hexen vorgebracht. Das phantasiereiche Klischee vom häretischen Magier wurde zum Klischee ausschließlich der Hexe.[28]

Der Hexenflug

Die letzte wichtige Komponente des kumulativen Konzepts der Hexerei war der Glaube, daß Hexen fliegen können. In mancher Hinsicht war diese Annahme die logische Folge aus dem Glauben an den Sabbat, da sie eine Erklärung für die Fähigkeit der Hexen bot, sich nächtens in weit entfernten Gegenden zu treffen, ohne daß ihre Abwesenheit vom Wohnort entdeckt wurde. Wenn der Sabbat in entlegenen Gegenden abgehalten wurde (wie etwa die Versammlungen der französischen Bauern aus dem Pays de Labourd, die angeblich in Neufundland stattfanden) und wenn man glaubte, daß die Anzahl der Teilnehmer meist hoch war (die Spitzenzahl liegt bei 100 000), dann war es geradezu unerläßlich, daran zu glauben, daß Hexen fliegen konnten.[29] Dennoch konnte der Glaube an den Sabbat unabhängig vom Glauben an den nächtlichen Flug existieren, so zum Beispiel in Schottland. Darüber hinaus ging der Glaube an fliegende Hexen auf Quellen zurück, die nur indirekt die Theorie des Sabbats ergänzten, und er wurde von der gebildeten Elite Europas auch nicht akzeptiert, bevor sie daran glaubte, daß *malefici* Pakte mit dem Teufel abschlossen und sich zu seiner Anbetung versammelten.

Der Glaube, daß Hexen fliegen könnten, war sehr viel eindeutiger volkstümlicher Herkunft als der Glaube, daß sie mit dem Teufel paktierten oder an nächtlichen Versammlungen teilnahmen. Tatsächlich liegen ihm zwei ursprünglich unterschiedliche Elemente des Volksglaubens zugrunde, und zwar zunächst die schon in klassischer Zeit bekannte Sage, nach der Frauen sich nachts in fliegende Schreieulen oder *strigae* verwandeln könnten, die Kinder fraßen. Dieser Glaube an Nachthexen findet sich in zahlreichen Kulturen; er existierte besonders in den germanischen Stämmen lange Zeit vor dem Eindringen des römischen Einflusses und ist noch in vielen primitiven Kulturen der Neuzeit anzutreffen. Die *strigae,* eine der geläufigsten lateinischen Bezeichnungen für Hexen, wurden auch *lamiae* genannt, ein Bezug auf die mythische Königin von Lybien, die Zeus liebte und aus Rache dafür, daß Hera ihre Kinder getötet hatte, das Blut von Kleinkindern trank. Das zweite Element war der Glaube, daß Frauen nachts ausritten, was manchmal in Verbindung gebracht wurde mit der wilden Jagd der römischen Fruchtbarkeitsgöttin Diana, die enge Verbindungen mit dem Mond und der Nacht unterhielt und die oft mit Hecate, der Göttin der Unterwelt und Magie gleichgesetzt wurde. Im mittelalterlichen Deutschland wurde Diana häufig als Holda oder Perchta beschrieben, eine Göttin, die wie Diana ebenso furchterregend wie hilfreich sein konnte. So wie Diana, eine Jungfrau, potentielle Liebhaber schlachten und sie in Tiere verwandeln konnte, konnte Holda eine wilde Horde von Menschen, die frühzeitig gestorben waren, über den Himmel jagen. Wenn sich Holda allerdings nachts auf der Erde aufhielt, dann immer zu wohltätigen Zwekken. In Frankreich und Italien trat dieser Glaube meist in Gestalt des Glaubens an die «Damen der Nacht» auf, mysteriöse Frauen unter der Führung einer Königin, die die menschlichen Wohnungen zu wohltätigen Zwecken aufsuchten.[30]

Der Glaube an die *strigae* und die Damen der Nacht war unter den ungebildeten Menschen Europas so weit verbreitet, daß manche Frauen tatsächlich glaubten, sie flögen nachts als *strigae* umher, während andere sich einbildeten, sie hätten die göttliche Königin bei ihren nächtlichen Streifzügen begleitet. Als die gebildete Elite dann die Realität solcher Handlungen zu akzeptieren begann, wurden solche leichtgläubigen Frauen schnell verdächtigt und der Hexerei angeklagt. Bis ins 14. Jahrhundert hielten jedoch alle Gebildeten diesen Aberglauben für eine vom Teufel erzeugte Illusion. Da die Kirche immer behauptet hatte, Diana und die anderen heidnischen Gottheiten, besonders die Götter der Unterwelt und der Fruchtbarkeit, seien in Wirklichkeit Dämonen, war es nur natürlich, daß das ganze Spektakel über Frauen, die mit Diana ausritten, als Werk des Teufels angesehen wurde. Wer glaubte, an einem nächtlichen Ritt teilgenommen zu haben, oder sich für eine *striga* hielt, war ebenso in heidnischem Aberglauben befangen wie die Menschen, die lediglich glaubten, daß andere derartige Dinge vollbrachten. Ein solcher Glaube war allerdings nicht ungefährlich, auch wenn er keine reale Grundlage besaß, da alle, die ihn teilten, als Häretiker angesehen wurden.

Das beste Beispiel für die Haltung der mittelalterlichen Kirche gegenüber diesem Glauben war der *Canon Episcopi,* eine Sammlung von Instruktionen, die Regino von Prüm im 10. Jahrhundert verfaßt hatte und die im 12. Jahrhundert zum festen Bestandteil des kanonischen Rechts wurden. Der *Canon Episcopi* wird in der Regel als Beispiel für die Skepsis der mittelalterlichen Kirche gegenüber der Hexerei angeführt. Diese Deutung ist zumindest irreführend, denn das Dokument behandelt nicht die Hexerei an sich, sondern Praktiken und Glaubensinhalte, die später in das kumulative Konzept der Hexerei eingingen. Der *Canon* verdammt in der Art der Kirchenväter die magischen Künste als eine Form der Häresie, nennt darüber hinaus aber noch besonders «einige verderbte Frauen, die vom Teufel pervertiert wurden, die von Illusionen und Phantastereien der Dämonen verführt sind, die glauben und selbst bekennen, daß sie in der Nacht auf Tieren mit Diana, der Göttin der Heiden, und einer Unzahl von Frauen ausreiten und in der Todesstille der Nacht große Entfernungen zurücklegen, den Befehlen ihrer Herrin folgen und in bestimmten Nächten zu ihrem Dienst gerufen werden.» Diese Frauen wurden des Unglaubens bezichtigt und beschuldigt, andere zu demselben Irrglauben zu verleiten.

Im Laufe des Spätmittelalters kam es im gelehrten Diskurs über den Glauben an *strigae* und die Damen der Nacht zu einer Reihe wichtiger Veränderungen. Erstens wurden die beiden im Volksglauben deutlich voneinander unterschiedenen Vorstellungen oft vermengt. Die Damen der Nacht wurden des kannibalischen Kindermords beschuldigt, während sich ihre Prozession oder ihr Ausritt zu einem Flug durch die Luft wandelte. Die Zusammenführung dieser Vorstellungen ist bereits im 12. Jahrhundert im Werk des Johannes von Salisbury faßbar,[31] war aber erst im 15. Jahrhundert allgemein üblich. Zum zweiten kam hinzu, daß die gebildete Elite, die zuvor die Meinung vertreten hatte, die vom gemeinen Volk beschriebenen Aktivitäten seien lediglich Phantasie- und Traumgebilde, an deren physikalische Realität zu glauben begann. Die übernatürlichen Besucher waren nun ihrer Ansicht nach Dämonen, die tatsächlich das Aussehen von Menschen annahmen, während diejenigen, die zuvor nur geträumt oder sich vorgestellt hatten, den Dämonen zu folgen, dies nun wirklich in einem vollständig wachen Zustand vollbracht hätten. Die Frauen, die zuvor nur geträumt hatten, daß sie nachts zu menschenfresserischen Unternehmen ausflogen, flogen nun tatsächlich; die Fähigkeit zu fliegen verlieh ihnen der Teufel. Die Gründe für diesen Wandel der gelehrten Auffassung, der bereits im 14. Jahrhundert gelegentlich faßbar wird, sind unklar. Wahrscheinlich war er ein Ergebnis der scholastischen Dämonologie. Sobald die scholastischen Gelehrten die Überzeugung gewonnen hatten, der Teufel besitze eine außerordentliche Gewalt über die Bewegung im Raum, mußten sie daraus beinahe selbstverständlich zu dem Schluß gelangen, er verfüge auch über die Fähigkeit, Menschen durch seine Domäne, die Luft, zu befördern. Wenn sie behaupteten, der Teufel könne menschliche Gestalt annehmen und Menschen könnten mit ihm paktieren, so festigte dies die Auffassung, daß Menschen sich mit ihm in der Art versammeln könnten, wie es in den Geschichten über die Prozession der Diana beschrieben wurde, und daß sie es tatsächlich taten. Die dritte Veränderung, zum Teil ein Produkt der beiden ersten, war die Verschmelzung der Vorstellungen von den *strigae* und der Diana-Prozession mit dem Glauben an eine geheime, unmoralische, teufelsanbeterische Sekte von Zauberern. Auch sie vollzog sich im frühen 15. Jahrhundert.

Es muß allerdings darauf hingewiesen werden, daß zwar viele Angehörigen der europäischen Elite den Glauben teilten, der Teufel könne menschliche Körper durch die Luft bewegen, die ältere, skeptischere Einstellung aber, daß solche Flüge ein Produkt der vom Teufel beeinflußten Einbildungskraft seien, selbst in scholastischen Kreisen nie vollständig aufgegeben wurde. Dies belegt zum Beispiel die ausführliche Diskussion im *Malleus Maleficarum* über die Fähigkeit der Teufel, Hexen von Ort zu Ort zu transportieren. Angesichts der unfehlbaren Autorität des kanonischen Rechts konnten die Autoren die Tatsache nicht leugnen, daß manche Hexen nur «in der Phantasie» befördert wurden. Sie begnügten sich daher mit der Feststellung, daß man aus dem *Canon* nicht ableiten könne, daß alle Hexen auf diese Weise bewegt würden. «Aber wer ist so närrisch, daraus zu schließen, daß sie nicht auch körperlich transportiert werden können?» fragte der *Malleus*. Im Anschluß beweisen die Autoren auf der Grundlage der scholastischen Dämonologie, daß der Teufel sich tatsächlich von einem Ort zum anderen bewegen konnte. Gleichzeitig konnten sie jedoch nicht leugnen, daß auch ein eingebildeter Transport mit der scholastischen Dämonologie übereinstimmte. Vieles von dem, was der Teufel tat, war nach Ansicht der Theologen absichtliche Täuschung. Manche, aber nicht alle Elemente der Hexenmagie geschahen auf diese Weise, und die angebliche Verwandlung von Hexen in Tiere, eine Vorstellung, wie sie bei dem volkstümlichen Begriff der *strigae* mitspielt, galt eindeutig als das Ergebnis der Fähigkeit des Teufels, die Vorstellungskraft zu verwirren, also nicht als eine Veränderung der Substanz. Es erschien deshalb nicht unerklärlich, daß manche Menschen sich bloß vorstellten, sie hätten am Sabbat teilgenommen, während andere tatsächlich körperlich dorthin gebracht worden waren. Wir können also nicht behaupten, der Glaube an die Realität des Hexenflugs habe die Vorstellung ersetzt, daß sich Hexen ein solches Erlebnis nur einbildeten, sondern wir müssen vielmehr feststellen, daß nach dem 14. Jahrhundert beide Auffassungen nebeneinander existierten. Der *Malleus* kam denn auch zu dem Schluß: «Sie werden sowohl körperlich als auch in der Phantasie transportiert.»[32] Die wichtigste Konsequenz war jedoch die Schlußfolgerung zahlreicher Autoren des späten 15. und des 16. Jahrhunderts, daß «manchmal Hexen tatsächlich vom Teufel von einem Ort zum anderen gebracht werden, der in Gestalt einer Ziege oder eines anderen phantastischen Tieres sie sowohl körperlich zum Sabbat bringt als auch bei den Obszönitäten selbst anwesend ist.»[33] Lediglich die humanistischen Skeptiker aus der Mitte des 16. Jahrhunderts hielten auch weiterhin an der älteren Ansicht des *Canon Episcopi* fest.

Der Glaube, daß Hexen zum Sabbat flogen und ihre Fähigkeit auch dazu benutzen konnten, aus der Gefangenschaft zu entkommen, war im einzelnen sehr unterschiedlich ausgeformt. Manchmal wurden Hexen als artistische Reiter im Gefolge der Diana beschrieben. Bei anderen Gelegenheiten ritten sie auf Stöcken, die wie Wünschelruten gegabelt waren. Weniger häufig wird von Hexen berichtet, die auf Mistgabeln oder Dreizacken ritten, ein Symbol, das häufig mit dem Teufel in Verbindung gebracht wurde und ursprünglich auf den Dreizack des Poseidon bzw. Neptun zurückgeht. Von allen Hilfsmitteln für den Flug der Hexen wird jedoch der Besenstiel am häufigsten erwähnt, der auch am tiefsten im Volksglauben verhaftet ist. Der Besen war ursprünglich ein Symbol für das weibliche Geschlecht, und seine Verwendung in den phantastischen Vorstellungen vom Hexensabbat mag daher nichts anderes als das Überwiegen weiblicher Hexen widerspiegeln. In diesem Sinne übt der Besen die gleiche symbolische Funktion wie der Spinnrocken aus, der sich ebenfalls gelegentlich in Beschreibungen der Hexerei findet. Möglicherweise hatte der Besen jedoch eine zusätzliche Bedeutung, weil er häufig bei Fruchtbarkeitsriten benutzt wird und so Assoziationen mit alten heidnischen Gottheiten suggeriert. Nicht zuletzt diente der Besen als Phallussymbol und war daher bestens für eine Szenerie geeignet, die vor Sexualität geradezu überfloß.

Manche Hexen wurden so dargestellt, als wären sie ohne jedes Hilfsmittel, auf einer Windbö oder aus eigener Kraft, geflogen. Da es in einigen Fällen heißt, sie hätten sich zu diesem Zweck mit Flugsalbe eingerieben, erhob sich die Frage, ob diese Salben Halluzinogene enthielten, die das Gefühl bewirkten, man überbrücke große Distanzen, und ob die Hexen sich sogar einbildeten, sie hätten am Hexensabbat teilgenommen. Experimente des 20. Jahrhunderts mit den Ingredienzien, die in den Rezepten für solche Salben genannt werden, haben erwiesen, daß sie Atropine und andere Gifte enthielten, die bei Anwendung auf der Haut Erregungszustände, Wahnvorstellungen und lebensechte Träume hervorrufen können.[34] Wir wissen auch, daß die Exkremente von Kröten, die von baskischen Hexen oft als Haustiere gehalten wurden, halluzinogene Wirkungen ausüben können.[35] Es ist deshalb durchaus nicht auszuschließen, daß sich einige Menschen, die solche Salben benutzten, tatsächlich einbildeten, sie seien geflogen und hätten am Sabbat teilgenommen, ein Argument, das Skeptiker des 16. Jahrhunderts wie Johann Weyer erstmals anführten. Aber daraus dürfen wir keine voreiligen Schlüsse ziehen. Viele der ältesten Rezepte für Flugsalben aus dem 15. Jahrhundert enthalten nur wirkungslose Zutaten wie Fledermausblut und Ruß, und alle frühen Berichte über die Verwendung von Salben zeigen darüber hinaus, daß diese auf den Stock oder den Besenstiel der Hexe und nicht unmittelbar auf ihren Körper aufgetragen wurden.[36] Die Hexensalben sind deshalb insgesamt eher als ein Produkt harmloser Folklore oder aber dämonologischer Theorie anzusehen und weniger als tatsächlich geistesverwirrende Substanzen.

Die Verwandlung

Ein eng mit dem Flug verbundenes Element des volkstümlichen Hexenglaubens, das jedoch niemals vollständig in das kumulative Konzept von Hexerei integriert wurde, war die Metamorphose. Der Glaube, daß Menschen ihre Gestalt verwandeln könnten, existierte seit ältester Zeit in allen Kulturen, und er existiert auch heute noch. Da der Prozeß der Verwandlung magische oder übernatürliche Macht voraussetzt, war die Verbindung zur Hexerei rasch hergestellt; zahlreiche Geständnisse berichten davon, daß Hexen sich selbst oder andere in Tiere, besonders in Wölfe, verwandelten. Wie der Glaube, daß Hexen fliegen könnten, wur-

Hexen, die sich in Tiere verwandelt haben,
belegen die Türen der Nachbarhäuser mit einem Zauber.
Holzschnitt aus: Guazzo, Compendium maleficarum, 1610.

de auch der an die Verwandlung vom *Canon Episcopi* und vielen anderen spätmittelalterlichen Autoren als häretisch und illusorisch verurteilt. Anders als beim Glauben an den Hexenflug wurde die physische Realität der Verwandlung jedoch unter den Gebildeten der Frühen Neuzeit im allgemeinen nicht akzeptiert.[37] In Schriften von Männern wie Ulrich Molitor und in dem ansonsten recht leichtgläubigen *Malleus Maleficarum* hielt sich vielmehr die traditionelle Ansicht, daß die Verwandlung das Produkt teuflischen Betruges sei. Henri Boguet zitiert die Bibel und klassische Autoren, um zu beweisen, daß «die Verwandlung eines Menschen in ein Tier möglich ist», seiner Meinung nach vollzog sich aber die Verwandlung immer nur in der Phantasie.[38] Diese Deutung verhinderte allerdings keineswegs die Verfolgung von Personen, die behaupteten, sie könnten sich in Tiere verwandeln. In manchen Gegenden Europas, besonders in dicht bewaldeten Regionen, wurden mehrfach Menschen als Werwölfe verurteilt und der Hexerei überführt.[39] Die Anklage wegen Verwandlung kam jedoch in Hexenprozessen nicht so häufig vor, daß sie als wesentliche Komponente des kumulativen Konzepts der Hexerei bezeichnet werden kann.

Die Ausbreitung des Hexenglaubens

Um die Mitte des 15. Jahrhunderts waren im kumulativen Konzept der Hexerei alle ihre grundlegenden Elemente vereint. Allerdings fand zwischen 1420 und 1440 in den Alpenregionen Frankreichs und der Schweiz eine Reihe von Prozessen statt, in denen *malefici* beschuldigt wurden, nicht nur den Teufel in ausgedehnten nächtlichen orgiastischen Riten verehrt sowie die eigenen Kinder getötet und verspeist zu haben, sondern auch zu diesen Zeremonien geflogen zu sein.[40] In jenen Regionen wurden zur selben Zeit Waldenser als Häretiker verfolgt, und da sowohl die Waldenser als auch die Hexen der Geheimbündelei beschuldigt wurden, betrachteten die Inquisitoren vermutlich beide Gruppen als zusammenhängende Bedrohung. Zauberer galten ohnehin als Häretiker, weshalb ihnen dieselben Anklagen drohten, die traditionell gegen andere Häretiker erhoben wurden. Es existieren jedoch keine Belege dafür, daß die Inquisitoren jener Zeit die *malefici*, die sie verfolgten, mit den Waldensern gleichsetzten.[41] Anklagen wegen Magie und wegen nächtlichen Fluges kommen weder in Prozessen gegen Waldenser noch gegen andere Häretiker wie die Katharer vor; außerdem lag es mehr als drei Jahrhunderte zurück, daß Häretiker des Ritualmords und des Kannibalismus bezichtigt worden waren. Zwischen dem 11. und dem 14. Jahrhundert wurden solche Anklagen nur gegen Zauberer und Juden erhoben, und wenn sie in solchen Verfahren wie dem, das Peter von Greyerz führte, auftauchten, dann meist in Verbindung mit Zaubertränken.[42] Als die Inquisitoren diese *malefici* zu verfolgen begannen, müssen sie daher überzeugt gewesen sein, daß sie die Mitglieder einer neuen und ganz andersartigen Häretikersekte entdeckt hatten.

Die Vorstellung von der Hexe, wie sie erstmals in den Prozessen zwischen 1420 und 1440 verwendet wurde, hielt sich mehr als zwei Jahrhunderte lang, aber sie war zunächst noch nicht voll entfaltet. Der Glaube etwa, daß der Teufel die Hexen beim Abschluß des Paktes durch ein Mal auf den Körper zeichnete, ist erst im frühen 16. Jahrhundert zweifelsfrei nachzuweisen und wurde vorwiegend von protestantischen Dämonologen entwickelt.[43] Seit dem 16. und 17. Jahrhundert werden darüber hinaus die Beschreibungen vom Ablauf des Sabbats vielfältig und ungewöhnlich drastisch ausgeschmückt. In manchen Ländern wie Norwegen und Schweden ging der Glaube an den Hexensabbat ein in eine volkstümliche Vorstellung von Flügen zu weit entfernten Plätzen. In Friaul überlagerte er den volkstümlichen Glauben an nächtliche Kämpfe zwischen den Mitgliedern eines Fruchtbarkeitskults, den *benandanti*, und den Hexen.[44] Außerdem herrschten in Europa regional und zeitlich sehr unterschiedliche Vorstellungen über den Ablauf des Sabbats. Der Teufel oder Zeremonienmeister erscheint beispielsweise in einer breiten Palette von Gestalten, meist als menschliches Wesen oder als Ziegenbock, aber auch als Bulle, Katze, Hund, Pferd oder Schaf. Das nächtliche Bankett spiegelte die jeweilige lokale Küche wider und konnte sowohl in verführerischen als auch in abstoßenden Wendungen beschrieben werden. Auch die Darstellung sexueller Handlungen differierte stark und entsprach den diversen erotischen Vorstellungen der Ankläger oder der Angeklagten. Manchmal wird von Geschlechtsverkehr zwischen Hexen und Dämonen berichtet, in anderen Fällen von allgemeiner sexueller Promiskuität zwischen den Hexen selbst.

Obwohl die spezifischen Anschuldigungen gegen die Hexen von Ort zu Ort und von Fall zu Fall unterschiedlich waren, finden sich doch zahlreiche Gemeinsamkeiten. Sie und die eindeutig kumulative Art, in der sich der Hexenglaube ausformte, legen den Schluß nahe, daß die gelehrten Auffassungen über das Hexenwesen von Region zu Region und von Generation zu Generation weitergegeben wurden. Wie oben dargelegt, können zwar gewisse Elemente des kumulativen Konzepts der Hexerei, etwa der Glaube an eine kollektive, antichristliche, unmoralische Gesellschaft, *sui generis* und an jedem Ort und zu jeder Zeit entstehen, dies gilt aber nicht für das komplexe Ensemble des europäischen Hexenglaubens selbst. In ihm verbanden sich im 15. Jahrhundert einzelne Ideen zu einem ganz besonderen Syndrom, zu einem übergreifenden Entwurf, der nicht im Kopf eines einzelnen Richters oder Inquisitors entstanden sein kann. Das damit verbundene umfangreiche Wissen mußte erlernt und folglich aus einer Zeit in die andere und von einem Ort zum anderen überliefert werden. Dieser Entwicklungsprozeß kann nur unter der Voraussetzung bestritten werden, daß organisierte Hexerei oder vergleichbare Aktivitäten tatsächlich überall in Europa ausgeübt wurden. Diese Ansicht vertrat der französische Philosoph und Richter Jean Bodin, der in der Gleichförmigkeit der Hexengeständnisse den Beweis dafür sah, daß es einen europäischen Hexenkult gebe. In ähnlicher Weise zog Margaret Murray aus den Geständnissen den Schluß, daß alle der Hexerei Beschuldigten in Wirklichkeit Mitglieder desselben Fruchtbarkeitskults gewesen seien. Doch läßt sich weder Bodins noch Murrays Theorie beweisen, weshalb wir erklären müssen, wie gelehrte Auffassungen über Vorgänge, die niemals stattfanden, konkret überliefert wurden.[45]

Die Ausformung und die Weitergabe gelehrter Erkenntnisse über Hexerei waren beide das Ergebnis einer Entwicklung, in der sich juristische Auffassungen und die literarische Tradition gegenseitig beeinflußten. Die meisten Elemente des gelehrten Hexenglaubens gingen aus den Gerichtsprozessen gegen Zauberer oder Hexen hervor und wurden mit anderen Elementen verschmolzen. Formulierung oder Verschmelzung waren immer das Werk des Richters oder Inquisitors, der die gegen den

Angeklagten erhobenen Beschuldigungen mit seinen eigenen Phantasien oder Obsessionen versetzte, welche ihrerseits oft entweder aus theologischen oder dämonologischen Kenntnissen gespeist wurden oder aus Berichten über andere Fälle, die er oder ein Kollege verhandelt hatte. Wenn eine Hexe – meist unter der Folter – Taten gestand, die sie nach Meinung des Inquisitors begangen hatte, sah dieser seinen Verdacht bestätigt. Die Ergebnisse solcher Prozesse erfuhren andere Richter, zunächst mündlich und dann durch Handbücher für Inquisitoren, welche die Zeugenaussagen als Exempel für die verschiedenen Aktivitäten der Hexen anführten. Auf diese Weise konnte das Korpus gelehrter Ansichten kontinuierlich anwachsen, da ein neuer Inquisitor bei der Beurteilung eines Falles auf diese Handbücher zurückgriff, um seine Fragen an die Zeugen und den Angeklagten zu formulieren. Gleichzeitig konnte er jedoch auch eventuell vorliegende besondere Beschuldigungen gegen den Angeklagten oder seine eigene Phantasie benutzen, um den gängigen Anklagen eine neue Variante hinzuzufügen. Das Geständnis, das er auf seine leicht modifizierte Anklage erhielt und das möglicherweise durch phantastische Einlassungen der Hexe oder Versatzstücke volkstümlichen Glaubens ergänzt worden war, konnte dann in ein neues Handbuch oder einen Traktat über Hexerei übernommen und auf diese Weise an andere Inquisitoren weitergegeben werden. Diesen kommunikativen Kreislauf beschleunigten die Universitäten, welche die zukünftigen Richter mit dem anschwellenden Korpus dämonologischer und inquisitorischer Literatur bekannt machten und auch einzelne Gerichte darüber berieten, wie Hexenprozesse durchzuführen seien.[46]

Es ist schwer, wenn nicht unmöglich zu entscheiden, ob die Prozesse selbst oder der große Umfang der entsprechenden Literatur bei der Herausbildung und Weitergabe gelehrter Auffassungen über Hexerei bedeutsamer waren. Einerseits besaßen Richter und Inquisitoren durch ihre Ausbildung und ihre Lektüre oft schon intensive Kenntnisse über Hexerei, bevor sie überhaupt Hexen verfolgten. Andererseits tendierten die Handbücher und Traktate, die sie lasen, eher dazu, rechtliche Entwicklungen widerzuspiegeln als sie zu antizipieren. Ohne einen komplexen Vorgang allzu sehr zu vereinfachen, darf man wohl behaupten, daß in der Entstehungs- und Verschmelzungsphase der verschiedenen im kumulativen Konzept der Hexerei enthaltenen Ansichten die Prozesse selbst von primärer Bedeutung waren und die Literatur eine nachgeordnete Rolle spielte.[47] Als sich jedoch das Bild der Hexe stabilisierte, wurde die Literatur zum wichtigsten Multiplikator des Wissens über das Hexenwesen. Mit der Erfindung des Buchdrucks in der zweiten Hälfte des 15. Jahrhunderts gewann die Literatur beträchtlich an Einfluß. Das neue Medium ermöglichte eine weitere und schnellere Verbreitung der gelehrten Ansichten als im Zeitalter der Handschriften. Als die Literatur an Umfang zunahm und immer breiteren Schichten zugänglich wurde, übernahmen die Prozesse allmählich nur noch dienende Funktionen und bewiesen die Gültigkeit der in der Literatur fixierten Vorstellungen; sie lieferten neue Beispiele für neue Abhandlungen, und durch die öffentliche Verlesung der Urteile vor den Hinrichtungen sorgten sie für eine Verbreitung dieser Vorstellungen unter der einfachen Bevölkerung.

Der erste Traktat, der das kumulative Konzept der Hexerei einem breiteren Publikum zugänglich machte, war der *Malleus Maleficarum*. Dieses Werk zweier Inquisitoren aus dem Dominikanerorden, Heinrich Kramer – oder mit seinem lateinischen Namen Institoris – und Jakob Sprenger, wurde erstmals 1486 veröffentlicht und dann bis 1520 dreizehnmal nachgedruckt. Sein Hauptautor Kramer war ein älterer und vermutlich emotional gestörter Theologe, der 1474 zum Inquisitor für Süddeutschland ernannt worden war. Sprenger, Professor der Theologie an der Universität Köln, war seit 1470 Inquisitor für das Rheinland. Beide hatten bei der Verfolgung von Hexen zusammengearbeitet, und als sie bei ihrer Tätigkeit auf den Widerstand lokaler kirchlicher und weltlicher Behörden stießen, gelang es ihnen, 1484 von Papst Innozenz VIII. eine Bulle zu erwirken, die ihnen die Fortsetzung der Prozesse gestattete. Zwei Jahre später werteten sie zahlreiche Fälle, die sie abgeurteilt hatten, aus und verfaßten den *Malleus*, dem sie die päpstliche Bulle mit dem Titel *Summis desiderantes* als Vorwort voranstellten; außerdem fügten sie ein Anerkennungsschreiben der theologischen Fakultät der Universität Köln hinzu, das nachweislich zumindest teilweise gefälscht ist. Das Buch diente im wesentlichen als Handbuch für Inquisitoren, vergleichbar dem von Nicholas Eymeric 1376 verfaßten *Directorium Inquisitorum*. In Form einer scholastischen Disputation wurde eine Reihe von Fragen gestellt und beantwortet, womit sich die Schrift formal eng an die scholastische Methode besonders des Thomas von Aquin anschloß. Außer auf Thomas beriefen sich die Verfasser in recht eklektischer Weise auch auf eine Vielzahl anderer theologischer und juristischer Autoren.[48]

Das kumulative Konzept von Hexerei wurde aber keineswegs erstmals im *Malleus* formuliert. Es war schon fünfzig Jahre zuvor entstanden, und bei seiner Darstellung weist der *Malleus* sogar Defizite auf; denn den Hexensabbat erwähnt er nur am Rande, und er diskutiert weder den obszönen Kuß noch das Teufelsmal. Auch zur weiteren Entfaltung des Hexenglaubens trug der *Malleus* nicht bei. Als in dieser Hinsicht neue Aspekte präsentiert er lediglich eine misogyne Überbetonung der weiblichen Neigung zum Verbrechen und die Behauptung, daß die Hexen der mächtigsten Klasse, diejenigen, die sämtliche Arten von Schaden stifteten und ihre Kinder verspeisten, ausnahmslos «Geschlechtsverkehr mit Teufeln ausüben».[49] Dennoch bekräftigte das Werk die bereits zwischen vielen verschiedenen Formen von Hexenglauben erfolgte Verschmelzung, indem es sie systematisch geordnet in einem Gesamtwerk darbot. Damit fungierte es als «Enzyklopädie der Hexerei», die einem breiteren Publikum einen vollständigen Überblick über die gelehrten Ansichten zum Thema vermittelte.

Der *Malleus* leistete jedoch sehr viel mehr als die Synthese vielfältiger Vorstellungen über Hexerei und deren Zusammenfassung in einem umfangreichen, gut strukturierten Traktat. Er untermauerte die darin vertretenen Vorstellungen auch theologisch, gab juristische Ratschläge, wie man Hexen vor Gericht bringen konnte, und – was vielleicht am wichtigsten war – er behauptete kühn, daß jeder, der die Realität der Hexerei leugne, Häretiker sei. Die Wirkung, die das Buch auf die Hexenjagd ausübte, ist schwer zu fassen. Es öffnete keineswegs die Tür «zu fast unterschiedslosen Verfolgungen»[50] und führte auch nicht zu einer unmittelbaren Zunahme der Prozesse. In Italien folgte auf seine Veröffentlichung sogar ein merklicher Rückgang der Hexenprozesse.[51] Aber selbst wenn es nicht Hunderte von Inquisitoren und Magistraten dazu verleitete, in ihren Gerichtsbezirken massive Hexenjagden aufzunehmen, machte es ihnen das Verbrechen der Hexerei doch stärker bewußt und ließ sie vielleicht eher an dessen Realität glauben. Wir müssen begreifen, daß das kumulative Konzept von Hexerei keinen instinktiven und unmittelbaren Glauben fand, weder unter den Gebildeten noch unter den Ungebildeten. Den Menschen mußte man erst sagen, daß Hexen die verschiedenen Vergehen, deren sie bezichtigt wurden, verüben konnten und dies auch taten. Bei diesem Erziehungsprozeß war der *Malleus* ein geeignetes Werkzeug, weil er genügend Informationen aus der Gerichtspraxis und ausreichend theologische Zitate und Argumente enthielt, die ihn als maßgeblich erscheinen ließen. Die scheinbare Billigung durch den Papst, die durch den Abdruck der Bulle von 1484 belegt wurde, mag ihm sogar größere Autorität verschafft haben, allerdings gewiß nicht bei den Protestanten, die das Buch im 16. Jahrhundert benutzten.[52]

Auch wenn der *Malleus* nicht unmittelbar frenetische Hexenverfolgungen auslöste, lieferte er dennoch einen wichtigen Beitrag zur Entwicklung der gesamten europäischen Hexenjagd. Wie das kumulative Konzept von Hexerei, das er zu überliefern half, gehört er zu den Vorbedingungen einer intensivierten Hexenjagd. Es muß allerdings betont werden, daß der *Malleus* nur einer von vielen wichtigen Hexentraktaten war, die während der Jagd veröffentlicht wurden.[53] Viele Traktate, die später erschienen, waren in ihren Beschreibungen des kumulativen Konzepts der Hexerei weitaus vollständiger, besonders in bezug auf den Sabbat, und einige dieser Werke erreichten sogar eine größere Verbreitung als der *Malleus*. 1524 veröffentlichte Paulus Grillandus, ein päpstlicher Richter, der in der Umgebung von Rom mehrere Hexenprozesse durchführte, den *Tractatus de Hereticis et Sortilegiis,* der viel gelesen und damit zu einer der wichtigsten Quellen über den Sabbat wurde, an den Grillandus fest glaubte.

Nach dem Erscheinen dieses Traktats trat in der Produktion von Hexenliteratur eine vierzigjährige Pause ein. Während dieser Zeit wurden nur sehr wenige Abhandlungen verfaßt und auch keine älteren Werke neu aufgelegt. Für diese überraschende Lücke gibt es mehrere mögliche Erklärungen, darunter den europaweiten Rückgang der Verfolgungen und die vorrangige Beschäftigung der gebildeten Elite mit der protestantischen Reformation. Mit der Ausbreitung des Protestantismus und dem Niedergang der päpstlichen Inquisition selbst in katholischen Ländern ließ das Interesse an vorwiegend von Inquisitoren geschriebenen Werken verständlicherweise nach. Nach 1570 setzten jedoch von neuem heftige Hexenverfolgungen ein, was zum Nachdruck alter und zur Abfassung neuer Traktate führte. Wie der *Malleus* waren die neuen Traktate des späten 16. und des 17. Jahrhunderts insofern ein Produkt richterlicher Tätigkeit, als sie Prozeßmaterialien heranzogen, um das Bild der Hexe zu veranschaulichen und den Richtern, besonders den weltlichen Magistraten, praktische Anleitungen an die Hand zu geben.

1595 veröffentlichte Nicolas Rémy, ein Richter des Herzogtums Lothringen, der sich brüstete, innerhalb von 16 Jahren mehr als 800 Hexen hingerichtet zu haben, den Traktat *Demonolatreiae,* der in mancher Hinsicht den *Malleus* als wichtigste Informationsquelle über das Wirken Satans auf Erden ablöste. Den Lesern der *Demonolatreiae* wurden ausführliche Erörterungen der Vorgänge geboten, die sich angeblich beim Sabbat abspielten. Beschrieben wurden der obszöne Kuß, der Verzehr von Menschenfleisch und sonstiger ekelerregender Nahrung sowie der Tanz zu kakophoner Musik. Einige Jahre später verfaßte der belgische Jesuit Martin Del Rio seine *Disquisitionum Magicarum Libri Sex*, die wie der *Malleus* als «Enzyklopädie der Magie» dienten und ebenfalls den Richtern detaillierte Instruktionen erteilten. Del Rios Schrift wurde zwanzigmal nachgedruckt und 1611 ins Französische übersetzt; damit war sie im 17. Jahrhundert zum bekanntesten und maßgeblichsten Traktat über Hexerei geworden.

Andere Werke aus dem späten 16. und dem 17. Jahrhundert ergänzten die Arbeit Del Rios und erlangten ebenfalls weite Verbreitung. Henri Boguet schrieb nach seinen Erfahrungen als Richter in Burgund den Traktat *Discours des Sourciers* (1602), der acht Auflagen erlebte. Einige Jahre später veröffentlichte Pierre de Lancre, ein französischer Richter, der im Pays de Labourd eine umfangreiche Hexenjagd durchgeführt hatte, den Traktat *Tableau de l'inconstance des mauvais anges et démons* (1612), der nicht nur den Sabbat in bisher nicht gekannten Einzelheiten beschrieb, sondern auch eine von dem polnischen Künstler Jan Ziarnko entworfene Gravur beifügte, welche die skandalöse Abscheulichkeit der Zeremonie drastisch darstellte. 1635 publizierte Benedict Carpzov, ein lutheranischer Richter aus Sachsen, seine *Practica Rerum Criminalium*, einen Kommentar zu den sächsischen Gesetzen gegen Hexerei und zugleich ein Kompendium der Entscheidungen des Obergerichts von Leipzig. Carpzovs Buch, das neunmal nachgedruckt wurde, erwarb sich den Ruf eines *Malleus Maleficarum* des Protestantismus, vor allem deshalb, weil es detaillierte Anweisungen zur Durchführung von Hexenprozessen enthielt. Das umfassendste italienische Handbuch zur Hexerei, das *Compendium Maleficarum,* verfaßte 1608 der Mailänder Mönch Francesco Guazzo. Er stützte sich vorwiegend auf die Schriften von Kramer und Sprenger, Rémy und Del Rio und daneben auf Hunderte andere Autoren und liefert damit einen weiteren Beweis dafür, daß die Arbeit der Dämonologen genauso wie das Gesamtkonzept der Hexerei, das sie ausarbeiteten, kumulativ entstand. Guazzo veröffentlichte in seinem Buch eine Reihe von Illustrationen, die den Abschluß des Teufelspaktes zeigten, und bot seinen Lesern so eine eindrucksvolle visuelle Ergänzung zu den im Text geschilderten Phantasievorstellungen.

Zusammenfassend läßt sich sagen, daß es den Hexentraktaten der Frühen Neuzeit erfolgreich gelang, die gebildeten Teile der europäischen Gesellschaft auf die Hexerei aufmerksam zu machen und sie von deren Existenz zu überzeugen. Doch die Leserschaft dieser Arbeiten beschränkte sich auf einen kleinen Teil der Bevölkerung und bestand hauptsächlich aus Angehörigen der Oberschicht und der herrschenden Elite. Dieser Teil der Gesellschaft, zu dem Rechtsgelehrte, Richter und Magistrate zählten, war durchaus in der Lage, auf der Basis der über die Hexerei erworbenen Kenntnisse und der ihm zu Gebote stehenden Rechtsbefugnisse eine Hexenjagd durchzuführen. Für den Erfolg einer intensiven Hexenjagd war es jedoch notwendig, daß auch die unteren Schichten ein gewisses Verständnis für die diabolische Natur des Verbrechens erwarben. Obwohl viele Anklagen von «oben», das heißt von Beamten und Richtern, ausgingen, erforderte die Entdeckung und Verfolgung der Hexen die Unterstützung der gesamten Gesellschaft.

So benötigte man die Nachbarn der Hexe, um Verdächtige zu identifizieren, ihre Ergreifung zu erleichtern und Zeugenaussagen gegen sie zu erlangen. Sollte eine Hexenjagd, besonders eine große, zum Ziel führen, dann mußten die unteren Schichten an die Hexerei glauben und die Jagd aktiv unterstützen. Das Problem bestand darin, daß die meisten Angehörigen der unteren Schichten die von den Eliten propagierte Interpretation der Hexerei, die das Verbrechen so verwerflich machte, nicht teilten. Sie glaubten an Magie und an das *maleficium*, und sie erkannten durchaus die Gefahr, die ihnen von schwarzer Magie drohte, aber die Fähigkeit zu solchem Tun schrieben sie nicht notwendigerweise dem Teufel zu. Sie glaubten an *strigae,* an die Damen der Nacht und an die Verwandlung von Menschen in Tiere, manche glaubten sogar an *incubi* und *succubi*, aber sie hatten diese disparaten Vorstellungen nicht in derselben Weise wie die Theologen und Inquisitoren mit allen entsetzlichen Implikationen zusammengeführt. Dennoch läßt sich nachweisen, daß einige der gelehrten Auffassungen über Hexerei und ganz sicher die damit zusammenhängende Furcht vor einer umfassenden satanischen Verschwörung auch die unteren Schichten der europäischen Gesellschaft zumindest zeitweise erfaßten. Es gibt genügend ohne Zwang abgelegte Geständnisse, die zeigen, daß viele der von den Theologen und Inquisitoren entwickelten Phantasien bis in die unteren Schichten vorgedrungen waren. Wenn wir sehen, daß fast 2000 ungebildete baskische Bauern aus freien Stücken bekannten, an großen Hexensabbaten teilgenommen zu haben, und die dort vollzogenen Handlungen beschrieben, können wir ziemlich sicher sein, daß die Vorstellungen der herrschenden Elite sie auf irgendeinem Wege erreicht hatten.

Eine der Methoden, diese Vorstellungen dem einfachen Volk nahezubringen, war die bereits erwähnte öffentliche Verlesung der Anklagen gegen Hexen vor ihrer Hinrichtung. Eine andere war die gezielte Belehrung in Zeiten großer Panik. Während der baskischen Hexenjagd von 1610–1614 schickte der König von Spanien an alle Bischöfe der betroffenen Bezirke und an die Oberen der Predigerorden Briefe mit der Anweisung, ihre Geistlichen sollten wie bei einer früheren Hexenjagd (1527) gegen Hexen predigen. Damit sollte verhindert werden, daß die Menschen sich in ihrer Unwissenheit den Hexensekten anschlossen, diejenigen, die der Versuchung bereits erlegen waren, sollten zum Geständnis veranlaßt werden, und insgesamt hoffte man, die Unterstützung der Bevölkerung bei der Bekämpfung des Hexenwesens zu gewinnen.[54] In den Niederlanden nahmen die kirchlichen Behörden die Aktivitäten der Hexen in die Liste der Verfehlungen auf, die in den Gemeinden regelmäßig verlesen wurde. In ganz Europa wurden während der Hexenjagden und besonders vor Hinrichtungen Hexenpredigten gehalten. Vielleicht das nachdrücklichste Beispiel für den Einfluß von Predigten auf die Verbreitung des Hexenglaubens finden wir in Salem, Massachusetts, wo der Prediger Samuel Parris seine Gemeinde nicht nur unbewußt auf die Hexenjagd vorbereitete, indem er bereits Jahre zuvor das Dorf und seine Umgebung als vom Satan bedroht darstellte, sondern diese Botschaft erheblich verschärfte, als die Jagd tatsächlich einsetzte.[55]

Obwohl die gebildete Elite in ihrem Bemühen, die Unterschichten mit ihren dämonologisch orientierten Theorien über Hexenwesen vertraut zu machen, gewisse Erfolge erzielte, verlief der Prozeß der Überlagerung einer volkstümlichen durch eine elitäre Kultur nicht ohne

Schwierigkeiten und konnte zu starken gesellschaftlichen Konflikten führen. Die Lücke, die zwischen gebildeter und volkstümlicher Kultur bestand, wird bei der Verfolgung der *benandanti* in Friaul im späten 16. und frühen 17. Jahrhundert besonders gut erkennbar. Wie bereits erwähnt, glaubten die *benandanti,* daß sie während der Quatembertage, den vierteljährlichen Fastenzeiten, «im Geiste» nachts ausgingen, um die Hexen zu bekämpfen. Da die Inquisitoren unfähig waren, diesen Volksglauben nachzuvollziehen, und die *benandanti* verdächtigten, in Wirklichkeit den Hexensabbat zu besuchen, überzeugten sie nach und nach diese Anhänger eines alten Fruchtbarkeitskults davon, daß sie bösartige Hexen seien. In gewissem Sinne liefert dieser Vorgang ein bemerkenswertes Beispiel dafür, wie die Glaubensinhalte der Gebildeten soziale Barrieren durchbrechen konnten; denn das Endergebnis war die Überlagerung volkstümlicher Glaubensinhalte durch die ganz andersartige gelehrte Auffassung vom Sabbat. Aber die Schwierigkeiten, denen die Inquisitoren bei der Verfolgung dieses Zieles begegneten, sind vielleicht von größerer Bedeutung als ihr Erfolg. Immer wieder verhörten sie Verdächtige, die darauf bestanden, gegen die Hexen und «für Christus zu kämpfen», um so den Erfolg der Ernte zu sichern, und die Gerichte benötigten mehr als 50 Jahre, um die *benandanti* vom Gegenteil zu überzeugen.[56] So gesehen können die Hexenprozesse als eine Form des kulturellen und sozialen Konflikts betrachtet werden, in dessen Verlauf eine gebildete Oberschicht versuchte, einer ungebildeten Bauernschicht ihre Sicht der Welt aufzuzwingen, und dabei einen ganzen Komplex volkstümlichen Glaubens unterdrückte oder zumindest tiefgreifend umgestaltete.[57]

Die Herausforderung der Renaissance

Als das kumulative Konzept von Hexerei entfaltet und verbreitet war, erwies es sich die nächsten beiden Jahrhunderte hindurch als erstaunlich zählebig. Das erschien manchen Historikern rätselhaft, weil die gebildete Elite Europas sich in der Epoche der Hexenjagd einer geistigen Bewegung öffnete, die viele Elemente des Hexenglaubens ernsthaft in Frage stellte. Diese Bewegung war die Renaissance, die Wiedergeburt der klassischen Bildung, die in Italien im späten 14. und im 15. Jahrhundert einsetzte und im 15. und 16. Jahrhundert allmählich bis nach Nordeuropa vordrang. Die Renaissance mußte die gelehrte Sicht der Hexerei in vielfältiger Weise erschüttern. Zunächst inspirierte sie eine generelle Geringschätzung der mittelalterlichen Gelehrsamkeit, besonders der Scholastik, die den hohen Maßstäben der klassischen Bildung nicht genügte. Da der Hexenglaube ein wichtiges Element dieser mittelalterlichen Kultur bildete, fiel auch er schnell der humanistischen Kritik anheim. Genauer gesagt, das wichtigste philosophische System der Renaissance, der Neuplatonismus, stellte einen unmittelbaren Angriff auf die aristotelische Philosophie der Scholastik dar, die dem kumulativen Konzept von Hexerei zugrunde lag. Während die Scholastiker Magie als Werk des Teufels betrachteten, behaupteten die Vertreter des Neuplatonismus, daß der Mensch durch den Gebrauch der natürlichen Kräfte des Universums selbst Magie ausüben könne. In der Tat experimentierten viele Humanisten der Renaissance selbst mit einer Art Naturmagie, wobei sie sich häufig auf wiederentdeckte klassische Texte stützten und versuchten, ihrer Kunst das intellektuelle und moralische Ansehen zu verschaffen, das die Kirche ihr stets versagt hatte.[58] Wohlgemerkt, diese Männer waren wenig an der Art von simpler Magie interessiert, welche die Hexen angeblich ausübten; diese verachteten sie als wirkungslosen bäuerlichen Aberglauben. Aber indem sie ihre eigenen Formen der Magie verteidigten und jene der Ungebildeten abwerteten, stellten sie viele Voraussetzungen des *Malleus Maleficarum* in Frage.

Die Bedrohung, die mit dem Humanismus der Renaissance für das kumulative Konzept von Hexerei entstand, war durchaus real. Humanisten wie Desiderius Erasmus, Pietro Pomponazzi und Andrea Alciati attackierten einzelne Komponenten des Hexenglaubens, während der berühmte gelehrte Magier Henricus Cornelius Agrippa von Nettesheim sowohl den *Malleus Maleficarum* als auch die Hexenverfolgungen insgesamt kritisierte.[59] Im späten 16. Jahrhundert waren die Wortführer einer skeptischen Philosophie, welche die Lehren des *Malleus Maleficarum* anzweifelten, wie Weyer, Scot und Montaigne, meist Männer mit humanistischem Hintergrund und humanistischen Interessen. Es ist sicher auch richtig, daß es dem Neuplatonismus langfristig gelungen ist, den Aristotelismus zu schwächen und die Akzeptanz der mechanistischen Philosophie zu erleichtern, die ihn schließlich verdrängen sollte. Aber trotz dieser ernsthaften Bedrohung durch die Renaissance vermochte das kumulative Konzept von Hexerei sich bis zum Ende des 17. Jahrhunderts zu behaupten.

Wie war das möglich? Warum gelang es der Renaissance mit ihrer Ablehnung der Scholastik und ihrem vielgestaltigen Skeptizismus nicht, den Hexenglauben der Gebildeten zu zerstören?[60] Einer der Gründe liegt darin, daß der Neuplatonismus im gebildeten Europa niemals eine dominante Stellung erobern konnte und daher auch nie stark genug war, um die Denkweise ganzer Generationen von Rechtsgelehrten und Klerikern zu prägen. Tatsächlich erlebte der Aristotelismus sogar seinerseits in den 1590er Jahren eine gewisse Wiederbelebung, und er blieb in vielen Ländern bis zur Mitte des 17. Jahrhunderts die maßgebliche Lehre.[61] Aber selbst wenn sich der Neuplatonismus stärker durchgesetzt hätte, wäre es ihm vermutlich kaum gelungen, den komplexen Hexenglauben aus den Angeln zu heben, und zwar aus dem einfachen Grund, weil er dessen zentrale Elemente, die Existenz des Teufels und die Wirksamkeit von Magie, nicht bestritt. Zwar hatten die Dämonen des Neuplatonismus mit dem Teufel der Scholastik nur wenig gemein, aber solange die Intellektuellen der Renaissance die Existenz und die Macht dämonischer Kräfte anerkannten, konnten sie schwerlich den Grundprinzipien der mittelalterlichen Dämonologie den Boden entziehen. Dasselbe gilt für die Magie. Die gelehrten *magi* der Renaissance legten allergrößten Wert darauf, die Magie, die sie praktizierten und über die sie schrieben, von der Magie der unwissenden Geisterbeschwörer des Mittelalters und der armen ungebildeten Hexen ihrer eigenen Zeit zu unterscheiden. Aber ihre Unterscheidungen waren keineswegs immer eindeutig, zumal wenn gelehrte *magi* dämonische Magie anwandten, und der Glaube an die eine Art von Magie konnte dazu verleiten, auch an die andere Art zu glauben.[62] In den Schriften von Hexenbekämpfern wie Jean Bodin, der seine Angriffe gegen die Hexen mit Angriffen auf die Magie von Agrippa und Pico della Mirandola verband, wurden die beiden Arten von Magie noch stärker miteinander vermengt.[63] In Italien hat die Unsicherheit, die im Klerus über die Unterschiede zwischen Magie und Hexerei herrschte, möglicherweise zu einer Intensivierung der Hexenjagden beigetragen.[64] Vielleicht ist es kein Zufall, daß das Eindringen des Humanismus in Florenz im späten 14. Jahrhundert von zahlreichen Hexenprozessen begleitet wurde.[65]

Im Werk von Johann Weyer, dem berühmtesten Kritiker der Hexenjagd im 16. Jahrhundert, werden Stärken und Grenzen des Skeptizismus der Renaissance sichtbar. Weyer war ein Schüler von Agrippa und Arzt des toleranten, humanistisch gesinnten Herzogs Wilhelm V. von Kleve. In seinen Schriften befürwortet er die ablehnende Haltung Agrippas gegenüber der Geisterbeschwörung, aber auch die tolerante Position des Erasmus gegenüber den Menschen, die der Hexerei angeklagt waren. Er nahm auch eine im *Canon Episcopi* vertretene Meinung wieder auf, die in lutherischen Theologenkreisen weit verbreitet war, nach der Hexen nicht alle die Handlungen, die man ihnen vorwarf, tatsächlich ausübten. Das wichtigste Anliegen, das Weyer in seinen Büchern *De Praestigiis Daemonum* (1563) und *De Lamiis* (1582) verfolgte, war der Nachweis, daß die unwissenden Frauen, die sich zur Hexerei bekannten, an Wahnvorstellungen litten und daher nicht verfolgt werden durften. Damit wurden diese Bücher zu einem Frontalangriff auf die Lehren des *Malleus Maleficarum*. Weyer berief sich auf seine medizinischen Kenntnisse und behauptete sowohl, daß die angeblichen *maleficia* natürliche medizinische Ursachen haben könnten, als auch daß die Geständnisse der Hexen über ihren Umgang mit dem Teufel zu einem großen Teil das Ergebnis einer Erkrankung des weiblichen Uterus, der *melancholia*, seien. Er berief sich ferner auf das römische Recht, um zu beweisen, daß der angebliche Pakt der Hexen mit dem Teufel kein gültiger Vertrag und deshalb auch kein Verbrechen sein könne. Nach Weyer war Hexerei lediglich der Versuch einer geistig verwirrten Person, etwas zu tun, was weder physikalisch noch rechtlich möglich war.[66]

Die Schwäche der Argumentation Weyers lag darin, daß er die Existenz des Teufels und seine Macht, menschliches Handeln zu beeinflussen, gar nicht leugnete. Bei der Abhandlung der *maleficia* der Hexen, des Teufelspaktes und der Zeremonien der rituellen Magie räumte er ein, daß der Teufel die menschliche Vorstellungskraft beeinflussen könnte. Die *maleficia* ließen sich zwar auf natürliche Weise erklären, aber der Teufel sei dafür verantwortlich, daß die Hexen glaubten, sie hätten diese selbst vollbracht. In ähnlicher Weise wirke der Teufel auf die Einbildungskraft der unwissenden melancholischen Frauen ein, die von sich behaupteten, sie hätten einen Pakt mit dem Teufel abgeschlossen, und er täusche auch die Geisterbeschwörer bei der Ausübung ihrer berüchtigten Beschwörungen. Wenn aber der Teufel dies alles vollbringen konnte, warum vollbrachte er dann nicht auch die *maleficia* selbst, und warum verstrickte er Menschen in sein Tun? Ohne eine gründliche philosophische und theologische Erörterung der Macht des Teufels konnte Weyers Theorie den Angriffen, die sie erwarteten, nicht standhalten.

Eine zweite Schwäche der Argumentation Weyers bestand darin, daß er die melancholischen alten Frauen, die der Hexerei beschuldigt wurden, nicht von der moralischen Verantwortung für ihre Taten freisprach. Selbst wenn diese Personen nur glaubten, daß sie mit dem Teufel paktierten, machten sie sich immer noch in der im *Canon Episcopi* beschriebenen Weise schuldig. Nach Weyer hatte nicht die Melancholie diese Frauen verwirrt, weshalb sie auch nicht schuldlos waren; sie hatte sie nur anfälliger für die Macht des Teufels gemacht, Wahnvorstellungen zu erzeugen. So lehnte denn Weyer die Verfolgung dieser Frauen durch kirchliche Behörden auch nicht ab, obwohl er forderte, daß sie nicht hingerichtet werden dürften. Er widersetzte sich zwar ihrer Verfolgung durch weltliche Gerichte, da sie den ihnen zugeschriebenen Schaden nicht tatsächlich angerichtet hätten; ihr spirituelles Verbrechen blieb davon jedoch unberührt. Und da viele Protestanten argumentierten, daß Hexen auch dann verfolgt werden sollten, wenn es keinen Beweis für *maleficia* gebe, weil sie als Hexen zutiefst verdorben seien, hatte Weyers Plädoyer zugunsten der Toleranz nur eine geringe Wirkung.

Weyers Argumentationsschwächen erlaubten es Männern wie Thomas Erastus und Jean Bodin, die heute vorwiegend durch ihre Beiträge zur politischen Theorie bekannt sind, dessen Ansichten fast vollständig in Mißkredit zu bringen. Er fand zwar Unterstützung bei Autoren wie Reginald Scot aus England, der allerdings weit skeptischere Ansichten als Weyer vertrat, aber insgesamt stieß seine Position beim intellektuellen Establishment in Europa auf Ablehnung, das sich nur noch stärker in seinem Glauben an die Hexerei und in der Ansicht bestätigt sah, daß Hexen wegen ihrer Verbrechen scharf verfolgt werden sollten.[67] Erst in der Mitte des 17. Jahrhunderts entwickelten die europäischen Gelehrten einen weit fundamentaleren Skeptizismus als Weyer gegenüber der Macht des Teufels; dieser Skeptizismus stellte die philosophischen und theologischen Voraussetzungen in Frage, auf denen die Arbeiten von Rémy, Boguet, Guazzo, Del Rio und Bodin beruhten.

Hexerei und die Furcht vor Rebellion

Das Korpus gelehrter Ansichten, das zum kumulativen Konzept von Hexerei gehört, erwies sich im 16. und frühen 17. Jahrhundert als außerordentlich beständig. Seine Dauerhaftigkeit wurde durch viele Vorstellungen gefestigt, von denen die wichtigste wohl die Überzeugung war, daß der Teufel außerordentliche Macht über den Lauf der menschlichen Geschichte erlangt hatte. Diese Überzeugung hatte bereits zur Bildung des kumulativen Konzepts von Hexerei geführt; ohne sie hätte man in Hexen nie etwas anderes als abergläubische Bauern gesehen. Wir müssen deshalb die Frage stellen, warum die Gelehrten, die diese Erkenntnisse formulierten und dann verbreiteten, zu dem Schluß gekommen waren, daß die Macht Satans so allgegenwärtig und erschreckend groß sei? Welche Entwicklungen im Spätmittelalter und in der Frühen Neuzeit hatten sie veranlaßt zu glauben, es sei im wahrsten Sinne des Wortes «der Teufel los» und dieser rekrutiere Menschen in großer Zahl?

Auch auf diese Frage gibt es keine einfache Antwort. Die Macht der Dämonen schien sich den Menschen in diesen Jahrhunderten häufig und in vielfältigster Weise zu manifestieren. Die zahlreichen Heimsuchungen des späten 14. Jahrhunderts, vor allem die Pest, mögen den Gedanken nahegelegt haben, die Ursache sei in der verstärkten Einflußnahme Satans auf den Lauf der Welt zu suchen. Auch die schwere Wirtschaftskrise der Frühen Neuzeit, das Trauma der Reformation und die Kriege jener Zeit haben offenbar bei Intellektuellen wie Rémy, Boguet, Carpzov und Guazzo die Überzeugung gefestigt, daß der Teufel besonders aktiv sei. Wie wir sehen werden, waren es genau diese Faktoren, die in den frühneuzeitlichen Gemeinden Ängste freisetzten und die Magistrate veranlaßten, Hexen zu verfolgen.[68] Aber wenn wir nach einem historischen Faktor fragen, der nicht nur die Herausbildung und Überlieferung des kumulativen Konzepts von Hexerei stützte, sondern auch auf höchst wirksame Weise den Glauben daran, daß der Teufel auf die Geschicke der Menschen Einfluß nahm, dann führt uns die Suche zu der Furcht vor Rebellion, Aufstand und Unordnung, welche die Oberschichten in diesen Jahren erfaßt hatte. Es ist keineswegs ein Zufall, daß die ersten Beschreibungen des Hexensabbats bekannt wurden, als im späten 14. Jahrhundert soziale Unruhen Europa erschütterten,[69] und es ist auch keine zufällige Koninzidenz, daß der gelehrte Glaube an organisierte Hexerei in einer Zeit großer Instabilität und chronischer Rebellion überall in Europa Fuß faßte. Das Zeitalter der großen Hexenjagd war auch das große Zeitalter der Volksrebellion in der europäischen Geschichte, Jahrhunderte, die viele bäuerliche Jacquerien, Religionskriege und schließlich die erste nationale Revolution der Neuzeit hervorbrachten.[70] Diese Wirren verunsicherten die herrschenden Schichten in ganz Europa, und ihre Ängste spiegeln sich im Glauben an den Sabbat.

Wie der Teufel selbst, der seine böse Karriere mit einem Akt der Rebellion gegen Gott begonnen hatte, war die Hexe die Verkörperung der Rebellion. Ob die einzelnen Menschen, die der Hexerei angeklagt wurden, tatsächlich Rebellen waren, ist eine andere Frage, die wir später behandeln werden; halten wir zunächst fest, daß Theologen, Magistrate und Autoren von Hexentraktaten sie als solche betrachteten. Als Häretiker und Apostat machte sich die Hexe der *lèse-majesté* gegenüber Gott schuldig, sie beging gewissermaßen Hochverrat;[71] als Teufelsanbeterin war sie Teil einer umfangreichen politischen Verschwörung; als Mitglied der bäuerlichen Unterschicht stellte sie die Welt auf den Kopf, kehrte sie die gottgewollte hierarchische Ordnung der Gesellschaft um und negierte sie das etablierte Normensystem.[72] Manchmal wurde die Beziehung zwischen Rebellion und Hexerei explizit hergestellt, etwa wenn Hexenjäger die Bibel zitierten und erklärten, daß «Rebellion dasselbe ist wie die Sünde der Hexerei», oder wenn schottische Royalisten in der Überzeugung, daß Hexen und Anhänger des *National Covenant* identisch seien, 1661 befanden: «Rebellion ist die Mutter der Hexerei».[73] Teilnehmer des Konzils von Basel im frühen 15. Jahrhundert glaubten, daß die Bauernrebellion Teil einer satanischen Verschwörung mit dem Ziel sei, den Zölibat des Klerus zu zerstören, weshalb sie die Hexenverfolgung mit ihren Beschlüssen erleichterten.[74] Tatsächlich wurden besonders während der frühen Phase der Hexenverfolgung, als es häufig zu Anklagen wegen politischer Hexerei kam, viele Hexen sowohl wegen Verrats als auch wegen Hexerei angeklagt. Und es war nicht ungewöhnlich, daß böhmische Aufständische des Satanskults bezichtigt wurden oder während des englischen Bürgerkriegs die Anklage gegen den Kleriker

Thomas Larkham auf «Zwietracht, Häresie, Hexerei, Rebellion und Verrat» lautete.[75]

Wenn Hexerei und Rebellion so eng aufeinander bezogen wurden, wie diese Beispiele vermuten lassen, dann hatte die Angst vor Rebellion vermutlich einen starken Einfluß auf die Herausbildung und Ausbreitung des kumulativen Konzepts von Hexerei. Lionel Rothkrug hat gezeigt, daß die Angst der Autoren des *Malleus Maleficarum* vor Hexern, die Bogenschützen waren, eine in deutschen Landen weit verbreitete Furcht vor der schweizerischen Infanterie, die 1477 die Armee Karls des Kühnen besiegt hatte, sowie vor süddeutschen Bauern spiegelte, die hofften, bei ihrer Rebellion gegen das Reich Unterstützung aus der Schweiz zu erhalten.[76] In ähnlicher Weise war der Bericht des Pierre de Lancre über eine massive diabolische Verschwörung im Pays de Labourd von der Tatsache geprägt, daß die Region ein Zentrum des baskischen Widerstandes gegen die französische Monarchie bildete. Wenn es genauso viele männliche wie weibliche Hexen gebe und wenn sie einen «großen Herrn» zum Anführer hätten, befürchtete Henri Boguet, wären «sie stark genug, gegen einen König Krieg zu führen»; dessen hatten sich einige Hexen nämlich gebrüstet.[77] Jakob VI. von Schottland entwickelte viele Ideen seiner *Daemonologie* erst, nachdem er davon überzeugt worden war, daß ein vom Earl von Bothwell angeführter Haufen von Hexen eine politische Verschwörung gegen ihn geplant habe.[78] Vielleicht dachte Jean Bodin, dessen absolutistische Vorstellungen Jakob vollständig übernahm, in ähnlichen Bahnen, als er seine *Démonomanie* verfaßte.[79] Ganz gewiß hatte der englische Puritaner William Perkins das Bild der rebellischen Hexe vor Augen, als er kurz vor dem Tod von Königin Elisabeth seine Abhandlung *A Discourse of the Damned Art of Witchcraft* veröffentlichte. «Der übelste Verräter und Rebell, den man sich denken kann», schrieb er, «ist die Hexe. Denn sie leugnet Gott selbst, den König der Könige, sie verläßt die Gemeinschaft ihrer Kirche und ihres Volkes, und sie verbündet sich mit dem Teufel.»[80]

Die Ausformung, Weitergabe und bereitwillige Rezeption des kumulativen Konzepts von Hexerei durch die Angehörigen der gebildeten und herrschenden Schichten ist eine der wichtigsten Voraussetzungen der großen europäischen Hexenjagd. Ohne diese Vorstellungen hätte es keinen Grund gegeben, Hexen mit der Zielstrebigkeit zu verfolgen, welche die Justizbehörden in der Frühen Neuzeit an den Tag legten. Einzelne Prozesse wegen *maleficium*, ritueller Magie und Teufelspakt hätten sicher auch weiterhin wie in der Vergangenheit stattgefunden. Großangelegte Feldzüge gegen Hexerei und die intensive Suche nach vermeintlichen Komplizen der Hexen wären hingegen ohne diese Prämisse nicht möglich und nicht einmal vorstellbar gewesen. Dennoch war die Ausformung des kumulativen Konzepts von Hexerei nur eine der wichtigsten Vorbedingungen für die Jagd. Die zweite war die Bereitstellung juristischer Grundlagen, welche die Verfolgung und Verurteilung derjenigen, die dieses Verbrechens verdächtigt wurden, erleichterten. Mit diesen ebenso wichtigen rechtlichen Entwicklungen wollen wir uns im folgenden Kapitel beschäftigen.

III.
Die rechtlichen Grundlagen

Die große europäische Hexenjagd war im wesentlichen ein von der Justiz geprägter Vorgang. Der gesamte Prozeß der Entdeckung und Vernichtung der Hexen, von der Denunziation bis zur Bestrafung, verlief in der Regel nach den Vorschriften des Rechts. Und selbst wenn Hexen sich selbst das Leben nahmen, taten sie das meist, um den oft grausamen Rechtsprozeduren zu entrinnen, die sie unausweichlich auf sich zukommen sahen.[1] Gelegentlich griffen aufgebrachte Dorfbewohner zur Selbstjustiz und lynchten die Hexen. Auf diese Weise kamen in dem französischen Dorf Marmande 1453 mehrere Hexer ums Leben; 1610 brach der Pöbel während der großen Hexenjagd im Baskenland in die Häuser derjenigen ein, die als Hexen benannt worden waren, folterte sie grausam und tötete mindestens eine Frau.[2] 1662 lynchte ein zorniger Mob im französischen Auxonne eine Gruppe von Frauen, die dafür verantwortlich gemacht wurden, daß ein ganzes Nonnenkloster vom Teufel besessen war.[3] Wieviele angebliche Hexen auf solch ungesetzliche Weise zu Tode kamen, läßt sich nicht ermitteln. In ländlichen Regionen Polens lag die Zahl vermutlich relativ hoch.[4] Die zentralen Regierungen lehnten jedoch diese Art roher ländlicher Justiz, die ihre Autorität in Frage stellte, scharf ab und versuchten, Wiederholungsfällen vorzubeugen.[5] Man darf daher weitgehend sicher sein, daß während der großen Hexenjagd die große Mehrzahl der wegen Hexerei hingerichteten Personen dem Gesetz entsprechend und formal korrekt vor Gericht gestellt und hingerichtet wurden.

Da die Hexenjagd meist auf gerichtlichem Wege erfolgte, scheint die Annahme gerechtfertigt, daß die im Strafprozeß benutzten Verfahren und die Handhabung der europäischen Justizsysteme in beträchtlichem Umfang zur Entstehung der großen europäischen Hexenjagd beitrugen. Und tatsächlich förderten Entwicklungen des Rechts- und Justizwesens, die zwischen dem 13. und 16. Jahrhundert erfolgten, die intensive Hexenverfolgung im Europa der Frühen Neuzeit. Die weltlichen und geistlichen Gerichte im kontinentalen Europa führten erstens ein neues inquisitorisches Verfahren der Strafverfolgung ein, welches die Einleitung und Durchführung von Hexenprozessen stark erleichterte. Zweitens erhielten diese Gerichte das Recht, die wegen Hexerei angeklagten Personen zu foltern, wodurch sie leicht Geständnisse erpressen und die Namen der angeblichen Komplizen erfahren konnten. Drittens erhielten die weltlichen Gerichte Europas das Recht zur gerichtlichen Verfolgung der Hexen, womit sie die geistlichen Gerichte als Rechtsinstrumente gegen die Hexenjagd ergänzten und in vielen Fällen ersetzten. Schließlich konnten lokale und regionale Gerichte nahezu ohne zentrale oder nationale Rechtsaufsicht tätig werden, was zu einer relativ hohen Anzahl von Verurteilungen und Hinrichtungen führte.

Keine dieser Rechtsentwicklungen allein und auch nicht sie alle zusammen ergeben eine hinreichende Erklärung für die große Hexenjagd, aber jede einzelne gehört zu ihren notwendigen Voraussetzungen. Ebenso wie die in Kapitel 2 geschilderten geistesgeschichtlichen Entwicklungen trugen auch sie dazu bei, daß Hexenverfolgungen überhaupt möglich wurden. Tatsächlich wurden die rechtlichen und geistigen Grundlagen eng miteinander verknüpft, als die Übernahme neuer Strafrechtsordnungen eine Zusammenfassung der verschiedenen Vorstellungen über die angeblichen Aktivitäten der Hexen erleichterte. Die Veränderungen des Prozeßrechts und des Gerichtswesens erklären ferner zum Teil, warum die große Hexenjagd zu diesem Zeitpunkt stattfand. Die intensive Hexenjagd begann nicht, bevor viele europäische Gerichte inquisitorische Verfahren übernommen und die Folter eingeführt hatten. Andererseits fand die intensive Hexenverfolgung kein Ende, bevor Magistrate und Richter erkannten, daß sie unschuldige Menschen auf den Scheiterhaufen schickten, und daraufhin eine Reihe bedeutender Rechtsreformen einleiteten.

Veränderungen des Strafprozeßrechts

Vor dem 13. Jahrhundert galt an den europäischen Gerichten ein Strafprozeßrecht, nach dem alle Verbrechen und besonders unaufgeklärte schwer zu verfolgen waren. Dieses meist als akkusatorisch bezeichnete Strafprozeßrecht galt in seiner ausgeprägtesten Form an den weltlichen Gerichten Nordwesteuropas, aber mit einigen wesentlichen Abweichungen auch an weltlichen Gerichten der Mittelmeerländer und den verschiedenen kirchlichen Gerichten.[6] Es überließ die Einleitung und Durchführung eines Strafprozesses einem Privatkläger, der meist zur Partei des Geschädigten oder dessen Verwandtschaft gehörte. Die Anklage bestand aus einer förmlichen, öffentlich beeideten Aussage und hatte einen Prozeß gegen den Angeklagten vor einem Richter zur Folge. Wenn der Angeklagte seine Schuld eingestand oder wenn der private Kläger unanfechtbare Beweise vorlegen konnte, entschied der Richter gegen den Angeklagten. Sobald jedoch irgendwelche Zweifel aufkamen, wendete sich das Gericht an Gott, er möge ein Zeichen der Schuld oder Unschuld des Angeklagten geben. Dies geschah im allgemeinen durch ein Gottesurteil, eine Probe, die der Angeklagte annehmen mußte, wenn er freigesprochen werden wollte. Er mußte entweder ein heißes Eisen über eine bestimmte Distanz tragen und, nachdem seine Hand einige Tage verbunden war, zeigen, daß Gott sein verschmortes Fleisch auf wunderbare Weise geheilt hatte, er mußte einen Arm in heißes Wasser tauchen und nach Abnahme des Verbandes die Heilung nachweisen, er wurde in kaltes Wasser geworfen und nur dann für unschuldig erkannt, wenn er auf den Grund sank, oder er mußte ein großes Stück herunterschlingen, ohne daran zu ersticken.

Als Alternative zum Gottesurteil konnte der Angeklagte oder ein Stellvertreter aufgefordert werden, mit dem Vertreter der geschädigten Partei zu kämpfen; ein Sieg des Angeklagten in diesem nach beiden Seiten offenen Gottesurteil wurde als Beweis für seine Unschuld gewertet. Statt eines Gottesurteils konnte ihm auch der Nachweis seiner Unschuld durch Eideshilfe erlaubt werden. In diesem Fall beschwor der Angeklagte seine Unschuld und erhielt dann eine bestimmte Anzahl von Eideshelfern, die feierlich seine Ehrlichkeit und damit indirekt seine Unschuld beschworen. Bei allen diesen Formen der Rechtsfindung blieb der Richter unparteiischer Schiedsrichter; er überwachte den geordneten Verlauf, wirkte aber in keiner Weise auf den Angeklagten ein. Geführt wurde das Verfahren vom Ankläger, dem selbst nach der alten römischen Tradition der *Lex talionis* ein Strafverfahren drohte, wenn der Beschuldigte seine Unschuld beweisen konnte.[7]

Eine Betrachtung dieser frühmittelalterlichen Strafprozeßordnung macht zwei Dinge deutlich: Erstens handelte es sich um ein zutiefst irrationales Verfahren. Schuld oder Unschuld wurden nicht durch kritische Überprüfung des Sachverhaltes ermittelt, sondern durch die Bitte um eine göttliche Vermittlung in den menschlichen Angelegenheiten. Damit entledigte sich der Mensch seiner Verantwortung, den Hergang eines Verbrechens aufzuklären, und legte das Verfahren in die Hand Gottes. Zweitens erwies sich dieses Verfahren bei der Verbrechensbekämpfung als nicht besonders erfolgreich. Man benötigte einen Kläger, der das Risiko einer möglichen Gegenklage auf der Grundlage der *Lex talionis* auf sich zu nehmen bereit war, und außerdem konnte das Verfahren zugunsten des Angeklagten manipuliert werden. Schwielige Hände und bestimmte Atemtechniken konnten zum Beispiel dazu beitragen, das Gottesurteil zu überstehen, während sehr angesehene Bürger, die allerdings nicht allzu häufig wegen schwerer Verbrechen angeklagt wurden, in der Regel ihren Freispruch durch eigenen Eid oder durch Eideshelfer durchsetzen konnten. Zwar zeugt das Verfahren vom tiefen Glauben der Menschen an die Allgegenwart Gottes, nicht aber von ihrem Bemühen, das Gesetz als wirksames Instrument gesellschaftlicher Kontrolle zur Geltung zu bringen.

Zu Beginn des 13. Jahrhunderts gaben die kirchlichen und weltlichen Gerichte Westeuropas dieses frühmittelalterliche Strafverfahren auf und übernahmen neue Formen, die dem menschlichen Urteilsvermögen ein weit größeres Gewicht im Strafprozeß einräumten. Dieser Wandel entstand zum Teil aus einer Rückbesinnung auf das Studium des römischen Rechts im 11. und 12. Jahrhundert,[8] der wichtigste Impuls erwuchs jedoch aus der Einsicht, daß die zunehmende Zahl der Verbrechen sowohl im kirchlichen als auch im weltlichen Bereich deren Bekämpfung notwendig machte. Bei der Durchsetzung dieses Wandels übernahm die Kirche, die mit der Ausbreitung von Häresien konfrontiert war, die Führungsrolle. Sie förderte die Einführung neuer Verfahren in weltlichen Gerichten auch dadurch, daß sie 1215 beim vierten Laterankonzil den Klerikern in aller Form verbot, an Gottesurteilen teilzunehmen.[9] Da die Bitte an Gott um Entscheidung in Rechtsstreitigkeiten nur mit dem Segen eines Geistlichen vorgebracht werden durfte, machte dieser Konzilsbeschluß den Gottesurteilen ein Ende.[10]

Das neue Verfahren, das sich im 13., 14. und 15. Jahrhundert allmählich durchsetzte und im 16. Jahrhundert in allen kontinentaleuropäischen Ländern galt, wird meist als inquisitorisches Strafverfahren bezeichnet. Es veränderte sowohl die Einleitung als auch die Durchführung des Strafprozesses. Allerdings schloß die Übernahme des inquisitorischen Verfahrens nicht aus, daß ein Gerichtsverfahren auf eine private Anklage hin eingeleitet wurde.[11] Auf diese Weise kam es zu vielen Verfahren, auch vielen Hexenprozessen, die dann in inquisitorischer Weise geführt wurden.[12] Der einzige Unterschied zwischen dem alten und dem neuen Verfahren bestand darin, daß der Kläger nicht mehr für die Prozeßführung verantwortlich war; wir werden darauf noch zurückkommen. Außerdem ermöglichte die neue Prozeßordnung, daß Einwohner einer Gemeinde einen Verdächtigen bei den Justizbehörden anzeigen konnten, was bereits im 9. Jahrhundert kirchliche Gerichte in bestimmten Grenzen während der bischöflichen Visitationen praktiziert hatten.[13] Noch viel wichtiger ist, daß das neue Verfahren einem Mitglied des Gerichts, dem gelegentlich als Fiskal bezeichneten öffentlichen Ankläger oder dem Richter selbst, erlaubte, jemanden aufgrund einer Information, die er erhalten hatte, oder auch nur eines Gerüchts vor Gericht zu stellen.[14] Auch dieses Verfahren hatte die Kirche in manchen Fällen bereits im 9. Jahrhundert angewendet, und zwar mit der Begründung, daß die *infamia* oder der schlechte Leumund des Beschuldigten das juristische Äquivalent der privaten Klage sei.[15] Im Spätmittelalter fand diese Praxis sowohl in kirchlichen als auch weltlichen Gerichtshöfen weite Verbreitung. Die Folge war eine beträchtliche Vermehrung der Strafverfahren, aber auch die Gefahr unbegründeter, böswilliger, politisch motivierter oder willkürlicher Anschuldigungen.

Bedeutender als die Einführung neuer Verfahren zur Einleitung eines Strafprozesses war die Tatsache, daß die Justizbehörden nun alle Stadien des Prozesses kontrollierten, sobald die Anklage erhoben worden war.[16] Bisher hatten die Behörden in einer Auseinandersetzung zwischen zwei privaten Parteien den Vorsitz geführt, wobei der Ausgang zumindest theoretisch Gott anheimgestellt wurde. Nun übernahm der Gerichtshof – der Richter und seine Beisitzer – die Aufgabe, das Verbrechen zu untersuchen und zu entscheiden, ob der Angeklagte schuldig oder unschuldig war. Dies geschah vor allem dadurch, daß sie den Angeklagten und alle faßbaren Zeugen unter Ausschluß der Öffentlichkeit verhörten und die Aussagen niederschrieben. Sie ermittelten die Fakten des Falles, die sie nach sorgfältig formulierten Beweisregeln auswerteten, um die Schuld oder Unschuld des Beklagten festzustellen und ein angemessenes Urteil zu fällen. Damit verlief das gesamte Verfahren nicht nur unter behördlicher Kontrolle, sondern auch auf der Grundlage eines rationalen Begründungsanspruchs. Der Mensch nutzte sein eigenes Urteilsvermögen auf der Grundlage geltenden Rechts, um das Verbrechen zu ahnden. Es überrascht daher nicht, daß die Erneuerung der Prozeßordnung eng mit dem Erscheinen umfangreicher rechtswissenschaftlicher Literatur, und zwar als Ursache wie als Wirkung, verbunden war. Ebenfalls in diesem Zusammenhang stieg die Zahl der Berufsjuristen erheblich an.

Das inquisitorische Verfahren steht nicht nur im Gegensatz zu dem Anklageverfahren, an dessen Stelle es trat, sondern auch zu der etwa gleichzeitig in England entwickelten Strafprozeßordnung. Im frühen 13. Jahrhundert verzichteten englische Gerichte ebenso wie die des Kontinents auf das Gottesurteil und andere «übernatürliche Beweise» und überantworteten die Entscheidung über Schuld und Unschuld dem menschlichen Urteilsvermögen. Aber der Strafprozeß stand nicht unter so strenger behördlicher Aufsicht wie auf dem Festland. Während auf dem Kontinent die Justizbehörden das Recht sowohl zur Einleitung eines Prozesses als auch zur Aburteilung der Angeklagten erlangten, übernahmen in England Laienrichter, das heißt solche, die nicht juristisch ausgebildet waren, diese Aufgabe. Eine Anklagejury leitete im Namen des Königs alle öffentlichen Verfahren ein oder übte mindestens eine vorrangige Aufsicht aus, während die Schuldfindung einer anderen Jury zukam, deren Pflicht es war, den Sachverhalt des Falles zu klären. Ursprünglich bildeten die Zeugen des Verbrechens die Jury, aber zu Beginn des 16. Jahrhunderts bewerteten Laienrichter nicht mehr selbst Erlebtes, sondern befanden über Beweise, die ihnen die örtlichen Justizbeamten vorlegten. Um die Mitte des 16. Jahrhunderts verhörten diese Beamten vor Beginn des Verfahrens den Angeklagten und die Zeugen, aber dennoch entwickelte sich daraus kein inquisitorisches Prinzip, weil die Geschworenen und nicht die Gerichtsbeamten das Urteil fällten. In mancherlei Hinsicht bewahrte das englische Verfahren viele Aspekte des älteren Anklageverfahrens. Eine Privatperson, die mit einer eidlichen Aussage eine erste Klage erhob, und nicht etwa eine Justizbehörde, brachte das Verfahren in Gang. In seiner öffentlichen und mündlichen Form glich dieses immer noch einer Auseinandersetzung zwischen zwei Gegnern und war kein geheimes Verfahren zur Ermittlung der Wahrheit.[17] Der Richter blieb zumindest theoretisch, wenn auch kaum in der Praxis, ein unparteiischer Schiedsrichter, der die Rechtsfindung leitete, und war weniger ein Beamter, dem die Aufspürung und Ermittlung des Sachverhalts, die gerichtliche Verfolgung und die Überführung des Schuldigen anvertraut waren.[18]

Mit Beginn der intensiven Hexenjagd war England das einzige Land Europas, das keine Bestimmungen des inquisitorischen Prozeßrechts übernommen hatte. Das schottische Strafverfahren stellte eine Mischung aus dem englischen und dem kontinentalen Modell dar. Einerseits setzten die Schotten keine anklagende Jury ein; die schottischen Richter stellten als Teil der vorgerichtlichen Prozedur umfangreiche Dossiers von schriftlichen Zeugenaussagen zusammen, die im Strafprozeß als Beweise benutzt wurden. Andererseits glich das schottische dem englischen Verfahren; die schottischen Geschworenengerichte bewahrten sich fast während der gesamten Neuzeit eine beträchtliche Unabhängigkeit bei der Bewertung der Fakten.[19] Nicht nur in England und Schottland gab es Geschworene, aber sie fungierten in allen anderen europäischen Ländern nur als formale Zustimmungskörperschaften, deren Entscheidungen von den Richtern und den Informationen abhängig waren, die das Gericht gesammelt hatte. Wann immer die Rolle der Geschworenen zu einer zeremoniellen verkümmerte, gab es eine Tendenz, sie zu mißachten; und wenn das eintrat, verzichtete man schließlich ganz auf Geschworene oder wandelte das Geschworenengericht in ein Gericht von Berufsrichtern um.

Das inquisitorische Verfahren erleichterte die Verfolgung aller Verbrechen, aber am nützlichsten erwies es sich in der Untersuchung und gerichtlichen Verfolgung von Häresie und Hexerei. Da die meisten Ketzer zwar allgemein bekannt waren, es aber keine Opfer ihrer Verbrechen gab, die Wiedergutmachung forderten, war der einzige effektive Weg, sie vor Gericht zu bringen, entweder die Denunziation oder die Verfolgung von Amts wegen. Vor allem zur Bekämpfung der Ketzerei nutzte die Kirche die neue Möglichkeit, ein Verfahren einzuleiten. Gegen Hexen, die wegen ihres üblen Leumunds bekannt waren, konnte *ex officio* vorgegangen werden; sie konnten aber auch von denen angezeigt werden, denen sie geschadet hatten. In solchen Fällen wirkte das neue System insofern, als die Glaubwürdigkeit des Klägers keine Rolle mehr spielte.[20] Man darf davon ausgehen, daß nach dem alten Verfahren das

Opfer einer Hexerei nur sehr zögernd einen Täter des *maleficium* bezichtigte; denn jeder mußte befürchten, selbst bestraft zu werden, wenn sich die Anschuldigung als unhaltbar erwies.[21] Jetzt konnte man dies ungestraft tun. War die Anzeige wegen Häresie oder Hexerei erst einmal erfolgt, wurde der Beschuldigte auch mit großer Wahrscheinlichkeit verurteilt; denn der Richter konnte seine Ermittlungsbefugnisse ausschöpfen und ein Dossier über das angebliche Verbrechen erstellen. Besonders nützlich erwies sich dabei die unmittelbare Befragung des Angeklagten, weil sie dem Richter die zur Überführung erforderlichen Aussagen liefern konnte.

Lediglich die außerordentlich strengen Maßstäbe, die das inquisitorische Verfahren für den Nachweis einer Tat setzte, trugen dazu bei, daß eine erfolgreiche Prozeßführung eher erschwert als erleichtert wurde. Nachdem mit dem Inquisitionsverfahren das Vertrauen auf die rationale Urteilskraft des Menschen an die Stelle des Vertrauens auf eine göttliche Lenkung der menschliche Geschicke getreten war, forderten die Rechtsgelehrten einhellig, daß schlüssige Schuldbeweise vorliegen müßten, bevor der Richter ein Urteil fällen dürfe. Den Maßstab lieferten die römische Gesetzgebung über Hochverrat und das traditionelle römisch-kanonische Beweisrecht; als Tatnachweis benötigte man entweder die Aussagen zweier Augenzeugen oder das Geständnis des Angeklagten. Jeder andere Beweis, und sei er noch so überzeugend, wurde als unzureichend abgelehnt. Nur wenn zwei Personen bezeugen konnten, daß sie das Verbrechen mit eigenen Augen gesehen hatten, oder wenn der Angeklagte selbst die Tat gestand, konnte er verurteilt werden. Die Strenge dieses Beweisrechts läßt sich am besten ermessen, wenn man es mit den in England gültigen Beweismaßstäben vergleicht. Englische Geschworenengerichte konnten schuldig sprechen auf der Grundlage von Angaben, die auf Hörensagen beruhten, von Indizien oder der Aussage eines einzigen Augenzeugen. Allerdings mußten sie seit 1367 ihr Urteil einstimmig fällen, und viele Geschworene entschlossen sich nur selten zu Schuldsprüchen. Aber wenn sie auf schuldig erkannten, taten sie dies auch oft auf der Basis recht fadenscheiniger Beweise, und das selbst noch im 18. Jahrhundert, als das englische Beweisrecht schon Gestalt gewonnen hatte.

Das römisch-kanonische Beweisrecht stellte die Richter dann vor ernsthafte Probleme, wenn keine Augenzeugen vorhanden waren. Dies galt besonders in Verfahren wegen Verbrechen, für die es kaum Augenzeugen gab, wie Häresie und Hexerei. Ketzerei war nämlich vom Wesen her ein Verbrechen der inneren, geistigen Haltung, obwohl es natürlich Zeugenaussagen gab, wenn der Häretiker seine Vorstellungen geäußert hatte. Ähnliche Probleme machte die Hexerei, die Häresie einschloß. In der Tat konnten nur sehr wenige Menschen bezeugen, daß eine Hexe vor ihren Augen *maleficia* verübt hatte, und die einzigen, die als Augenzeugen von Satanskult und Sabbatfeiern in Frage kamen, waren die angeblichen Komplizen der Hexen, die ihrerseits nicht entlarvt werden konnten, ohne daß mindestens eine Hexe gestanden und ihre Namen preisgegeben hatte. In solchen Fällen mußten sich die Richter ausschließlich auf Geständnisse der Angeklagten verlassen, um sie verurteilen zu können. Da Geständnisse aber nicht immer zu erreichen waren, erlaubten die Justizbehörden allmählich den Gebrauch der Folter. Der Einsatz der Folter in Prozessen gegen Ketzer, Hexen und in anderen Fällen erwies sich als unmittelbare Folge der Einführung des Inquisitionsverfahrens. Die Logik des neuen Prozeßrechts führte – oder verführte – zur Anwendung dieser Verhörmethode.

Die Folter

Wenn wir hier von Folter sprechen, dann nicht über ihre Funktion als Strafe für ein Verbrechen. Sehr häufig verurteilten Gerichte Verbrecher zur Folterung vor der Hinrichtung, wobei die bereits während des Prozesses angewandten Methoden zum Einsatz kamen. Manche Rechtswissenschaftler unterscheiden zwischen Folter als Strafe und Folter beim Verhör, mit dem Begriff der gerichtlichen Folter ist aber nur die letztere gemeint. Gerichtliche Folter war ein Mittel, um von einem Angeklagten oder einem widerspenstigen Zeugen entweder ein Geständnis oder andere geheimgehaltene Informationen zu erlangen.

Der Gebrauch der Folter im Spätmittelalter und in der Frühen Neuzeit hatte antike und frühmittelalterliche Vorbilder. In der griechischen und römischen Antike wurden Sklaven häufig während ihrer Prozesse gefoltert, im Römischen Reich sogar Freie in Prozessen wegen Hochverrats oder Schwerverbrechen. In einigen barbarischen Königreichen wurden auch später noch Sklaven gefoltert, nie aber Freie. Man kann daher die Einführung der Folter im Europa des 13. Jahrhunderts mehr als Wiederbelebung denn als Neuerung betrachten. Ebenso wie das mit ihr verbundene Inquisitionsverfahren ergab sich ihre neuerliche Verwendung aus der teilweisen Wiederbelebung des römischen Rechts. Wichtiger für ihre Wiedereinführung in Westeuropa war aber die Notwendigkeit, Verbrechen effektiver zu verfolgen, und die Geltung des zu diesem Zwecke eingeführten inquisitorischen Verfahrens.

Den ältesten Quellenbeleg für die Verwendung der Folter im Spätmittelalter enthält das Recht der Stadt Verona aus dem Jahre 1228. Innerhalb weniger Jahre folgten diesem viele andere italienische Stadtstaaten, das Heilige Römische Reich und das Königreich Kastilien.[22] In diesen weltlichen Jurisdiktionsbezirken diente die Folter in erster Linie dem Ziel, weitere Aussagen von notorischen Verbrechern zu erhalten, die unaufgeklärter Straftaten verdächtigt wurden. 1252 folgte die Kirche, die bei der Einführung des inquisitorischen Verfahrens vorangegangen war, dem Beispiel der weltlichen Gerichte. Papst Innozenz IV. erlaubte den päpstlichen Inquisitoren den Einsatz der Folter in Ketzerprozessen, da Häresie in vieler Hinsicht als das schlimmste geheime Verbrechen galt. Ketzer zu foltern erschien vor allem deshalb angemessen, weil ihr Verbrechen das kirchliche Äquivalent von Hochverrat darstellte und die ersten freien Römer, die gefoltert wurden, Hochverräter gewesen waren. Der Einsatz der Folter in Ketzerprozessen bot den kirchlichen Gerichten die Grundlage dafür, sie auch in Hexenprozessen anzuwenden; beides, das Vorbild der kirchlichen Gerichte und die allgemein übliche Verwendung der Folter bei der Verfolgung von Kapitalverbrechen, führte zu ihrem Einsatz in Hexenprozessen vor weltlichen Gerichten.

Die Folterung beim Verhör beruht auf der Annahme, daß ein Angeklagter die Wahrheit gesteht, wenn er während des Verhörs physischen Schmerzen ausgesetzt wird. Diese Annahme ist indessen zweifelhaft. In vielen Fällen entlockt die Folter dem Schuldigen oder seinen Mitwissern aufrichtige Geständnisse und die tatsächliche Wahrheit. Diese Wirkung erzielte die Folter oft auch in Kriegszeiten beim Verhör von Kriegsgefangenen. Ansonsten jedoch erwies sie sich als höchst unzuverlässiges Instrument zur Wahrheitsfindung; denn unter der Folter wurden oft erfundene oder mindestens teilweise irreführende Geständnisse abgelegt. Die Wahrscheinlichkeit einer solchen Verfälschung ist am größten, wenn erstens die gefolterte Person das ihr angelastete Verbrechen nicht begangen hat oder nicht über die gewünschte Information verfügt, wenn zweitens die Einzelheiten des Geständnisses dem Angeklagten mit Hilfe von Suggestivfragen entlockt werden und drittens wenn Dauer und Härte der Folter in exzessivem Maße ausgedehnt werden. Eine große Fülle zeitgenössischer und historischer Quellen belegt, daß sich sogar die verschwiegenste unschuldige Person unter schmerzhafter Folter selbst bezichtigt und so ziemlich alles gesteht, was die Folterer von ihr hören wollen. Den eindeutigsten historischen Beweis dafür liefert die große Hexenjagd selbst, bei der Tausende von Menschen unter der Folter Verbrechen gestanden, die sie nicht begangen hatten und nicht einmal begangen haben konnten.

Daß die gerichtliche Folter kein verläßliches Instrument der Wahrheitsfindung ist, war den für ihre Einführung Verantwortlichen durchaus bewußt. Sie wußten auch, daß die Folter zwar weitgehend korrektes, auf andere Weise nicht zu verschaffendes Belastungsmaterial herauspressen, daß sie aber auch die Rechte des Angeklagten ernsthaft gefährden und zu dessen ungerechtfertigter Verurteilung führen konnte. Aus genau diesem Grund hatte die Kirche in der ersten Hälfte des 13. Jahrhunderts die Anwendung der Folter verboten.[23] Als sie im Verlauf des 13. Jahrhunderts wieder zugelassen wurde, erließen deshalb Rechtsgelehrte und Behörden Regeln für ihre Anwendung. Es sollte vor allem vermieden werden, daß Unschuldige gefoltert wurden und falsche Geständnisse ablegten, außerdem sollten Härte und Dauer der Folter begrenzt werden. Die Vorschriften dienten nicht der Rechtfertigung ihres Einsatzes; diese lieferte vielmehr die Notwendigkeit, Geständnisse über staatsgefährdende Verbrechen zu erlangen. Aber sie machten die Verhörmethode denjenigen einsichtiger, die sich für den Schutz der Rechte des Angeklagten engagierten und die Aburteilung Unschuldiger verhindern wollten.

Die Vorschriften über den Gebrauch der Folter fielen regional unterschiedlich aus und wurden im Laufe der Zeit auch immer wieder geändert. Ihre ursprüngliche und strengste Fassung verbot die Anwendung der Folter, wenn der Richter nicht beweisen konnte, daß überhaupt ein Verbrechen vorlag. Stand dies fest, konnte er sie erst anordnen, wenn ein Beschuldigter der Tat dringend verdächtig war. Dieser dringende Tatverdacht ergab sich meist aus der Aussage eines Augenzeugen (zur Verurteilung benötigte man allerdings zwei) oder aus Indizien, die als rechtliches Äquivalent für eine Zeugenaussage galten.[24] Aber auch bei Erfüllung aller Voraussetzungen durfte der Richter die Folter nur anordnen, wenn sie die einzige Möglichkeit war, den Sachverhalt des Falles zu ermitteln, und der Anordnung mußte eine Androhung der Folter gegenüber dem Beschuldigten vorausgehen.

Sowohl aus humanitären als auch aus rechtlichen Gründen galten Regelungen, die Härte und Dauer der Folter begrenzten. Am weitesten verbreitet war der Grundsatz, daß die Folter nicht zum Tod des Opfers führen dürfe. Aus diesem Grunde benutzten die meisten Gerichte Foltermethoden, bei welchen die Extremitäten entweder gestreckt oder zusammengepreßt wurden. Das dazu am häufigsten benutzte Folterinstrument war der sogenannte *strappado*, ein Flaschenzug, der das Opfer an den Armen hochzog, welche zuvor hinter dem Rücken zusammengebunden waren. Zur Streckfolter wurden auch die Folterbank und die Leiter benutzt. Als zusammenpressende Folterinstrumente dienten Daumenschrauben, Beinschrauben, Kopfklammern und Schlingen zum Abschnüren von Gliedmaßen. Alle diese Instrumente besaßen den Vorteil, daß sie gelockert werden konnten, sobald der Betroffene bereit war, zu gestehen oder die gewünschte Aussage zu machen. Sie ermöglichten auch die allmähliche Verschärfung der Folter. In den meisten Gerichtsbezirken richtete sich die Intensität der Folter sowohl nach der Schwere des Verbrechens als auch nach dem Ausmaß der mutmaßlichen Schuld. In den Vorschriften über die Verwendung des *strappado* wurde genau geregelt, wie lange der Beschuldigte an dem Flaschenzug hängen sollte und ob er ruckartig hochgezogen werden sollte oder nicht. Im schlimmsten Falle wurden Gewichte zwischen 40 und 600 Pfund an die Füße des Opfers gebunden und dann die Seile ruckartig angezogen, eine Prozedur, bei welcher die Arme aus den Gelenken gerissen werden konnten. Alle Foltermaßnahmen sollten jedoch am gleichen Tag durchgeführt werden, eine Wiederholung war nicht erlaubt. Andere Vorschriften verboten die Folterung bestimmter Personengruppen, etwa von Schwangeren und Kindern.

Weitere Vorschriften sollten verhindern, daß falsche Geständnisse abgelegt wurden. So waren Suggestivfragen verboten, die den Angeklagten dazu verleiten konnten, zu gestehen, was der Richter hören wollte. Unter der Folter gemachte Aussagen waren nicht gerichtsverwertbar; der Angeklagte mußte sie außerhalb der Folterkammer innerhalb von 24 Stunden «aus freien Stücken» wiederholen. Außerdem war der Richter verpflichtet, die unter der Folter gemachten Aussagen zu überprüfen.

Hätten die europäischen Gerichtshöfe diese Vorschriften strikt befolgt, dann hätte diese Verhörmethode nicht zu der Unzahl von Fehlurteilen geführt, die man immer mit ihr verbindet. Insbesondere wäre die europäische Hexenjagd vermieden worden. In der Praxis wurden die Vorschriften weitgehend gelockert und in grober Weise mißbraucht. In manchen Gerichtsbezirken wurden sie offiziell geändert, um die Verbrechensbekämpfung zu erleichtern. Andere setzten sie bei der Verfolgung von Verbrechen, die als besonders schwerwiegend galten und nur schwer aufgeklärt werden konnten, außer Kraft. Es sei daran erinnert, daß Hexerei als *crimen exceptum*, als außergewöhnlich schweres Verbrechen, galt, bei dessen Verfolgung manche Verfahrensvorschriften, etwa die Überprüfung der Glaubwürdigkeit der Zeugen, vernachlässigt wurden.[25] In anderen Bezirken übergingen die Richter die Vorschriften kurzerhand oder verstießen offen gegen sie, besonders bei Hexenprozessen.

Die erste wichtige Änderung der Vorschriften betraf die Forderung, daß der Richter zunächst feststellen müsse, ob überhaupt ein Verbrechen begangen worden sei. Wenn diese Vorschrift streng befolgt worden wäre, so John Langbein, «hätte der europäische Hexenwahn niemals so zahllose Opfer gefordert».[26] Unglücklicherweise waren jedoch diejenigen okkulten Verbrechen von der Regel ausgenommen, deren Beweise mit dem Zeitpunkt der Tat verschwunden waren. Das bedeutete, daß Richter Verdächtige foltern lassen konnten, wenn sie vermuteten, daß jene ein Verbrechen begangen haben könnten, auch wenn es dafür keinen greifbaren Beweis gab.[27]

Das Verbot, die Folter zu wiederholen, wurde ebenfalls offiziell gelockert. In seinem 1376 verfaßten Handbuch für Inquisitoren umging Nicholas Eymeric das Verbot dadurch, daß er erlaubte, die Folter später «fortzusetzen». Manche europäischen Gerichte verzichteten auf solche Kasuistik und erlaubten dem Richter die Wiederholung der Folter, wenn sich der Beschuldigte als widerspenstig erwies.[28] Es gab Hexenprozesse, in denen endlos gefoltert wurde. In einem Fall wurde die Folterung 56mal wiederholt[29]; 1631 lieferte der Henker der deutschen Stadt Dreißigacker ein erschütterndes Beispiel dafür, in welchem Ausmaß die Sicherungsmaßnahmen gegen die Wiederholung der Folter aufgegeben worden waren. Er sagte zu seinem Opfer: «Ich hole dich nicht einen, zwei, drei oder acht Tage und auch nicht ein paar Wochen, sondern ein halbes, ein ganzes Jahr, dein ganzes Leben lang, bis du gestehst. Und wenn du nicht gestehst, foltere ich dich zu Tode, und danach wirst du verbrannt.»[30] Es sei noch angemerkt, daß die Angeklagte schwanger war und daher überhaupt nicht hätte gefoltert werden dürfen.

Die Folter wurde nicht nur beliebig verlängert, sondern auch nach Gutdünken verschärft. Die grausamsten Foltern blieben in vielen Gerichtsbezirken den Hexen vorbehalten. Einen Eindruck vermittelt der Bericht über den Prozeß der Anna Spülerin aus Ringingen, die so brutal gefoltert wurde, daß alle Gliedmaßen verstümmelt waren und sie ihr Augenlicht und das Gehör verlor.[31] In Schottland wurde Dr. Fian, einer der zahlreichen Hexer, die verdächtigt wurden, den König verraten zu haben, «der härtesten und grausamsten Pein der Welt unterworfen, die man die Stiefel nennt», mit der Wirkung, daß «seine Beine so fest wie möglich zusammengedrückt wurden und die Knochen und das Fleisch so zerquetscht wurden, daß Blut und Knochenmark in großen Mengen hervorquollen.»[32] Einige Staaten verboten strafrechtlich die Anwendung bestimmter Methoden, doch wurden manche Foltern unter Verstoß gegen geltendes Recht angewendet, einfach auf Anordnung eines übereifrigen oder auch sadistischen Richters. Viele deutsche Gerichte benutzten den Hexenstuhl, unter dem ein Feuer brannte, während schottische Quellen berichten, daß Hexen die Fingernägel mit Zangen ausgerissen wurden. In Spanien, Frankreich und Deutschland zwangen häufig die Gerichte die Angeklagten, Unmengen von Wasser zu schlucken. Zu den eindeutig gesetzwidrigen Foltern gehörte es unter anderem, die Nasenlöcher des Opfers mit Schlamm und Wasser zu füllen, das Opfer auf einen Tisch zu binden, der mit Dornenzweigen belegt war, eine Rolle mit dolchartigen Spitzen auf dem Rückgrat auf und ab zu rollen, Augen auszustechen, Ohren abzuschneiden, die männlichen Genitalien zu zerquetschen und Weinbrand oder Schwefel auf dem Körper des Opfers zu verbrennen.

Viele dieser besonders grausamen Foltermethoden wurden ursprünglich nur bei Hexenprozessen eingesetzt, und zwar nicht nur weil Hexerei das abscheulichste aller Verbrechen war und deshalb erfolgreich geahndet werden mußte, sondern auch weil viele Richter fürchteten, die Hexen könnten ihre magischen Kräfte nutzen, um dem Schmerz zu widerstehen. Vermutlich nahmen sie an, daß besonders grausame Foltermethoden Erfolg versprachen, wo andere versagen könnten. Als sehr wirkungsvoll erschien in solchen Fällen jedoch eine Methode, die keine unmittelbaren körperlichen Schmerzen verursachte. Das *tormentum insomniae,* die erzwungene Schlaflosigkeit, galt als wirksamstes Mittel gegen die Hexenkünste des Opfers. Da diese Methode, die das Opfer über 40 Stunden oder noch länger wach hielt, nicht den Körper verletzte, übte sie auf humane Richter große Anziehungskraft aus. Sie war auch sehr effektiv, weil sie vermutlich zu einer Art von Gehirnwäsche führte. Ein Richter behauptete sogar, weniger als zwei Prozent aller Opfer könnten sie aushalten, ohne zu gestehen.

Aber nicht nur die Beschränkungen der Dauer und der Härte der Folter wurden gelockert oder völlig mißachtet, auch die Vorschriften zur Vermeidung falscher Geständnisse wurden allmählich verändert oder gar abgeschafft. In Hexenprozessen gehörten Suggestivfragen zur gängigen Praxis, die durch die Veröffentlichung von entsprechenden Fragenkatalogen zusätzlich gefördert wurde. Man bemühte sich selten um eine detaillierte Überprüfung der Geständnisse, und wenn eine angeklagte Hexe ihr unter der Folter abgelegtes Geständnis widerrief, erlaubten die Richter eine zweite, dritte oder auch vierte Folterung und verstießen damit offen gegen das Wiederholungsverbot.[33] Es war nicht unüblich, daß Richter keine Todesstrafen verhängten, wenn Angeklagte ihr Geständnis widerrufen hatten. Wenn aber die Anklage auf Hexerei lautete, kam es nur höchst selten zum Verzicht auf die Hinrichtung. Manchen Hexen wurde überhaupt keine Gelegenheit zum Widerruf gegeben, während andere, die widerrufen hatten, trotzdem hingerichtet wurden, und zwar nach den Verfahrensvorschriften, die für verstockte Häretiker galten.

Zu klären bleibt noch die Frage, ob Richter, die mit großer Härte und unter offensichtlichem Verstoß zumindest gegen die ursprünglich gültigen Vorschriften Folterungen anordneten, nicht befürchteten, sie könnten Unschuldige zwingen, sich selbst zu belasten. Mit großer Sicherheit darf man davon ausgehen, daß dies nicht der Fall war. Entweder glaubten sie, Gott werde die Unschuldigen beschützen und ihnen helfen, die Folter zu ertragen, wie er früher das Überleben eines Gottesurteils ermöglicht hatte, oder sie zogen die Möglichkeit, daß der Beschuldigte unschuldig sein könnte, gar nicht ernsthaft in Betracht. Sogar wenn die Schuld nach den gesetzlichen Vorschriften nicht ausreichend nachgewiesen werden konnte, ließen Richter den Angeklagten in der Annahme foltern, daß er schuldig sei und die Wahrheit sagen werde, wenn ihm Schmerzen angedroht oder zugefügt würden. Selbst wenn der Richter Bedenken hegte, einen Menschen qualvollen Folterungen auszusetzen, wurden diese von der Einsicht in die Ungeheuerlichkeit des Verbrechens und von der Notwendigkeit seiner wirkungsvollen Bekämpfung hinweggefegt. Hatte die Folterung erst einmal begonnen, besaß der Richter ein zusätzliches Motiv, seine Aufgabe erfolgreich zu beenden, da in erster Linie das Geständnis selbst den Einsatz der Folter rechtfertigte.

Die Wiedereinführung der Folter in das westeuropäische Rechtssystem und die Lockerung oder Mißachtung der Vorschriften über ihre Verwendung übten starken Einfluß auf die Entstehung und den Verlauf der großen europäischen Hexenjagd aus. Erstens erleichterte die Folter die Formulierung und Verbreitung des kumulativen Konzepts von Hexerei. Wenn auch gelehrte Traktate die verschiedenen Vorstellungen über Hexerei miteinander verknüpften und verbreiteten, erfolgte ihre erste Verschmelzung doch in den Gerichtssälen, wo Inquisitoren mit Hilfe der Folter ihre Verdachtsmomente bestätigt und ihre Phantasien verwirklicht sahen. Die Traktate bezogen ihre Fallbeispiele meist aus Vorstellungen, die erstmals in Folterkammern entwickelt worden waren. Waren diese erst einmal niedergeschrieben, trugen die Geständnisse unter der Folter zu ihrer Bestätigung und Weiterverbreitung bei. Wie wichtig es war, Geständnisse zu erhalten, welche die Vermutungen aus den schriftlich zugänglichen Traktaten bestätigten, läßt sich am besten an Vorstellungen über Hexen erfassen, die in England verbreitet waren. Auch dort glaubte man im 16. und 17. Jahrhundert an Hexensabbat und Satanskult; diese Vorstellungen wurden aber von der Elite nie in bedeutendem Umfang übernommen, weil in Hexenprozessen keine Folter eingesetzt werden durfte und entsprechende Geständnisse daher nur schwer zu erreichen waren.

Zweitens steigerte die Anwendung der Folter in Hexenprozessen die Aussichten, die Hexe verurteilen zu können, beträchtlich. Diese Wirkung hätte an sich bereits durch die Einführung des inquisitorischen Verfahrens erzielt werden können, aber durch die Übernahme des römisch-kanonischen Beweisrechts drohte in Fällen geheimer Verbrechen ein Mißerfolg des Verfahrens. Der Einsatz der Folter, besonders der unbegrenzten Folter, löste nicht nur das Problem der ungenügenden Beweislage, sondern ermöglichte es auch, fast alle Menschen zu verurteilen, die der Hexerei verdächtigt wurden. Obwohl wir nur über unvollständige Zahlenangaben verfügen, läßt sich feststellen, daß bis zu 95 Prozent der Angeklagten verurteilt wurden, nachdem die Folter generell eingesetzt wurde.[34] Wenn sie wie in England nicht angewandt wurde, lag die Verurteilungsrate weit unter 50 Prozent. Dazwischen gab es natürlich eine Vielzahl von Varianten, wenn die Folter etwa nur in einigen Fällen eingesetzt wurde, oder je nachdem, ob die Vorschriften über die Verwendung der Folter strikte oder geringere Beachtung fanden oder der Richter mehr oder weniger Mitgefühl zeigte.[35] In einigen Fällen erwies sich die Folter als wirkungslos, weil die Angeklagten Techniken entwikkelten, mit deren Hilfe sie die Schmerzen ertragen konnten.[36] Es steht jedoch außer Frage, daß ohne die Folter weit weniger Hexen verurteilt worden wären und die Verfolgung von Hexerei und ihre Verurteilung sich eher an den in England üblichen Formen orientiert hätte als an den deutschen Gepflogenheiten.

Der dritte und wichtigste Effekt der Folter bestand in der Ermittlung der Namen angeblicher Komplizen der Hexen. Nach römischem Recht durfte eine Person, die ein Verbrechen gestand, nicht wegen eines Verbrechens gefoltert werden, das eine andere Person begangen hatte. Aber die meisten europäischen Rechtskreise – mit Ausnahme von Spanien und dem Kirchenstaat - schafften diese Bestimmung im Spätmittelalter oder in der Frühen Neuzeit ab. Erst als diese Veränderung vollzogen war und die Behörden Hexerei als Verschwörung einzustufen begannen, wurden umfangreiche Kettenreaktionen von Hexenprozessen möglich. Zwar konnten unter der Folter viele einzelne Hexen zum Geständnis gezwungen und dann abgeurteilt werden, aber erst die peinliche Befragung der Hexen nach den Namen ihrer Komplizen konnte Hexenjagden auslösen, bei denen zahlreiche, wenn nicht Hunderte von Menschen wegen eines gemeinschaftlich begangenen Verbrechens vor Gericht gestellt wurden.

Hexerei und weltliche Gerichtsbarkeit

Das dritte Element der Rechtsgeschichte, das die große europäische Hexenjagd erst ermöglichte, war die Ausbildung der vollen Jurisdiktionsgewalt des Staates bei der Verfolgung eines Verbrechens, das in erster Linie spiritueller Natur war. Soweit Hexerei die Verehrung des Teufels einschloß, bedeutete sie einen Verstoß gegen religiöse Normen, Abfall vom Glauben und Ketzerei und unterlag der Bestrafung durch kirchliche Instanzen. So wurden denn auch viele Hexen von bischöflichen Gerichten oder päpstlichen Inquisitoren abgeurteilt, deren Hauptaufgabe seit dem frühen 13. Jahrhundert die Bekämpfung der Ketzerei war. Aber von Anfang an beteiligten sich auch die weltlichen Gerichte westeuropäischer Staaten dadurch an der Hexenverfolgung, daß sie entweder mit kirchlichen Gerichten zusammenarbeiteten oder selbst Hexenprozesse durchführten. Im Laufe der Zeit wuchs die Bedeutung der weltlichen Gerichte bezüglich der Hexenjagd, während der Einfluß der kirchlichen Gerichte zurückging. Die Regierenden definierten Hexerei als weltliches Verbrechen, und in einigen Ländern sicherten sich die weltlichen Gerichte sogar das Verfolgungsmonopol. Indes blieb das Interesse der Kirche an der Hexerei ungebrochen, und häufig veranlaßte sie weltliche Gerichte, Hexen streng zu verfolgen[37], aber die Rechtsmaschinerie, welche die Hexenjagd vorantrieb, war stärker weltlich als kirchlich. Wäre die weltliche Gerichtsbarkeit nicht mobilisiert worden, wäre die große Hexenjagd ein Schatten ihrer selbst geblieben.

Das tief verwurzelte Vorurteil, daß die große europäische Hexenjagd im wesentlichen eine kirchliche, von klerikalem Eifer angefachte und unter kirchlichen Vorzeichen durchgeführte Kampagne gewesen sei, konnte sich entwickeln, weil geistliche Autoren einen so beträchtlichen Anteil an der Ausformung des kumulativen Konzepts von Hexerei hatten und weil kirchliche Gerichte im Spätmittelalter eine bedeutende Rolle bei der Verfolgung von Ketzerei, Zauberei und Hexerei spielten. Daß Geistliche erheblich zur Entfaltung des Hexenglaubens beitrugen, kann nicht geleugnet werden, obwohl auch Laientheologen wie Arnaldus von Villanova und Richter, die Hexenprozesse führten, wesentlichen Anteil daran hatten.[38] Am bedeutsamsten ist aber, daß zu Beginn der großen Hexenjagd alle diese Vorstellungen in gleichem Ausmaß von den weltlichen Richtern wie von der geistlichen Führungsschicht angenommen wurden.[39] Nun erst konnten sie sich vor weltlichen ebenso wie vor kirchlichen Gerichten auswirken.

Zur Rolle des Klerus bei der Verfolgung von Zauberei, Ketzerei und Hexerei im Spätmittelalter wäre noch anzumerken, daß Zauberei als *crimen mixti fori* sowohl von weltlichen als auch von kirchlichen Gerichten geahndet wurde.[40] Die Kirche verurteilte die Ausübung von Zauberei, weil sie in gewisser Weise den Umgang mit dem Dämon voraussetzte und eine Form der Ketzerei darstellte. Weltliche Gerichte sahen sich gefordert, wenn Zauberei körperliche Unbill auslöste und besonders, wenn sie zu politischen Zwecken mißbraucht wurde. Die traditionelle Gerichtshoheit der weltlichen Behörden über das *maleficium*, die sich bis zur Römerzeit zurückverfolgen läßt, war die wichtigste Grundlage des später erfolgten gesetzlichen Verbots der Hexerei. Ferner spielten weltliche Behörden eine wenn auch begrenzte Rolle bei der Verfolgung von Ketzerei. Fast alle Ketzerprozesse des Spätmittelalters wurden von Bischöfen oder päpstlichen Inquisitoren durchgeführt, allerdings mit massiver Unterstützung durch weltliche Behörden. Weltliche Magistrate halfen bei der Suche und der Verhaftung Verdächtiger und richteten sie im Anschluß an ihre Verurteilung nach weltlichem Recht hin. Die Unterstützung durch weltliche Behörden wurde dadurch sogar unerläßlich, daß kirchliche Gerichte keine körperlichen Strafen verhängen durften und deshalb die verurteilten Ketzer den zuständigen weltlichen Gerichten zur Bestrafung übergeben mußten. Es war nicht zu befürchten, daß weltliche Behörden diese Unterstützung verweigerten, da Ketzerei weithin als Quelle der Unordnung galt.[41]

Da die Rechtsprechung über *maleficia* den weltlichen Gerichten zustand und diese die geistlichen Behörden bei der Verfolgung von Häretikern bereitwillig unterstützten, wuchs ihnen ganz selbstverständlich eine wichtige Rolle bei der Verfolgung von Hexen zu. Als im 15. Jahrhundert die Hexenjagd einsetzte, wurden Prozesse nicht nur von bischöflichen und päpstlichen Gerichtshöfen durchgeführt, sondern auch von städtischen Gerichten. Die von Kramer und Sprenger um 1480 ausgelöste Kampagne gegen Hexen, die Papst Innozenz VIII. mit seiner Bulle von 1484 guthieß, und die Veröffentlichung des *Malleus Maleficarum* zwei Jahre später haben zu der Annahme geführt, daß der Großteil der Hexenverfolgungen im 15. Jahrhundert von päpstlichen Inquisitoren betrieben worden sei. Dies ist eindeutig nicht der Fall. Es stimmt, daß vorwiegend Inquisitoren die zahlreichen Hexenjagden in Südfrankreich im frühen 15. Jahrhundert zu verantworten haben. Diese Prozesse waren gewissermaßen ein Nebenprodukt der Verfolgung der Waldenser in dieser Region.[42] In anderen Regionen Frankreichs und Europas jedoch verfolgten bischöfliche und weltliche Gerichte Hexen, manchmal in Zusammenarbeit mit Inquisitoren, manchmal gemeinsam oder auch unabhängig voneinander. In einer der ersten Hexenjagden, die sich Ende der 1420er Jahre in Bern ereignete, übernahm der Bischof die Führungsrolle, aber zur Aburteilung der Hexen benutzte er die weltlichen Gerichte, die ihm als Territorialherrn unterstanden, und nicht die kirchlichen, deren Vorsitzender er als Prälat war.

Als im 16. und frühen 17. Jahrhundert die Hexenverfolgung an Intensität zunahm, wurde die kirchliche Gerichtshoheit über Hexerei allmählich eingeschränkt, die weltliche hingegen ausgedehnt. Schon der *Malleus Maleficarum* und der sogenannte *Layenspiegel*, den Ulrich Tengler von Höchstädt 1510 veröffentlichte, hatten die theoretischen Grundlagen dazu geschaffen, von denen die weltlichen Herrscher erst im späten 16. Jahrhundert Gebrauch machten. Aus Angst davor, daß Hexerei sich ausbreiten und die Täter ungestraft bleiben könnten, beschlossen die gesetzgebenden Körperschaften vieler europäischer Staaten entweder besondere Gesetze gegen Hexerei, erließen entsprechende Verordnungen oder nahmen das Verbot der Hexerei ins Strafgesetz auf. Der Reichstag nahm in die 1532 verabschiedete *Constitutio Criminalis Carolina* einen Artikel über Hexerei auf, und viele Reichsländer schufen sich eigene Hexengesetze. Das englische Parlament verabschiedete 1542, 1563 und 1604 Gesetze gegen Hexerei, das schottische 1563, und die Herrscher der Freigrafschaft Burgund, von Schweden, Dänemark, Norwegen und Rußland erließen ebenfalls im späten 16. und frühen 17. Jahrhundert Edikte gegen Hexerei.[43] Die meisten Hexengesetze stützten sich auf die traditionelle staatliche Rechtsprechung über das *maleficium*, in einigen Fällen erlaubte das Gesetz die Verfolgung des ausschließlich spirituellen Verbrechens des Satanspaktes oder, in unschärferer Formulierung, des Umgangs mit bösen Geistern.[44] Diese Gesetze verschafften nicht nur den weltlichen Gerichten die Befugnis, Hexenprozesse durchzuführen, sondern sie trugen auch unmittelbar zur Ausdehnung der Hexenverfolgung bei, indem sie das Verbrechen bekannt machten und dessen Strafverfolgung erleichterten.

Eine zweite Entwicklung, die zu einer umfangreichen Verlagerung der Hexenprozesse von kirchlichen auf weltliche Gerichte führte, ging aus dem Niedergang der päpstlichen Inquisition und der kirchlichen Gerichtsbarkeit hervor. Der allgemeine Verfall der päpstlichen Autorität im späten 15. und frühen 16. Jahrhundert und die gänzliche Ablehnung dieser Autorität durch die Protestanten der Reformationszeit führten zu einer zunehmenden Schwächung der Inquisition, die ohnehin nie eine voll durchorganisierte Institution gewesen war.[45] Sie überlebte nur in Spanien, wo sie im späten 15. Jahrhundert als nationale, dem König untergeordnete Institution geschaffen worden war, in Portugal, wo drei von Rom unabhängige Inquisitionsgerichte fungierten, und in Italien, wo 1542 eine neue Römische Inquisition nach spanischem Vorbild errichtet wurde.[46] Doch war die päpstliche Inquisition nicht das einzige Instrument der kirchlichen Gerichtsbarkeit, die zu dieser Zeit ihre Bedeutung einzubüßen begann. In ganz Europa, besonders in den protestantischen Ländern, aber auch in den katholisch gebliebenen, verloren die kirchlichen Gerichte einen großen Teil ihrer Befugnisse und waren schließlich eindeutig der weltlichen Macht des Staates untergeordnet.[47] In vielen Ländern wurden ihre Zwangs- und Rechtsprechungsbefugnisse beschnitten, so daß sie bereits um die Mitte des 16. Jahrhunderts bei der Bekämpfung der Hexerei eine weit unbedeutendere Rolle spielten als die weltlichen Gerichte.

Einen dritten Grund für die verminderte Einflußnahme des Klerus auf die Hexenjagd lieferte die zunehmende Abneigung der Kirchenrechtler und geistlichen Richter gegen den vielfältigen Rechtsmißbrauch, von dem der Erfolg der Jagd abhing. Es liegt eine gewisse Ironie darin, daß ausgerechnet päpstliche Inquisitoren, die früher führend an der Mißachtung der Vorschriften über den Gebrauch der Folter beteiligt waren, mit als erste erkannten, daß diese Verstöße zu zahlreichen Fehlurteilen geführt hatten, und nun zur Zurückhaltung bei den Verfahren rieten. Außerdem sträubten sich kirchliche Richter im 16. und 17. Jahrhundert zunehmend, strenge Urteile zu fällen, und versuchten, die kirchlichen Gerichte wieder auf ihre ursprüngliche Aufgabe zurückzuführen, nämlich den Sünder zu ermahnen und zur Buße anzuhalten. Weltliche Gerichte dagegen, die um die Aufrechterhaltung der ernsthaft gefährdeten öffentlichen Ordnung besorgt waren, zeigten meist weniger Skrupel.

Daß weltliche Gerichte die Rechtsprechung über Hexerei übernahmen, beeinflußte in vielen europäischen Ländern den Verlauf der Hexenjagd. In Schottland zum Beispiel begannen ausgedehnte Hexenverfolgungen erst, nachdem das schottische Parlament 1563 Hexerei zum weltlichen Verbrechen erklärt hatte und die weltlichen Gerichte praktisch die alleinige Zuständigkeit für Hexenprozesse erlangt hatten. In Siebenbürgen, wo im 15. und 16. Jahrhundert nach Urteilen kirchlicher Gerichte nur wenige Hexen hingerichtet worden waren, stieg die Hinrichtungsrate im 17. Jahrhundert mit der Übernahme der Gerichtsbarkeit durch weltliche Gerichte drastisch an.[48] In Polen vollzog sich die Säkularisierung sehr langsam, und erst als die relativ großzügigen kirchlichen Gerichte widerstrebend städtischen Gerichten die Hexenverfolgung überließen, forderte die Hexenjagd zahlreiche Opfer.[49]

Während in einigen Ländern die Verlagerung der Hexenprozesse an weltliche Gerichte zu einem Anwachsen der Verfolgung führte, trug in anderen der Verbleib der Gerichtsbarkeit unter kirchlicher Jurisdiktion dazu bei, sie auf relativ niedrigem Niveau zu halten. In Spanien und Italien behielten geistliche Gerichte, meist die Inquisition, im späten 16. und im 17. Jahrhundert die Gerichtsbarkeit über Hexerei. In beiden Ländern blieb die Zahl der Hexenprozesse und Hinrichtungen gemessen am europäischen Durchschnitt in dieser Zeit relativ niedrig. Besonders interessant erscheint diese milde Praxis in Italien, denn im 15. und frühen 16. Jahrhundert, als päpstliche Inquisitoren die Hexenjagd weniger zurückhaltend betrieben, war Norditalien ein Schwerpunkt der Verfolgungen.[50] In Spanien war die Macht der kirchlichen Gerichte so groß, daß sie sogar im 17. Jahrhundert strenge Urteile mildern konnten, die von weltlichen Gerichten in Hexenprozessen gefällt worden waren.[51]

Es sei jedoch ausdrücklich betont, daß der Niedergang der kirchlichen Gerichtsbarkeit nicht bedeutete, daß der Klerus weniger an der Verfolgung der Hexerei interessiert war. Er sorgte sich nicht minder als zuvor um Satanskult und die Ausübung schädlicher Zauberei. Aber er änderte seine Taktik und unterstützte die Justizbehörden in etwa derselben Weise wie früher umgekehrt weltliche Magistrate die kirchlichen Richter. Im 16. und 17. Jahrhundert drängte der Klerus die Behörden oft, schärfer gegen Hexen vorzugehen; er half bei der Ergreifung Verdächtiger und nutzte die Kanzel, um zur Hexenjagd aufzurufen. In Salem, Massachusetts, unterstützte der Klerus die Hexenverfolgung aktiv, obwohl die Verfahren vor weltlichen Gerichten stattfanden.[52] In Schottland verhörte der Klerus die Hexen nach ihrer Verhaftung und drängte die Regierung sogar mehrfach, die Hexenverfolgungen fortzusetzen.[53]

Im Cambrésis beteiligten sich Gemeindepfarrer an der Identifizierung und Verfolgung von Hexen.[54] Den unmittelbarsten Einfluß auf weltliche Hexenprozesse übten Kleriker in den deutschen und burgundischen Territorien aus, in denen Bischöfe oder Mönche über weltliche Macht verfügten.[55] In diesen geistlichen Territorien übertrugen die kirchlichen Herren die Hexenprozesse weltlichen Instanzen, eine Taktik, die ihnen größeren Handlungsspielraum als bei dem Einsatz geistlicher Gerichte einräumte und sie nicht in die Verlegenheit brachte, daß kirchliche Gerichte körperliche Bestrafungen verhängen könnten.[56] Die Hexenjagden in den von geistlichen Herren regierten Gebieten von Ellwangen, Mergentheim, Trier, Würzburg und Bamberg waren ebenso umfangreich wie die in anderen Teilen Deutschlands.[57]

Obwohl Hexerei nun zum weltlichen Verbrechen geworden war, das von weltlichen Gerichten abgeurteilt wurde, und obwohl die meisten weltlichen Behörden die Rechtsprechung darüber wegen des involvierten Verbrechens des *maleficium* und nicht wegen Ketzerei beanspruchten, entsprachen die verhängten Strafen stärker dem häretischen als dem verbrecherischen Aspekt der Tat. Außer in England und Neuengland, wo verurteilte Hexen wie andere Verbrecher erhängt wurden, verbrannte man Hexen meist auf dem Scheiterhaufen. Dies war die traditionelle Strafe für rückfällige Ketzer, und daß sie nun gegen Hexen verhängt wurde, sollte die Hexe mit dem Ketzer gleichsetzen, da beide als Diener des Teufels galten.[58] Die Ketzerverbrennung gründete sich auf den Bibelspruch «Wer nicht in mir bleibt, der wird weggeworfen wie eine Rebe und verdorrt, und man sammelt sie und wirft sie ins Feuer, und sie müssen brennen.»[59] Die Hexenverbrennung war außerdem ein Reinigungsritual, das in allen Mythologien mit Feuer verbunden wird, und stellte wohl auch einen Ersatz für das Gottesurteil durch Feuer dar, welches die Kirche gerade zu dem Zeitpunkt abgeschafft hatte, als sie mit der Verfolgung und Hinrichtung von Ketzern begann. In der Praxis mag die Verbrennung für ängstliche Richter eine Gewähr gewesen sein, daß keine Hexe mit Hilfe von Zauberei wieder lebendig werden konnte. Der wichtigste Grund dafür, daß weltliche Gerichte diese Todesart wählten, lag aber darin, daß Hexerei als ein Verbrechen galt, das der Ketzerei zumindest nahekam, wenn nicht mit ihr identisch war.[60]

Die meisten Hexen wurden nicht bei lebendigem Leibe verbrannt. Zwar war dies in Spanien und Italien üblich, wo allerdings relativ wenige Hexen hingerichtet wurden; aber in Frankreich, Deutschland, der Schweiz und Schottland wurden sie meist auf dem Scheiterhaufen erwürgt, bevor die Flammen ihren Körper verzehrten. In der Fürstpropstei Ellwangen ersetzte der Landesherr die Verurteilung zur Verbrennung meist durch die Tötung mit dem Schwert; anschließend aber mußte die Leiche verbrannt werden.[61] 1630 wurde in der Ortenau eine ganze

Gruppe von Hexen zum Tod «durch das Schwert und durch Verbrennung» verurteilt.[62] In Schweden war es gängige Praxis, daß Hexen zuerst geköpft und dann verbrannt wurden.[63] Gelegentlich wurden auch andere Todesarten verhängt, etwa Ertränken, aber die überwiegende Mehrzahl der Todesurteile lautete auf Verbrennung der Hexe bzw. ihrer Leiche.[64]

In manchen Fällen verhängten weltliche und geistliche Gerichte keine Todesstrafen. Dies geschah vor allem in England, wo die entsprechende Gesetzgebung auf Hinrichtungen verzichtete, wenn es sich um Ersttäter handelte und der Geschädigte nicht zu Tode gekommen war. In Schottland und einigen europäischen Staaten wurden verurteilte Täter weit öfter hingerichtet, aber auch hier kam es keineswegs selten vor, daß sie zu Gefängnisstrafen verurteilt oder verbannt wurden.[65] In Frankreich führte die Berufung vor Provinzparlamenten oft zur Umwandlung der Todesstrafe, während in Genf viele Richter, die sich ihres Urteils nicht sicher waren, die Angeklagten in die Verbannung schickten.[66] Henri Boguet empfahl die Verbannung, wenn der Gefangene der Folter widerstand, der Richter aber von seiner Schuld überzeugt war.[67] Wenn ein Richter einen Angeklagten in die Verbannung schickte, bedeutete das nicht notwendigerweise, daß er die Hexerei für ein geringeres Verbrechen als die Ketzerei hielt; in den wenigen Fällen, in denen weltliche deutsche Gerichte im Mittelalter Ketzer aburteilten, fällten die Richter dasselbe Urteil.[68] Aber die Verurteilung zur Verbannung zeigt zumindest in den Fällen, in denen die Schuld der Angeklagten eindeutig feststand, daß den Justizbehörden mehr daran lag, sozial randständige und gefährliche Personen aus ihren Gemeinden zu entfernen als die Macht des Satans zu bekämpfen. Dies galt besonders für Länder wie Ungarn, wo der magische Aspekt der Hexerei stärkere Beachtung fand als der diabolische.[69]

Die Verurteilung zur Verbannung darf aber keineswegs als Indiz dafür betrachtet werden, daß weltliche Gerichte bei der Verfolgung von Hexen milder verfuhren als geistliche, eher trifft das Gegenteil zu. Zwar fällte das Genfer Gericht nur wenige Todesurteile über Hexen, und das Gericht in Salem verurteilte niemanden zum Tode, der ein Geständnis abgelegt hatte.[70] Aber keines dieser Gerichte konnte sich mit der Milde der spanischen Inquisition im 17. Jahrhundert messen. Bei der umfangreichsten spanischen Hexenjagd, in die mehr als 1900 Menschen verwickelt wurden, wurden nur elf Personen zum Tod auf dem Scheiterhaufen verurteilt, und von diesen hatte nur eine Hexe gestanden, andere Hexen angeworben, Kröten zum Sabbat gebracht und regelmäßigen Verkehr mit dem Teufel gepflegt zu haben.[71] Im Gegensatz zu den meisten weltlichen Gerichten, bei denen ein Geständnis in der Regel die Verurteilung und Hinrichtung zur Folge hatte, führte es in Spanien meist zur Versöhnung mit der Kirche. Genau dies war ursprünglich die

Aufgabe der kirchlichen Gerichte, und in Spanien sorgte die Inquisition dafür, daß selbst in Fällen von Hexerei nur die verstockten Sünder leiden mußten.

Am Beispiel Spaniens wird deutlich, wie entscheidend die Beteiligung und das Übergewicht weltlicher Instanzen für den Verlauf der europäischen Hexenjagd waren. Wenn weltliche Gerichte die geistlichen zunächst nicht unterstützt, wenn sie mit den kirchlichen Behörden bei der Ergreifung und Hinrichtung von Hexen nicht umfassend zusammengearbeitet und die Lücke nicht gefüllt hätten, die entstand, als die kirchlichen Gerichte entweder milder geworden waren oder die Hexenverfolgung aufgaben, und wenn sie in den geistlichen Territorien nicht als weltlicher Arm des geistlichen Herrn zur Verfügung gestanden hätten, hätte die große europäische Hexenjagd nie solche Ausmaße erreicht.

Hexerei und lokale Gerichte

Es bleibt noch eine letzte Voraussetzung für die große europäische Hexenjagd zu erörtern, und zwar die relative Unabhängigkeit lokaler und untergeordneter Gerichte, die kaum einer zentralen politischen und juristischen Aufsicht unterlagen. Die meisten Hexenprozesse wurden von Gerichten geführt, die über eine räumlich begrenzte Gerichtsbarkeit verfügten, nämlich von den Gerichten der Grundherrschaften, Städte, Grafschaften, Diözesen, Provinzen oder geistlichen Territorien. Der Papst, die Könige und königlichen Räte und die nationalen Ständeversammlungen waren oft unmittelbar für die Gesetzgebung zur Verfolgung von Hexerei zuständig; und es war auch üblich, daß die höchsten Gerichte der europäischen Staaten Hexenprozesse durchführten. Auch Zentralbehörden brachten Hexenjagden in Gang, und häufig bevollmächtigten sie lokale oder regionale Magistrate, Hexenprozesse durchzuführen.[72] Aber die meisten Hexenverfolgungen gingen von Justizbehörden kleinerer staatlicher oder kirchlicher Verwaltungseinheiten aus.[73] Die Richter der lokalen oder «niederen» Gerichtsbarkeit legten oft größeren Eifer bei der Hexenverfolgung an den Tag als die Zentralbehörden, und wenn sie selbst entscheiden konnten, richteten sie meist mehr Hexen hin, als wenn sie von ihrer übergeordneten Behörde genau überwacht wurden.

Aus zwei Gründen verfuhren lokale Gerichte bei der Verfolgung von Hexen strenger als Obergerichte: Erstens gerieten lokale Behörden sicher sehr viel schneller und tiefer als Zentralbehörden in Angst vor Hexerei. Diese betrachteten Hexen zwar ebenfalls als gesellschaftliche Bedrohung und hielten ihre Verfolgung für notwendig. Aber selten kannten die dort tätigen Richter die Hexen persönlich, wie dies bei lokalen Magistraten der Fall war, und sie mußten nicht im Falle eines Freispruchs mit der oder dem Beschuldigten weiterhin in derselben Gemeinde zusammenleben. Darüber hinaus waren sie nicht so stark von der Massenhysterie betroffen, die in Städten und Dörfern häufig während der Hexenprozesse um sich griff. Daher tendierten die Zentralbehörden dazu, gegen Hexen nur aufgrund sicherer Beweise vorzugehen, und konnten damit den Schaden vermeiden, den ein besorgter oder gar verängstigter Richter anrichten konnte. Der zweite Grund war, daß Richter der Obergerichte sich der Durchsetzung des geltenden Prozeßrechts stärker verpflichtet fühlten und daher eher dazu neigten, angeklagten Hexen den vollen Schutz der gesetzlichen Prozeßvorschriften zuteil werden zu lassen.

Ein Vergleich zwischen den Hexenprozessen in Deutschland und in Spanien zeigt deutlich, welche Auswirkungen das Fehlen einer wirksamen zentralen Gerichtsaufsicht auf den Verlauf der Hexenverfolgungen hatte. In der Frühen Neuzeit war die politische und richterliche Zentralgewalt in Deutschland nur sehr schwach ausgebildet. Obwohl die verschiedenen deutschen Territorien zum Heiligen Römischen Reich gehörten und obwohl der Reichstag Gesetze erließ, die für alle Untertanen des Kaisers Geltung besaßen, bestand das Reich aus etwa 300 relativ autonomen politischen Einheiten. Inwiefern jede einzelne die Reichsgesetze übernahm und sich einer zentralen Aufsicht unterwarf, hing von mehreren Faktoren ab. Am gehorsamsten waren in der Regel die Reichsstädte, obwohl sie weitgehend autonom und stets auf ihre Unabhängigkeit bedacht waren. Die Autonomie der deutschen Territorien kommt am deutlichsten im Bereich der Rechtsprechung zum Ausdruck. Jedes Territorium verfügte über seine eigenen Gerichte, und obwohl die Reichsgesetze zum größten Teil von den Territorialherren übernommen wurden, verblieb diesen doch eine gewisse Selbständigkeit im Bereich der Legislative und Judikative. Es gab keine zentrale Justizinstitution, die Richter ernennen und die lokale Justiz überwachen konnte. Allerdings fungierte das Reichskammergericht in Speyer als Oberstes Reichsgericht und Berufungsinstanz, aber es gab keine reguläre Prozedur der Appellation.[74] Ähnlich verhielt es sich im kirchlichen Bereich. Jeder Bischof oder kirchliche Würdenträger hatte seinen eigenen Gerichtshof. Die lokale Justiz wurde vor der Reformation in allen und danach noch in den katholisch verbliebenen Territorien durch eine übergeordnete Instanz beaufsichtigt, aber meist nur in geringem Maße. Selbst die Päpste hatten nur wenig Einfluß auf die Inquisitoren, die sie für bestimmte Regionen ernannt hatten.[75] Diese erhielten zwar ihre Amtsvollmacht von Rom, aber ihre Autonomie wurde sehr viel stärker von lokalen und bischöflichen Gerichtshöfen als von päpstlicher Überwachung eingeschränkt.

Die dezentrale Struktur des deutschen Justizwesens übte tiefgreifenden Einfluß auf die Hexenverfolgung aus. Ohne wirksame Aufsicht durch Zentralbehörden besaßen lokale Richter und Inquisitoren weitgehend freie Hand bei der Hexenverfolgung. Daher überrascht es nicht, daß die ausgedehntesten Hexenjagden in Deutschland stattfanden, daß die Berichte über die barbarischsten Foltermethoden aus Deutschland stammen und daß die Gesamtzahl der Hinrichtungen wegen Hexerei im Reich höher lag als in allen anderen Gebieten zusammen. Dafür gibt es vielfältige Gründe, der bedeutendste ist aber sicher die Ordnung des Justizwesens im deutschen Reich. Dies wird besonders deutlich, wenn man feststellt, daß in den Jurisdiktionsbezirken, die sich streng an das in der *Constitutio Criminalis Carolina* niedergelegte Strafrecht hielten, weit weniger Hexen hingerichtet wurden als in denen, die das Reichsrecht glatt ignorierten.[76]

Auch Spanien war ein politisch dezentralisiertes Land, zwar nicht so stark zersplittert wie Deutschland, aber es bestand aus mehreren Königreichen, die lediglich durch die Bindung an denselben Monarchen zusammengehalten wurden. Im Frühmittelalter existierte genauso wenig ein spanischer wie ein deutscher Zentralstaat. Hingegen verfügte Spanien über eine zentrale Justizbehörde, die spanische Inquisition, die die meisten Hexenprozesse durchführte. Anders als in Deutschland war die spanische Inquisition eine nationale Institution, deren Leiter, der Generalinquisitor, vom König mit Billigung des Papstes ernannt wurde. Der spanischen Inquisition und ihrem obersten Gericht, der *Suprema* in Madrid, unterstanden 21 regionale Gerichtshöfe im gesamten spanischen Reich. Sie erließ strenge Verfahrensvorschriften für Strafprozesse, nach denen es sehr viel schwieriger war, Hexen zu verurteilen und hinzurichten als in anderen Teilen Europas. Die *Suprema* fungierte bei Hexenprozessen auch als Berufungsinstanz, was den Zentralbehörden die Möglichkeit eröffnete, die Urteile der Lokal- bzw. Regionalgerichte aufzuheben. Diese Ordnung des Gerichtswesens erklärt allein noch nicht, warum in Spanien relativ wenige Hexen verfolgt wurden. Aber fraglos verhinderte sie, daß Hexenjagden, besonders die der Jahre 1609–1661, außer Kontrolle gerieten.

Welche bedeutsame Rolle die Autonomie lokaler Justizbehörden bei der Hexenjagd spielte, zeigt auch das Beispiel Schottland, wo fast alle Hexenprozesse vor weltlichen Gerichten nach den vom schottischen Parlament von 1563 erlassenen Gesetzen gegen Hexerei geführt wurden. Es gab in Schottland drei Typen weltlicher Gerichte, die für Hexenprozesse zuständig waren. Erstens konnten vor dem *Court of Justiciary* in Edinburgh Fälle aus dem gesamten Land verhandelt werden; dennoch stammte ein ungewöhnlich hoher Anteil der Angeklagten aus der unmittelbaren Umgebung der Hauptstadt. Zweitens gab es die Provinzgerichte (*circuit courts*) in den Grafschaften unter dem Vorsitz von Richtern des Zentralgerichts. Diese arbeiteten bis zum späten 17. Jahrhundert nur sehr unregelmäßig. Und schließlich gab es lokale *Ad-hoc*-Gerichte, die bei Bedarf entweder vom Staatsrat oder vom Parlament in dem Bezirk einberufen wurden, in dem eine Hexe festgenommen worden war. Anders als das Oberste Gericht und die Provinzgerichte wurden diese Gerichte nicht mit Berufsrichtern des Zentralgerichts, sondern mit Grundherren und Magistraten besetzt.

Tabelle 2: Hinrichtungen nach Hexenprozessen in Schottland

Gerichtshof	Anzahl der Prozesse	Hinrichtungen (soweit Prozeßergebnis bekannt)	Prozentanteil der Hinrichtungen
Justiciary Court	197	108	55
Assise Court	105	17	16
Local Court	100	91	91

Obwohl wir nur über unvollständige Zahlenangaben verfügen, ist offensichtlich, daß die Hinrichtungsrate in Schottland weit höher lag, wenn unbeaufsichtigte Lokalbehörden Hexenprozesse durchführten, als wenn Berufsrichter in Edinburgh oder in den Provinzen die Verfahren leiteten. Wie aus Tabelle 2 hervorgeht, lag die Hinrichtungsrate, die ausschließlich anhand der Fälle berechnet ist, deren Ausgang wir kennen, bei solchen Prozessen bei 91 Prozent, bei Verfahren vor dem Obersten Gericht dagegen bei 55 Prozent und vor den Provinzgerichten sogar nur bei 16 Prozent.[77] Mit anderen Worten, die Tätigkeit zentraler Justizbehörden senkte offensichtlich die Hinrichtungsrate. Es überrascht auch nicht, daß in England, wo nahezu alle Hexenprozesse vor Provinzgerichten durchgeführt wurden, der Anteil von Verurteilungen und Hinrichtungen gemessen am europäischen Durchschnitt außerordentlich gering war, obwohl das strikte Verbot der Folter dabei eine größere Rolle spielte als die zentrale Beaufsichtigung der örtlichen Justizbehörden.

Ein weiteres Beispiel für die Auswirkungen der lokalen Autonomie findet sich in Frankreich, wo trotz weitgehender Zentralisierung Hexenprozesse meist vor lokalen Gerichten oder Provinzgerichten stattfanden. Der Anteil der verurteilten und hingerichteten Hexen lag hier zwischen dem deutschen und dem englischen Durchschnitt. Jedoch gab es in Frankreich die Möglichkeit, bei Hexenprozessen an die Regionalparlamente zu appellieren. Vor dem Pariser Parlament, das für fast ganz Nordfrankreich Berufungsinstanz und für ganz Frankreich das Oberste

Gericht war, endeten erstaunlicherweise 36 Prozent der Berufungsverhandlungen gegen Hexen mit Freispruch, und nur 26 Prozent der Urteile wurden bestätigt.[78] Der Hauptgrund für die größere Milde des Pariser Parlaments bestand darin, daß es schärfere Beweisvorschriften befolgte als die nachgeordneten Gerichte und sich weigerte, Hexen allein auf der Grundlage eines unter der Folter abgelegten Geständnisses zum Tode zu verurteilen. Sicher spielten auch andere Faktoren eine Rolle, wie zum Beispiel die räumliche Entfernung der Richter vom Ort der Hexenjagd und vielleicht auch ihre größere Skepsis in bezug auf Hexerei. Aufschlußreich ist auch, daß die acht Provinzparlamente, die keine Zentralbehörden waren, viel schärfer gegen Hexen vorgingen und Ende des 17. Jahrhunderts der unmittelbaren Aufsicht des Königs unterworfen werden mußten, um die Hexenjagd zu beenden.

Daß Berufungsinstanzen den Eifer, den lokale Gerichte bei der Hinrichtung von Hexen an den Tag legten, dämpfen konnten, zeigt sich auch in Dänemark, wo ein 1576 erlassenes Gesetz vorschrieb, daß jedes von einem lokalen oder Bezirksgericht über eine Hexe gefällte Todesurteil vom Grafschaftsgericht überprüft werden mußte. In Jütland, wo offensichtlich alle Hexenprozesse überprüft wurden, verurteilten die lokalen Gerichte fast 90 Prozent der Angeklagten zum Tode, was in etwa den Urteilen vor schottischen Lokalgerichten nahekommt. Vor den Grafschaftsgerichten wurden jedoch fast 50 Prozent der Todesurteile aufgehoben, meist wegen unzureichender Beweise oder wegen Verstoßes gegen das geltende Prozeßrecht, zum Beispiel wegen Mißachtung der Folterbeschränkungen.[79]

Nicht immer dämpften Zentralbehörden die Hexenjagd. Die Richter der Obersten Gerichtshöfe bestätigten auch viele Urteile, manche Staatsräte unterstützten die Hexenjagd, und manchmal initiierten sogar Könige selbst Hexenverfolgungen. 1590 spielte Jakob VI. von Schottland eine führende Rolle bei einer der umfangreichsten Hexenjagden der schottischen Geschichte, und Christian IV. von Dänemark verkündete nicht nur 1617 einen Erlaß gegen das Hexenwesen, sondern er unterstützte auch die Verfolgung der 1626 in Kopenhagen und Hälsingör unter Verdacht geratenen Hexen.[80] Im Spätmittelalter veranlaßten Päpste Kampagnen gegen Zauberer und Hexen. Aber in den meisten Fällen verhielten sich die Zentralbehörden bei Hexenjagden entweder neutral, oder sie nahmen beschränkenden Einfluß. Die Geschichte zahlreicher Hexenjagden belegt, wie Lokalbehörden, die zur Hexenjagd entschlossen waren, sich die Zustimmung ihrer übergeordneten Behörden verschafften und kraft dieser Befugnis gegen die angeblichen Übeltäter weit strenger vorgingen, als dies die Zentralbehörden selbst getan hätten. Die Initiative hatten in diesen Fällen die Städte und Gemeinden und nicht die Zentralregierungen ergriffen.[81]

Angesichts der entscheidenden Rolle, die unkontrollierte und keiner Beschränkung unterworfene Magistrate aus Gemeinden und Provinzen bei der Hexenverfolgung spielten, fällt es schwer, einen eindeutigen Kausalzusammenhang zwischen der Entstehung des modernen Staates und der großen europäischen Hexenjagd herzustellen. Die Entstehung des modernen Staates in Westeuropa bildet zwar in gewisser Hinsicht eine unerläßliche Vorbedingung für die Jagd.[82] Hätte der Staat mit der Übernahme des inquisitorischen Verfahrens nicht diese umfassende richterliche Kompetenz erlangt, die für Hochverräter und Hexen zu verheerenden Konsequenzen führte, wäre nie eine Hexenjagd entstanden. Ferner wären vermutlich nicht so viele Hexen verfolgt und verurteilt worden, wenn sich die westeuropäischen Staaten nicht die umfangreichen Justizeinrichtungen geschaffen hätten, die das inquisitorische Verfahren erforderte. Durchaus nicht zufällig erfolgte die große Hexenjagd in einer Zeit des Staatsausbaus in ganz Europa. Man kann sogar behaupten, daß die Ausdehnung des staatlichen Machtanspruchs einen Angriff gegen traditionelle Formen des Zusammenlebens darstellte und daher Spannungen erzeugte, die ihren Ausdruck in der Hexenjagd fanden.[83] Andererseits hängt die europäische Hexenjagd seltsamerweise damit zusammen, daß es dem spätmittelalterlichen und frühneuzeitlichen Staat nicht gelang, seine Macht voll auszuschöpfen.

Ein Kennzeichen des modernen Staates ist ein hohes Maß an Zentralisierung. Neuzeitliche Staaten verfügen über territorial fest umrissene Strukturen, in denen die Zentralregierungen die höchste Staatsgewalt selbst über die entferntesten Regionen ausüben. Diesen Grad der Zentralisierung erreichten die meisten frühneuzeitlichen Staaten Europas nicht, sondern sie überließen weiterhin den Kommunen ein gewisses Maß an Autonomie. Man könnte sogar die gesamte Geschichte der Frühen Neuzeit als Kampf zwischen Zentrum und Peripherie darstellen. In der Rechtsprechung führte dieser Konflikt meist dazu, daß ein beträchtlicher Teil der judikativen Gewalt an lokale oder regionale Behörden übertragen wurde. Diese Delegierung an die Lokalbehörden oder auch die staatliche Bestätigung ihrer Rechtsprechungskompetenz in Fällen von Hexerei trug zur Entstehung der großen Hexenjagd ebenso wie die Tatsache bei, daß der Staat sich wirksame Instrumente schuf, um juristische Nachforschungen anzustellen und Zwang auszuüben. Insgesamt war die Verteilung der Gerichtsbarkeit innerhalb des Staates genauso wichtig wie die Ausdehnung seiner Justizhoheit.

IV.
Der Einfluß der Reformation

Die Entstehung des kumulativen Konzepts von Hexerei und die oben beschriebene Entwicklung der Gesetzgebung und des Gerichtswesens bereiteten den Boden für die Hexenverfolgung im 15., 16. und 17. Jahrhundert, die ohne diese Voraussetzungen zumindest nicht in dieser Form und diesem Umfang möglich gewesen wären. Doch damit allein läßt sich die Hexenverfolgung noch nicht vollständig erklären. Zwar waren diese Voraussetzungen notwendig, aber bei weitem nicht ausreichend, um einen Prozeß in Gang zu setzen, der Tausende von Europäern das Leben kostete. Zu einem besseren Verständnis der Vorgänge verhilft uns die Analyse der religiösen, sozialen und wirtschaftlichen Verhältnisse, die das frühneuzeitliche Europa prägten. Diese schufen ein Umfeld, das Hexenverfolgungen nicht nur ermöglichte, sondern geradezu heraufbeschwor. Sie förderten den Hexenglauben, erzeugten Spannungen, die sich oft in Anklagen wegen Hexerei entluden, und bestärkten die herrschenden Eliten wie das einfache Volk in der Entschlossenheit, einzelne wegen dieses Verbrechens zu verfolgen. Damit bilden sie eine zweite kausale Ebene der europäischen Hexenjagd. Sie waren weder unerläßliche Vorbedingungen noch unmittelbare Auslöser, intensivierten aber den Verlauf der Hexenverfolgung. Außerdem tragen sie zur Erklärung dafür bei, warum die Hexenjagd gerade in dieser Zeit ausbrach.

In diesem Kapitel soll dargelegt werden, in welcher Weise die tiefgreifenden religiösen Veränderungen im frühneuzeitlichen Europa die Ausdehnung der Hexenjagd begünstigten. Die bedeutendste Veränderung bewirkte die Reformation, welche die scheinbare Einheit der mittelalterlichen Christenheit zerstörte. Die frühen protestantischen Reformer wie Martin Luther, Johann Calvin, Ulrich Zwingli und Martin Bucer wollten in erster Linie die Kirche erneuern und sie zu frühchristlicher Reinheit zurückführen. Sie bestritten die Wirksamkeit des Ablasses, interpretierten die Sakramente in neuer Weise, schafften die römisch-katholische Messe ab oder veränderten sie erheblich und wiesen dem Klerus eine neue Rolle zu. Sie predigten die Autonomie des individuellen Gewissens und die Unmittelbarkeit des Menschen zu Gott, womit sie die Bedeutung der von der mittelalterlichen Kirche eingeführten Zwischeninstanzen, Kleriker und Engel, weitgehend einschränkten bzw. aufhoben. Sie entwickelten die Lehre vom allgemeinen Priestertum der Gläubigen, die durch selbständige Lektüre der Bibel den rechten Glauben erkennen könnten, der allein ihnen die Erlösung bringe. Die Unvereinbarkeit dieser Vorstellungen mit der römisch-katholischen Lehre, das Unvermögen der Kirche, sich selbst zu erneuern, und die Tatsache, daß die Reformer in der Bibel keine stützenden Belege für die Autorität des Papstes fanden, führten zum Bruch mit Rom und zur Gründung unabhängiger protestantischer Kirchen. Millionen von Europäern verließen den Schoß der römischen Kirche, in einigen Fällen sogar ermutigt durch die Errichtung protestantischer Landeskirchen. Der Protestantismus wurde zur dominierenden Religion in Teilen Deutschlands, der Schweiz und der Niederlande, in England, Schottland, den skandinavischen Königreichen und in einigen Regionen Frankreichs, Ungarns und Polens.

Der Erfolg der Reformation löste innerhalb der katholischen Kirche eine Reformbewegung aus. Die sogenannte Gegenreformation erfüllte ältere Forderungen katholischer Kleriker und Laien nach einer Erneuerung unter Beibehaltung der kirchlichen Strukturen. Man darf sie deshalb nicht einfach als Reaktion auf die Reformation betrachten; ihr Ursprung liegt vielmehr schon in vorreformatorischer Zeit. Ziel der katholischen Reformer war es vor allem, die Korruption in der Kirche zu bekämpfen, den Klerus gut auszubilden, den Glauben der Laien zu erneuern und zu festigen und die Menschen und Gemeinden, die der Kirche durch die Reformation verlorengegangen waren, wieder für den rechten Glauben zu gewinnen. Dabei errangen sie beachtliche Erfolge. Die Päpste führten eine Reihe administrativer und liturgischer Veränderungen ein, die zum großen Teil vom Konzil von Trient (1545–47, 1551–52, 1562–63) gebilligt wurden. Missionaren des neu entstandenen Jesuitenordens und anderer Orden gelang in vielen Teilen Europas die Rückbekehrung von Protestanten, während kirchliche Gerichte in katholisch gebliebenen Regionen für die Aufrechterhaltung der orthodoxen Theologie und Sittenlehre sorgten. Militärische Auseinandersetzungen zwischen katholischen und protestantischen Ländern führten zu einer Reihe von nationalen und internationalen Konflikten, vor allem zu den französischen Religionskriegen Ende des 16. Jahrhunderts und zum Dreißigjährigen Krieg in der ersten Hälfte des 17. Jahrhunderts. Am Ende kehrten Teile Deutschlands, Österreichs, Böhmens, Polens, Ungarns und der Niederlande in den Schoß der Kirche zurück, während andere protestantisch blieben.

Als Zeitalter der Reformation bezeichnet man üblicherweise die Zeitspanne zwischen 1520 und 1650. Da die intensivste Phase der Hexenverfolgung in diesen Zeitraum fiel, gingen die Historiker stets davon aus, daß die Reformation als Katalysator der Hexenjagd gewirkt hat; manche hielten die von der Reformation und der Gegenreformation entfesselten Kräfte sogar für deren Hauptursache. Doch hier ist Vorsicht geboten; denn immerhin hatte die europäische Hexenjagd bereits 100

Jahre, bevor Luther seine 95 Thesen an der Schloßkirche zu Wittenberg anschlug, eingesetzt. Außerdem gab es in den ersten Jahren der Reformation, zwischen 1520 und 1550, in Europa relativ wenige Hexenprozesse, so daß man zwischen beiden Entwicklungen kaum einen unmittelbaren Kausalzusammenhang herstellen kann. Und am Ende der großen Hexenjagd, in den ersten beiden Jahrzehnten des 18. Jahrhunderts, als in Polen noch Tausende Hexen verfolgt wurden, kann man weder die Reformation noch die Gegenreformation als Faktoren anführen, welche die Menschen der Zeit bewegten. Wir müssen uns daher mit der Feststellung begnügen, daß die Reformation und die Gegenreformation den Verlauf der Hexenverfolgung intensivierten und eventuell dazu beitrugen, daß sich die Hexenjagd ausbreitete.[1]

Doch erhebt sich sofort die Frage, auf welche Weise eigentlich die Reformation an der Ausweitung der Hexenjagd mitwirkte. Um eine Antwort darauf zu finden, müssen wir zunächst die Auswirkungen der Reformation und der Gegenreformation untersuchen, weil sowohl in katholischen als auch in protestantischen Ländern Hexen verfolgt wurden. Vergleicht man die Zahlen der hingerichteten Hexen in Ländern beider Konfessionen, kommt man leicht zu falschen Schlüssen. Zwar trifft es zu, daß in Südwestdeutschland die Katholiken mehr Hexen hinrichteten als die Protestanten und daß es sich in der Westschweiz gerade umgekehrt verhielt.[2] Der Unterschied mag auch religiöse Gründe haben. Der wichtigste Aspekt besteht aber darin, daß in allen diesen Ländern während der Reformationszeit umfangreiche Hexenverfolgungen stattfanden, und zwar beträchtlich ausgedehntere als jemals vor 1500. Darüber hinaus stellt uns gerade die Tatsache, daß in manchen Gebieten die Protestanten und in anderen die Katholiken mehr Hexen hinrichteten, vor die Frage nach den Auswirkungen von Reformation und Gegenreformation. Offensichtlich hatten beide Reformbewegungen, die gewissermaßen zwei verschiedene Ausprägungen derselben europaweiten religiösen Erneuerungsbewegung bildeten, auf die Hexenjagd vergleichbare Auswirkungen.[3] Immerhin teilten katholische und protestantische Reformer im wesentlichen den gleichen Hexenglauben sowie den Wunsch, das Hexenwesen auszurotten.[4]

Vor diesem Hintergrund wollen wir drei Problemfelder untersuchen. Zunächst sollen diejenigen Veränderungen der religiösen Einstellungen und Praktiken der Reformationszeit betrachtet werden, die Hexenverfolgungen begünstigten und in Gang hielten. Davon sind einige zwar in protestantischen Kreisen besser faßbar als in katholischen, weil die Reformation radikaler war als die katholische Gegenreformation, aber es gibt genügend Belege dafür, daß sich die Veränderungen nicht auf protestantische Gebiete beschränkten. Danach soll untersucht werden, in welcher Weise der religiöse Konflikt zwischen Katholiken und Protestanten und in geringerem Ausmaß zwischen verschiedenen protestantischen Kirchen Hexenprozesse und Hinrichtungen förderte. Schließlich werden wir verfolgen, wie die Reformation, die zwar in vielfältiger Weise Hexenverfolgungen begünstigte, langfristig gesehen doch zu deren Beendigung beitrug.

Die religiöse Erneuerung

Die Angst vor dem Teufel

In der Reformationszeit entwickelten die Europäer ein wachsendes Bewußtsein von der Präsenz Satans auf Erden und damit auch eine erhöhte Bereitschaft, ihn zu bekämpfen, und zwar vorwiegend aufgrund der Schriften der großen Reformatoren Martin Luther und Johann Calvin. Diese entwarfen zwar kein neues, eigenständiges Bild des Satans, sondern teilten durchaus die Ansichten der spätmittelalterlichen katholischen Dämonologen über das Wesen und die Macht des Teufels, was zunächst überrascht. Immerhin stellten die Reformatoren viele Glaubensinhalte des mittelalterlichen Katholizismus in Frage und standen der scholastischen Theologie recht kritisch gegenüber. Man hätte daher erwarten können, daß sie eine eigenständige protestantische Dämonologie entwickelten. Statt dessen aber übernahmen sie die traditionellen, mittelalterlichen Vorstellungen, modifizierten sie lediglich teilweise und stellten sie auf eine festere biblische Grundlage.

Die großen Reformatoren begnügten sich aber nicht mit der Übernahme der traditionellen katholischen Dämonologie, sondern betonten die Präsenz Satans auf Erden sogar noch stärker und vertieften die Angst vor seinem Wirken. Martin Luther, der berichtete, er habe körperlich mit dem Teufel gekämpft, maß ihm eine Stellung in der Welt zu, die an dualistische Häresie grenzt. «Wir sind alle nach Leib und Gut dem Teufel unterworfen», schrieb er, «und sind Gäste in der Welt, deren Fürst und Gott er ist.» Nach Luther «kann nicht geleugnet werden, daß der Teufel lebe, ja herrsche in der ganzen Welt». Satan bedrohe den Menschen physisch und geistig. Er übe nicht nur «Bezauberung der Sinne», sondern er täusche auch den Verstand durch sündhafte Gedanken.[5] Solche Absichten hatten viele mittelalterliche Autoren dem Teufel unterstellt, aber nur wenige hatten seine Macht als so allgegenwärtig und beherrschend beschrieben. Jeder, auch der heiligste Mensch, könne von der listigen Falschheit Satans getäuscht und umgarnt werden. Luther vertraute darauf, daß das Königreich Christi die Kräfte der Finsternis am Ende besiegen werde; den Kampf gegen den Teufel hielt er für schwierig und langwierig, und der Mensch war seiner Meinung nach ständig in Gefahr, getäuscht zu werden und Schaden zu nehmen.[6]

Auch Calvin war von der Herrschaft des Bösen in der Welt überzeugt und bemühte sich ebenfalls intensiv um dessen Bekämpfung. Für ihn war die Macht Satans so groß und allgegenwärtig, daß der wahre Christ «einen ständigen Kampf wider ihn» führen mußte.[7] Hierin gründet die Militanz des Calvinismus, die oft in regelrechten Schlachten zum Ausdruck kam. Calvin war wie Luther überzeugt davon, daß die Kräfte des Guten am Ende triumphieren würden. Wie die Scholastiker glaubte er, daß der Teufel nur mit Gottes Zustimmung wirken könne, dessen Geschöpf er sei. Aber die Zahl der Anhänger des Teufels auf Erden sei so groß, daß der Heilige in seinem Kampf nicht nachlassen dürfe.[8]

Weder Luther noch Calvin beschäftigten sich intensiv mit Hexerei an sich. Luther äußerte zwar einmal, Hexen seien die Huren des Teufels, und ein andermal, sie sollten alle verbrannt werden; aber seine Hauptsorge galt jeder Art von Aberglaube, worin er Gott zum Zauberer herabgewürdigt sah, und nicht so sehr den traditionellen Formen von Hexerei.[9] Er glaubte sogar, daß Zauberei nicht mehr so stark verbreitet sei wie vor der Verkündigung des wahren Evangeliums. Noch weniger als Luther äußerte sich Calvin zum Hexenwesen an sich. Nach Exodus 22.17 forderte er zwar, «Eine Hexe sollst Du nicht am Leben lassen», aber Hexerei besaß für ihn keine überragende Bedeutung.[10] Dennoch führte die Beschäftigung beider Reformatoren mit der Macht Satans dazu, daß viele ihrer Nachfolger entschiedener gegen Hexen vorgingen, wo immer sie in Erscheinung traten. Lutheraner und Calvinisten betonten bei der Beurteilung der Hexerei stärker den häretischen als den magischen Aspekt, was wiederum zur Folge hatte, daß sie diese noch entschlossener bekämpften.

Weitreichenden Einfluß erlangten Luthers und Calvins Vorstellungen über die Macht des Bösen, weil sie und ihre Schüler einen sehr aktiven Predigerdienst ins Leben riefen, der zahlreiche Menschen erreichte. Denn der Einfluß der Reformatoren darf nicht nur am Umfang ihrer Veröffentlichungen gemessen werden, sondern beruht auch auf der Verkündigung ihrer Lehren von der Kanzel aus. Die Protestanten, die sich vorwiegend auf die Bibel als Quelle religiöser Wahrheit stützten, legten großen Wert auf die erfolgreiche Predigt. Von der Kanzel aus wurde den Menschen aller Schichten und nicht nur einer kleinen, gebildeten Elite ganz im Sinne der Schriften Luthers und Calvins erklärt, wie unmittelbar sie von der Macht Satans bedroht waren. Das Bewußtsein vom Wirken Satans in dieser Welt und die Furcht davor führten aber vermutlich nicht sehr häufig zu Anzeigen wegen Hexerei; diese basierten weiterhin auf der Furcht der Bauern vor dem *maleficium*. Aber wo immer solche Beschuldigungen vorgebracht wurden, veranlaßte mit Sicherheit das

Der Teufel tauft eine Hexe um.

Hexen treten auf Befehl Satans zum Zeichen für ihren Abfall vom Glauben das Kreuz mit Füßen. Beide Abb. aus Guazzo, Compendium maleficarum, 1610.

vertiefte Wissen über das Wirken Satans im frühneuzeitlichen Europa ganze Gemeinden und nicht nur die Mitglieder der herrschenden Elite, diese Hexen als Handlanger des Teufels zu verfolgen.

Im 16. und 17. Jahrhundert beschäftigten sich nicht nur die Protestanten verstärkt mit der Macht des Bösen. Vielen katholischen Reformern erschien der Teufel genauso erschreckend und allgegenwärtig wie den Lutheranern und den Calvinisten. Schon der Protestantismus selbst galt vielen Katholiken als Teufelswerk und machte ihnen stärker als zuvor bewußt, wie geschickt Satan alle Arten von Übel über die Menschen bringen konnte. Der Jesuitenmissionar Petrus Canisius erwähnt zum Beispiel in seinem Katechismus Satan öfter als Christus.[11] In dem Bemühen, die Gläubigen von der Allgegenwart Satans zu überzeugen und ihre Furcht vor ihm zu steigern, wurden die protestantischen Prediger häufig von ihren katholischen Kollegen sogar noch übertroffen.[12] Und auch diese riefen zum unablässigen Kampf gegen den Teufel auf. In beiden Lagern entstand so das manchmal aus uralten Glaubensvorstellungen erwachsene Bestreben, die Welt zu läutern und Satan den Krieg zu erklären. Das bedeutete, Krieg gegen sich selbst zu führen, indem man der Versuchung widerstand, aber auch gegen andere, indem man Hexen und Ketzer verfolgte.[13]

Persönliche Heiligkeit, Schuld und Hexerei

Auf die Beurteilung des Hexenwesens wirkte sich die Reformation auch dadurch aus, daß protestantische und katholische Reformer großen Wert auf individuelle Frömmigkeit und Heiligkeit legten. Eines der herausragendsten Charakteristika der Reformationszeit war der auf die Bibel gestützte Appell protestantischer und katholischer Prediger an alle Christen, ob Kleriker oder Laien, moralisch vorbildlich zu leben und die Verantwortung für die eigene Erlösung selbst zu übernehmen. Die Reformer des 16. und 17. Jahrhunderts lehrten die Menschen, sich nicht mit der Erfüllung bestimmter religiöser Mindestanforderungen formaler Art – wie dem Besuch der Messe – zu begnügen, sondern ein strenges, moralisches Leben zu führen. Solche Predigten, in denen sich die Furcht vor der Versuchung durch den Teufel spiegelt, trugen dazu bei, Europa in einem nie zuvor bekannten Ausmaß zu christianisieren. Alle Menschen, auch die in entlegenen ländlichen Regionen, wurden ermahnt, aktive, moralisch bewußte Christen zu werden. Der Klerus, um dessen moralische Haltung es häufig nicht besser bestellt war als um die der Laien, setzte diesen Prozeß in Gang, der dann auch die Laien erfaßte.[14] Besonders großen Wert legten die Calvinisten auf die persönliche Heiligkeit, da sie fest an die Prädestination glaubten. Wenn Gott vorherbestimmt hatte, daß manche Menschen erlöst und andere verdammt würden, war eine untadelige Lebensführung besonders wichtig, denn sie konnte als Zeichen einer Auserwählung gedeutet werden. War der Calvinist erst sicher, daß er zu den Erwählten zählte, so bemühte er sich in zweifacher Hinsicht um moralische Vollkommenheit, nämlich um seinen Status als Heiliger zu festigen, mit dem ein Rest von Zweifel immer verbunden blieb, und um Gott für das Geschenk der Erlösung zu danken. Das systematische, anhaltende Bemühen der Calvinisten um Erlösung trug zur Herausbildung eines neuen Persönlichkeitstyps bei, eines hochmotivierten, aktiven Menschen, dessen moralische Energie in politische oder wirtschaftliche Handlungen gelenkt werden konnte.

Die neue Betonung der persönlichen Frömmigkeit und das intensive Bemühen um Erlösung forderten einen hohen psychologischen Preis; denn damit verband sich ein tiefes Sündenbewußtsein. Wann immer gewissenhafte Menschen sündigten, wann immer sie gegen die anspruchsvollen Verhaltensregeln verstießen, die so laut verkündet wurden, oder wann immer sie an ihrer eigenen Heiligkeit zweifelten, empfanden sie tiefe Schuld und das Gefühl moralischer Minderwertigkeit. Solche Empfindungen plagten vor allem diejenigen, die vor der erschreckenden Einsicht standen, nicht zu den Auserwählten zu gehören, gelegentlich aber auch jeden aufrechten Christen, ob Katholik oder Protestant. In dieser Lage suchten die Menschen natürlich nach Auswegen und stießen dabei unter anderem auf die Möglichkeit, die Schuld auf andere zu übertragen. Auch die Ohrenbeichte der Katholiken und Anglikaner konnte solche Projektionen nicht verhindern, als deren ideales Objekt sich die Hexe anbot, die das Böse genau in der Weise personifizierte, wie es von der zeitgenössischen Gesellschaft definiert wurde. Auf diesem indirekten Wege ermöglichte die Hexe sowohl dem einzelnen als auch der Gesellschaft, wieder an den eigenen moralischen Wert zu glauben.

Die Entlastung von Schuld durch Übertragung auf eine andere Person konnte leicht dazu führen, daß jemand der Hexerei beschuldigt und dann vor Gericht gestellt wurde. Alan Macfarlane hat nachgewiesen, daß in England im 16. und 17. Jahrhundert viele Anklagen erhoben wurden, nachdem ein Gläubiger einem bedürftigen Menschen die erbetene wirtschaftliche Hilfe verweigert hatte. Da die katholische wie die protestantische Lehre die Hilfeleistung verlangte, fühlte sich derjenige, der sie verweigerte, natürlich schuldig; indem er nun den abgewiesenen Menschen als Hexe bezeichnete, die wegen ihres Verstoßes gegen die Moral der Hilfe unwürdig sei, konnte er sich von der Schuld, die er empfand, befreien. In einem ganz konkreten Sinne konnte der Schuldige seine Schuld auf die Hexe projizieren.[15]

Ein anderes Beispiel für diesen Vorgang stammt aus den Spanischen Niederlanden, wo die Christianisierung der ländlichen Unterschicht erst im Zuge der Gegenreformation erfolgte. Im Rahmen seiner Untersuchung von Hexenverfolgungen im Cambrésis beobachtete Robert Muchembled, daß die Gemeindepfarrer, die die Prozesse in Gang setzten, häufig selbst gegen die nun geltenden strengeren Moralvorschriften verstießen. Dabei handelte es sich meist um Verstöße gegen das Gebot sexueller Enthaltsamkeit. Wurden sich die Priester ihrer Schwäche und tiefen moralischen Schuld bewußt, übertrugen sie ihre Schuld oft auf Hexen, an deren Ergreifung und Befragung sie aktiv teilnahmen. Da die Hexen meist Frauen waren, die gewissermaßen als Symbol der Sexualität dienten, war die Projektion recht eindeutig. Außerdem ging der Priester nicht alleine gegen die Hexen vor, sondern gemeinsam mit vielen Gemeindemitgliedern, denen er die Lehre des reformierten Katholizismus gepredigt hatte. Damit wurden die Hexen nicht nur zum Objekt der projizierten Schuld des Priesters, sondern auch zum «Sühneopfer» einer ganzen Gemeinde, die sich nach einer neuen moralischen Ordnung sehnte.[16]

Einen weiteren Beleg für Schuldprojektionen liefern die Hexenprozesse von Salem. Paul Boyer und Stephen Nissenbaum haben gezeigt, daß diejenigen Bewohner von Salem, die Beschuldigungen gegen Hexen erhoben, sich verzweifelt an streng puritanische soziale und moralische Wertvorstellungen klammerten, während die Beschuldigten eine neue, weltliche, kommerzielle Ethik vertraten. Im Gegensatz dazu vertraten die Ankläger im englischen Essex Werte einer kommerziell orientierten Gesellschaft, während sich die dortigen Hexen als Wächter der alten Moralvorstellungen verstanden. Dennoch kann man die Ankläger von Salem mit den englischen vergleichen; denn auch sie lockte der Materialismus der neuen Gesellschaft, und angesichts solcher Gewinnsucht fühlten sie sich schuldig. Anschuldigungen wegen Hexerei stellten daher nicht nur den Versuch dar, die moralische Struktur einer vorbildlichen Christengemeinde vor verderblichen Einflüssen zu bewahren, sondern waren auch Projektionen der eigenen Schuld auf andere. Und natürlich war auch hier der Vorgang sowohl ein individueller als auch ein kollektiver.[17]

Nicht immer wurde die religiös motivierte Schuld, welche die Grundlage vieler Hexenprozesse bildete, auf andere projiziert. Manchmal waren die Hexen selbst tief von ihrer Sündhaftigkeit und Schuld überzeugt. Dies war der Fall bei Menschen, die sich selbst als Hexen betrachteten oder nach und nach zu dieser Einschätzung gelangten; aber auch angeklagte Hexen, die nicht zu dieser Erkenntnis fanden, schienen sich manchmal ihrer sündhaften Feindschaft gegen andere zutiefst bewußt. William Monter hat die Auffassung vertreten, daß Hexen aus dem Jura von solchen Gefühlen so sehr beherrscht wurden, daß man ganz deutlich unterscheiden könne zwischen der moralisch überlegenen britischen Hexe, deren Schuldhaftigkeit von anderen auf sie übertragen wurde und deren Racheakte bis zu einem gewissen Grade gerechtfertigt erscheinen, und der Hexe aus dem Jura, deren Schuld verinnerlicht war und deren Racheakte mutwillig geschahen.[18]

Der Kampf gegen Aberglauben, Heidentum und Magie

Die Christianisierung der europäischen Unterschichten verlangte nicht nur ein Streben nach vorbildlicher Lebensführung, sondern umfaßte auch die Forderung, daß alle Christen die Elemente des wahren Christenglaubens und die angemessenen Formen der Glaubensausübung erlernen sollten. Mit anderen Worten, Predigt und Katechese des reformierten Klerus befaßten sich nicht nur mit der Moral, sondern auch mit der Lehre und der Liturgie. Dabei war eines der wichtigsten Ziele, den Glauben durch die Ausrottung abergläubischer Vorstellungen und Praktiken, die Beseitigung der Reste des Heidentums und das Verbot aller Formen von Magie, der großen Rivalin des wahren Glaubens, zu läutern. Zu den verurteilten Praktiken gehörten einfache volkstümliche Segensformeln, Exorzismen, die sich an mittelalterlichen liturgischen Praktiken orientierten, die Benutzung von Weihwasser, Zaubersprüchen und Amuletten, die Menschen und Dinge vor der Macht des Bösen schützen sollten, von Heilpraktiken, Wahrsagerei und Liebeszauber, die alle Inhalt von Beschwörungen und Gebeten sein konnten.[19]

Diese Kampagne gegen volkstümlichen Aberglauben und Magie fand ihren Niederschlag in einem umfangreichen, von protestantischen Geistlichen verfaßten dämonologischen Schrifttum, das vorwiegend aus Predigten hervorging. Anders als Theologen und Juristen, die über Hexerei und Dämonologie gelehrte Traktate verfaßten, beschäftigten sich diese Pastoren mit Zauberformeln, Wahrsagerei und Heilpraktiken genauso wie mit bösartiger Hexerei. Englische protestantische Autoren wie William Perkins hielten «gute Hexen» sogar für gefährlicher als bösartige.[20] Da diese Pastoren ihre Gemeinden vor den moralischen und geistigen Folgen von Hexerei und Magie warnen wollten, behandelten sie in ihren Predigten sehr viel stärker den Umgang mit Dämonen, der zu allen diesen Praktiken gehörte, als die tatsächlichen Auswirkungen magischer Handlungen. Als gute Protestanten beriefen sie sich auf die Bibel und besonders auf das Alte Testament, um die verschiedenen Arten von Hexerei, die sie verurteilten, zu erläutern.[21]

Die Entschlossenheit der protestantischen Geistlichkeit, alle Formen volkstümlichen Aberglaubens auszurotten und so den Glauben zu läutern, fand ihren Widerhall beim katholischen Klerus der Gegenreformation und besonders bei den Inquisitoren der Mittelmeerländer. In der Erkenntnis, daß die äußeren Praktiken innere Glaubensinhalte widerspiegeln, arbeiteten die Inquisitoren mit dem örtlichen Klerus zusammen, um Aberglauben und Irrtümer auszurotten und alle religiösen Praktiken zu vereinheitlichen. Natürlich bezeichneten katholische Reformer die mittelalterliche Liturgie nicht als Zauberei, wie es ihre protestantischen Kollegen taten, aber sie untersagten viele Gebete, Segenssprüche und Praktiken, die aus dieser Liturgie stammten, ebenso wie die vielfältigen Formen weißer Magie, die im Volk verbreitet waren, insbesondere Heilpraktiken und Liebeszauber.[22]

Das Vorgehen der Reformer gegen Aberglauben und weiße Magie führte auf zweifache Weise dazu, daß Hexenverfolgungen zunahmen: Wer nach Ansicht katholischer und protestantischer Reformer weiße Magie ausübte, geriet auch schnell in den Verdacht der bösartigen Hexerei. Zwar wurden Menschen, die der weißen Magie oder abergläubischer Praktiken bezichtigt waren, meist milder beurteilt als bösartige Hexen, aber das verhinderte nicht, daß Anklagen gegen weiße Hexen zu Anklagen wegen schadenstiftender Magie umformuliert wurden. Es geschah häufig, daß Heilkundige wegen Hexerei angeklagt wurden, da nach weit verbreiteter Ansicht derjenige, der zu heilen vermochte, auch Schaden anrichten konnte.[23] Auch wenn zwischen beiden Beschuldigungen klar unterschieden wurde, führten Kampagnen gegen weiße Magie in der Regel zur Zunahme der Hexenverfolgungen. In den 1580er Jahren richtete zum Beispiel die römische Inquisition im Geiste der Gegenreformation ihre Aufmerksamkeit zunehmend auf Aberglauben, Magie und Hexerei. Sie führte zahlreiche Prozesse wegen Wahrsagerei, Liebeszauber, heilender Magie und Zaubersprüchen, und gleichzeitig verurteilte sie Menschen wegen Hexerei.[24]

Der Kampf gegen Aberglaube und Magie verstärkte die Hexenjagd auch dadurch, daß er den Opfern der Hexen einige der Waffen nahm, die sie einzusetzen pflegten, um sich vor Hexen zu schützen. Zumindest in protestantischen Ländern konnte jemand, der sich von einer Hexe bedroht oder geschädigt glaubte, nicht mehr das Kreuzzeichen machen, das Haus mit Weihwasser besprengen, Heiligenbilder aufhängen oder eines der sonstigen traditionellen Rituale zum Schutz vor der Macht des Bösen vollziehen. Zwar gelang es den protestantischen Reformatoren nie, die volkstümlichen Formen der Gegenmagie auszurotten, aber immerhin setzten sie in vielen frommen Gemeinden deren Verbot durch. Infolgedessen konnten Opfer der Hexerei leicht zu dem Schluß kommen, daß man sich gegen Hexen nur mit juristischen Mitteln wehren könne, womit sie zur Vermehrung der Hexenprozesse beitrugen.[25]

Interessanterweise gingen Protestanten und Katholiken noch gegen weiße Magie und Aberglauben vor, als Prozesse gegen Hexen schon lange nicht mehr geführt wurden. Solche Verfahren führten nur kirchliche Gerichte; sie endeten zwar nie mit einer Hinrichtung, den Hintergrund der Anklage bildete aber die Annahme, daß der Beschuldigte mit dem Teufel verkehrt habe. In den Niederlanden zum Beispiel, wo die letzten Hexenprozesse im frühen 17. Jahrhundert stattfanden, wurden noch im 18. Jahrhundert Prozesse wegen Magie geführt.[26] Dasselbe gilt für Schottland, wo presbyterianische Gerichte noch viele Jahre nach der Hinrichtung der letzten Hexe gegen «Zauberer» prozessierten. 1728 warnte etwa die Synode von Merse und Teviotdale die Gläubigen ihres Bezirks, daß eine besondere Form der Zauberei, die als *scoring the brow* bezeichnet und in Fällen angewandt wurde, in denen Menschen glaubten, ihnen oder ihren Verwandten sei etwas Böses angetan worden, «als eine Art und Form von Hexerei betrachtet werden muß, die in einem reformierten Land nicht geduldet werden kann». Da außerdem dabei menschliches Blut vergossen werde, könne man diese Praktik auch als «Teufelsopfer» bezeichnen.[27] In den katholischen Ländern Spanien und Italien verfolgte die Inquisition das ganze 18. Jahrhundert hindurch Menschen wegen verschiedenster Formen von Aberglauben und Magie mit der Begründung, daß solche Praktiken entweder mit Teufelsanbetung oder dem Mißbrauch der Sakramente einhergingen und daher als «offensichtliche Häresie» zu bewerten seien.

Hexerei und der gottesfürchtige Staat

Eine weitere Auswirkung der Reformation auf die Hexenverfolgungen zeigte sich in der Entwicklung der Gesetzgebung. Wie bereits erwähnt, war die religiöse Erneuerung insgesamt vom eifrigen Bemühen um die Läuterung der Gesellschaft und die Förderung der individuellen Moral gekennzeichnet. Diesem Zweck dienten vorwiegend Predigt und Katechese, aber die Reformatoren zögerten auch nicht, zur Erreichung ihres Zieles die legislative Gewalt des Staates zu nutzen. Ein Zeichen der neuen Taktik war die umfangreiche Gesetzgebung gegen Moralverstöße. Deren Verfolgung war traditionell den kirchlichen Gerichten vorbehalten, aber der allgemeine Niedergang der geistlichen Gerichtsbarkeit besonders in protestantischen Ländern führte dazu, daß die weltlichen Behörden ihre legislative und judikative Gewalt nutzten, um ihr Ziel, die Läuterung der Gesellschaft und die Förderung individueller Moral, durchzusetzen. Dabei war die Hexerei nur eines von zahlreichen Verbrechen, die von der weltlichen Gesetzgebung erfaßt wurden; Gesetze wurden auch erlassen gegen Sodomie, Unzucht, Prostitution und Ehebruch. Aber in dem hier untersuchten Zusammenhang erscheint es besonders bedeutsam, daß viele Hexengesetze, die – wie oben dargelegt – eine der wichtigsten Vorbedingungen der europäischen Hexenjagd bildeten, aus einer Mentalität erwuchsen, zu deren Ausbildung die Reformation beitrug. Diese neue Mentalität drückte sich auch darin aus, daß den weltlichen Behörden verstärkt die Verfolgung moralischer Vergehen übertragen wurde. Das Ziel solchen religiösen Eifers war die Schaffung eines gottesfürchtigen Staates, einer weltlichen Institution, die sich verpflichtete, über die moralische Integrität der Gesellschaft zu wachen. Bis zu einem gewissen Maße hatte auch der mittelalterliche Staat dieses Ziel verfolgt, insbesondere bei der Bekämpfung der Ketzerei, aber angesichts der Stärke der Kirche als unabhängiger Institution hatte er diese Aufgaben nicht übernehmen müssen. Im Zeitalter der Reformation wurde der Staat jedoch, oft unter kirchlichem Druck, zum Wächter der individuellen Moral. Am deutlichsten zeigte sich die Veränderung in Schottland, wo der Klerus den Staat praktisch zwang, diese neue Aufgabe zu übernehmen, in Neuengland, wo der Klerus außerordentlich starken Einfluß auf das weltliche Regiment besaß, und in Schweden, wo die Regierung den Klerus um Rat fragte, wie Verstöße gegen das mosaische Gesetz zu ahnden seien. In allen diesen Ländern ermöglichten die weltlichen Behörden umfangreiche Hexenjagden und führten sie auch selbst durch.[28]

Die Bibel und das Hexenwesen

Die knappe Darstellung der verschiedenen Formen, in denen die Reformation zur Hexenverfolgung beitrug, bliebe unvollständig, würde man die Auswirkungen des protestantischen Bibelverständnisses nicht berücksichtigen. Die Reformatoren betrachteten die Bibel als einzige Quelle religiöser Erkenntnis und sorgten dafür, daß die Heilige Schrift in die wichtigsten europäischen Sprachen übersetzt wurde. Zur gleichen Zeit beschäftigten sie sich intensiv mit der Auslegung der biblischen Schriften. Mit der Ausbreitung der Reformation konnte eine wachsende Zahl von Europäern die Bibel lesen – und die Stellen, die von Hexerei handelten, wörtlich verstehen. Dabei erlangte Exodus 22.17 größte Bedeutung: «Die Hexen sollst du nicht am Leben lassen.» Daß das mit 'Hexe' übersetzte hebräische Wort einen Giftmischer oder jemanden, der im Dunkeln arbeitet und vor sich hinmurmelt, bezeichnet und keinen Zauberer, der mit dem Teufel paktiert und ihn verehrt, blieb unbeachtet. In dieser Hinsicht stießen die Argumente von Gelehrten wie Erasmus und Weyer, die nachwiesen, daß die Bibel keine Aussagen über das Hexenwesen des 16. Jahrhunderts machte, auf taube Ohren.[29] Es nutzte auch nichts, daß einige Theologen diese Aufforderung deshalb nicht als positives Gesetz gelten lassen wollten, weil Christus erklärt hatte, das alte mosaische Gesetz sei hinfällig.[30] Wichtig ist allein, daß das Wort in allen westeuropäischen Sprachen mit dem Begriff Hexe übersetzt wurde und daß Prediger und Richter unnachsichtige Kampagnen gegen Hexen mit dieser Bibelstelle rechfertigten. In einer Predigt über diesen Text erklärte James Hutcheson aus dem schottischen Killallan:

«Hier haben wir eine Gesetzesvorschrift Gottes, die verlangt, daß eine bestimmte Art von Übeltätern in der sichtbaren Kirche ausfindig gemacht werden muß.»[31]

David Meder, Pastor im thüringischen Bebra, hielt nicht weniger als acht Predigten über Exodus 22.17, um die weltlichen Behörden zum Vorgehen gegen Hexen aufzurufen.[32] Sogar der Katholik Jean Bodin rechtfertigte mit dieser Bibelstelle die Hexenverfolgung, allerdings nicht weil er die Bibel als ausschließliche Offenbarungsquelle betrachtete, sondern weil er sein Urteil über Hexerei in der jüdischen Tradition verankerte.[33] Interessanterweise diente die Bibel auch dazu, viele Menschen in ihrem Glauben an die Existenz von Hexen zu bestärken. John Wesley schrieb sogar noch im späten 18. Jahrhundert, als der Hexenglaube in fast allen intellektuellen Kreisen längst als überholt galt, daß «der Verzicht auf das Hexenwesen den Verzicht auf die Bibel» bedeute.[34] Ebenso schrieb etwa zur gleichen Zeit der berühmte englische Jurist William Blackstone: «Die Möglichkeit oder gar die Existenz von Hexerei und Zauberei zu leugnen, bedeutet ganz offensichtlich, dem von Gott offenbarten Wort zu widersprechen.»[35]

Der religiöse Konflikt

Reformation und Gegenreformation führten nicht nur zur Änderung zahlreicher Aspekte der religiösen Haltung von Protestanten und Katholiken, sondern auch zu harten Auseinandersetzungen zwischen beiden Religionsgruppen. Das Bemühen der Protestanten, die reformierte Religion in ganz Europa zu etablieren, stieß auf den wachsenden Widerstand der Katholiken, die gelegentlich versuchten, Protestanten für den Katholizismus zurückzugewinnen. Auch zwischen den verschiedenen protestantischen Konfessionen, den Lutheranern und Calvinisten, kam es zu Konflikten. Diese konfessionellen Spannungen, die sich oft in Bürgerkriegen oder internationalen Kriegen entluden, spielten für die Entwicklung der europäischen Hexenverfolgung eine bedeutende Rolle, allerdings in sehr viel mittelbarer Weise als manche Autoren angenommen haben.[36]

Die relativ ungleiche geographische Verteilung der Hexenverfolgungen in Europa verleitet zu der Vermutung, daß zwischen den religiösen Spannungen und der Hexenjagd eine Verbindung bestand. Tatsächlich läßt sich eine ungefähre Korrelation zwischen der Intensität der Hexenjagd und dem Ausmaß religiöser Spaltung erkennen. Die intensivsten Hexenverfolgungen ereigneten sich in Ländern oder Regionen, wo entweder große religiöse Minderheiten innerhalb eines Staates lebten oder wo die Einwohner eines Staates oder Territoriums sich zu der einen

Konfession, die des Nachbarstaates zu einer anderen bekannten. Am härtesten wurde die Hexenjagd in Deutschland, der Schweiz, Frankreich, Polen und Schottland, also in religiös gemischten Staaten, betrieben. Im Heiligen Römischen Reich Deutscher Nation, in dem Hunderte politischer Einheiten relativ lose zusammengefaßt waren, bestimmte der jeweilige Landesherr die Religion seiner Untertanen. Daher bekannten sich einige, besonders im Norden, zum lutherischen Glauben, während andere katholisch blieben oder calvinistisch wurden. In der Schweiz, einer lockeren Konföderation aus dreizehn Kantonen, wurden sechs Kantone protestantisch, sieben blieben katholisch.

Etwas anders war die Lage in Frankreich, wo das ganze Land in dieser Zeit nominell katholisch blieb. In vielen Regionen gewann der Calvinismus jedoch an Boden, besonders dort, wo der Adel sich dazu bekannte. Nach den erbittert geführten Religionskriegen am Ende des 16. Jahrhunderts erließ König Heinrich IV., der vom Protestantismus zum Katholizismus übergetreten war, 1598 das Edikt von Nantes, das allen Franzosen Religionsfreiheit, allen Städten mit protestantischen Gemeinden neben der Religionsfreiheit beträchtliche politische Unabhängigkeit garantierte. Dieses Edikt, das erst 1685 widerrufen wurde, sicherte das ganze 17. Jahrhundert hindurch die Existenz einer großen calvinistischen Minderheit, der sogenannten Hugenotten.

Noch verwirrender war die Lage in Schottland. Die protestantische Landeskirche, die 1567 per Gesetz errichtet wurde, war im wesentlichen eine calvinistische Kirche, die in den 1590er Jahren eine presbyterianische Form des Kirchenregiments übernahm. Gleichzeitig blieb jedoch ihre episkopale Struktur, die aus katholischer Zeit stammte und dem protestantisch-episkopalen Aufbau der Kirche von England glich, in gemilderter Form erhalten und wurde vom König in vielfältiger Weise unterstützt und gestärkt, wobei zu beachten ist, daß der König von Schottland nach 1603 auch König von England war. Daher war die schottische Kirche in rivalisierende protestantische Parteien gespalten, während besonders in Nordschottland zahlreiche Menschen katholisch blieben.

In allen diesen Regionen förderten die religiösen Spannungen politische Instabilität und Gewaltanwendung. In Deutschland führten sie zu einer langen Auseinandersetzung zwischen dem Kaiser und protestantischen Fürsten, zum Dreißigjährigen Krieg, und 1648 fast zum Zerfall des Reiches. Soweit ging der Konflikt in der Schweiz zwar nicht, aber die religiöse Zerstrittenheit stiftete auch hier politischen Schaden. Es brachen nicht nur in den 1530er Jahren kriegerische Auseinandersetzungen zwischen katholischen und protestantischen Kantonen aus, sondern die religiöse Spaltung verhinderte auch in den folgenden 200 Jahren die nationale Einigung. Frankreich versank durch die Religionskriege (1560–1598) im politischen Chaos, und selbst nach dem Edikt von Nantes bekämpften katholische Machthaber wie Kardinal Richelieu intensiv die politische Autonomie der Hugenotten und höhlten geschickt viele der Schutzvorschriften aus, die ihnen das Edikt eingeräumt hatte. In Schottland führten die Spannungen zwischen Presbyterianern und Episkopalen, die in den Augen der Presbyterianer Papisten waren, in den 1640er Jahren zur Revolution und danach noch zu anhaltenden Konflikten.

Während in religiös gespaltenen Ländern Hexenverfolgungen besonders häufig waren, kam es in Staaten mit einheitlicher Konfession nur gelegentlich zu Hexenjagden und zu relativ wenigen Hinrichtungen. Am besten zeigt sich dies am Beispiel von Spanien und Italien, zwei Ländern, die in der Reformationszeit treu katholisch blieben. Hexenverfolgungen gab es auch dort. In den 1520er Jahren und 1609–1611 erlebte das spanische Baskenland ausgedehnte Hexenjagden, in Norditalien fanden im 15. und frühen 16. Jahrhundert mehrere Hexenprozesse statt. Aber in keinem der beiden Länder brachen so zahllose lokale Paniken aus wie im späten 16. und frühen 17. Jahrhundert in Deutschland, Frankreich und in der Schweiz, und die Gesamtzahl der Hinrichtungen ist extrem niedrig, wenn sie auch nicht ganz genau ermittelt werden kann. Ähnlich verlief die Entwicklung in Irland; das Land blieb trotz der aus England und Schottland zugewanderten protestantischen Siedler vorwiegend katholisch. Auch in den treu lutherischen skandinavischen Königreichen gab es relativ wenige Hexenverfolgungen und Hinrichtungen.

In sehr allgemeiner Form kann man also durchaus eine Wechselbeziehung zwischen religiösen Spaltungen und Spannungen und Hexenverfolgungen herstellen. Doch besagt eine solche Korrelation nicht, daß zwischen beiden Phänomenen ein Kausalzusammenhang besteht. Die Gründe, warum in manchen Gebieten mehr Hexen als in anderen verfolgt wurden, sind zahlreich und vielfältig, und wie wir gesehen haben, ergaben sich einige aus der Entwicklung der Gesetzgebung und des Prozeßrechts. Es erscheint durchaus möglich, daß religiöse Spannungen mit der Hexenverfolgung nichts oder nur wenig zu tun hatten. So haben Historiker zum Beispiel die These widerlegt, daß die relativ hohe Konzentration von Hexenverfolgungen in den englischen Grafschaften Essex und Lancashire auf Spannungen zwischen den Anglikanern und einer großen puritanischen Minderheit in Essex sowie einer katholischen Minderheit in Lancashire zurückzuführen sei.[37] Dennoch ist die Wechselbeziehung zwischen religiös bedingten Konflikten und intensiven Hexenverfolgungen so eng, daß mit großer Sicherheit zwischen beiden Phänomenen irgendeine kausale Verbindung bestehen muß.

Welcher Art aber ist diese Beziehung? Zur Beantwortung dieser Frage müssen wir zunächst mehrere mögliche Antworten ausschließen. Erstens benutzten in religiös gespaltenen Ländern die Anhänger der dominierenden Glaubensrichtung die Hexenverfolgung nicht zur Bekämpfung ihrer religiösen Gegner. Das mag zwar für Freudenberg zutreffen, wo der Würzburger Fürstbischof Julius Echter von Mespelbrunn angeblich Protestanten der Hexerei beschuldigte, um ihre von ihm eingeleitete Rückführung zum Katholizismus zu fördern.[38] Aber solche Verhaltensweisen kamen selten vor, wie Erik Midelfort und Gerhard Schormann nachgewiesen haben.[39] In den meisten Fällen gehörten Menschen, die der Hexerei beschuldigt wurden, zur gleichen Religionsgemeinschaft wie ihre Verfolger. Da Hexen vorwiegend aus denselben Gemeinden oder Regionen wie ihre Richter stammten, konnte man auch nichts anderes erwarten. Nun stimmt es zwar, daß Hexen meist als Ketzer betrachtet wurden, eine Bezeichnung, welche Katholiken auch für einen in ihrer Mitte lebenden Protestanten benutzten und umgekehrt Protestanten zur Beschreibung von Katholiken. Aber die Häresie einer Hexe war etwas ganz anderes als die eines katholischen oder protestantischen Nonkonformisten. Ketzerisch war die Hexe, weil sie ihren Christenglauben vollständig aufgegeben und einen Bund mit dem Teufel geschlossen hatte; der religiöse Nonkonformist dagegen war ein Häretiker, weil er eine oder mehrere Lehren der etablierten Religion ablehnte. Zwar wurden beide möglicherweise von denselben Behörden verfolgt, und beide konnten als Sündenböcke für die gesellschaftlichen Mißstände dienen, aber ihre Verbrechen wurden selten miteinander vermischt. Dies galt bereits im 15. Jahrhundert, als Hexerei noch nicht ausnahmslos als Verbrechen verstanden wurde, und noch mehr im 16. und 17. Jahrhundert, als ein festgefügtes Bild von der Hexe bereits weit verbreitet war.[40]

Protestantische Reformatoren wie Bischof Palladius von Dänemark drohten gelegentlich, diejenigen, die in der Religion «rückschrittlich» seien, als Hexen zu verfolgen.[41] Die Drohung macht deutlich, wie eng für Protestanten die Verbindung zwischen katholischem Aberglauben und Magie war, aber sie liefert keinen Beweis dafür, daß dänische Behörden tatsächlich Hexenprozesse zur Lösung religiöser Probleme genutzt hätten. In Schottland umfaßten die Anklagen gegen zahlreiche Hexen den Vorwurf, sie praktizierten noch die alte Religion. Frauen wie Agnes Sampson zum Beispiel wurden beschuldigt, bei ihren magischen Praktiken katholische Gebete gesprochen und in verfallenen Kirchen gebetet zu haben.[42] Doch sagen solche Anklagen sehr viel mehr über die Ankläger aus als über die tatsächlichen religiösen Praktiken der Agnes Sampson. Es gibt keinen Beweis dafür, daß Sampson die anglikanische Glaubenslehre ablehnte, aber selbst wenn sie das getan hätte, hätten die schottischen Behörden wohl kaum einen Hexenprozeß angestrengt, um sie abzuurteilen. Reginald Scot behauptete, einige englische Hexen seien Papisten, aber damit hielt er Hexenprozesse noch lange nicht für eine Lösung des Rekusantenproblems.[43] Über die Verbindung zwischen protestantischen bzw. katholischen Nonkonformisten und Hexerei kann man im äußersten Falle soviel sagen, daß Menschen, die als Dissidenten verdächtigt oder verurteilt worden waren, ebenso wie solche, die wegen Unmoral oder Kleinkriminalität vor Gericht gestanden hatten, häufiger einer Anklage wegen Hexerei ausgesetzt waren als andere. In Massachusetts zum Beispiel wurde Anne Hutchinson der Hexerei verdächtigt, nachdem sie bereits als «antinomistische Ketzerin» identifiziert war.[44] Aber das ist ein ganz anderer Vorgang als die bewußte Nutzung des Hexereivorwurfs zur Verfolgung religiöser Dissidenten.[45]

Zu verwerfen ist auch die Möglichkeit, daß die Religionskriege zwischen Katholiken und Protestanten die Hexenverfolgungen auslösten.[46] Dies ist eindeutig falsch. Zwar fand die europäische Hexenjagd zur gleichen Zeit wie die Religionskriege statt, aber der Ausbruch von Feindseligkeiten übte regelmäßig einen negativen Einfluß auf die Hexenjagd aus. So stoppte zum Beispiel Luxemburg die Hexenverfolgungen genau zu der Zeit, als Frankreich in den Dreißigjährigen Krieg eintrat; in der Freigrafschaft Burgund wie in Württemberg ließ die Hexenverfolgung nach, als der jeweilige Landesherr sich am Krieg beteiligte. Umgekehrt erlebten Paris und Nordfrankreich die intensivste Periode der Hexenverfolgung in einer Zeit religiösen Friedens.[47]

Für dieses umgekehrte Verhältnis zwischen Religionskriegen und Hexenverfolgung gibt es eine Reihe von Gründen. Zunächst behinderte Kriegführung häufig die reguläre Arbeit des Justizapparats, der zur Verfolgung von Hexen benötigt wurde. Wenn fremde Truppen ein Gebiet besetzten, übernahmen sie oft auch die Rechtsprechung, und da Hexerei für die neue Obrigkeit keine unmittelbare Bedrohung darstellte, hielt sie ihre Verfolgung auch nicht für vordringlich. Außerdem bot die Anwesenheit fremder Soldaten den Einwohnern die Möglichkeit, sich erlittene Unbill anders zu erklären. In friedlicheren Zeiten schrieb man die Unbilden des Alltagslebens häufig Hexen zu, die damit zu Sündenböcken der Gesellschaft wurden. In Kriegszeiten jedoch konnte die – meist viel härtere – Unbill rasch und überzeugend den Soldaten oder ganz allgemein dem Feind zugeschrieben werden. Mit anderen Worten, der Krieg richtete die feindseligen Gefühle einer Gemeinschaft eher auf andere Menschen als auf die Hexen. Natürlich verschärfte der Krieg langfristig viele soziale und wirtschaftliche Probleme, die unter Umständen zu Anklagen wegen Hexerei führten, indem er die Wirtschaft einer Stadt oder eines Landes ruinierte, Zahl und Zusammensetzung der Bevölkerung drastisch veränderte und Krankheiten einschleppte. Vermutlich trugen solche Kriegsfolgen dazu bei, daß es rascher zu Anklagen und Prozessen wegen Hexerei kam. Stets ist dabei aber zu bedenken, daß die langfristigen Auswirkungen von Kriegen nicht nur aus Religionskriegen hervorgingen. Mit anderen Worten, es fällt schwer, die Zunahme der Hexenverfolgungen allein mit den Auseinandersetzungen um die Religion zu erklären.

Worin bestand dann aber der spezifische Zusammenhang zwischen religiösen Spannungen und Spaltungen und den Hexenverfolgungen? Ganz allgemein flößten sie den Menschen größere Furcht vor religiöser und moralischer Subversion ein und machten ihnen das Wirken Satans in der Welt faßbarer, weshalb sie sich um so eifriger bemühten, ihre Gemeinden von verderblichen, subversiven Elementen zu befreien, zu denen offensichtlich und auf einfachste Weise faßbar die Hexen zählten. Es ist anzunehmen, daß die Angst vor moralischer und religiöser Subversion in Gebieten stärker war, in deren relativ enger Nachbarschaft Anhänger einer rivalisierenden Religion lebten, als in solchen mit einheitlicher Religion.[48] Das Bewußtsein, daß eine Gemeinde oder ein Territorium in der Nähe eine rivalisierende Konfession angenommen hatte, schürte natürlich die Angst, dies könne auch im eigenen Lande passieren. Die Möglichkeit, daß eine Armee einen solchen Übertritt erzwingen konnte, steigerte diese Angst zusätzlich. Und es fällt nicht schwer, sich auszumalen, wie sich die Angst vor religiösem Umsturz in einer solchen Atmosphäre ausweiten konnte zu einer Furcht vor jeder Art von moralischer oder religiöser Subversion. Wenn für den Konfessionswechsel Satan verantwortlich war, dann war er offensichtlich in der Gesellschaft präsent und in vielfältiger Weise gefährlich. Hexerei war nur eines von vielen Anzeichen für die Aktivitäten Satans, aber eines, gegen das man unmittelbar vorgehen konnte. Hexenprozesse mögen keine direkten Mittel gewesen sein, der Bedrohung durch eine andere Konfession zu begegnen, da die Hexe kaum der rivalisierenden Konfession angehörte. Doch die Hexenverfolgungen trugen dazu bei, die Gesellschaft vor verderblichen Einflüssen und finsteren Mächten zu schützen, und sie stärkten außerdem die Überzeugung der Gemeinde, daß sie zu den Frommen zählte. So wie Hexenverfolgungen es einzelnen ermöglichten, ihre eigene Schuld auf andere Mitglieder der Gemeinschaft zu projizieren und auf diese Weise ihre eigene Frömmigkeit zu bestätigen, so ermöglichten sie es katholischen oder protestantischen Gemeinden in religiös gespaltenen Gebieten zu beweisen, daß Gott auf ihrer Seite stand, oder genauer, daß sie auf seiner Seite waren.

In religiös gespaltenen Gebieten diente die Hexenverfolgung daher als Alternative zur Verfolgung von Häretikern oder Dissidenten; Hexenjagd wie Ketzerverfolgung sollten dem von Satan inspirierten und begünstigten religiösen Umsturz zu begegnen. Den klarsten Beweis für ihre gemeinsame Ursache und ihre gleichen Ziele bietet Frankreich, wo häufig Hexenprozesse genau zu dem Zeitpunkt einsetzten, da Ketzerprozesse abgeschlossen waren. 1605 beendete der Bischof von Köln die Verfahren gegen Wiedertäufer und begann Hexenprozesse.[49] In Italien leitete die Inquisition im späten 16. Jahrhundert Hexenprozesse zur selben Zeit ein, als die Verfahren gegen Ketzer um mehr als 75 Prozent zurückgingen.[50] So eindeutig ist die Lage allerdings keineswegs in ganz Europa. In manchen Regionen wurden Hexenprozesse durchgeführt, bevor es zu Verfahren gegen Ketzer kam, und in anderen fanden beide Prozeßarten gleichzeitig statt.[51] Außerdem gab es in einigen und zwar vorwiegend in protestantischen Gebieten überhaupt keine Hexenprozesse. Eine wichtige Erkenntnis bleibt aber, nämlich daß Hexenprozesse überall dasselbe Ziel wie Ketzerprozesse verfolgten: Sie eliminierten Individuen, von denen man glaubte, sie stünden mit dem Teufel im Bunde und schadeten der Gesellschaft. Und die Ansicht, daß unheilbringende Kräfte am Werk seien, wurde stärker in Regionen vertreten, in denen die «häretischen» Aktivitäten einer protestantischen bzw. katholischen Minderheit unmittelbar zu beobachten waren und daher akut bedrohlich erschienen.

Die Reformation und der Niedergang des Hexenwesens

Reformation, Gegenreformation und der im 16. und 17. Jahrhundert erbittert geführte Glaubenskrieg zwischen Protestanten und Katholiken beeinflußten den Verlauf der europäischen Hexenverfolgung, führten jedoch schließlich auch zur Beendigung der Hexenjagd. Dazu trug auch bei, daß die Protestanten die Allmacht Gottes so stark betonten, daß die Christianisierung die Laien immer stärker erfaßte und die Bibelkenntnisse vertiefte und daß der von Katholiken wie Protestanten gegen Hexen eingesetzte Exorzismus auf großes Mißtrauen stieß.

Als monotheistische Religion verkündete das Christentum schon immer die unbestrittene Allmacht Gottes. Es akzeptierte zwar die Existenz einer übernatürlichen bösen Macht in der Welt, verwarf aber die Ansicht, daß Satan Gott ebenbürtig sei, als Häresie. Wie oben bereits erwähnt, hielten einige Reformatoren und besonders Luther das Ausmaß des dämonischen Wirkens auf Erden für so umfangreich, daß sie vom Manichäismus oder der dualistischen Häresie nicht mehr weit entfernt waren. Doch hier trügt der erste Schein; denn Luther betonte immer wieder, daß Gott aus der harten Auseinandersetzung mit dem Satan stets als Sieger hervorgehen werde. Calvin hob die Majestät Gottes stärker hervor und vertrat die Ansicht, der Teufel könne nichts ohne die Erlaubnis Gottes unternehmen und sei kaum mehr als dessen Diener oder Befehlsempfänger. Aus Gottes Allmacht schlossen einige protestantische Autoren und Prediger, manche als Wunder angesehene Dinge wie zum

Beispiel Hagelstürme könne der Teufel gar nicht hervorrufen, womit sie die skeptische Beurteilung aller angeblichen *maleficia* förderten, zu denen solche «Wunder» gezählt wurden. Folglich neigten Protestanten weniger als Katholiken dazu, eine Hexe zu beschuldigen, sie habe einen Hagelsturm verursacht, um die Ernte zu vernichten, eine geläufige Form des *maleficium*.[52] Dies führte in der Hauptphase der europäischen Hexenverfolgung allerdings nicht dazu, daß in protestantischen Ländern weniger Hexen verfolgt und hingerichtet wurden, weil die Protestanten sozusagen dieses Defizit dadurch ausglichen, daß sie stärker dazu neigten, Hexen des Teufelspaktes zu beschuldigen. Die starke Betonung der Allmacht Gottes führte aber schließlich dazu, daß der Protestantismus die Existenz der *maleficia* insgesamt bezweifelte, und daraus erwuchs schließlich eine allgemeine Skepsis hinsichtlich sämtlicher Aspekte der Hexerei.

Wie die protestantische Überzeugung von der Allmacht Gottes den Hexenglauben bereits frühzeitig in Frage stellen konnte, zeigen die Schriften von George Gifford, einem puritanischen Geistlichen aus der englischen Grafschaft Essex, der im späten 17. Jahrhundert zwei Abhandlungen über Hexerei verfaßte.[53] Gifford war keineswegs ein Skeptiker und zitierte in typisch protestantischer Manier Exodus 22.17 zur Rechtfertigung der Verfolgung von Hexen, die einen Pakt mit dem Teufel geschlossen hatten. Aber sein Hauptziel war es, die andauernde Hexenverfolgung zu beenden, da sie nach seiner Meinung die Menschen von der eigentlichen Bedrohung ablenke, die darin bestehe, daß Satan von den Seelen Besitz ergreife. Die Menschen, so argumentierte er, hätten ihren Glauben an Gott verloren, wie die Verbindung zwischen Hexerei und der hartnäckigen Weiterexistenz des Katholizismus zeige. Wenn die Menschen sich der Allmacht Gottes bewußt würden, wenn sie erkennen würden, daß Satan ein Handlanger Gottes ist und daß *maleficia* nur mit seiner Erlaubnis vollbracht werden, dann würde man Hexen nicht mehr dafür bestrafen, daß sie dem Vieh schadeten. Und wenn die Menschen wieder an Gott glaubten, würde er dem Satan und den Hexen nicht länger gestatten, auf Erden zu wirken.[54]

Einen weiteren Beitrag zur Beendigung der Hexenverfolgungen leistete die Reformation dadurch, daß sie die Christianisierung der unteren Volksschichten, besonders der ländlichen Bevölkerung, förderte. Dieser Prozeß der Christianisierung, der sowohl die Reformation als auch die Gegenreformation kennzeichnete, hatte zunächst zur Entstehung der Hexenjagd beigetragen. Priester und Laien hatten ein tiefes Bewußtsein von Sünde und persönlicher Schuld entwickelt und in der Folge auf die Hexen projiziert, und die Förderer der Christianisierung, der neu ausgebildete Klerus und die herrschende Elite, gingen gegen Magie in allen ihren Formen vor. Langfristig jedoch bewirkte der Prozeß der Christianisierung, daß der Glaube an die Magie und ihre Ausübung in der Landbevölkerung zurückging, so daß die Hexenjäger weniger Anlaß zum Eingreifen hatten. Im Laufe dieses Prozesses entwickelte sich auch eine rein spirituelle Vorstellung vom Teufel, wie sie bei vielen protestantischen Autoren schon angedeutet worden war; die Vorstellung vom Teufel als dem schwarzen Mann oder dem Tier, das beim Sabbat auftrat, verblaßte allmählich. Diese Veränderungen vollzogen sich langsam, wirkten sich aber in den 1660er Jahren schon deutlich aus.[55]

Die wörtliche Auslegung der Bibel zeitigte ähnliche Effekte; sie verstärkte zunächst die Hexenverfolgung und trug später zu ihrer Verminderung bei. Die harsche Aufforderung des Alten Testaments «Du sollst eine Hexe nicht am Leben lassen» veranlaßte die Obrigkeit bei wörtlicher Auslegung häufig, Hexen hinzurichten. Langfristig jedoch konnte die Berufung auf die Heilige Schrift die Tätigkeit der Hexenjäger mindern. Denn die Bibel enthält nur sehr wenige Hinweise auf Hexerei und überhaupt keine auf Teufelsverehrung, und darüber hinaus liefert sie viele Belege dafür, daß Gott das Wirken Satans auf Erden einschränkt. Calvins fester Glaube an die Allmacht Gottes und seine Gewißheit, daß Gott dem Teufel überlegen sei, gründeten ebenfalls auf der Bibel. Zwar forderte der Calvinismus die Menschen zum unablässigen Kampf gegen Satan auf, er definierte aber auch die Macht des Teufels ganz genau und förderte die Ausbreitung der oben erwähnten rein spirituellen Vorstellung vom Teufel. Daher überrascht es nicht, daß im späten 17. Jahrhundert sowohl viele konservative Protestanten wie Balthasar Bekker als auch skeptische Deisten die Hexenverfolgung ablehnten.[56]

Sogar die Auseinandersetzung zwischen Katholiken und Protestanten spielte eine wichtige, wenn auch indirekte Rolle bei der Beendigung der Hexenverfolgungen. Eine der interessanten Formen dieser Auseinandersetzung bestand in dem Versuch der Obrigkeit, ihre Rechtgläubigkeit durch die Dämonenaustreibung aus angeblich besessenen Menschen zu dokumentieren. Die Katholiken benutzten dazu zum Beispiel die Eucharistie und erbrachten damit den Beweis, daß Christus in der Hostie tatsächlich gegenwärtig ist, eine Lehre, welche die Calvinisten ablehnten. Die Protestanten dagegen versuchten, Dämonen mit eindeutig nicht-katholischen Methoden auszutreiben, um damit zu belegen, daß Gott die Sache der Reformation begünstigte. Diese Bemühungen hatten eine enge Beziehung zur Hexenverfolgung; denn im späten 16. und im 17. Jahrhundert gaben zahlreiche Besessene beim Exorzismus Hexen die Schuld an ihrem Zustand. Das Problem bestand jetzt darin, daß sowohl der Zustand der Besessenen als auch die Bemühungen der Exorzisten, die jeweils großes Aufsehen erregten, weitgehend auf mißtrauische Skepsis stießen. Viele Menschen waren überzeugt, daß die Besessenheit vorgetäuscht und der Exorzismus Scharlatanerie war. Konsequenterweise gerieten auch die Beschuldigungen wegen Hexerei, die häufig von den Exorzisten ausgingen, ebenso wie die darauf folgenden Hexenprozesse in Mißkredit. So lieferte das Ergebnis der konfessionellen Rivalität um die Heilung Besessener den Kritikern der Hexenverfolgung Beweismaterial zur Stützung ihres Anliegens.[57]

Dabei dürfen wir natürlich die negativen Auswirkungen der Reformation auf die Hexenverfolgung nicht aus den Augen verlieren. Der Niedergang der Hexenverfolgung war wie ihre Entstehung ein komplexes Phänomen. Viele andere Faktoren, die recht wenig mit der Reformation oder auch nur mit Religion im allgemeinen zu tun hatten, trugen dazu bei, daß die europäische Hexenjagd beendet wurde. Diese Faktoren sollen im folgenden erörtert werden. Wir dürfen ebenfalls nicht vergessen, daß die Reformation stärker am Anschwellen der Hexenverfolgung als an deren Niedergang beteiligt war. Aber die Tatsache, daß die Reformation sich sowohl negativ als auch positiv auf die Hexenjagd auswirkte, sollte uns davon abhalten, die Schuld an der gesamten Hexenverfolgung in Europa der Reformation, der Gegenreformation oder beiden zuzuweisen.

V.
Das gesellschaftliche Umfeld

Um eine befriedigende Erklärung für die Hexenverfolgung in Europa zu finden, sind nicht nur die religiösen Veränderungen und Konflikte der Frühen Neuzeit zu berücksichtigen, sondern auch das gesellschaftliche Umfeld, aus dem die Anklagen entstanden. Natürlich stellt sich dieses Problem bei der Untersuchung jedes Verbrechens; denn die Motive des Verbrechers werden verständlicher, wenn das soziale Umfeld des Geschehens und die Beziehung zwischen Täter und Opfer bekannt sind. Noch aufschlußreicher kann jedoch die Untersuchung des sozialen Umfeldes bei dem Verbrechen der Hexerei sein, das ja zum großen Teil ein imaginäres Verbrechen war; denn sie kann erklären, warum die angeblichen Opfer eines solchen Verbrechens oder deren Familien einen Prozeß gegen unschuldige Menschen anstrengten. Daher ist die Sozialgeschichte der Hexenverfolgung weit mehr als eine Untersuchung abnormer Verhaltensweisen. Im Zusammenhang mit Hexerei muß der Historiker nicht nur erklären, warum die Hexe in bestimmter Weise handelte, sondern auch, warum ihre Nachbarn sie verdächtigten und beschuldigten. Wenn die Hexe ihre Feinde verwünschte oder sie mit einem Zauber belegte, mag sie auf sozialen oder wirtschaftlichen Druck reagiert haben. Aber auch ihre Nachbarn reagierten auf die sozialen Bedingungen, in denen sie lebten, wenn sie die Hexe denunzierten und gegen sie aussagten. Mit Anklagen wegen Hexerei konnten in der europäischen Frühneuzeit Mitglieder einer Gemeinde Konflikte untereinander und mit ihren Nachbarn lösen und die Unbilden des Alltagslebens erklären.

Bei der Durchleuchtung des sozialen Umfelds der Hexenverfolgung stößt der Historiker auf mehrere Probleme. Zunächst einmal mangelt es an Informationen über das Leben und die Aktivitäten der Beschuldigten sowie der Ankläger. Zwar nennen die Prozeßakten meist den Namen der Angeklagten und nicht ganz so regelmäßig die Namen derjenigen, die gegen sie aussagten, aber sehr oft erfahren wir kaum mehr. Die verschiedenen, angeblich von den Hexen verübten *maleficia* werden sorgfältig aufgezählt und oft auch die grausigen Einzelheiten des Satanskults. Aber selten berichten die Protokolle über das Alter der Hexen, ihren bürgerlichen Stand, über ihren Beruf oder den des Ehemannes oder ihre Beziehungen zu den Nachbarn. Manchmal enthalten die Akten Zeugenaussagen, und wenn darin Konflikte zwischen den Angeklagten und den Zeugen erwähnt werden, liefern sie auch knappe Informationen über den gesellschaftlichen Status der Beteiligten und die Begleitumstände des Verfahrens. Allzu oft sind jedoch Zeugenaussagen verlorengegangen, und manchmal sind sie gar nicht erst erhoben worden. Besonders bei ausgedehnten Hexenjagden, in denen bereits verurteilte Hexen zahlreiche andere in das Verfahren hineingezogen hatten, enthalten die Gerichtsprotokolle kaum mehr als die Behauptung, es liege Satanskult vor. Angesichts dieser problematischen Quellenlage bleibt dem Historiker nichts anderes übrig, als die Erklärung der sozialen Dynamik der Hexenverfolgungen auf einer sehr schmalen Grundlage von Fallbeispielen zu versuchen.

Problematisch ist ferner der Versuch, allgemeine Aussagen über das soziale Umfeld der Hexenverfolgungen in ganz Europa und über einen längeren Zeitraum hinweg zu treffen. Wenn auch viele Hexenprozesse aus vergleichbaren sozioökonomischen Bedingungen entstanden, so waren diese doch zeitlich und örtlich unterschiedlich. Selbst wenn man sich auf einen bestimmten geographischen Bereich und eine relativ kurze Zeitspanne beschränkt, kommt man zu dem Schluß, daß Hexenprozesse häufig ein breites Spektrum gesellschaftlicher Spannungen spiegeln. Daher kann man keinesfalls die gesamte europäische Hexenverfolgung in einer einzigen sozioökonomischen Interpretation erfassen. Man kann höchstens diejenigen sozialen Gegebenheiten beschreiben, die sehr häufig und typischerweise den Hintergrund von Hexenjagden bildeten, die häufigsten sozialen Merkmale der Personen zusammenstellen, die in Hexenprozesse verwickelt wurden, und einige der Gründe dafür erforschen, daß ausgerechnet diese Personen so häufig der Hexerei beschuldigt wurden. Dieses Vorgehen erlaubt einige allgemeine Schlußfolgerungen über die typischen Eigenarten der europäischen Hexe, wobei die vielfältigen Umstände, die zur Anklage und zum Prozeß führten, im jeweiligen Einzelfall neu zu überdenken sind.

Neben der ungenügenden Quellenlage und den geographischen und zeitlichen Unterschieden stellen sich bei der Erforschung des sozialen Hintergrundes der Hexenverfolgung zwei weitere wesentliche Probleme. Das erste betrifft die relative Gewichtung sozialer und wirtschaftlicher Faktoren in der Erklärung der großen Hexenjagd. Aus den vorangegangenen Kapiteln ergab sich, daß die langfristigen Ursachen im Bereich der Geistes- und Rechtsgeschichte lagen, die unmittelbaren in der Religionsgeschichte zu finden waren. In einigen Fällen mögen diese Faktoren insgesamt eine ausreichende Erklärung für die Verfolgung von Hexen bieten. Meist war dies der Fall, wenn Hexenjagden von oben, also von Magistraten und Inquisitoren begonnen wurden, wenn die Namen von Komplizen durch Folter erpreßt wurden und wenn die Anklage auf Satanskult und nicht so sehr auf *maleficia* lautete. In solchen Fällen bildete die religiöse Ideologie häufig die treibende Kraft, eine soziale Dynamik entwickelte sich nur aus der Begegnung zwischen dem Richter aus der Oberschicht und der aus der Unterschicht stammenden Hexe. Wenn die Verfolgung jedoch von unten ausging und die Anzeige von Nachbarn stammte, die die Hexe wegen ihrer *maleficia* bestrafen wollten, spielten soziale und wirtschaftliche Verhältnisse eine bedeutende Rolle. Meist waren jedoch beide, sowohl Magistrate als auch Dorfbewohner, an der Hexenjagd beteiligt. Wenn sie von oben ausging, wurden die Nachbarn aufgefordert, die begangenen *maleficia* zu bezeugen. Wenn sie von unten entstand, übernahmen meist Magistrate die Kontrolle des Verfahrens und verlagerten den Schwerpunkt des Verbrechens auf den Satanskult. Deshalb ist das soziale Umfeld der Hexenverfolgung nur selten ohne Belang. Gleichzeitig darf man dessen Bedeutung jedoch nicht überschätzen. Es gab zahlreiche Gründe, warum jemand der Hexerei beschuldigt wurde, und bei weitem nicht alle waren sozialer oder ökonomischer Natur.

Ein zweites Problem hängt mit der Bedeutung des sozialen und wirtschaftlichen Wandels für die Erklärung der Hexenverfolgung zusammen. Da die europäische Hexenjagd ein zeitlich begrenztes Phänomen war, das im 15. Jahrhundert einsetzte und im frühen 18. Jahrhundert endete, liegt die Versuchung nahe, sie als Folge des tiefen sozialen und ökonomischen Wandels zu interpretieren, der sich in diesem Zeitraum vollzog. Nach einer langen Periode der Stagnation und des Niedergangs wuchs die Bevölkerung Europas in der Frühen Neuzeit in dramatischem Ausmaß, die Preise aller Lebensmittel stiegen mit bis dahin ungekannter Geschwindigkeit, die Zahl und die Größe der Städte nahm zu, und in vielen Gebieten formierte sich ein Handels- und Agrarkapitalismus. Zu diesen dramatischen Entwicklungen kamen periodisch ausbrechende Epidemien, häufige Mißernten und Hungersnöte hinzu. Gleichzeitig veränderte sich auch das Familienleben, und neue moralische Werte galten in einer veränderten Welt. Es steht außer Frage, daß alle diese Veränderungen die Hexenverfolgungen beeinflußten. Sie erzeugten Spannungen in den Gemeinden und, was vielleicht noch wichtiger ist, sie steigerten eine allgemein verbreitete Angst, welche den Hexenjagden den Boden bereitete. Historiker wie Keith Thomas, Alan Macfarlane, Robert Muchembled, Paul Boyer und Stephen Nissenbaum haben anschaulich belegt, inwiefern sich in den Anklagen die von diesen Veränderungen ausgelösten Spannungen widerspiegeln. Allerdings waren viele der den Hexenverfolgungen zugrundeliegenden sozialen und wirtschaftlichen Bedingungen keineswegs neu. Soziale Konflikte, die zu den Anklagen wegen Hexerei führten, bestanden bereits in vorkapitalistischen Gemeinden des Mittelalters und scheinen sich durch die neuen Entwicklungen nicht verschärft zu haben. Gewiß wurden in Gemeinden, die sich in einer Übergangsphase befanden, Anzeigen wegen Hexerei erstattet, aber sehr häufig auch in Dörfern, die noch zu einer vom Wandel relativ unberührten, traditionellen Welt gehörten.[1] Hier waren die persönlichen Feindschaften, die zu Anzeigen führten, in der Frühen Neuzeit nicht ausgeprägter als im Mittelalter. Die Gründe dafür, daß diese Spannungen in der Frühen Neuzeit zu Hexenprozessen führten, nicht aber in den vorangegangenen Zeiten, lagen weniger im sozialen Wandel als vielmehr in der Natur des Hexenglaubens, in dem alle gesellschaftlichen Schichten erfassenden Wissen über Hexerei, in der Möglichkeit, ein erfolgreiches Rechtsverfahren anzustrengen, und in den Auswirkungen der Reformation.

Bei der Untersuchung des sozialen und ökonomischen Hintergrunds der Hexenverfolgungen bleibt deshalb zu berücksichtigen, daß das zu beschreibende Umfeld nicht vollständig neu war und daß die sozialen Spannungen, die Hexenverfolgungen auslösten oder verstärkten, nicht nur aus einem umfassenden sozialen Wandel entstanden waren. Es mag zutreffen, daß sich manche Hexenverfolgungen in einer kritischen Periode der europäischen Frühneuzeit ereigneten, als neue Wertvorstellungen und ein neuer Lebensstil die traditionellen Konzepte in Frage stellten. Es mag auch stimmen, daß alle Verfolgungen bis zu einem gewissen Grad ein Nebenprodukt der vom schnellen sozialen Wandel ausgelösten Ängste gewesen sind. Wenn man jedoch unterstellt, daß jede Anklage wegen Hexerei und jeder Prozeß unmittelbar auf soziale Spannungen zurückgehen, läuft man Gefahr, zuviel in die Quellen hineinzulesen und zu übersehen, daß persönliche Feindschaften, aus denen solche Anschuldigungen oft vorgebracht wurden, in Gesellschaften, die vom sozialen Wandel relativ unberührt blieben, ebenso herrschten wie in einer sich rasch verändernden Welt.

Der geographische und soziale Hintergrund

Eine Untersuchung des sozialen Hintergrunds der Hexenverfolgungen muß zunächst feststellen, in welchem Typ von Gemeinden Hexenjagden stattfanden. Auf den ersten Blick scheint Hexerei in dieser Zeit im wesentlichen ein ländliches Phänomen gewesen zu sein.[2] Die überwältigende Mehrzahl der Hexen stammte wohl aus kleinen Bauerndörfern. Die Konzentration der Hexerei in ländlichen Regionen wird meist auf zwei Charakteristika des bäuerlichen Lebens zurückgeführt, auf den bei der ungebildeten und konservativen Landbevölkerung tief verwurzelten Aberglauben und die niedrige Einwohnerzahl der Dörfer. Anthropologische Untersuchungen primitiver Gesellschaften des 20. Jahrhunderts belegen nicht nur, daß Aberglaube in ungebildeten ländlichen Gesellschaften besonders verwurzelt ist, sondern auch, daß Anschuldigungen wegen Hexerei leicht dort erhoben werden, wo die Menschen sehr eng zusammenleben, wo jeder jeden kennt und wo unerwünschte Personen nicht einfach ignoriert werden können.[3] Da in den Dörfern des frühneuzeitlichen Europa solche Bedingungen gegeben waren, betrachtete man Hexerei als typisch ländliches Phänomen. Manche Historiker behaupten sogar, daß der bäuerliche Hexenglaube eine notwendige Vorbedingung der großen europäischen Hexenjagd gewesen sei.[4]

Unbestreitbar stammte im frühneuzeitlichen Europa die große Mehrheit der Hexen aus ländlichen Gebieten; dennoch darf man nicht übersehen, daß auch in den Städten Hexen verfolgt wurden. Und sogar einige der größten und bekanntesten Hexenjagden fanden im städtischen Bereich statt, etwa in Loudun, Trier, Würzburg und Bamberg. Manche Fälle können allerdings nicht der Stadt zugeordnet werden, weil die Hexen vom Land stammten, der Prozeß aber in der nächstgelegenen Stadt geführt wurde. So berichten etwa schottische Quellen über Hexen aus Edinburgh, Aberdeen oder Dalkeith; doch stellt sich schnell heraus, daß die Angeklagten aus Dörfern in der Nähe dieser Städte stammten. In Genf, wo im 16. und 17. Jahrhundert mehrere Hexenprozesse stattfanden, stammte etwa die Hälfte der Opfer aus den rund um die Stadt liegenden kleinen Dörfern, in denen aber nur 20 Prozent der Bevölkerung dieses Kleinstaates lebten.[5]

Sieht man von allen Fällen ab, in denen die Angeklagten aus stadtnahen Dörfern stammten, verbleibt immer noch eine beträchtliche Anzahl von rein städtischen Prozessen, besonders in Deutschland. Ein genauer Prozentanteil solcher Fälle läßt sich nicht errechnen. Doch erscheint die Annahme begründet, daß er höher liegt als der prozentuale Anteil der städtischen an der Gesamtbevölkerung. Mit anderen Worten, die Zahl der städtischen Hexenprozesse lag vermutlich unverhältnismäßig hoch. In Polen zum Beispiel lebten 19 Prozent der wegen Hexerei angeklagten Menschen im städtischen Bereich, gewiß ein kleiner Teil der Gesamtzahl, der aber weit höher lag als der Anteil von weniger als 5 Prozent der Stadtbevölkerung an der Gesamtbevölkerung.[6] Im ebenfalls ländlich strukturierten Finnland lag der Anteil der städtischen Hexen mit 26 Prozent sogar noch höher.[7] Dabei ist zu berücksichtigen, daß im frühneuzeitlichen Europa in den Städten trotz deren enormer wirtschaftlicher und politischer Bedeutung nur ein relativ geringer Teil der Bevölkerung lebte. Zu Beginn des 16. Jahrhunderts lag der Anteil der Stadtbevölkerung weder in Deutschland noch in England höher als 10 Prozent, selbst wenn man eine Siedlung mit 2000 Einwohnern bereits als Stadt betrachtet.[8]

Das soziale Umfeld einiger städtischer Hexenprozesse unterschied sich kaum vom ländlichen Milieu. Städte unterschieden sich von Dörfern durch ihre wirtschaftliche Funktion und eine andersgeartete Iden-

Die Hinrichtung der Hexen von Chelmsford.
Die kleinen Tiere im Vordergrund sind Hausgeister, die von den Hexen ernährt wurden und ihnen bei der Ausübung der Magie behilflich waren.
Aus einer Flugschrift des 17. Jahrhunderts.

tität ihrer Bewohner, aber nur unwesentlich durch ihre Größe. In der Frühen Neuzeit lebten in manchen Städten kaum mehr als 2000 Menschen, die genauso engmaschige Gesellschaften bildeten wie die Dorfgemeinschaften.[9] Daher überrascht es nicht, daß die überwältigende Mehrheit der polnischen Hexen aus Kleinstädten stammte und daß in der englischen Grafschaft Essex, wo Hexerei weitgehend ein ländliches Phänomen war, die wenigen städtischen Hexen aus kleinen Marktstädten wie Chelmsford oder aus Tuchstädten wie Braintree, Coggeshall und Dedham kamen. In solchen kleinen Gemeinden lassen sich kaum stadttypische Merkmale von Hexenverfolgungen ermitteln.[10]

Auf ein ganz anderes Umfeld treffen wir jedoch in größeren Städten. Wo mehr als 5000 Einwohner lebten, konnte man die Nachbarn durchaus ignorieren oder ihnen zumindest aus dem Wege gehen. Hexenverfolgungen im städtischen Bereich müssen daher auf andere Faktoren zurückgehen als auf den unvermeidlichen sozialen Kontakt oder den bäuerlichen Aberglauben. Es gibt mehrere Gründe dafür, daß ein relativ großes städtisches Umfeld einen fruchtbaren Nährboden für Anschuldigungen wegen Hexerei und Hexenprozesse bot. An erster Stelle ist die politisch motivierte Hexerei zu nennen, die in einigen frühen Hexenprozessen eine Rolle spielte; sie wurde vorwiegend in Städten praktiziert, wo meist die bedeutenden politischen Entscheidungen gefällt wurden. Das mag erklären, warum zwischen 1300 und 1500 die meisten Prozesse wegen Hexerei, Satansverehrung und Zauberei in Städten und nicht auf dem Lande geführt wurden.[11]

Städte galten nicht nur als Schauplätze politischer Hexerei; sie waren auch die einzigen Orte, in denen sogenannte Salber *(engraisseurs)* als Hexen verfolgt wurden, weil sie angeblich Seuchen verbreitet hatten. Man beschuldigte sie, die Essenz der Epidemie destilliert und in eine Salbe eingebracht zu haben, die sie dann in verschiedenen Teilen der Stadt verschmierten. Wie andere Hexen wurden auch *engraisseurs* des Umgangs mit dem Teufel und der Geheimbündelei bezichtigt, womit sie von jenen nicht mehr zu unterscheiden waren. Der gesamte Vorgang glich der Hexenverfolgung; eine Epidemie konnte eine regelrechte Hysterie auslösen, der zahlreiche «Salber» zum Opfer fielen. Nicht weniger als drei solcher Verfolgungswellen erlebte Genf im 16. Jahrhundert, eine weitere erfaßte Mailand im Jahre 1630.[12] Da im 16. und 17. Jahrhundert Epidemien fast nur in Städten ausbrachen, stellen solche Salberpaniken eine stadttypische Form der Hexenverfolgung dar.

Eine weitere vorwiegend, wenn auch nicht ausschließlich städtische Ausprägung der Hexerei waren magische Künste, die dazu benutzt wurden, um ganze Gruppen besessen zu machen. Zwar wurden während der ganzen Periode der Hexenjagd auch Fälle von Besessenheit in ländlichen Gebieten registriert, aber die umfangreichsten und bekanntesten Fälle von Besessenheit ganzer Gruppen im Zusammenhang mit Hexerei ereigneten sich in Städten, besonders in Frankreich. Der wichtigste Grund für diese Konzentration war vermutlich die simple Tatsache, daß Fälle kollektiver Besessenheit häufig in Klöstern oder Hospitälern vorkamen, die ihrerseits sehr oft in Städten lagen. Städte konnten auch die großen Zuschauermassen aufbieten, in deren Mitte solche Phänomene gediehen, wie etwa die Menge, die sich 1634 in Loudun versammelte, um den Exorzismus der Ursulinen zu verfolgen.[13]

Aus zwei weiteren Gründen lieferten Städte einen überraschend fruchtbaren Boden für Hexenverfolgungen. Zum einen konnte eine einmal begonnene Hexenjagd in den dichter besiedelten Städten weit mehr Opfer fordern als auf dem Lande, weil in einem Dorf die Anzahl der Gemeindemitglieder, die wegen Hexerei verfolgt werden konnten, ohne daß sich Widerstand erhob, begrenzt war. Ländliche Hexenpaniken tendierten dazu, durch Gerüchte von einem Dorf auf das andere überzugreifen und erfaßten gelegentlich Menschen außerhalb eines Dorfes; städtische Paniken breiteten sich dagegen schneller aus und forderten einen höheren Blutzoll. Zum zweiten schuf das städtische Leben Spannungen, die sich in Bezichtigungen entladen konnten. Zwar mag es in der Stadt leichter gewesen sein, den Nachbarn zu ignorieren und zu glauben, daß er keine magische Gewalt besaß, gleichzeitig können aber auch die Besonderheiten des städtischen Lebens einzelne veranlaßt haben, die Nachbarn schneller der Hexerei zu verdächtigen, als wenn sie auf dem Lande gelebt hätten.

Insgesamt können wir feststellen, daß es im Europa der Frühen Neuzeit mehr als eine «Hexenwelt» gab. Einerseits existierte eine bäuerliche Welt, in der Verdächtigungen und Beschuldigungen alltäglich waren und regelmäßig zu einzelnen Hexenprozessen oder auch umfangreichen Hexenjagden führten. Es war eine Welt, in der sich bäuerlicher Aberglaube in oft fataler Weise mit den persönlichen Spannungen verband, wie sie in Kleingruppen immer entstehen. Aber es gab auch eine städtische Hexenwelt, in der der politisch orientierte Hexer, der rituelle Magier, die besessene Nonne und der «Salber» aktiv waren und in der Beschuldigungen und Kettenreaktionen von Hexenverfolgungen sich schnell ausbreiten konnten. Diese städtische Welt wurde auch vielen ländlichen Hexen zum Schicksal; dort wurde der ungebildete Bauer, der von seinen Nachbarn beschuldigt worden war, mit einem städtischen, gebildeten Richter oder Inquisitor konfrontiert. Bei dieser Konfrontation sah sich die bäuerliche Hexe nicht nur von ihren Nachbarn angeklagt, denen sie angeblich durch Magie geschadet hatte, sondern auch von einem Gericht, das die Zeugenaussagen in einen dämonologischen Kontext stellte. Damit wurde das Gericht zu einem Ort, an dem sich elitäre Bildung und Volkskultur begegneten und die ländliche mit der städtischen Welt in Berührung kam.

Wer waren die Hexen?

Um die den Hexenverfolgungen zugrundeliegenden sozialen Spannungen zu erfassen, ist zunächst zu ermitteln, welche Bevölkerungsgruppen vorwiegend der Hexerei bezichtigt wurden und warum sie häufiger betroffen waren als andere. Wie oben erwähnt, geben die Quellen nur äußerst dürftige Auskünfte über die Hexen und die Motive derer, die sie beschuldigten, weshalb die Untersuchung dieses Problems ins Spekulative führt. Und selbst dann, wenn die Informationen relativ umfangreich sind, bleibt es schwierig herauszufinden, welche Charakteristika der Hexe und welche Konflikte zwischen ihr und ihren Nachbarn zur Anklage führten. Die Quellenlage erlaubt es lediglich, Anklagetypen herauszuarbeiten und mögliche Gründe der Anklagen zusammenzustellen.

Das Geschlecht

Am besten belegen die Quellen, daß es sich bei den wegen Hexerei verurteilten Personen überwiegend um Frauen handelte. Wie aus Tabelle 3 hervorgeht, waren in den meisten Regionen Europas mehr als 75 Prozent der Hexen weiblich, in der englischen Grafschaft Essex, dem Bistum Basel und der Grafschaft Namur im heutigen Belgien sogar mehr als 90 Prozent.[14]

Diese Zahlen erlauben den Schluß, daß Hexerei ein mit dem Geschlecht zusammenhängendes, nicht aber daß sie ein geschlechtsspezifisches Verbrechen war. Mit anderen Worten, Frauen wurden wegen ihres Geschlechts schneller der Hexerei verdächtigt und vor Gericht gebracht, es gab aber kein weibliches Monopol auf das Verbrechen.[15] Die Definition des Begriffes Hexe war durchaus auch auf Männer anwendbar. Genau wie Frauen konnten Männer schadenstiftende Magie ausüben, mit dem Teufel paktieren und am Sabbat teilnehmen. Manche Holzschnitte und Stiche des 16. und 17. Jahrhunderts, besonders solche, die den Pakt mit dem Teufel darstellen, zeigen ebensoviele Männer wie Frauen.[16] In Rußland und Estland stellten die Männer sogar die Mehr-

Tabelle 3: Das Geschlecht der angeklagten Hexen

Region	Zeitraum	Männer	Frauen	Frauen in %
Südwestdeutschland	1562–1684	238	1050	82
Bistum Basel	1571–1670	9	181	95
Freigrafschaft	1559–1667	49	153	76
Genf	1537–1662	74	240	76
Kanton Waadt	1581–1620	325	624	66
Grafschaft Namur	1509–1646	29	337	92
Luxemburg	1519–1623	130	417	76
Stadt Toul	1584–1623	14	53	79
Dépt.Nord/Frankreich	1542–1679	54	232	81
Kastilien	1540–1685	132	324	71
Aragón	1600–1650	69	90	57
Venedig	1550–1650	224	490	69
Finnland	1520–1699	316	325	51
Estland	1520–1729	116	77	40
Rußland	1622–1700	93	43	32
Ungarn	1520–1777	160	1482	90
Grafschaft Essex	1560–1675	23	290	93
Neuengland	1620–1725	75	267	78

zahl der angeklagten Hexen, während in den meisten skandinavischen Ländern beide Geschlechter in nahezu gleichem Maße vertreten waren.

Es gab allerdings nur wenige Situationen, in denen Männer ebenso stark wie Frauen der Hexerei verdächtigt wurden. Dies war zum Beispiel dann der Fall, wenn Hexenprozesse eng mit der Verfolgung anderer Formen von Häresie verbunden waren. Wie William Monter nachgewiesen hat, wurden im 15. Jahrhundert, als im Jura zur gleichen Zeit Hexen und Waldenser verfolgt wurden, weit mehr Männer als Frauen vor Gericht gestellt.[17] Der Grund dafür lag darin, daß Häresie anders als Hexerei nicht grundsätzlich mit dem Geschlecht in Verbindung gebracht wurde. Ganz sicher gehörten zahlreiche Frauen zu den Häretikersekten des Mittelalters, und deren hohe Anzahl kann dazu beigetragen haben, daß sie später mit Hexen gleichgesetzt wurden. Aber weit aktiver betätigten sich Männer in den Sekten; sie gerieten daher auch schnell in den Verdacht der neuen «Häresie» der Hexerei.[18] Bezeichnenderweise betonten die Richter in diesen frühen Hexenprozessen, die meist vor kirchlichen Gerichten geführt wurden, den diabolischen oder häretischen Aspekt der Hexerei weit stärker als das *maleficium*.[19]

Die Tatsache, daß Häresie nicht als geschlechtsspezifisches Verbrechen galt, erklärt vermutlich auch, warum die Inquisition in Spanien und in Rom einen weit höheren Anteil an männlichen Hexen als die meisten anderen europäischen Gerichtshöfe verurteilte. In Kastilien und Venedig zum Beispiel lag der Anteil der männlichen Hexen, wie aus Tabelle 3 hervorgeht, weit über dem europäischen Durchschnitt. Im Königreich Aragón, wo vor weltlichen Gerichten fast ausschließlich weibliche Hexen verurteilt wurden, waren in der ersten Hälfte des 17. Jahrhunderts 72 Prozent der von der Inquisition verurteilten Hexen männlich.[20] Wie die kirchlichen Gerichte des späten 15. Jahrhunderts im Jura verfolgte die Inquisition in Spanien und Italien Hexerei vorwiegend als eine Form der Ketzerei und nicht oder kaum im Zusammenhang mit dem *maleficium*.[21] Definierte man das Verbrechen in dieser Weise, waren auch zahlreiche Männer davon betroffen.

Anklagen wegen Hexerei drohten Männern auch, wenn es um politische Hexerei ging. Tatsächlich nutzten im Mittelalter Männer die rituelle Magie, um ihre politische Karriere günstig zu beeinflussen.[22] Manche Aspekte des Hexenglaubens wurden in diesem Zusammenhang entwickelt. Mit der allmählichen Verwandlung des Magiers in eine Hexe änderten sich das Geschlecht und der Sozialstatus des Übeltäters, aber in der Frühzeit der großen Hexenjagd war dieser Übergang noch nicht abgeschlossen. Deshalb ging es bei vielen frühen Hexenprozessen auch um Verrat, und folglich wurden zu dieser Zeit mehr Männer als Hexen verfolgt als auf dem Höhepunkt der Hexenverfolgung. Auch wenn die Hexenjagd außer Kontrolle geriet, wurden zwar nicht sehr häufig, aber doch gelegentlich relativ viele Männer angeklagt. Das geschah, wenn in Kettenreaktionen erhobene Anklagen und Massenhysterie zu fast wahlloser Benennung angeblicher Hexen führten. Dann konnte die übliche Vorstellung von einer Hexe bedeutungslos werden, so daß viele Menschen, die diesem Bild nicht entsprachen – auch Männer mit hohem Sozialstatus –, der Hexerei bezichtigt werden konnten.

Abgesehen von diesen drei Ausnahmen bleibt zu erklären, warum in den meisten Fällen und bezogen auf die Gesamtzahl aller Verfahren die Hexen in der überwiegenden Mehrzahl weiblichen Geschlechts waren. Der Hinweis, daß die typische Hexe schon immer weiblich war und daß folglich Menschen, die befürchteten, daß sie das Opfer von Hexerei seien, instinktiv eher Frauen als Männer verdächtigten und anklagten, reicht dazu nicht aus, wenn er auch bis zu einem gewissen Maße zutrifft. Da in der antiken und mittelalterlichen Kultur, in der Literatur und in der Kunst der Prototyp der Hexe immer weiblich war, wurden natürlich Frauen schneller der Hexerei verdächtigt als Männer.[23] Das Bild der Hexe war jedoch sowohl ein Produkt als auch eine Quelle von Anschuldigungen und Strafprozessen. Wenn Frauen nicht schneller in den Verdacht der Hexerei geraten wären als Männer, wäre das Bild von der ausschließlich weiblichen Hexe nicht entstanden.

Frauen wurden unter anderem deshalb schneller der Hexerei verdächtigt als Männer, weil sie als moralisch ungefestigter galten und daher nach allgemeiner Ansicht anfälliger für die Versuchung des Teufels waren. Diese Auffassung, die bereits im frühen Christentum vertreten wurde, taucht in den frühneuzeitlichen Traktaten häufig auf, besonders in dem zutiefst frauenfeindlichen *Malleus Maleficarum.*[24] Dessen Autor begründet die weibliche Charakterschwäche nicht nur mit der intellektuellen Unterlegenheit und der Abergläubischkeit der Frauen, sondern auch mit ihrer sexuellen Leidenschaftlichkeit, und er schließt daraus, «daß alle Hexerei von der fleischlichen Lust kommt, die bei Frauen unersättlich ist».[25]

Die Vorstellung, daß Frauen den sinnlicheren und sexuell zügelloseren Teil der Menschheit bilden, war im Mittelalter und in der Frühen Neuzeit allgemein verbreitet; erst im 18. Jahrhundert wurde die Frau auch gelegentlich als sexuell passiv beschrieben.[26] Am stärksten wurde dieses Bild von Klerikern, besonders Mönchen propagiert, die in der Frau die Verkörperung der sexuellen Verführung sahen, aber es war keineswegs auf klerikale Kreise beschränkt. Bodin, ein weltlicher Jurist und Magistrat, sprach ähnlich wie Sprenger und Kramer von der «bestialischen Gier» der Frauen, und Boguet, ebenfalls ein weltlicher Richter, behauptete, der Teufel pflege mit allen Hexen sexuellen Umgang, da er wisse, daß «Frauen die fleischlichen Vergnügungen lieben».[27] Fleischeslust galt als ein Hauptmotiv der Hexerei; man glaubte, daß sexuelle Verführung

Der Teufel verführt eine Frau zum Abschluß eines Paktes. Aus: Ulrich Molitor, De Lamiis, 1489.

die Hexe zum Pakt mit dem Teufel veranlaßte und diese sich dann beim Sabbat der sexuellen Promiskuität hingebe. An den Orgien nahmen auch männliche Hexen teil, aber die Annahme, daß Frauen gieriger auf sexuelle Befriedigung bedacht seien, verstärkte die Vorstellung von der weiblichen Hexe. Visuell bestätigt wurde dieses Bild zusätzlich von Hans Baldung Grien, der Hexen als Verkörperung des weiblichen Sexualtriebs darstellte.[28]

Die Vorstellung, Hexen seien moralisch ungefestigt und sexbesessen, mag besonders jene Angehörigen der gebildeten Elite, die sich an religiös motivierten Kampagnen zur Erneuerung der Volksmoral beteiligten, dazu verleitet haben, Frauen als Hexen zu verdächtigen und zu verfolgen.[29] Für einfache Menschen, die oft als erste andere der Hexerei bezichtigten und gegen sie aussagten, war diese Vorstellung weniger wichtig. Sie teilten vielleicht manche klerikalen Ansichten über Frauen, aber da sie sich stärker für die magischen als für die diabolischen Aspekte der Hexerei interessierten, neigten sie eher dazu, Frauen zu verdächtigen, weil deren überkommene gesellschaftliche Rolle diesen mehr Gelegenheit zu schadenstiftender Magie bot als Männern. Im frühneuzeitlichen Europa waren Frauen Köchinnen, Heilkundige und Hebammen; sie übten damit Tätigkeiten aus, bei denen der Vorwurf der Hexerei schnell zur Hand war. Als Köchinnen hatten sie nicht nur die Gelegenheit, die zum Zauber benötigten Kräuter zu sammeln, sondern sie verfügten auch über die Fähigkeit, daraus Tränklein und Salben herzustellen. Nicht zufällig werden Hexen oft vor großen Kesseln stehend dargestellt, in denen die Ingredienzien zusammengebraut wurden. Daß ein Mann eine solche Tätigkeit ausübte, war zumindest damals kaum vorstellbar.

In den Dörfern des frühneuzeitlichen Europa betätigten sich Frauen auch als Heilkundige. Dabei benutzten diese «weisen Frauen» eine breite Palette der Volksmedizin, vorwiegend Kräuter und Salben. Viele dieser Anwendungen konnten als Zauberei betrachtet werden, und sei es nur, weil die natürlichen Ingredienzien zusammen mit Zaubersprüchen oder abergläubischen Gebeten verabreicht wurden. Da die weisen Frauen in ihren Dörfern nützliche Dienste leisteten, wurden sie von ihren Nachbarn meistens toleriert. Es drohte ihnen jedoch jederzeit die Anschuldigung wegen Ausübung weißer Magie, und wenn Dorfbewohner erkrankten oder plötzlich starben, gerieten die Heilkundigen in Gefahr, der schädlichen Zauberei bezichtigt zu werden. Der *Malleus Maleficarum* behandelt besonders solche Hexen, die sowohl heilen als auch schaden können, und 1499 versicherte eine Frau aus Modena vor der Inquisition, daß «wer zu heilen weiß, auch weiß, wie man zerstört».[30] Analysen von Zeugenaussagen aus Frankreich, der Schweiz, Österreich, Ungarn, Schleswig-Holstein, England, Schottland und Neuengland ergaben, daß viele Frauen, die der Hexerei beschuldigt wurden, in Wirklichkeit solche weisen Frauen waren.[31] Dies gilt auch für Frankreich, wo rund die Hälfte der Hexenprozesse, die zur Revision an das Parlament von Paris gelangten, Fälle von Zauberheilung betrafen.[32]

Wie Köchinnen und Heilkundige traf der Vorwurf der Hexerei auch Hebammen. Bis ins 18. Jahrhundert, als männliche Heiler und Ärzte sich als Geburtshelfer zu betätigen begannen, besorgten ausschließlich Frauen die Entbindungen. Zahlreiche Hebammen, wenn auch kaum so viele, wie man einst glaubte, wurden der Hexerei bezichtigt.[33] Der wichtigste Grund für solche Anschuldigungen lag darin, daß man die Hebammen für den Tod von Neugeborenen verantwortlich machte. In einer Zeit, in der ein Fünftel aller Kinder entweder bei der Geburt oder in den ersten Lebensmonaten starb und in welcher der Tod eines Kindes nicht gerade ein seltenes Ereignis war, erwies sich der Vorwurf, die Hebamme habe das Kind getötet, als ebenso nützlich wie plausibel und bot den trauernden Eltern eine Möglichkeit der Rache. In einigen Fällen wurde die Hebamme Opfer jahrelang aufgestauter Verdächtigungen. 1587 wurde in der deutschen Stadt Dillingen eine Hebamme namens Walpurga Hausmännin beschuldigt, durch Zauberei den Tod von 40 Kindern verursacht zu haben, wobei einige Todesfälle zwölf Jahre zurücklagen.[34]

War eine Hebamme erst einmal wegen verschiedener *maleficia* angeklagt, verschaffte die dämonologische Theorie, die den Richtern natürlich zugänglicher war als dem gemeinen Volk, ihrem Verbrechen zusätzliche Plausibilität. Hexen waren angeblich eifrig darauf bedacht, sich ungetaufte Kinder anzueignen, um sie dem Teufel zu opfern, ihr Fleisch beim Sabbat zu verzehren und aus den Überresten magische Salben herzustellen. Als Hebammen hatten die Hexen die beste Gelegenheit, die benötigten Kleinkinder zu beschaffen bzw. sie in des Teufels Namen zu taufen. 1728 wurde eine Hebamme aus dem ungarischen Szeged wegen Hexerei auf dem Scheiterhaufen verbrannt, weil sie 2000 Kinder in Satans Namen getauft habe.[35]

Häufiger noch als Hebammen wurden Frauen der Hexerei bezichtigt, die zur Versorgung von Kleinkindern engagiert worden waren. Lyndal Roper hat nachgewiesen, daß im späten 16. und frühen 17. Jahrhundert viele der Augsburger Hexenprozesse aus Streitigkeiten zwischen Müttern und Dienerinnen entstanden, die nach der Geburt einige Wochen lang Mutter und Kind betreuten.[36] Es war nur natürlich, daß die Mütter ihre Sorge um die eigene Gesundheit und die ihrer neugeborenen Kinder auf diese Frauen übertrugen. Sobald sich ein Unglück ereignete, war schnell der Vorwurf zur Hand, die Wochenbettpflegerin habe dem Kind die Nahrung entzogen oder es getötet. Interessant ist an diesen Anschuldigungen, daß sie eher aus Spannungen zwischen Frauen und nicht zwischen Männern und Frauen entsprangen. Das gilt auch für viele andere Anschuldigungen gegen Frauen, die bezichtigt wurden, Kleinkindern geschadet zu haben.[37] Daß diese Spannungen zwischen Frauen entstanden, erklärt auch, warum so viele Zeugen bei Hexenprozessen Frauen waren.[38]

Eine letzte Erklärung für die überwiegende Anzahl weiblicher Hexen liefert schließlich der Glaube, daß Frauen, die weder über die physische Kraft noch die politische Macht von Männern verfügten, Zauberei als Instrument des Schutzes und der Rache nutzen könnten. Die Fähigkeit, durch Zauber Schaden zuzufügen, war eine der wenigen Formen der Macht, auf die Frauen im frühneuzeitlichen Europa Zugriff hatten. Und selbst wenn sie in Wirklichkeit zu solchen Zwecken keine Zauberkünste einsetzten, wurden sie dessen natürlich verdächtigt. Diese volkstümliche Sicht der Hexe als mächtiger Frau erinnert uns daran, daß die Hexe zwar häufig das Opfer und der Sündenbock für gesellschaftliche Mißstände, in den Augen ihrer Nachbarn aber mächtig und bedrohlich war.[39] Wenn die Nachbarn zu ihrer Verurteilung und Hinrichtung beitrugen, dann vergingen sie sich nicht an einer hilflosen, alten Frau, sondern sie handelten in der Überzeugung, sie bekämpften eine Art weiblicher Macht, die sie, ihre Kinder und Haustiere in großem Maße gefährdet hatte.

Am weitesten verbreitet war wohl die Vorstellung von der Hexe als alter Frau, wie sich an den Hexenprozessen der Frühneuzeit nachweisen läßt. Die wenigen Angaben über das Alter der Hexen, die in Tabelle 4 zusammengefaßt sind,[40] zeigen, daß die überwiegende Zahl der Hexen über 50 Jahre alt war, in der Frühen Neuzeit ein weit seltener erreichtes Alter als heute.[41] Als typisches Hexenalter galt das über 50 Jahre. In Genf und in der Grafschaft Essex lag das Durchschnittsalter sogar bei 60 Jahren. Reginald Scot hatte also recht mit der Behauptung, daß «Hexen meist alte Frauen sind.»[42]

Tabelle 4: Alter der verurteilten Hexen

Region	Zeitraum	Zahl der Hexen mit bekanntem Alter	Davon über 50	Prozentanteil der über 50jähr.
Genf	1537–1662	95	71	75
Dépt. du Nord/Frankr.	1542–1679	47	24	51
Grafsch. Essex/England	1645	15	13	87
Württemberg	1560–1701	29	16	55
Salem/Mass.	1692–1693	118	49	42

Daß vorwiegend Frauen in höherem Alter der Hexerei beschuldigt wurden, liegt an mehreren Faktoren. Im allgemeinen wurden sie erst über Jahre hin verdächtigt, bevor es zur Anklage kam, wodurch allein schon das Durchschnittsalter der Angeklagten relativ hoch lag. Wie oben ausgeführt, waren einige Hexen Heilkundige und sogenannte weise Frauen und damit fast automatisch ältere Menschen. Hinzu kommt, daß ältere Menschen, besonders wenn sie senil waren, häufig exzentrische oder unsoziale Verhaltensweisen an den Tag legten, was den Nachbarn unangenehm war und den Gedanken an Hexerei nahelegen mochte.[43] In ihrer Senilität neigten solche Personen auch vermutlich eher dazu, sich aus freien Stücken zum Umgang mit dem Teufel zu bekennen. Dazu schrieb schon Mitte des 17. Jahrhunderts der Skeptiker Cyrano de Bergerac: «Sie war alt, und das Alter hatte ihren Verstand gemindert. Alter macht geschwätzig, so erfand sie die Geschichte zur Unterhaltung ihrer Nachbarn. Alter schwächt das Sehvermögen, so verwechselte sie einen Hasen mit einer Katze. Alter macht ängstlich, so glaubte sie 50 statt einen zu sehen».[44]

Schließlich waren ältere Menschen physisch nicht so leistungsfähig wie jüngere und tendierten daher eher zum Einsatz von Zauberei, wenn sie sich schützen oder rächen wollten. Jüngere Frauen, die in den künstlerischen Darstellungen der Renaissance oft als durchaus zur Gewalt fähig erscheinen, konnten sich gegen manche Feinde vermutlich selbst wehren,[45] aber ältere Frauen sahen sich eher gezwungen, der dürftigen Autorität zu vertrauen, die sie kraft ihres hohen Alters erworben hatten, oder eben der angeblichen Macht über die verborgenen Kräfte der Natur.[46]

Das Klischee von der alten, abstoßenden weiblichen Hexe war durchaus vereinbar mit der Vorstellung, Hexen seien von sexueller Begierde beherrschte Frauen. Man könnte annehmen, daß schöne junge Frauen, die in zeitgenössischen Bildern und Stichen als Hexen dargestellt sind,[47] begieriger auf Sex waren als alte Weiber, aber die Zeitgenossen sahen dies nicht immer so. Gewiß, der *Malleus* unterschied zwischen den «ehrbaren Matronen, die der fleischlichen Begierde wenig ausgesetzt sind», und Mädchen, die «der Lust und den körperlichen Vergnügungen eher zuneigen», aber andere Autoren stimmten diesem Urteil nicht zu.[48] In seinem weit verbreiteten Buch *Anatomy of Melancholy* (1621) beklagte der Engländer Robert Burton, daß Mädchen auf Sex aus seien, sobald sie in die Pubertät kämen, wies aber ausdrücklich darauf hin, daß ältere Frauen genauso lustbegierig seien. «Und selbst als altes Hutzelweib», so schreibt er, «kreischt sie und muß einen Hengst haben, einen erstklassigen; sie muß und wird wieder heiraten und sich mit einem jungen Mann verbinden».[49] Selbst heutzutage gelten in der spanischen Provinz Andalusien Witwen «selbst in offensichtlich unglaubwürdigen Fällen als sexuelle Bedrohung für junge Männer».[50]

Das Bild von der alten, sexbesessenen Hexe spiegelt eine tiefe männliche Furcht vor der sexuell erfahrenen und sexuell unabhängigen Frau. Die junge Frau mochte noch so lustbegierig sein, sie galt vor der Heirat, durch die sie dann unter die strenge Kontrolle ihres Mannes geriet, als sexuell unerfahren. Sehr viel bedrohlicher erschien die sexuell erfahrene, reife Frau, deren Leidenschaftlichkeit nicht erloschen war, besonders wenn sie nicht mehr verheiratet war und keine Kinder mehr bekommen konnte. Vielleicht lag es an dieser Angst, daß die körperliche Begierde von Frauen nach den Wechseljahren so häufig verurteilt und ins Lächerliche gezogen wurde.[51] Die Angst wurde noch durch die weitverbreitete Erkenntnis gesteigert, daß Männer im Alter weniger leidenschaftlich und sexuell nicht so leistungsfähig wie Frauen waren.[52]

Daher wurde die alte Hexe und besonders die alte Witwe zum Objekt männlicher Angst, männlicher Feindseligkeit und männlicher Beschuldigungen wegen Hexerei. Es paßte auch zur dämonologischen Theorie, solche Frauen als Hexen zu bezeichnen, da man glaubte, daß der für seine außerordentliche Sexualkraft berüchtigte Teufel den zukünftigen Hexen als attraktiver junger Mann erschien und ihnen sexuelle Avancen machte. Da die vorgeblich sexbesessenen älteren Frauen oft keinen

Alte und junge Hexen beim Bockspringen.
Hans Baldung Grien.

Sexualpartner finden konnten, galten sie als ideale Beute des Fürsten der Finsternis. Arnaldo Albertini, der Bischof der sizilianischen Stadt Patti, behauptete in einem um 1540 verfaßten Hexentraktat, Hexen seien meist alte Frauen, die keinen Liebhaber finden könnten und sich deshalb in *strigae* verwandelten.[53]

Obwohl also die meisten Hexen im mittleren oder höheren Alter standen, waren junge Frauen keineswegs vor Verfolgung gefeit. Hexen, die wegen Liebeszauber verurteilt wurden, waren meist 20 bis 30 Jahre alt oder etwas älter, da diese Art der Hexerei im wesentlichen von Frauen dieser Altersgruppe ausgeübt wurde. Das erklärt vermutlich, warum die Inquisition von Venedig, die sich stärker mit Liebesmagie als mit *maleficia* beschäftigte, mehr Frauen im Alter zwischen zwanzig und Anfang dreißig als vierzig- bis sechzigjährige aburteilte.[54]

Gelegentlich wurden sogar Kinder und Heranwachsende wegen Hexerei verurteilt und hingerichtet.[55] Kinder waren zwar weit häufiger die Quelle als das Objekt solcher Anschuldigungen wegen Hexerei, aber in einigen Fällen, besonders im späten 17. und frühen 18. Jahrhundert, wurden zahlreiche Kinder deswegen vor Gericht gebracht.[56] Eine typische Situation, in der relativ viele Kinder in Hexenprozesse verwickelt werden konnten, entstand, wenn eine Welle von Beschuldigungen außer Kontrolle geriet. In Würzburg zum Beispiel waren mehr als 25 Prozent der zwischen 1627 und 1629 hingerichteten Hexen Kinder, die alle erst in einem späten Stadium der Prozesse in diese hineingezogen wurden.[57] Gelegentlich verdächtigte man auch die Nachkommen von Hexen der Hexerei; denn der Glaube war weit verbreitet, daß Hexen ihre Fähigkeiten von ihren Eltern erlernten oder gelegentlich ererbten.[58] In Sachsen wurden 1660 zwei Kinder ohne Prozeß hingerichtet, nachdem ihr Vater wegen Hexerei verurteilt worden war.[59] Kinder spielten bei Hexenjagden auch dann eine wichtige Rolle, wenn den sexuellen Phantastereien der Jugendlichen bereitwillig Glauben geschenkt wurde. In der berüchtigten Hexenjagd, die 1610–1614 im Baskenland stattfand und bei der geständigen Hexen Straffreiheit zugesagt wurde, waren mehr als 1300 der 1800 geständigen Personen Minderjährige. Bei einer anderen, sehr bekannten Hexenjagd, die 1669 im schwedischen Mora begann, führte die jugendliche Phantasie bei der Benennung von Komplizen zur Festnahme einer unverhältnismäßig hohen Zahl von Kinderhexen. Auslöser war die Behauptung eines Fünfzehnjährigen, ein Mädchen und andere Kinder hätten für den Teufel Kinder gestohlen. In den darauffolgenden Prozessen wurden einige Kinder zum Tode verurteilt; andere erhielten mildere Strafen, nachdem Hexen gestanden hatten, die Kinder hätten sie zum Sabbat begleitet.[60]

Der Familienstand der Hexen

Der Familienstand der angeklagten Hexen war zeitlich und örtlich recht unterschiedlich, wie aus den wenigen verfügbaren Angaben, die in Tabelle 5 zusammengetragen sind, hervorgeht.[61] In den meisten Regionen war jedoch der Anteil unverheirateter Hexen, also lediger Frauen oder Witwen, höher als ihr Anteil an der Gesamtbevölkerung. In sechs der zehn erfaßten Regionen war die Zahl der Verheirateten höher als die der Unverheirateten, in der Grafschaft Kent und in der lothringischen Stadt Toul war der Anteil der Verheirateten erstaunlich niedrig. Die meisten alleinstehenden Hexen waren Witwen, doch auch die Ledigen stellen einen erheblichen Teil der Gesamtzahl. Anders könnte man nicht behaupten, daß die typische europäische Hexe unverheiratet war.

Tabelle 5: Personenstand der weiblichen Hexen

Region	Zeitraum	Verheiratete	Witwen	Ledige	Prozentanteil der Verheirateten
Toul	1584–1623	17	29	7	36
Basel	1571–1670	110	60	11	61
Mömpelgard	1555–1661	31	25	11	50
Grafschaft Essex	1645	22	21	8	43
Grafschaft Kent	1560–1700	11	24	19	25
Schottland	1560–1700	245	67	7	70
Salem/Mass.	1692–1693	68	22	40	52
Schweden	1668–1676	49	19	32	49
Genf	1537–1662	104	81	50	44
Venedig	1550–1650	170	71	32	62

Inwiefern der Status einer unverheirateten Frau eine Anklage wegen Hexerei begünstigte, läßt sich schwer ermitteln. Vermutlich verdächtigten Dorf- und Stadtbewohner Witwen und alte Jungfern der Hexerei eher deshalb, weil sie alt und arm und nicht weil sie unverheiratet waren.[62] Doch besteht Grund zu der Annahme, daß ihr Status als Alleinstehende mindestens indirekt dazu beitrug, daß viele Frauen in diese mißliche Lage gerieten. In einer patriarchalischen Gesellschaft bildete die Existenz von Frauen, die weder einem Vater noch einem Ehemann untertan waren, eine Quelle der Besorgnis, wenn nicht der Angst, und man darf durchaus annehmen, daß sowohl die Nachbarn, die solche Frauen anklagten, als auch die Behörden, die sie verurteilten, solche Ängste hegten.[63] Vermutlich glaubte man auch, daß unverheiratete Frauen jeden Alters stärker als verheiratete Frauen dazu neigten, sich von einem Dämon in Gestalt eines Mannes verführen zu lassen.

Die Ängste der Behörden vor unverheirateten Frauen steigerten sich in der Frühen Neuzeit, weil ihre Zahl anwuchs und sich ihre Stellung in Dörfern und Städten veränderte. Der Anteil der Witwen an der weiblichen Bevölkerung, der normalerweise zwischen 10 und 20 Prozent betrug, stieg in manchen Zeiten und Orten bis auf 30 Prozent,[64] zum Beispiel nach Epidemien, die oft mehr Männer als Frauen hinwegrafften, und in Kriegszeiten, die mehr männliche als weibliche Todesopfer forderten.[65] Gleichzeitig stieg der Anteil der Frauen, die nicht heirateten, von 5 Prozent im Spätmittelalter auf 10 Prozent im 17. Jahrhundert, in manchen Orten sogar bis zu 20 Prozent, und das in einer Zeit, als zusätzlich das Alter bei der ersten Eheschließung anstieg.[66] Außerdem ging die Anzahl der Ordensmitglieder in den Klöstern, die bislang einen Großteil der ledigen weiblichen Bevölkerung aufgenommen hatten, zurück, und viele Klöster wurden im Gefolge der Reformation aufgelöst. In der Frühen Neuzeit lebten nicht nur in vielen europäischen Gemeinden mehr unverheiratete Frauen als im Mittelalter, sondern es stellte sich auch die Frage ihrer Versorgung. Mit Sicherheit kamen viele Frauen in den patriarchalischen Haushalten von Grundherren, Brüdern oder erwachsenen Kindern unter, andere dagegen entschieden sich für ein unabhängiges Leben. Zur Verschlimmerung trug bei, daß die meisten dieser unverheirateten Frauen relativ arm waren, womit sie ein ernsthaftes soziales Problem darstellten. Empfanden die Männer schon Angst vor unabhängigen Frauen, so wurden diese Ängste durch den sozialen und demographischen Wandel noch zusätzlich verstärkt.

Anders als bei unverheirateten und verwitweten Frauen spielte der Familienstand verheirateter Frauen keine Rolle, wenn sie der Hexerei verdächtigt wurden. Die Verdächtigungen gegen sie scheinen eher mit ihrem Geschlecht und ihrer wirtschaftlichen Lage zusammenzuhängen. Zumindest zwei typische Situationen, die zu Anschuldigungen führen konnten, scheinen jedoch auch mit dem Status der verheirateten Frau verbunden gewesen zu sein. Dies war der Fall, wenn Konflikte zwischen den Eheleuten oder zwischen einer Mutter und ihren Kindern ausbrachen. Sobald jemand einen anderen der Hexerei beschuldigte, besaß er den Vorteil, daß er feindliche Gefühle zum Ausdruck bringen durfte, die er andernfalls nicht ohne Mißbilligung durch die Gesellschaft zeigen konnte. Es galt als nahezu unannehmbar, Feindseligkeiten zwischen Familienmitgliedern mit Gewalt oder durch einen Rechtsstreit zu bereinigen. Daher wurden gelegentlich Mitglieder der eigenen Familie der Hexerei bezichtigt, und zwar in ganz Europa, wobei erstaunlicherweise England die einzige Ausnahme bildet.[67] Da man Hexerei meist erwachsenen Frauen zutraute, waren Ehefrauen und Mütter dadurch stärker bedroht als andere Familienmitglieder. Und so bezeichneten gelegentlich Ehemänner ihre Frau und Kinder ihre Mutter als Hexe.[68] In einigen

Fällen beschuldigten Kinder und deren Ehepartner die Mutter deshalb als Hexe, weil diese die Heirat mißbilligte. Tatsächlich wurde die Beschuldigung wegen Hexerei zu einer der zahlreichen Waffen im Kampf gegen die arrangierten Eheschließungen, eine Praxis, die im Laufe der Frühen Neuzeit schrittweise zurückging, zumal die religiösen Reformer auf der ehelichen Treue bestanden und das Alter der ersten Eheschließung anstieg.[69]

Der Status als verheiratete Frau konnte auch zur Beschuldigung der Hexerei führen, wenn die Frau in Streitigkeiten um das Vermögen ihres Mannes verwickelt wurde. Obwohl verheiratete Frauen damals nicht über unabhängigen Besitz verfügten, arbeiteten sie häufig im Gewerbe ihres Mannes mit. Deshalb fanden sie sich allzu häufig in Streitigkeiten über Einkünfte, Arbeitsleistung oder gar Landbesitz verwickelt, von denen, wie wir wissen, viele zu Hexenprozessen führten. Für den Ankläger gab es kein einfacheres Mittel, als die Ehefrau eines Gegners zur Hexe zu erklären, wenn es sonst kein legales Mittel gab, um Streitigkeiten beizulegen.

Die soziale und wirtschaftliche Stellung

Über die soziale und wirtschaftliche Stellung der Hexen und ihre Berufstätigkeit gibt es nur sehr dürftige Belege. Trotzdem kann man mit Sicherheit davon ausgehen, daß die große Mehrzahl aus den unteren Gesellschaftsschichten stammte. Darauf deuten hin die allgemeinen Kommentare der Autoren von Hexentraktaten, die Behauptung, daß Hexen gegen geringfügigen materiellen Gewinn einen Pakt mit dem Teufel abschlossen, die Motive, die die Hexen angeblich veranlaßten, ihren Nachbarn zu schaden, und die simple Tatsache, daß so viele Hexen alleinstehende Frauen ohne erkennbare soziale Stellung waren. Hexen gehörten jedoch nicht notwendigerweise zu den ärmsten Mitgliedern der Gesellschaft. Mit Ausnahme der habsburgischen Lande[70] scheinen wandernde Arme in den Hexenprozessen keine große Rolle gespielt zu haben, und viele Hexen besaßen etwas Vermögen.[71] Andererseits lebten Hexen oft am Rande des Existenzminimums, einige mußten betteln, um zu überleben.[72] Der italienische Arzt Girolamo Cardano beschrieb zum Beispiel Hexen als «elende alte Frauen, Bettlerinnen, die in den Tälern von Kastanien und wilden Kräutern leben», während Nicolas Rémy in seinem 1595 erschienenen Traktat behauptete, Hexen seien «meist Bettlerinnen, die von den Almosen, die sie erhalten, leben».[73] In Neuengland besaß die Mehrzahl der vor der Hexenjagd in Salem 1692 der Hexerei beschuldigten Frauen Anspruch auf Armenunterstützung durch ihre Gemeinde.[74] In Norwegen, wo zahlreiche Frauen in den Prozeßprotokollen als äußerst arm bezeichnet werden, waren die meisten Verurteilten Bettlerinnen.[75]

Aus vielerlei Gründen richtete sich die Anschuldigung der Hexerei gegen Menschen aus den untersten Gesellschaftsschichten. Arme Leute und besonders arme Frauen waren die schwächsten und verwundbarsten Mitglieder der Gesellschaft. «Hexen», schrieb Johann Weyer, «sind arme, unwissende Kreaturen, alt und machtlos.»[76] Und gerade weil sie machtlos waren, wurden sie am ehesten zu Sündenböcken für die gesellschaftlichen Mißstände. Als Menschen in großer finanzieller Not gerieten sie am ehesten in Versuchung, magische Mittel zu verkaufen, um zu überleben, oder sich durch Zauberei an denen zu rächen, die drohten, sie ihrer mageren Einkünfte zu berauben. Und selbst wenn sie keine Magie einsetzten, wurden sie als erste von ihren Nachbarn dessen verdächtigt. Desgleichen waren Arme diejenigen Mitglieder der Gesellschaft, denen man am ehesten unterstellte, daß sie Pakte mit dem Teufel schlossen, um ihre wirtschaftliche Lage zu verbessern, und obwohl nur sehr wenige dies tatsächlich taten, erschienen entsprechende Beschuldigungen sehr glaubhaft. Am schwerwiegendsten war schließlich die Tatsache, daß Arme, die auf die Unterstützung durch die Gemeinde angewiesen waren, Ressentiments oder gar Schuldgefühle bei den Nachbarn weckten, wenn die Unterstützung nicht gewährt wurde. Daß unter solchen Bedingungen Arme als Hexen bezeichnet wurden, stellte den Versuch dar, sich in legitimer Weise an denen zu rächen, die solche Schuldgefühle auslösten, oder die eigene Schuld auf sie zu projizieren.

Da die Armut der Betroffenen offensichtlich in weitem Umfang dazu beitrug, daß sie der Hexerei beschuldigt wurden, erscheint die Annahme gerechtfertigt, daß die Veränderungen der Wirtschaftsstrukturen in der Frühen Neuzeit zu den Ursachen der großen Hexenjagd gehören.[77] Zweifellos brach die Hexenverfolgung zu einer Zeit aus, da bittere Armut ein weitverbreitetes Phänomen war. Die Hauptursache dieser unerfreulichen Entwicklung lag im dramatischen Anwachsen der europäischen Bevölkerung vom späten 15. bis zum frühen 17. Jahrhundert. Wegen des Überangebots an Arbeitskräften sanken die Reallöhne drastisch. Gleichzeitig herrschte eine Inflationsrate, wie man sie zuvor noch nie erlebt hatte und die vorwiegend durch den Druck einer ansteigenden Bevölkerungszahl auf die begrenzten Ressourcen ausgelöst wurde; sie traf die Armen härter als die Reichen. Ergebnis war das Absinken des Lebensstandards, ein Prozeß, der im späten 15. Jahrhundert einsetzte und weit ins 18. Jahrhundert hineinreichte.[78] Der Niedergang traf zwar alle, am härtesten aber Menschen, die am äußersten Rande der Gesellschaft lebten, also diejenigen, die zur Mehrheit der Opfer der großen Hexenjagd zählten.

Wenn der wirtschaftliche Wandel die Notlage der Armen so verschärfte, daß sie die Lösung ihrer Probleme bereitwilliger in Zauberei suchten, fanden sich andere Menschen auch schneller bereit, sie der

Hexerei zu beschuldigen. Da alle Menschen den wirtschaftlichen Niedergang fürchteten, sank ihre Hilfsbereitschaft und Toleranz gegenüber den Armen, und um so schneller richteten sie Beschuldigungen gegen andere, um ihre eigene prekäre Stellung in der Gesellschaft zu verteidigen. Wie Alan Macfarlane bei der Untersuchung zahlreicher englischer Hexenprozesse herausfand, waren die Gemeinden in einigen Fällen kaum noch bereit, den Armen die von den religiösen und sozialen Lehren geforderte Hilfe zu gewähren. In anderen Fällen gingen Intoleranz und Anschuldigungen darauf zurück, daß die Armen den Anklägern nur allzu deutlich vor Augen führten, was aus ihnen selbst in solchen Zeiten werden konnte.

Während die große Mehrheit der Hexen in wirtschaftlich schwierigen Verhältnissen lebte, waren einige wenige relativ wohlhabend. Manchmal wurden wohlhabende Frauen, Männer und Kinder im späten Stadium einer in Kettenreaktionen verlaufenden Hexenjagd in sie hineingezogen, wenn das überkommene Hexenbild keine Rolle mehr spielte. Es kam vor, daß prominente und wohlhabende Männer – oder auch ihre Ehefrauen – sogar als erste beschuldigt wurden. Dies geschah am häufigsten zu Beginn der großen europäischen Hexenjagd, als zahlreiche gesellschaftlich hochgestellte Menschen, meist in Verbindung mit tatsächlicher oder angeblicher politischer Verschwörung, wegen Hexerei angeklagt wurden. Anschuldigungen dieser Art sind mit Anklagen wegen politisch motivierter Zauberei zu vergleichen, wie sie im 14. und 15. Jahrhundert häufig erhoben wurden. Aber sogar im 17. Jahrhundert konnten politische Motive noch eine Rolle spielen, etwa wenn Mitglieder eines Stadtrats ihre Rivalen oder deren Ehefrauen der Hexerei bezichtigten.

Prominente und wohlhabende Personen wurden auch deshalb Opfer von Beschuldigungen, weil Verwandte oder Magistrate hofften, nach der Verurteilung an das Vermögen der Hexe zu gelangen. In den Kolonien Neuenglands spielte dies eine wichtige Rolle. Wie Carol Karlsen nachgewiesen hat, besaßen dort die meisten als Hexen benannten Frauen ererbtes Vermögen, oder sie erwarteten eine entsprechende Erbschaft. Diese Frauen besaßen sehr unterschiedliche Vermögen, aber als Mütter ohne Söhne oder Frauen ohne Brüder störten sie «den ordnungsgemäßen Übergang von Vermögen von einer Männergeneration auf die andere».[79] Bei der Auslösung von Hexenverfolgungen in Neuengland spielten Auseinandersetzungen zwischen Männern und Frauen über wirtschaftliche Ressourcen eine zentrale Rolle.

Die Persönlichkeit der Hexe

Nach den sozialen und wirtschaftlichen Kennzeichen der typischen Hexe sollen nun ihre persönlichen Merkmale untersucht werden, wobei wir natürlich auf ein breites Spektrum stoßen. Erwartungsgemäß entsprachen nicht alle Hexen dem gleichen Persönlichkeitsprofil. Dennoch legten sie oft Verhaltensweisen an den Tag, die erklären, warum sie eher als andere Beschuldigungen und Verfolgungen ausgesetzt waren. In erster Linie wurden Hexen als scharfzüngigige, übellaunige und streitsüchtige Weiber beschrieben, Züge, die natürlich zum Streit mit den Nachbarn und zu undifferenzierter, allgemeiner Ablehnung führten.[80] Hexen waren oft die zänkischsten Weiber im Dorf und neigten unter anderem zum Fluchen, was schnell als Akt der Zauberei interpretiert werden konnte, der den Nachbarn Unglück brachte. In Neuengland bezichtigte man solche Frauen des drohenden und «unordentlichen» Geredes.[81] Mit anderen Worten, Hexen waren Menschen, die man nicht gerne als Nachbarn hatte.

Da Hexen vorwiegend ältere Menschen waren, kamen Zeichen von Senilität hinzu. Natürlich waren es oft ältere Menschen, welche die oben erwähnte Streitsucht und Reizbarkeit an den Tag legten. Darüber hinaus erklärt die Senilität von Hexen den weitverbreiteten, wenn auch irrtümlichen Glauben, Hexen seien geistig verwirrt.[82] Gewiß besaßen manche eine lebhafte Phantasie, wie die Einzelheiten freiwillig abgelegter Geständnisse deutlich belegen, und einige mögen krankhafte Phantasten gewesen sein.[83] Ob eine beträchtliche Anzahl ebenso wie viele Besessene an Hysterie litt, ist weit zweifelhafter.[84] Johann Weyer, der Skeptiker aus dem 17. Jahrhundert, meinte, die «törichten und elenden» Frauen, die glaubten, sie verbände ein Pakt mit dem Teufel und nachts würden sie mit Diana ausreiten, litten infolge einer Uteruserkrankung an Melancholie; möglicherweise waren manche Hexen auch wirklich depressiv. Aber nach allem, was wir heute über die Auswirkungen des Alters auf den Intellekt wissen, litten die von Weyer erwähnten Frauen ebenso wie die große Mehrheit der «geistig verwirrten» Hexen lediglich an Senilität.[85]

Zu den weiteren Charakteristika zahlreicher Hexen zählten verschiedene Formen religiöser und moralischer Abnormität. Hexen waren nach allgemeinem Verständnis zutiefst böse Geschöpfe; folglich gingen ihre Nachbarn davon aus, daß ihre Zauberei und ihr Satanskult nur einen Teil einer insgesamt mangelhaften Moral darstellten. Umgekehrt wurden Frauen dann eher der Hexerei verdächtigt, wenn sie bereits andere Verfehlungen begangen hatten. Zur Beurteilung der moralischen Qualitäten der angeblichen Hexen dürfen wir uns nicht auf die in den Anklageschriften ständig wiederkehrenden Behauptungen über ihre Sündhaftigkeit verlassen, da Magistrate solche Beschuldigungen ohne Rücksicht auf ihren Wahrheitsgehalt zu Protokoll genommen haben können, um die Hexe in möglichst schlechtem Licht erscheinen zu lassen. Aber unabhängig davon liefern Protokolle meist kirchlicher Gerichte Beweise dafür, daß viele Hexen verdächtigt wurden, gegen die moralischen Wertvorstellungen verstoßen zu haben, und gelegentlich auch deshalb verurteilt wurden. Sicher waren Hexen keine hartgesottenen Kriminellen, und nur ein kleiner Teil war jemals wegen eines Verbrechens wie Diebstahl vor Gericht gestellt worden.[86] Einige Hexen wurden jedoch vor kirchlichen Gerichten angeklagt, weil sie den Gottesdienst nicht besucht, die Sonntagsruhe nicht eingehalten oder geflucht hatten oder auch wegen Unzucht, Prostitution, Abtreibung und sogar wegen Ehebruchs, während einige männliche Hexen der Homosexualität verdächtigt oder gar förmlich angeklagt wurden.[87] Eine 1613 wegen Hexerei verurteilte Engländerin hatte drei uneheliche Kinder geboren, in Luzern wurden Frauen der Hexerei beschuldigt, weil sie öffentlich über sexuelle Themen gesprochen oder ihre Geschlechtsteile gezeigt hatten.[88] Offensichtlich gerieten auch Frauen, die religiöser Abweichung verdächtigt wurden oder sich an keine Religion gebunden fühlten, leicht in den Ruf, Hexen zu sein.[89] Insgesamt dürfte die Behauptung also übertrieben sein, daß Hexen abnorme Menschen waren,[90] ein Begriff, der auch mit Kriminalität assoziiert wird, aber ganz sicher hatten sie ein «einer Frau nicht angemessenes Verhalten» an den Tag gelegt und versäumt, auf ihren guten Ruf zu achten.[91]

Hexen als Rebellen

Die Behörden hielten die Hexe bzw. den Hexer für einen Rebellen, für einen Abtrünnigen vor Gott und einen Verschwörer gegen die politische, gesellschaftliche und moralische Ordnung. Wie oben dargelegt, spielte in der spätmittelalterlichen und frühneuzeitlichen Gesellschaft die Angst vor Rebellion eine wichtige Rolle; sie nährte die Phantasievorstellungen über den Hexensabbat, die Furcht vor Hexen und den Haß gegen die Verdächtigen. Es bleibt jedoch immer noch zu klären, ob die Hexen dieser Klischeevorstellung tatsächlich entsprachen. Da es mit großer Sicherheit keine eigene Sekte von Hexen gab, kann man sie kaum in der Tradition der französischen Geschichtsschreibung des 19. Jahrhunderts als rebellische Bauern bezeichnen, die bei geheimen Zusammenkünften gegen die wirtschaftlichen und sozialen Ungerechtigkeiten ihrer Welt protestierten.[92] Möglicherweise lassen sich manche Geständnisse, in denen eine auf den Kopf gestellte Welt beschrieben wurde, mit Emmanuel Le Roy Ladurie als symbolische Proteste gegen die etablierte Ordnung bezeichnen.[93] Aber da viele Geständnisse durch Folter erzwungen wurden, spiegeln die darin enthaltenen symbolischen Proteste wohl eher die latenten Ängste der Magistrate als die der Armen. Solange wir Hexen als Sündenböcke und Opfer betrachten, was sie überwiegend tatsächlich waren, kann man sie kaum als Aufrührer und Rebellen bezeichnen, auch wenn einige von ihnen aus Rebellenfamilien stammten.[94] Lediglich im Peru der Kolonialzeit, wo die Verteidiger der eingeborenen Andenkultur gegen die spanische Herrschaft mit Hexen gleichgesetzt wurden, handelte es sich tatsächlich um politische Subversion (bzw. um Widerstand), um die Anstiftung zum Ungehorsam gegen Priester und Lokalbehörden.[95]

In gewissem Sinne war jedoch auch die europäische Hexe ein Rebell. Im verzweifelten Bemühen um das Überleben in einer feindlichen Umwelt äußerten die Hexen allzu oft Protest gegen die Männer, die ihnen gesellschaftlich und politisch überlegen waren, etwa durch einen Fluch oder einen Zauberspruch, die einzigen Waffen, mit denen sie sich wehren konnten, wenn Dorfbewohner und Behörden sie zum Opfer stempelten. In anderen Fällen protestierten sie geradezu heldenhaft gegen die Richter, die über sie zu Gericht saßen. Sicher unterwarfen sich manche Hexen gefügig der Folter im naiven Vertrauen darauf, daß die Wahrheit sich durchsetzen werde. Kaum faßbar, daß manche sogar ihren Folterern dankten.[96] In anderen Fällen unterwarfen sie sich nur widerstrebend und stießen Drohungen gegen ihre Richter aus. In Salem zum Beispiel wurden diejenigen Hexen am strengsten bestraft, die sich weigerten, die Autorität des Gerichts anzuerkennen.[97] Solche vereinzelten Proteste machen aus der typischen Hexe noch keinen Verschwörer und Rebellen, aber sie zeigen doch, daß die Vorstellung von der Hexe als völlig passivem Opfer relativiert werden muß. Im Herzogtum Württemberg entfalteten Hexen eine Aggressivität, die als unangemessen für das weibliche Geschlecht betrachtet wurde. In der Region Labourd sprach man in diesem Zusammenhang von *effrontery*, von frecher Unverschämtheit.[98]

Sucht man nach einem Begriff zur Beschreibung der frühneuzeitlichen Hexe, so könnte man sie als Nonkonformisten bezeichnen. Die Hexe war gewöhnlich in ihrem Dorf keine Fremde, aber sie war auch kein typisches Gemeindemitglied. Älter und ärmer als der Durchschnitt, meist unverheiratet, hielt sie es weder mit den traditionellen Verhaltensnormen der Einwohner ihrer Gemeinde noch mit denen ihres Geschlechts. Sie widersetzte sich durch Wort und Tat den zeitgenössischen Normen von Fügsamkeit und Häuslichkeit der Frau und verstieß gegen das Idealbild von der guten christlichen Ehefrau und Mutter.[99] Verschroben, mürrisch und oft verbittert über ihre Not, erregte sie Aufsehen und weckte Feindseligkeit, Verdächtigungen und Ängste. Manchmal, wenn auch nicht immer, zeigte sie auch physische Auffälligkeiten, womit sie ebenfalls von der Norm abwich. Für Reginald Scot waren Hexen «meist alt, lahm, triefäugig, bleich, übelriechend und voller Runzeln . . . hager und mißgestaltet, mit trübsinnigem Gesicht, ein Horror für alle, die sie erblicken».[100] Mit der Verfolgung solcher Menschen eliminierte die herrschende Elite wohl kaum Abweichler oder Rebellen im traditionellen Sinne des Wortes, aber sie sicherte dadurch – vielleicht unbewußt – die Homogenität und möglicherweise auch die Harmonie in ihren Gemeinden. Außerdem festigte sie so die überkommenen Normen weiblichen Verhaltens.

Der soziale Wandel und die große Hexenjagd

Obwohl soziale und wirtschaftliche Faktoren eine große Rolle bei der Anschuldigung wegen Hexerei und bei der Zuweisung von Schuld für persönliches Mißgeschick spielten, bleibt es umstritten, ob die europäische Hexenjagd als Ganzes ein Ergebnis des sozialen und wirtschaftlichen Wandels war. Zweifellos verschärften einige der wirtschaftlichen, sozialen und demographischen Entwicklungen im frühneuzeitlichen Europa die Spannungen, die zu vielen Hexenprozessen führten. Dazu gehörten, wie oben dargelegt, die Inflation, die um sich greifende Verarmung, der Druck einer wachsenden Bevölkerung auf die begrenzten Ressourcen, die Zunahme der ungebundenen weiblichen Bevölkerung und die Veränderung der Familienstruktur. Vermutlich wurden manche Frauen der Hexerei bezichtigt, weil sie von diesen Veränderungen besonders hart betroffen wurden oder aber weil sie ihnen aufgrund des aufkommenden Kapitalismus besonders gut widerstanden.[101] Hinzu kommt, daß auch spezielle Wirtschaftskrisen wie etwa Hungersnöte, Epidemien und kriegsbedingter Ortswechsel Hexenjagden auslösen konnten, wie wir später noch sehen werden. Jedoch läßt sich nur in sehr wenigen Fällen eine Verbindung zwischen der Hexenjagd und solchen besonderen Entwicklungen nachweisen. Viele persönliche Konflikte, die zu Anschuldigungen wegen Hexerei führten, ebenso wie Mißgeschicke, die solche Anklagen auslösten, gehörten zu den normalen Erscheinungen des dörflichen Zusammenlebens und kamen in guten Zeiten genauso häufig wie in schlechten vor.[102] In vielen Fällen von Beschuldigungen wegen Hexerei finden sich keine Belege dafür, daß die Beklagten oder ihre Nachbarn auf sozialen oder wirtschaftlichen Wandel reagiert hätten, und noch schwerer fällt der Nachweis, wenn Magistrate oder Inquisitoren den Prozeß in Gang setzten und durchführten.

In allgemeiner und indirekter Weise leistete der soziale Wandel aber dennoch einen Beitrag zur Hexenjagd. Wenn soziale und wirtschaftliche Veränderungen mit religiösen und politischen Veränderungen zusammenfielen, schufen sie ein Klima der Angst in allen Teilen der Gesellschaft, das den Menschen eine vom Hexenwesen ausgehende Gefahr stärker bewußt machte, so daß sie eifriger darauf bedacht waren, diese zu bekämpfen. Natürlich kann man argumentieren, daß sich in der Geschichte ständig grundlegende Veränderungen vollziehen, die bei Betroffenen und Zeitzeugen Ängste wecken. Das mag zwar zutreffen; aber die Zeit der Hexenjagd war eine Periode, in der Europa die Geburtswehen der modernen Welt durchlitt, sie war ein besonderer Fall. In dieser Zeit herrschte in Europa eine Inflation, wie man sie zuvor noch nie erlebt hatte, der Lebensstandard sank, und gleichzeitig entwickelte sich der Kapitalismus, der neuzeitliche Staat entstand, Aufstände, Bürgerkriege und internationale Konflikte brachen in großer Zahl aus, und die Einheit der mittelalterlichen Christenheit wurde zerstört. Diese Veränderungen waren grundlegender, schneller und umfassender als in jeder anderen Epoche der europäischen Geschichte vor der industriellen Revolution, und sie forderten einen hohen psychischen Preis. Für eine Bevölkerung, die an eine feststehende Weltordnung glaubte, war die Veränderung fast aller Lebensaspekte eine verwirrende Erfahrung. Das erklärt vermutlich die düstere, pessimistische und traurige Stimmung, die zeitgenössische und spätere Historiker im spätmittelalterlichen und frühneuzeitlichen Europa registrierten, und ganz sicher weckte es tiefsitzende Ängste bei denjenigen, die mit der Instabilität und Unsicherheit dieser neuen Welt nicht zurechtkamen. Diese in ganz Europa und in allen gesellschaftlichen Schichten vorherrschende Angst führte dazu, daß diese Periode als Zeitalter der Angst und als «eine der psychisch am stärksten gestörten Perioden der Menschheitsgeschichte» bezeichnet werden konnte.[103].

Das Klima der Angst begünstigte die Entwicklung der Hexenjagd. In den gebildeten und herrschenden Schichten verstärkte es die Tendenz, Unruhe, Instabilität und Verwirrung, die sie überall erlebten, dem Wirken Satans in der Welt zuzuschreiben, das seinerseits die Tätigkeit von Hexen voraussetzte. Viele Anzeichen gesellschaftlicher Auflösung - religiöse Spaltung, bäuerliche Rebellion, die offensichtlich wachsende Verarmung und sogar die Entstehung des kapitalistischen Denkens – galten häufig als Beweis dafür. In der Überzeugung, daß buchstäblich der Teufel los sei, kamen Angehörige der herrschenden Eliten schnell zu dem Schluß, man könne Satan und seinen Einfluß am besten dadurch bekämpfen, daß man seine Verbündeten aburteilte. Auf diese Weise konnte man die Welt von der teuflischen Verunreinigung befreien und die rechte Gesellschaftsordnung wiederherstellen. Darüber hinaus verschaffte eine Hexenjagd den Behörden zumindest zeitweise die Möglichkeit, gefahrenträchtige Spaltungen innerhalb der Gesellschaft dadurch zu überwinden, daß sie die Aufmerksamkeit aller auf einen gemeinsamen Feind richteten und von ernsthafteren – und realeren – Bedrohungen ablenkten.[104]

Hexenverfolgungen beruhigten auch die Ängste der einfachen Bevölkerung. Der einzelne initiierte Anschuldigungen gegen Hexen, weil er sich durch solche Denunzierung zugleich persönliches Mißgeschick, das ihm widerfahren war, erklären und sich an denen rächen konnte, die es ihm zugefügt hatten. Die gesamte Gemeinde, die bei der Ergreifung der Hexen half, die gegen sie aussagte und zu ihrer Hinrichtung zusammenströmte, tat dies aus einem gefühlsmäßigen Bedürfnis. Angesichts von Inflation, verschärftem Wettbewerb um eine begrenzte Menge Land, periodisch wiederkehrender Hungersnöte und Epidemien und oft bestürzender religiöser und politischer Veränderungen fanden Bauern und Landarbeiter in der Hexenjagd Erleichterung von den psychischen Belastungen, denen sie ausgesetzt waren. Mit anderen Worten, die Hexenjagd wurde zu einem Mittel, mit dessen Hilfe die Menschen in einer Zeit größter Anspannung ihr inneres Gleichgewicht zu wahren versuchten. Hexen wurden nicht nur zu Sündenböcken für diejenigen, denen ein Unglück widerfahren war, sondern für ganze Gemeinden.

Diese Bedeutung der Hexenjagden wird noch deutlicher angesichts der moralischen oder geistigen Ängste, die viele Dorfbewohner während der Reformation empfanden. Die moralische Belehrung durch katholische und protestantische Reformer hatte den Menschen des 16. und 17. Jahrhunderts ihre Erlösungsbedürftigkeit drastisch vor Augen geführt. Dieser Prozeß war natürlich von weit verbreiteten Schuldgefühlen über moralische Verfehlungen und von ängstlicher Sorge um das Schicksal im Jenseits begleitet, zumal sich die Normen moralischen Verhaltens ebenfalls änderten. Unter diesen Voraussetzungen gewährte die Verfolgung von solchen Menschen, die zutiefst böse waren und angeblich die gesamte moralische Ordnung untergruben, den gequälten Seelen ein gewisses Maß an Sicherheit. Die Unterstützung von Hexenprozessen war ein Mittel, das den Bewohnern der europäischen Städte und Gemeinden Zuversicht für ihre eigene moralische Reinheit und ihre Erlösung vermitteln konnte.

Die moralische Dimension der in der europäischen Frühen Neuzeit gehegten Ängste macht deutlich, wie schwierig sich die Auswirkungen der sozialen und wirtschaftlichen Veränderungen von denen des religiösen Wandels trennen lassen. Das von den Europäern der Frühen Neuzeit empfundene Unbehagen mag vage und schwer zu analysieren sein, aber mit Sicherheit resultierte es im selben Maße aus dem religiösen Wandel wie aus den Entwicklungen in Wirtschaft und Gesellschaft. In letzter Konsequenz erzeugte der gesamte Wandlungsprozeß mehr als einzelne Entwicklungen die psychologische Bereitschaft zur Hexenjagd. Nachdem erst einmal eine die Hexenjagd begünstigende Stimmung entstanden war, kamen viele andere, spezifisch gesellschaftliche und wirtschaftliche Sorgen hinzu, die einmündeten in die Identifikation bestimmter Individuen – in der Regel arme, alte Frauen – als Hexen.

VI.
Die Eigendynamik der Hexenjagd

Die Hexenverfolgung im Europa der frühen Neuzeit wird meist als monolithische Einheit betrachtet. Man spricht von der europäischen Hexenverfolgung des 15., 16. und 17. Jahrhunderts. Es gibt auch gute Gründe dafür, die Verfolgung der Hexen in einer so generellen, umfassenden Art zu sehen. Die kirchlichen und weltlichen Behörden, die von Spanien bis zum Baltikum und von Schottland bis Siebenbürgen Hexen aburteilten, verfolgten gewissermaßen dasselbe Ziel, die Vernichtung einer Häresie und einer Form von Rebellion, die besonders gefährlich zu sein schienen und sich europaweit ausgebreitet hatten. Zwar war die Intensität der Verfolgung örtlich und zeitlich sehr unterschiedlich, aber die Ursachen der Hexenjagd, die dabei erhobenen Anschuldigungen und die Methoden zur Aufdeckung des Verbrechens waren weithin identisch. Man kann daher durchaus behaupten, daß im 15. Jahrhundert eine umfassende Kampagne begann, die in der zweiten Hälfte des 16. Jahrhunderts an Intensität zunahm, um 1620 ihren Höhepunkt erreichte und dann allmählich im späten 17. und frühen 18. Jahrhundert abebbte. Auf diese umfassende, paneuropäische Hexenverfolgung konzentrierten wir unsere bisherigen Überlegungen.

Bei aller Plausibilität kann die Vorstellung von einer zusammenhängenden europäischen Hexenjagd aber auch in die Irre führen. Allgemeine Aussagen über das europäische Hexenwesen vernachlässigen nationale und regionale Besonderheiten (die im nächsten Kapitel behandelt werden) und können darüber hinaus die Tatsache verschleiern, daß die europäische Hexenverfolgung ein Mosaik aus Hunderten, wenn nicht Tausenden einzelner Verfolgungen darstellte, die an verschiedenen Orten und zu unterschiedlichen Zeiten stattfanden. Wie das allgemeine Phänomen besitzt jede einzelne Hexenjagd ihre eigene Geschichte und kann detailliert analysiert werden. Ausführlich untersucht wurden einzelne Hexenverfolgungen wie z. B. die Serie von Prozessen, die in den 1580er und 1590er Jahren in Trier stattfanden, die Kampagne von 1609–1614 gegen das Hexenwesen im Baskenland, die von Matthew Hopkins und John Stearne 1645/46 in England durchgeführte Hexenjagd, die große schottische Hexenjagd von 1661/62 und die von 1692 in Salem, Massachusetts. Zahlreiche weitere warten noch auf ihre wissenschaftliche Aufarbeitung. Immerhin wissen wir bereits, daß Hexenjagden auf vielfältige Weise ausgelöst wurden, sich entwickelten und endeten. Dabei waren die Unterschiede so groß, daß es kaum möglich erscheint, die «typische» Hexenjagd zu beschreiben.

Die Voraussetzungen

Bevor eine Hexenjagd stattfinden konnte, mußten bestimmte Voraussetzungen erfüllt sein, die in der gesamten europäischen Hexenjagd in etwa die gleichen waren. Sie betreffen den Hexenglauben der jeweiligen Bevölkerung, die Gesetze und juristischen Institutionen des jeweiligen Landes und die Stimmungslage. Zunächst mußten die herrschende Elite und die Bevölkerung darüber informiert sein, wie sich Hexen angeblich verhielten. Das bedeutet nicht, daß alle Einwohner der Kommunen, in denen Hexenjagden stattfanden, mit dem, was wir das kumulative Konzept von Hexerei genannt haben, vertraut waren. Es bedeutet lediglich, daß die Menschen ganz allgemein an schadenstiftende Magie glaubten und daß Magistrate und Kleriker zumindest summarisch die dämonologische Theorie kannten, die seit dem Spätmittelalter zur Erklärung dieser Magie entwickelt worden war. Wenn das gemeine Volk nicht an die Realität der *maleficia* und die Existenz von Hexen geglaubt hätte, hätte niemand bezeugen können, daß ein Unglücksfall auf Hexerei zurückzuführen sei. Daran wäre selbst der entschlossenste Hexenjäger gescheitert, dies hätte sogar zum Widerstand der Bevölkerung gegen Hexenprozesse führen können. Daher mußte ein Glaube an Hexerei in der Bevölkerung vorhanden sein, bevor eine Hexenjagd beginnen konnte. Diese Voraussetzung war allerdings in den meisten Fällen erfüllt. Volkstümlicher Hexenglaube existierte bereits vor der Ausformung des kumulativen Konzepts und wurde von Predigern ohne Schwierigkeiten neu belebt, wenn sie glaubten, in ihrer Gemeinde betätigten sich Hexen. Andererseits gab es europäische Regionen wie zum Beispiel Südspanien, wo der Hexenglaube nur schwach ausgebildet war, worauf es vermutlich zurückgeht, daß sich in dieser Region praktisch keine Hexenverfolgungen ereigneten.[1]

Weit folgenreicher als der Hexenglaube der Unterschichten war derjenige der herrschenden Eliten und Behörden. Da diese die Justiz kontrollierten, bildete ihr Glaube an Hexerei eine wesentliche Voraussetzung jeder Hexenjagd. Aus den Ereignissen des späten 17. Jahrhunderts, als der Skeptizismus sich in den oberen Gesellschaftsschichten durchzusetzen begann, wissen wir, daß der Volksglaube keine Hexenjagd auslösen konnte, wenn die Behörden ihn nicht teilten und die Justiz nicht eingriff. Damit eine Hexenjagd überhaupt beginnen konnte, mußten die Magistrate an die Existenz von Hexen glauben und tiefe Furcht vor ihnen empfinden. Diese Männer mußten auch mit der zeitgenössischen dämonologischen Theorie vertraut sein, die als wesentlichstes Element dieses Verbrechens den Pakt mit dem Teufel nannte. Wenn eine ausgedehnte Hexenjagd bevorstand, bei der nach Komplizen gesucht werden sollte, mußten diese Männer überzeugt sein, daß Hexerei eine kollektive, konspirative Tätigkeit war. Mit zunehmender Bildung der in Europa herrschenden Elite, mit der Ausbreitung des Schrifttums, dem Bekanntwerden der Hexentraktate selbst in kleineren Kommunen und der mündlichen Verbreitung von Nachrichten über Hexenwesen in der Provinzelite nahm die Wahrscheinlichkeit zu, daß Hexenverfolgungen ausbrachen. Im Cambrésis zum Beispiel kam es erst zu Hexenjagden, als die örtlichen Behörden Kenntnis von solcher Literatur erhielten; in europäischen Randgebieten wie Skandinavien und Siebenbürgen fanden keine Hexenverfolgungen statt, bevor gelehrte Ansichten über Hexerei bekannt waren.[2]

Andere Vorbedingungen betrafen die Gesetze und den Justizapparat der Regionen, in denen Hexenverfolgungen stattfanden. Damit ein Hexenprozeß stattfinden konnte, mußten die örtlichen Gerichte die Jurisdiktion über dieses Verbrechen und die verfahrensrechtlichen Mittel besitzen, um Hexen erfolgreich vor Gericht stellen zu können. Die Erforderlichkeit klarer gesetzlicher Regelungen, wie sie gewöhnlich durch Hexengesetze, ein Edikt über Hexerei oder strafgesetzliche Bestimmungen getroffen wurden, zeigte sich deutlich in England, wo tatsächlich kein Hexenprozeß vor dem Erlaß des Hexengesetzes von 1542 stattfand. In Deutschland ermöglichte die Veröffentlichung der *Carolina* von 1532, die spezielle Paragraphen über das Hexenwesen enthält, Hexenverfolgungen im gesamten Reich. Für die vorangegangenen Epochen ist darauf hinzuweisen, daß die Verfolgung von Hexen durch päpstliche Inquisitoren nicht möglich war, bevor Hexerei als Häresie definiert worden war.[3] Und selbst dann mußte Innozenz VIII. noch seine berühmte Bulle *Summis desiderantes* herausgeben, um den beiden Inquisitoren Kramer und Sprenger 1484 eine Legitimation zur Hexenverfolgung in Deutschland zu verschaffen.

Neben der eindeutigen Jurisdiktion über Hexerei benötigten die europäischen Gerichtshöfe ein Verfahrensrecht, das sich eignete, Hexen erfolgreich vor Gericht zu stellen. Mindestvoraussetzung war der Verzicht auf die *Lex talionis*, nach der ein Ankläger sich für eine ungerechtfertigte Anklage dann selbst verantworten mußte, wenn der Beklagte seine Unschuld beweisen konnte. Für großangelegte Hexenjagden benötigten die Justizbehörden auch die Möglichkeit, aus eigener Machtvollkommenheit Anklage zu erheben, Verhöre durchzuführen und Zwangsmaßnahmen, meist die Folter, einzusetzen, um Geständnisse zu erlangen. In den meisten Fällen erhielten die Gerichte diese Befugnisse mit der Einführung des inquisitorischen Verfahrensrechts, die in den meisten europäischen Rechtskreisen bis zur Mitte des 16. Jahrhunderts erfolgte. In England dagegen wurde dieses Verfahrensrecht nicht übernommen, so daß die Folter gegen Hexen nicht zum Einsatz kommen konnte, was zur Folge hatte, daß hier nur sehr wenige Hexenprozesse stattfanden. Andererseits wurden öffentliche Verfahren eingeführt, die ein Geschworenengericht nach einer Privatklage im Namen der Gemeinde in Gang setzen konnte und wobei bestimmte Zwangsmaßnahmen erlaubt waren, was dazu führen konnte, daß sowohl geständige als auch nichtgeständige Hexen verurteilt wurden. Obwohl in England Hexen nicht gefoltert werden durften, bedeutete die Befugnis der englischen Gerichte, Urteile auf der Grundlage von Indizien zu fällen, daß auch das englische Justizsystem Hexenverfolgungen durchaus möglich machte.

Letzte Voraussetzung der Hexenverfolgungen war schließlich eine Atmosphäre, welche die Furcht vor Hexerei anheizte und die Menschen ermutigte, dagegen vorzugehen. Wie oben dargelegt, bildete eine in ganz Europa verbreitete Stimmung der Angst den emotionalen Hintergrund der gesamten Hexenverfolgung. In den betroffenen Dörfern und Städten erfaßte diese Stimmung entweder eine kleine Gruppe von Bewohnern und Magistraten oder, und zwar in der Mehrzahl der Fälle, die gesamte Bevölkerung. Ursache der Angst waren entweder Diskussionen über Hexerei oder wirtschaftliche, politische oder religiöse Entwicklungen.

Vermutlich am häufigsten schuf die öffentliche Diskussion über Hexenwesen eine die Hexenjagd begünstigende Atmosphäre. In vielen Fällen veranlaßten Prediger die Mitglieder der Kirchengemeinde, in ihrer Umgebung nach Hexen Ausschau zu halten. Die Rolle der katholischen und protestantischen Reformgeistlichen bei der Ausweitung des Hexenwahns von der Kanzel aus ist seit langem bekannt,[4] die Predigten des Samuel Parris in Salem vor Ausbruch der Hexenverfolgung von 1692 liefern ein beredtes Beispiel dafür. Gelegentlich registrierten bereits die Zeitgenossen, welchen Einfluß die Predigten dabei ausübten. So behauptete der Inquisitor Alonso Salazar zu der großen Hexenjagd im Baskenland von 1610 kritisch, daß «die Sache begann, nachdem Bruder Domingo de Sarda dorthin gekommen war, um über diese Dinge zu predigen», und in einem erstaunlich scharfsichtigen Kommentar fügte er hinzu: «Es gab dort weder Hexen noch Verhexte, bevor darüber geredet und geschrieben wurde».[5]

Jedoch waren die Prediger nicht allein für Rede und Schrift verantwortlich. Die Nachrichten von Hexenprozessen und Hinrichtungen in anderen Landesteilen konnten in einem Dorf oder einer Stadt bei Bevölkerung und Behörden leicht Ängste auslösen und eine die Hexenjagd begünstigende Stimmung erzeugen. Durch solche Nachrichten konnten Hexenjagden auch dann von Dorf zu Dorf übergreifen, wenn geständige

Hexen keine dorffremden Komplizen benannten und wenn keine Hexenjäger von Ort zu Ort zogen. Manchmal erzielte die Verbreitung von Pamphleten oder Berichten über Hexenprozesse dieselbe Wirkung, hinzu kamen öffentliche Bekanntmachungen über die Gefahr des Hexenwesens, die entsprechende Ängste weckten. In der Freigrafschaft Burgund brach im ersten Jahrzehnt des 17. Jahrhunderts eine Hexenjagd aus, nachdem kurz zuvor der *Discours des Sorciers* (1602) von Henri Boguet erschienen war, und eine zweite im Jahre 1657, nachdem Inquisitoren in allen Provinzen ein sogenanntes *Monitoire* veröffentlicht hatten, worin jedermann aufgefordert wurde, den Inquisitoren Fälle von Hexerei zu melden.[6]

Indirekt konnten auch wirtschaftliche, religiöse oder politische Krisensituationen eine Stimmung erzeugen, aus der heraus es leicht zu Hexenverfolgungen kommen konnte. In vielen Fällen scheint eine Folge von Mißernten und drohenden Hungersnöten ein solches Klima geschaffen zu haben. In Trier zum Beispiel zerstörte zwischen 1580 und 1599 eine Kombination mehrerer Naturkatastrophen zwei Ernten nahezu vollständig, gleichzeitig wütete dort eine Epidemie von Hexenprozessen.[7] Den Boden für die 1628/29 in der Freigrafschaft durchgeführte Hexenjagd bereiteten mehrere Mißernten im nördlichen Burgund.[8] Ähnlich wirkten sich die Pest und andere Epidemien aus, so 1611 in Ellwangen.[9] In manchen europäischen Regionen besteht eine ungefähre Korrelation zwischen Perioden von Trockenheit, Hungersnot und Pest einerseits und intensiver Hexenverfolgung andererseits. So begannen in Deutschland umfangreiche Hexenjagden zwischen 1532 und 1630, einer Periode ernsthafter Agrarkrisen.[10] Ähnliches gilt für die Schweiz im 15. Jahrhundert und das Waadtland zwischen 1581 und 1620.[11] Sicher wäre es verfehlt, jede einzelne Hexenverfolgung auf wirtschaftliche Notlagen zurückzuführen, aber Agrarkrisen und Epidemien trugen unleugbar zur Erzeugung eines Klimas bei, in dem Anschuldigungen wegen Hexerei schnell erhoben wurden.

Auch religiöse Krisen verschärften die Lage, vor allem wenn religiöse Veränderungen eintraten oder sich abzeichneten. Wie wir oben sahen, erklärt dies vermutlich, warum Hexenjagden meist in Regionen mit instabilen Religionsverhältnissen stattfanden. Ähnlich wirkten sich vielleicht die Lehren chiliastischer Sekten aus, die glaubten, der Antichrist sei erschienen und die Herrschaft Christi stehe bevor. Zwar galten die Hexen nicht als Antichrist, aber der Wunsch, die Welt für die Ankunft des Herrn zu säubern, konnte zur Verfolgung von Hexen ermutigen; denn immerhin waren sie Handlanger des Teufels.[12] Vermutlich ist die Unterstützung der Hexenjagd des Matthew Hopkins durch die ostenglischen Gemeinden (1645) auf diese Einstellung zurückzuführen.[13]

Schwieriger faßbar als die Bedeutung von Hungersnöten, Epidemien und religiösen Veränderungen ist die Rolle, die politische Krisen für die Entstehung von Hexenverfolgungen spielten. Sie betrafen die herrschende Elite in der Regel stärker als den gemeinen Mann und weckten daher wohl nur in den oberen Gesellschaftsschichten tiefere Ängste. Außerdem konnten sich politische Krisen auch dadurch negativ auf Hexenjagden auswirken, daß sie die Arbeit der Justizbehörden unterbrachen. Darüber hinaus verunsicherten sie die Magistrate, die sich besonders unmittelbar nach der Bereinigung von Krisensituationen zu Hexenverfolgungen veranlaßt sahen. Unter solchen Umständen bot die Hexenjagd der Elite eine Gelegenheit, gegen das vorzugehen, was in ihren Augen eine Gefährdung der herrschenden Gesellschaftsordnung darstellte, und vielleicht sogar Übeltäter zu bestrafen, die in den Wirren politischer Veränderung oder während der Lähmung des Justizapparats dem Arm des Gesetzes entkommen waren. Zum Teil aus solchen Gründen fand 1661/62 die große Hexenverfolgung in Schottland statt, nachdem die englische Herrschaft beendet war und die Rechtsprechung zwei Jahre lang geruht hatte. Dasselbe gilt für Lothringen (1658) nach Beendigung der französischen Herrschaft und für Salem (1692) nach jahrelanger Rechtsunsicherheit wegen der Auseinandersetzungen um die Verfassung.[14]

Der letzte Faktor, der die Menschen psychologisch auf Hexenverfolgungen vorbereitete, war der Krieg, dessen tiefe und weitreichende Auswirkungen am ehesten allgemeine Ängste schürten. Doch auch hier führen unbelegbare Vermutungen nicht weiter. Bewaffnete Auseinandersetzungen wirkten sich genau wie politische Krisen auf Hexenverfolgungen zunächst negativ aus. Das Erlebnis des Krieges war so erschütternd, die Auswirkungen waren so stark, daß Gemeinden, in deren Nähe Schlachten geschlagen oder in denen Truppen stationiert wurden, kaum Zeit hatten, sich um die Aktivitäten von Zauberern oder gar Häretikern zu kümmern. In Kriegszeiten und selbst in den Perioden der darauf folgenden Erschöpfung gab es in den Städten und Dörfern Frankreichs, Deutschlands, der Schweiz, Österreichs und der Niederlande relativ wenige Hexenprozesse. Hexenjagd war im großen und ganzen eine Beschäftigung für Friedenszeiten.[15] Dennoch konnte die unmittelbare Erfahrung des Krieges, der das soziale Leben noch Jahre nach seinem Ende beeinträchtigte, die allgemeine Angst, ein zentrales Element aller Hexenverfolgungen, schüren. Nicht zufällig kam 1657 ein Priester in Besançon auf den Gedanken, das Hexenwesen habe epidemische Ausmaße erreicht, «weil die Wirren der letzten Kriege so groß waren und solche Unordnung in den Provinzen geschaffen hatten».[16] Dies erklärt vermutlich auch, warum in Ungarn Hexenverfolgungen oft wenige Jahre nach Beendigung von Kriegen oder Unruhen ausbrachen, zu einer Zeit, als das Land allmählich deren langfristige Auswirkungen spürte.[17]

Auch in Polen besteht ein relativ deutlicher Zusammenhang zwischen langfristigen Kriegsfolgen und dem Beginn intensiver Hexenverfolgungen im späten 17. Jahrhundert.[18]

Bei der Untersuchung der psychologischen Grundlagen von Hexenjagden ist es wichtig zu beachten, daß in den meisten Fällen nicht ein einzelner Faktor die Menschen in eine Stimmung versetzte, aus der heraus sie eifrig Hexen verfolgten. Meist trafen verschiedene Umstände zusammen, Kriege, Epidemien, Hungersnöte oder Mißernten und zusätzlich die Verkündung von Hexengesetzen. Außerdem besteht kein zwingender Kausalzusammenhang zwischen einer entsprechenden Stimmung und dem tatsächlichen Ausbruch einer Hexenjagd. Daher überrascht es nicht, daß dieselbe Kombination von Faktoren, die in einer Stadt eine Hexenjagd verursachte, in einer anderen keinerlei Wirkung zeitigte. Die Stimmung in einer Gemeinde war nur eine der Vorbedingungen, die eine Hexenjagd möglich, aber nicht unausweichlich machten.

Die auslösenden Momente

In den Gemeinden, die intellektuell, juristisch und psychologisch auf Hexenjagden vorbereitet waren, brachen diese keineswegs spontan aus. Irgend jemand, ein Bürger, eine Gruppe oder ein Magistrat, mußte den Stein ins Rollen bringen, indem er jemanden anklagte oder denunzierte oder eine Person zitierte, von der das Gerücht ging, sie sei eine Hexe. Daher stellt sich die Frage, welche besonderen Ereignisse die Anklagen auslösten. In den meisten Fällen waren dies persönliche Mißgeschicke, die ein einzelner und seine Nachbarn als Akte böser Magie interpretierten. Der plötzliche Tod eines Kindes oder Angehörigen, der Ausbruch einer Krankheit, deren Ursache man nicht kannte, der Verlust eines Haustieres, Impotenz oder unglückliche Liebe, der Ausbruch eines Brandes oder sogar ein Diebstahl verleiteten das Opfer solcher Unbilden, das eine Erklärung für das Geschehen und Rache an dem angeblichen Übeltäter suchte, das Übel auf Hexerei zurückzuführen und die Hexe vor Gericht zu bringen. In einigen Fällen, besonders bei umfangreicheren Hexenjagden, brachten viele Menschen, die Genugtuung für ihr persönliches Unglück suchten, ihre Klagen direkt vor die Behörden.

Die meisten in diesem Zusammenhang beklagten Unbilden waren persönlicher Art, gelegentlich trafen sie aber auch ganze Gemeinden; dann begannen die Magistrate als deren Vertreter den Prozeß. Hagelstürme, die innerhalb weniger Minuten die ganze Ernte vernichten konnten, waren die häufigsten Anlässe, und in vielen Fällen, wie zum Beispiel 1562 im deutschen Wiesensteig, lösten sie eine regelrechte Razzia gegen alle Hexen der Region aus.[19] Nicht so häufig dachten die Opfer von Bränden, die in der Frühen Neuzeit schwer zu kontrollieren waren, an Hexerei, wohl aber die Menschen in Küstenorten, wenn Sturmfluten Menschenleben und Besitz forderten. Ein Sturm, der im Frühjahr 1590 in der Nordsee eines der Schiffe im Gefolge Jakobs VI. von Schottland und seiner Braut Anna von Dänemark zerstörte, war die erste von zahlreichen Katastrophen, die in beiden Königreichen Hexenjagden auslösten.[20]

Überraschenderweise führte die Pest, die während der gesamten Periode der europäischen Hexenverfolgung ganze Gemeinden auslöschte, nur selten zu Hexenprozessen. Wie viele andere Epidemien, die Europa damals heimsuchten, verschärfte die Pest soziale Spannungen und trug zur Erzeugung von Stimmungslagen bei, die Hexenjagden begünstigten, aber selten löste sie unmittelbare Anschuldigungen aus. Vielleicht liegt das daran, daß die Krankheit sich von Ort zu Ort ausbreitete und daher kaum von Hexen verursacht sein konnte, die an einem bestimmten Ort lebten. Dennoch wurden in einigen Fällen einzelne beschuldigt, die Pest dadurch verbreitet zu haben, daß sie die Essenz der Krankheit in eine Salbe eingebracht und diese an die Hauswände gestrichen hätten. Diese «Salber» wurden, wie bereits geschildert, der Magie und der Teufelsverehrung bezichtigt und als Hexen verurteilt. Solche Salber-Paniken ereigneten sich in Genf 1530, 1545, 1567/68, 1571 und 1615, in Chambéry 1577, in Vevey 1613 und in Mailand 1630.[21]

Die Suche nach einem Schuldigen für Unglücksfälle war vermutlich der wichtigste Auslöser von Hexenjagden in Europa, aber keineswegs der einzige. Manchmal zum Beispiel bezichtigten Menschen ihre Gegner – politische Rivalen, wirtschaftliche Konkurrenten und manchmal sogar Familienmitglieder, mit denen sie Streit hatten – der Hexerei, um die Streitigkeiten auf diese Weise zu lösen und sich zu rächen. In anderen Fällen wurden Menschen dabei beobachtet, wie sie tatsächlich magische Rituale vollzogen oder jemanden mit einem Zauberspruch belegten, was dann den Behörden gemeldet wurde.

Aber nicht nur *maleficia*, sondern auch der Satanskult konnte Gegenstand der Anklage sein. Da vermutlich nie ein Sabbat stattfand, belegen die Quellen auch keinen einzigen Fall, bei dem ein harmloser Reisender zufällig kannibalistische Orgien beobachtete oder Hexen zu ihren Versammlungen oder nach Hause fliegen sah. Gelegentlich jedoch lösten weniger dramatische Treffen einiger weniger Frauen Hexenjagden aus. In Neuchâtel zum Beispiel wurde eine Frau namens Jehanne Berna wegen Hexerei festgenommen, nachdem sie beobachtet worden war, wie sie mit anderen Frauen um ein Feuer tanzte; vermutlich wurde die Versammlung für einen Hexensabbat gehalten.[22] Die von Matthew Hopkins und John Stearne angeführte berüchtigte Hexenjagd in der englischen Grafschaft Essex begann, nachdem Hopkins zu dem Schluß gekommen war, Elizabeth Clarke treffe sich regelmäßig mit anderen Frauen in einem Haus in der Nähe seines Wohnsitzes in Mainingtree.[23] Angeblicher Satanskult löste auch 1669 die große Hexenjagd in Schweden aus. Ein fünfzehnjähriger Junge hatte andere Kinder und eine siebzigjährige Frau beschuldigt, sie hätten für den Teufel Kinder gestohlen.

Andere Hexenprozesse begannen, nachdem einzelne freiwillig entweder unter dem Einfluß ihres Beichtvaters oder im Rahmen eines Verfahrens, das wegen eines anderen Vergehens gegen sie geführt wurde, Satanskult gestanden hatten. So kam es zu einem der frühesten Hexenprozesse, als Inquisitoren, die in Frankreich und der Schweiz wegen Ketzerei gegen Waldenser ermittelten, mit der Aussage einiger Frauen konfrontiert wurden, sie seien nachts mit Diana ausgeritten. Häufiger jedoch versuchten Frauen tatsächlich, einen Pakt mit dem Teufel zu schließen, und dann erbrachten ihre freiwilligen Geständnisse den Beweis für Hexerei. Eine 1610 in den nordspanischen Baskendörfern grassierende «Traum-Epidemie» gab den ersten Anlaß für die noch im selben Jahr einsetzende Verfolgungswelle.

Besondere Beachtung verdient in diesem Zusammenhang das Phänomen der Besessenheit. Dabei handelt es sich im Grunde um ein persönliches Unglück; denn damit verbunden waren Anfälle, Verletzungen und sonstige starke körperliche Beschwerden. Andererseits stellte sie kein *maleficium* dar; denn nach der dämonologischen Theorie drang der Teufel in den Körper der betroffenen Person ein und wirkte nicht von außen auf ihn ein. Darüber hinaus befiel das Übel Gruppen, etwa Nonnen oder Kinder. Wie dies zu beurteilen ist, bleibt offen; jedenfalls löste Besessenheit einige berühmte Hexenverfolgungen aus, so in Frankreich (1611 in Aix-en-Provence, 1613 in Lille, 1634 in Loudun und 1647 in Louviers), in England und in der Freigrafschaft Burgund. Auch die Beschwerden, an denen 1692 die Mädchen von Salem litten und die schließlich zur Hinrichtung von 19 Hexen führten, wurden von den Zeitgenossen als Zeichen von Besessenheit gedeutet.

Bei der Frage nach dem Ursprung der Hexenverfolgungen erhebt sich immer wieder die Frage, ob sie «von oben» oder «von unten», das heißt von der herrschenden Elite oder dem gewöhnlichen Volk ausgelöst wurden. Nach übereinstimmender Ansicht kam in England, wo die Richter keine Prozesse anstrengen konnten, der Druck von den Nachbarn der Hexen.[24] Gelegentlich mögen Friedensrichter die Bevölkerung zu Anklagen ermutigt haben, aber das englische Verfahrensrecht hinderte sie daran, den ersten Schritt zu tun. Auf dem europäischen Kontinent jedoch und in geringerem Ausmaß auch in Schottland konnten die Justizbehörden die Initiative ergreifen, was zu der Annahme führte, daß die meisten Hexenprozesse außerhalb Englands «von oben» ausgingen.

Ein Historiker ging so weit zu behaupten, das einfache Volk sei den Verdächtigen gegenüber so tolerant gewesen, daß es von den Behörden geradezu gedrängt werden mußte, gegen Hexen auszusagen.[25] Daß manche Magistrate aus eigenem Entschluß Hexenprozesse in Gang setzten, auch wenn sie sich selbst nicht als Opfer der Hexerei betrachteten, kann nicht bestritten werden. In diesen Fällen erstellten die Richter die Anklage gegen die Hexe und zitierten dann die Dorfbewohner zur Zeugenaussage vor Gericht. In den meisten Fällen aber kam der Druck genauso wie in England vom einfachen Volk.[26] Oft führte er erst nach längerer Zeit zum Prozeß. In der Regel vermieden es die Dorfbewohner nämlich, gerichtlich gegen ihre Nachbarn vorzugehen; zuvor schöpften sie alle anderen Möglichkeiten aus, etwa den Versuch der Aussöhnung mit der Hexe oder den Einsatz von Gegenmagie.[27]

Beschlossen sie aber, die Hexe gerichtlich zu verfolgen, klagten sie sie beim örtlichen Gericht an oder baten die Mitglieder des dörflichen Rates, die Kirchenältesten oder die örtlichen Magistrate, gegen sie vorzugehen. Diese Männer gehörten zu einer Art dörflicher Elite, einer Schicht zwischen den Bauern einerseits und der Aristokratie und den Richtern an den Zentralgerichten andererseits.[28] Nur selten setzten Dorfbewohner Mitglieder dieser Schicht unmittelbar unter Druck. Ein solcher Fall ereignete sich 1661 in Schottland, als die Bauern des Earl of Haddington drohten, seine Ländereien in Samuelston zu verlassen, wenn die ortsansässigen Hexen nicht vor Gericht gestellt würden. Daraufhin bat Haddington, ein einflußreicher Adliger, das Parlament um Entsendung einer Kommission zur Aburteilung der Missetäter, womit eine der umfangreichsten Hexenverfolgungen der schottischen Geschichte begann.[29]

Die auf den Druck reagierende örtliche Elite war in der Regel verantwortlich für die Verhaftung und das erste Verhör der Beschuldigten. Häufig kannten diese Männer die dämonologische Theorie, so daß sie oft schon in diesem Stadium des Verfahrens den Teufelspakt und den Hexensabbat zur Sprache bringen konnten.[30] Sie untersuchten auch, ob die Hexe ein Teufelsmal trug, und manchmal setzten sie auch die Folter ein und erleichterten damit die Durchsetzung ihrer dämonologischen Vorstellungen. In den meisten Fällen führten diese Männer nicht den eigentlichen Prozeß durch. Dazu mußten sie von höheren Regierungsstellen bevollmächtigt werden. In Schottland zum Beispiel leiteten die Kirchenältesten die Hexenverfahren häufig an die weltlichen Behörden weiter, oder sie baten den *Privy Council*, bestimmte Männer mit der Durchführung der Prozesse vor Ort zu beauftragen. Dabei war es gar nicht immer einfach, sich die Unterstützung höherer Justizbeamter zu verschaffen. 1669 drängten im schwedischen Mora die Eltern zahlreicher verhexter Kinder, die Kirchenältesten und der Vikar den Stadtrichter, gegen die der Hexerei Verdächtigen ein Verfahren in Gang zu setzen, weil der Grafschaftsrichter die Region nicht aufsuchte. Im späteren Verlauf der Verfolgung appellierten sie an die königliche Regierung in Stockholm, die Hexen vor Gericht zu bringen.[31]

Der Verlauf der Hexenjagden

Sobald die Justizbehörden eine Anklage wegen Hexerei akzeptierten, übernahmen sie die volle Kontrolle über den weiteren Verlauf der Hexenjagd. Man hat die Richter schon als Torwächter der Hexenverfolgung bezeichnet, weil sie darüber entschieden, welche Fälle verhandelt und welche ignoriert werden sollten. Sie bestimmten, welche Zeugen einberufen wurden, wer gefoltert wurde und welche angeblichen Komplizen gerichtlich belangt werden sollten. In den meisten Fällen entschieden sie über Schuld oder Unschuld des Angeklagten ebenso wie über das Strafmaß. Und selbst wenn der Prozeß von unten initiiert worden war, wurde dessen Verlauf im wesentlichen von oben bestimmt. Dabei übernahm das gemeine Volk nur eine Hilfsfunktion, indem es gegen die in den Prozeß Verwickelten aussagte und die zur Hexenverfolgung benötigte Stimmung aufrechterhielt.

Einzelprozesse und kleine Hexenjagden

Sobald die Verdächtigen vor Gericht gebracht waren, verliefen die Prozesse nach drei verschiedenen Modellen. Am häufigsten waren Verfahren gegen eine, zwei oder höchstens drei Personen. In solchen Fällen scheint der Begriff der Hexenjagd eigentlich nicht angebracht, da dieser die Verfolgung einer größeren Personengruppe impliziert, die bestimmte Glaubensinhalte und Charakteristika miteinander verbinden.[32] Da aber auch dieser Vorgang sowohl die Suche nach Hexen als auch den Versuch umfaßte, Phantasievorstellungen auf unschuldige Menschen zu übertragen, erscheint der Begriff Jagd auch hier gerechtfertigt. Das wichtigste Kennzeichen dieser kleineren Jagden besteht darin, daß sich die Suche nach Übeltätern auf die Menschen beschränkte, die von Anfang an beschuldigt wurden. In England war dies das gängige Verfahren, weil sich die Anklagen vorwiegend auf maleficia bezogen und die Richter die Folter nicht einsetzen konnten, um die Namen von Komplizen zu erpressen. Doch waren Prozesse wegen einzelner Akte von Zauberei durchaus in ganz Europa üblich. Selbst in Deutschland, wo bekanntlich umfangreiche, lawinenartige Hexenprozesse geführt wurden, riß der Strom von Einzelprozessen nicht ab.[33] Die Mehrzahl dieser Verfahren hätte durchaus Anlaß zur Entstehung größerer Hexenjagden bieten können, da jederzeit die Behauptung, die Beschuldigten hätten am Sabbat teilgenommen, dazu führen konnte, daß man nach Komplizen forschte. Häufig kam jedoch eine solche Lawine nicht ins Rollen, vielleicht weil die Justizbehörden sich vorwiegend um andere Dinge kümmerten oder weil die Stimmung der Bevölkerung nicht in Panik umschlug. Vielleicht kam es auch deshalb nicht so weit, weil Bevölkerung oder Behörden sich nur einer bestimmten Person entledigen wollten und danach keine zwingende Notwendigkeit mehr sahen, die Angelegenheit weiter zu verfolgen.

Mittlere Hexenjagden

Begnügten sich die Behörden nicht mit einem Verfahren gegen die ursprünglich Beklagten, dann konnten sich Prozesse entwickeln, die der allgemeinen Vorstellung von einer Hexenjagd eher entsprachen. Eine mittlere Hexenjagd betraf etwa fünf bis zehn Personen. William Monter hat ermittelt, daß dieser Typ, den er «kleine Panik» nennt, im frankophonen Teil der Schweiz häufig vorkam, aber Beispiele dafür liefern auch Deutschland und Schottland. Wichtigste Merkmale solcher Verfahren waren der Einsatz der Folter und eine zweite Welle von Beschuldigungen, wobei der gesamte Prozeß allerdings nicht außer Kontrolle geriet. Eine Eskalation verhinderten manchmal der sparsame Einsatz der Folter und der Verzicht auf drakonische Strafen wie 1583 in Neuchâtel und 1634 in Fribourg. Andere Verfahren endeten, nachdem Komplizen benannt worden waren, vielleicht deshalb, weil es niemanden mehr gab, der als typische Hexe verdächtigt werden konnte. Theoretisch konnte natürlich jedermann eine Hexe sein, und bei einigen größeren Verfahren war tatsächlich jedermann in Gefahr. Aber in den meisten Kommunen lebten nur wenige Menschen, die von ihrer Umgebung instinktiv der Hexerei verdächtigt wurden. Hexen waren diejenigen, von denen «jedermann wußte, daß sie im Ruf der Hexerei stehen».[34] Wenn solche Personen nicht vorhanden waren, mußten an Hexerei weniger diskriminierende Maßstäbe angelegt werden, um eine Hexenjagd fortzusetzen. In den Gemeinden, in denen sich solche mittleren Hexenjagden abspielten, war die allgemeine Hysterie vermutlich auch nicht so stark, daß solche minderen Maßstäbe zum Tragen kamen. Insgesamt gesehen lag der Grund für die begrenzte Ausdehnung solcher Hexenprozesse wohl darin, daß sich weder bei den Behörden noch in der Bevölkerung die typische Hexenpanik voll entfaltete.

Große Hexenjagden

Die großen Hexenverfolgungen des 16. und 17. Jahrhunderts, die zehn Menschenleben, aber auch Hunderte von Opfern fordern konnten und in einem Klima höchster Panik oder Hysterie abliefen, sind die Prototypen der klassischen Hexenjagd. Am häufigsten kamen sie in Deutschland vor, aber auch andere europäische Länder wie England, Spanien und Schweden erlebten zumindest eine derartige Episode.[35] Viele dieser Prozesse verliefen lawinenartig; die zuerst angeklagten Hexen nannten die Namen von Komplizen, die ihrerseits verhaftet, überführt, abgeurteilt und gezwungen wurden, andere zu denunzieren. Die umfangreichste Hexenverfolgung dieser Art ereignete sich in Trier, wo insgesamt 306 Hexen rund 1500 Komplizen benannten, im Schnitt 20 Namen pro Hexe.[36] Weitere Verfahren dieser Art fanden 1611 in Ellwangen, 1627–29 in Würzburg, 1630 in Bamberg und 1609 in der Region Labourd in Aquitanien statt. Aber große Hexenjagden konnten sich auch auf andere Weise entfalten. Gelegentlich benannte ein einzelner Ankläger bzw. eine Gruppe im Verlauf des Verfahrens einen Namen nach dem anderen. Besessenen wie den betroffenen Mädchen in Salem fiel dies relativ leicht, weil sie selbst ja nicht der Hexerei schuldig waren und daher nicht hingerichtet wurden. Aber auch wenn Besessenheit keine Rolle spielte, konnte eine relativ kleine Zahl von Anklägern eine große Hexenjagd auslösen. 1670 führten zum Beispiel in Rouen die Aussagen von neun Personen zu 525 Anklagen.[37] Eine andere Variante entstand, wenn eine kleine Gruppe von Magistraten zahlreiche Verdächtige zum Verhör zitierte, nachdem sie Informationen über sie gesammelt hatte. Wo wir diesem Szenarium begegnen, kam es nicht zu Hexenjagden, die sich wie Flächenbrände ausdehnten, sondern zu gezielten Hexenrazzien, die sich meist auf wenige kleine Dörfer beschränkten.

Hexenverfolgungen großen Ausmaßes setzten sich auch oft aus zahlreichen kleineren Prozessen zusammen, besonders wenn das betroffene Gebiet sehr groß oder die Zeitspanne, in der Hexenprozesse stattfanden, sehr lang war. Zum Beispiel sprechen wir von der großen schottischen Hexenjagd von 1661/62, weil in diesen Jahren Hunderte von Verfahren und Hinrichtungen im ganzen Land, besonders in den südöstlichen Grafschaften, stattfanden. Zwischen diesen bestand durchaus ein Zusammenhang. Jedes Verfahren wurde vom *Privy Council* oder dem Parlament gebilligt; manche Dörfer betrauten dieselben Männer mit der Suche nach Teufelsmalen; und Hexen eines Dorfes konnten Menschen aus Nachbardörfern der Komplizenschaft beschuldigen. In den meisten Fällen aber bildeten diese Einzelverfahren im Rahmen einer umfangreichen Kampagne voneinander getrennte Einheiten, jeweils eigene Prozeßwellen einer allgemein und landesweit verbreiteten Hexenpanik. Dies gilt für die Verfolgungswellen in Schweden 1669–75 und in England 1645/46, wenn auch hier ein stärkerer struktureller Zusammenhang besteht, da Matthew Hopkins und John Stearne systematisch Städte und Dörfer der Grafschaften Essex und Suffolk bereisten. Die 1645/46 in England betriebene Suche nach Hexen gleicht in überraschender Weise den auf dem Kontinent durchgeführten Kampagnen der päpstlichen Inquisitoren, die ebenfalls von Stadt zu Stadt reisten, um Hexenprozesse zu führen.

Selbst wenn Richter oder Hexenjäger am gleichen Ort verblieben und die ihnen vorgelegten Fälle aburteilten, waren große Hexenjagden zuweilen nicht so kohärent, wie es den Anschein hatte. Häufig behandelten Richter Fälle aus vielen verschiedenen Regionen ihres Jurisdiktionsbezirks, und das über lange Zeit. Hexenverfolgungen verliefen oft in Wellen, wobei jede Häufung von Verfahren ihre eigene Dynamik entwickelte. Wenn sich eine Hexenjagd über zwei oder drei Jahre erstreckte und Zeiten einschloß, in denen keine Prozesse stattfanden, läßt sich schwer entscheiden, ob es sich um eine einzige größere Kampagne handelte oder um eine Serie kleinerer Verfahren, die von demselben Gericht oder demselben Richter durchgeführt wurden. Eine genaue Untersuchung der Hexenjagd von 1627–30 in der freien Reichsstadt Offenburg zeigt die Komplexität eines Vorgangs, der als eine einzige große Hexenverfolgung gedeutet werden kann. Die Kampagne begann 1627 als Ableger einer Hexenjagd in der Landvogtei Ortenau, in deren Einzugsbereich die Stadt Offenburg lag. Infolge von Denunziationen durch Hexen aus der Ortenau setzte der Stadtrat von Offenburg eine Hexenjagd in Gang, die zwischen November 1627 und Januar 1928 das Leben von zwölf Hexen forderte. Nach einer Pause von fünf Monaten veranlaßte der Rat, der Informationen über die Kinder einer der im Januar hingerichteten Hexen erhalten hatte, eine neue Serie von Verfahren, deren Ergebnis die Hinrichtung von sieben weiteren Hexen und der Tod einer Hexe unter der Folter war. Nach einer weiteren Pause von vier Monaten begann eine lange Reihe weiterer Prozesse, die sich bis zum Januar 1630 hinzog und weitere vierzig Menschenleben forderte. Mit anderen Worten, diese Hexenjagd bestand aus drei unterschiedlichen Vorgängen, von denen jeder einzelne seine eigene Dynamik entwickelte.[38]

Obwohl viele große Hexenverfolgungen aus mehreren kleineren Hexenjagden bestanden, war allen Verfahren wie in Offenburg die Intensität der ihnen zugrundeliegenden Ängste gemein. Eines der Hauptmerkmale der großen Hexenverfolgung war das Vorherrschen einer tiefen Angst oder Panik in der Zeit, in der umfangreiche Prozesse stattfanden. Diese Grundstimmung rechtfertigt den Gebrauch von Begriffen wie Manie oder Wahn zur Charakterisierung der Hexenjagd. Allem Anschein nach entwickelte sich in manchen Kommunen eine regelrechte Massenhysterie. Diese ist jedoch sorgfältig zu unterscheiden von der krankhaften Hysterie einzelner Gruppen oder von Besessenen. Die Beamten, Dorfbewohner oder Städter, die in Panik gerieten, weil Hexen in ihrer Nachbarschaft lebten, zeigten keine Zeichen klinischer Hysterie, die sich in Anfällen, Verletzungen und teilweisen Lähmungen manifestiert.[39] Die Hysterie der Hexenjäger war eher eine Form dessen, was wir heute als kollektives Zwangsverhalten bezeichnen würden, ein umfassender Begriff, der auf die unterschiedlichsten Gruppenphänomene, von Moden oder Trends bis zum Aufruhr, angewandt werden kann. Wie die entsetzte Londoner Bevölkerung, die 1678 von dem papistischen Komplott erfuhr, oder wie die Menschen, die 1919/20 und 1947–54 panikartige Reaktionen auf die «Rote Gefahr» erlebten, gerieten die Bewohner von Städten und Dörfern in Furcht und Schrecken, als sie erfuhren, daß eine ständig steigende Zahl ihrer Nachbarn und sogar einige ihrer Bürgermeister als Hexen denunziert worden waren. Entsetzt mußten sie feststellen, daß ihre engsten Freunde und Nachbarn Hexen waren und daß sich ihre ganze Gemeinde in den Klauen des Teufels befand. Vielleicht hatten sie aber auch große Angst davor, selbst fälschlicherweise bezichtigt zu werden. Aus dieser Angst heraus unterstützten sie die Prozesse, meldeten den zuständigen Behörden verdächtige Personen und bezeugten sogar, daß Menschen durch die Luft geflogen seien oder am Sabbat teilgenommen hätten. Vermutlich aus derselben Grundstimmung heraus bekannten sich Menschen, die von tiefen Schuldgefühlen gequält wurden, aus freien Stücken zur Hexerei. Zweifellos spiegelte sich in der «Traum-Epidemie», bei der 1610/11 im Baskenland Hunderte von Menschen gestanden, am Sabbat teilgenommen zu haben, die während dieser massiven Hexenverfolgung vorherrschende Massenhysterie. Eine Epidemie, die angeblich durch Zauberei ausgelöst worden war, führte 1670 in Rouen zur Aussage von Bauern, sie hätten gesehen, wie nackte Menschen eine halbe Stunde lang durch die Luft geflogen seien.[40]

In diesem Zusammenhang ist allerdings sorgfältig zwischen der mit manchen Hexenjagden verbundenen Massenhysterie und den individuellen psychologischen Problemen einzelner Beteiligter zu unterscheiden. Menschen wie der sadistische Richter oder Henker, der zwanghaft agierende Hexenjäger oder die verwirrte oder «melancholische» Hexe legten abnorme Verhaltensweisen an den Tag, die mit der kollektiven Stimmung und der Massenpsychose, von der hier die Rede ist, nichts zu tun haben. Auch darf man die gesamte europäische Hexenjagd nicht mit dem vereinfachenden Etikett «Hexenwahn» oder «Massenwahn» versehen. Aber im Zusammenhang mit einzelnen Verfolgungswellen kann man mit Sicherheit, wenn auch nur als Hypothese, von Massenhysterie sprechen. Träfe dies nicht zu, hätte die Geschichte der europäischen Hexenjagd weit geringere Dimensionen angenommen.[41]

Das Ende der Hexenjagden

Hexenjagden erstreckten sich in der Regel nicht über ausgedehnte Zeiträume. Große Verfolgunswellen dauerten zwei, drei oder vier Jahre und gelegentlich auch länger, aber niemals waren sie von unbegrenzter

Dauer. Außerdem endeten sie in den meisten Fällen abrupt, und dieser Abbruch hatte meist zur Folge, daß in der Region viele Jahre lang und manchmal über Generationen hinweg keine Hexenjagden mehr stattfanden. Die Beendigung kleiner und mittlerer Hexenjagden bedarf keiner ausführlichen Untersuchung. Kleine Jagden waren isolierte Prozesse, die mit der Hinrichtung, Bestrafung oder dem Freispruch des Angeklagten abgeschlossen waren. Die mittleren Hexenjagden endeten aus fast den gleichen Gründen, die ihre Ausweitung beschränkt hatten: Die Magistrate kontrollierten die gesamte Fahndung, die Anklagen bezogen sich nur auf Hexen, die der allgemeinen Vorstellung von Hexen voll entsprachen, und in der Öffentlichkeit herrschte keine Panikstimmung. Problematischer jedoch ist die Beendigung großer Hexenjagden; denn sie konnten sich theoretisch unendlich ausweiten. Die ihnen zugrundeliegende Massenhysterie, die Bereitschaft der Behörden zu unbeschränktem Einsatz der Folter und ihre Entschlossenheit, die Namen aller Komplizen zu erfahren, konnten dazu führen, daß die Verfahren unaufhörlich fortgesetzt wurden. Dieser *Open-end*-Charakter großer Hexenjagden war den Zeitgenossen bewußt. Im deutschen Rottenburg fürchteten die Behörden zum Beispiel, daß die Hexenjagd von 1585 alle Frauen der Stadt treffen könnte. Ihre Angst war keineswegs unberechtigt; denn im selben Jahr hatten in zwei Dörfern nur je eine Frau die Hexenverfolgung überlebt.[42] In den meisten Fällen jedoch wurde die Hexenjagd beendet, bevor sie einen solchen Preis forderte. Tatsächlich gehört zu den überraschendsten Facetten größerer Hexenjagden die Zahl der Menschen, die von geständigen Hexen benannt, aber nie vor Gericht gestellt wurden. In der schottischen Hexenjagd von 1661/62 wurden insgesamt 664 Personen als Hexen bezeichnet, aber offensichtlich wurde nicht einmal die Hälfte davon abgeurteilt. In Salem wurden 162 Menschen angeklagt, aber nur 76 kamen schließlich vor Gericht, und 36 wurden verurteilt. In Trier wurde nur ein kleiner Teil der insgesamt 1500 von Komplizen benannten Hexen vor Gericht gestellt.

Die Gründe für den Abbruch der Verfahren in diesen Hexenjagden sind vielfältig; verantwortlich dafür waren entweder die damit befaßten Richter, die Bevölkerung oder Beamte der Zentralregierungen. In den meisten Fällen wurde die Hexenjagd beendet, wenn einige oder alle damit Befaßten erkannten, daß unschuldige Menschen angeklagt und hingerichtet wurden oder daß ihre gesellschaftlichen Auswirkungen mehr Schaden als Nutzen stifteten. In allen diesen Fällen war das Vertrauen in die Rechtmäßigkeit des Vorgangs verlorengegangen, vielfach als Folge davon, daß die Angeklagten nicht mehr der gängigen Vorstellung von einer Hexe entsprachen. Wie oben erwähnt, waren die meisten Hexen alte, arme Frauen, und daß diese so häufig verfolgt wurden, trug dazu bei, die Klischeevorstellung von einer Hexe sowohl bei den Dorfbewohnern als auch den Eliten zu festigen. In vielen großen Hexenjagden in Deutschland, aber auch in Massachusetts brach dieses Klischee zusammen, als die Anklagen und ihre Konsequenzen wahllos Menschen aller Schichten und Gruppen betrafen und politische und wirtschaftliche Interessen ins Spiel kamen. Im frühen Stadium der meisten großen Hexenjagden entsprachen die Opfer der landläufigen Vorstellung, aber im Laufe der Prozesse wurden immer mehr wohlhabende und mächtige Personen, Kinder und Männer benannt. In Würzburg erfaßte 1629 die Kette der Bezichtigungen viele Kinder, Jurastudenten, Kleriker und sogar den bischöflichen Kanzler und den Bischof selbst. Nach ähnlichem Muster verlief die Hexenjagd in Trier, und in Bamberg wurde sogar ein ehemaliger Bürgermeister als Hexe benannt. Mit diesem Zusammenbruch der gängigen Vorstellung von einer Hexe erhob sich der Verdacht, daß unschuldige Menschen angeklagt wurden, und man bemerkte, daß dem Ergebnis der Folter geständiger Hexen zur Erforschung von Komplizen nicht zu trauen war. Erreichten die Anklagen die obersten Gesellschaftsschichten, veranlaßte dieser Zusammenbruch der traditionellen Vorstellung die Richter, die Verfahren zu beenden. Genau dies tat 1692 der Bischof von Würzburg, und aus ähnlichen Motiven trug vermutlich Gouverneur Phips zu Beendigung der Verfahren in Salem bei, nachdem seine eigene Frau angeklagt worden war.[43]

Der Zusammenbruch der gängigen Vorstellung von einer Hexe weckte zwar im Laufe einiger großer Hexenjagden starke Zweifel, doch das kam nicht sehr häufig vor. In den fünf größten Verfolgungswellen, die Schottland im späten 16. und im 17. Jahrhundert erlebte, entsprach die überwiegende Mehrheit der Hexen dem stereotypen Hexenbild. Dies gilt auch mehrheitlich für Frankreich, die Schweiz und sogar für Deutschland. Wie aber kamen diese Hexenjagden dann zu einem Ende? In einigen Fällen wurden die Richter mißtrauisch, als sie über eine ständig wachsende Zahl von Verdächtigen zu befinden hatten. Es sei daran erinnert, daß die Justizbehörden den unter der Folter abgelegten Geständnissen zwar vollen Glauben schenkten, die ihnen vorgelegten Beweise aber nicht immer sorgfältig prüften. Im Verlauf der Verfahren wurden die Beweise immer dürftiger und schwächer, und sei es nur weil *maleficia* nicht nachzuweisen waren, wenn Hexen von angeblichen Komplizen benannt wurden. Diese dürftige Beweislage erklärt sicher zum Teil die Freisprüche, die selbst mitten in den intensivsten Hexenverfolgungen immer wieder gefällt wurden. Ein weiterer Grund für Freisprüche war gelegentlich auch die Standhaftigkeit der Angeklagten unter der Folter. Aber ungeachtet ihrer Gründe konnten sich die Freisprüche auf den Verlauf der Jagd selbst nachhaltig auswirken; denn sie stärkten die Überzeugung, daß zumindest einige Anklagen falsch oder möglicherweise sogar böswillig waren, und erhöhten die Vorsicht der Gerichte. Freisprüche unterbrachen den Anklagefluß und verstärkten vermutlich auch das Mißtrauen der Bevölkerung gegen Hexenprozesse.

Wohl am dramatischsten endeten Hexenjagden, wenn bewußter Betrug und absichtliche Täuschung entdeckt wurden. Am bekanntesten ist der sogenannte Pendelschwindel, der sich 1633 im englischen Hoarstone ereignete. Ein Junge namens Edmund Robinson sagte dabei aus, eine Frau habe ihn zum Sabbat mitgenommen, wo etwa 60 Teilnehmer Fleisch, Butter und Milch herstellten, indem sie an Seilen zogen, die auf dem Dach einer Scheune befestigt waren. Auf Anordnung seines Vaters nannte der Junge mehrere Hexen, von denen 17 verurteilt wurden. Zweifel an den Schuldsprüchen veranlaßten die Friedensrichter, die Fälle dem *Privy Council* zur Überprüfung vorzulegen, und beim Verhör durch den Bischof von Chester gestand der Junge schließlich, daß seine Geschichte frei erfunden war und daß der Vater die Namen der Beschuldigten «aus Neid, Rache und der Hoffnung auf Gewinn» genannt hatte.[44] Daraufhin wurden alle Verurteilten freigesprochen, und eine der wenigen großen Hexenjagden der englischen Geschichte war abrupt beendet. Ähnlich endeten in England mehrere kleinere Hexenjagden; Betrugsverdacht trug vermutlich auch zur Beendigung der großen von Hopkins und Stearne geführten Hexenjagd bei.[45] In Schottland brach die große landesweite Hexenjagd von 1661/62 ab, als zwei Hexenjäger namens John Kincaid und John Dick vor Gericht gestellt wurden, weil sie bei der Fahndung nach Hexen und der Suche nach Teufelsmalen zu Betrug und Täuschung gegriffen hatten.[46]

Gelegentlich gingen Hexenjagden auch aus finanziellen Gründen zu Ende. Die Bedeutung persönlicher Gewinnsucht im Zusammenhang mit Hexenprozessen wurde in der Geschichtsschreibung vermutlich übertrieben.[47] Zweifellos begrüßten damals Rechtsanwälte und Richter in ganz Europa die Gelegenheit, Geld zu verdienen, und vielleicht halfen sie dabei auch etwas nach. Schließlich wurden Gebühren fällig, die entweder direkt an den Rechtsanwalt oder indirekt an die Justizbeamten flossen. In Strafprozessen wurden diese Gebühren häufig aus dem konfiszierten Vermögen der schuldigen Partei beglichen, das ansonsten an den Herrscher fiel. Von den zahlreichen Fällen, die ihnen zur Entscheidung vorgelegt wurden, waren jedoch die Hexenprozesse nicht gerade die gewinnträchtigsten, da der soziale Status der Hexen meist recht niedrig war. In einigen Fällen und besonders wenn wohlhabende und mächtige Personen angeklagt waren, steigerte jedoch die Aussicht auf Gewinn den Eifer der Behörden. Aus diesem Grunde wirkte sich das finanzielle Motiv für die Verfolgungen vermutlich in Deutschland am stärksten aus, weil Konfiszierung des Besitzes in Fällen von Hexerei üblich war und Hexenverfolgungen oft Menschen aus der Oberschicht trafen.

Profit aus Hexenverfolgungen zogen auch die Hexenjäger, die den Gemeinden ihre Dienste anboten, um die in ihrer Mitte lebenden Hexen aufzuspüren. Wenn solche finanziellen Motive mitspielten, konnte eine Herabsetzung der Gebühren wegen allgemeiner Verarmung der Gemeinden oder die Weigerung einer Gemeinde, die Dienste eines Hexenjägers zu bezahlen, ebenfalls zum Ende einer Hexenjagd beitragen. Die zwischen 1580 und 1600 in Trier durchgeführten Massenprozesse, die der Richterschaft beträchtlichen Wohlstand bescherten, fanden ein Ende, als die Stadt keine Rücklagen mehr besaß, die teuren Gerichtsverfahren nicht mehr finanzieren konnte und deshalb die den Richtern zufließenden Gebühren herabsetzte.[48] Ein weiteres finanzielles Motiv zur Beendigung der Hexenjagd, das zum Beispiel in Trier die Stadtkasse strapaziert haben dürfte, waren die Unterhaltskosten für die festgenommenen Verdächtigen. Wenn Hexen diese Kosten nicht selbst aufbringen konnten, mußte ihre Heimatgemeinde die Rechnung bis zur Verurteilung bezahlen. Dazu kam es manchmal erst Wochen oder Monate nach der Verhaftung. 1661 bat ein schottischer Gutsherr das Obergericht, eine seit acht Monaten im Gefängnis schmachtende Hexe abzuurteilen oder freizulassen.[49] Beachtet man die Zahl der Verdächtigen, die im Verlaufe aller großen Hexenjagden in Gefängnissen saßen, so wird verständlich, daß die damit verbundenen Kosten durchaus eine plausible Erklärung dafür liefern, warum sich Städte und Gemeinden gegen die Fortsetzung einer Jagd sträubten.

Die Gründe für die Beendigung waren von Ort zu Ort ebenso unterschiedlich wie die Methoden. Den entscheidenden Druck übte manchmal die Bevölkerung aus, die erkannt hatte, daß Unschuldige angeklagt waren, die die Kosten scheute oder feststellte, daß die Hexenjagd das Gleichgewicht des Alltagslebens zerstörte. In solchen Situationen besaß der gemeine Mann eine erstaunliche Macht. Er konnte sich nicht nur weigern, Nachbarn zu denunzieren oder gegen sie auszusagen, sondern er konnte seine Mißbilligung auch dadurch zum Ausdruck bringen, daß er Hinrichtungen boykottierte und gegen die zuständigen Behörden protestierte. In England und Schottland besaß die Bevölkerung die Befugnis, Urteilssprüche in Freisprüche umzuwandeln, was entscheidend zur Beendigung der schottischen Hexenjagd von 1661/62 beitrug. Schließlich konnten prominente Mitglieder der Gesellschaft, insbesondere der Klerus, die Prozesse offen kritisieren, eine riskante, aber nicht unübliche Taktik. Die größte Hexenjagd der skandinavischen Geschichte wurde beendet, nachdem ein junger Arzt nachgewiesen hatte, daß die ganze Panik das Ergebnis von Phantastereien, Verwirrtheit oder Bosheit war.[50]

Die besten Möglichkeiten, eine Hexenjagd zu beenden, besaßen die Richter und Inquisitoren selbst. Sie taten das, wenn etwa sie selbst oder ihre Frauen der Hexerei bezichtigt wurden, wenn ihnen ernsthafte Zweifel an der Schuld mancher Angeklagter gekommen waren oder auch wenn sie erkannten, daß die Hexenjagd Unzufriedenheit in der Bevölkerung und gesellschaftliches Chaos hervorrief. Außerdem kontrollierten sie den Justizapparat und konnten die Verfahren in jedem beliebigen Stadium abbrechen. Sie konnten Prozesse durch Freispruch beenden oder, was häufiger vorkam, sich ganz einfach weigern, Menschen zu verhören, die in Prozesse hineingezogen oder deren Namen ihnen genannt wurden.

Wenn Verfahren nicht auf Druck der Bevölkerung oder durch die lokalen Justizbeamten beendet wurden, griffen häufig übergeordnete politische oder richterliche Instanzen ein. Wie in Kapitel 3 dargelegt, tendierten im Zusammenhang mit Hexerei Männer in höheren Regierungspositionen zu größerer Zurückhaltung oder gar Skepsis, weil sie in die lokalen Streitigkeiten, aus denen Hexenjagden entstehen konnten, nicht verwikkelt waren und sich in der Regel verpflichtet fühlten, die offiziell geltenden Regeln des Strafverfahrens aufrechtzuerhalten. Wir sahen oben auch bereits, daß Hexenverfolgungen kaum erhebliche Ausmaße annahmen, wenn solche Behörden, Beamte eines Zentralgerichts oder eines Regionalgerichts ihre offiziellen Aufgaben bei Hexenjagden wahrnahmen. Man darf daher annehmen, daß dieselben Männer eher als lokale Beamte die Meinung vertraten, daß ein Verfahren außer Kontrolle geraten und es zu beenden sei. Sie konnten entweder Urteile im Berufungsverfahren aufheben oder Anordnungen erlassen, die weitere Verfolgungen untersagten oder ihre Durchführung an strengere Verfahrensregeln banden.

Die Auswirkung der Berufungsverfahren auf die Beendigung einer Hexenjagd erkennt man am klarsten bei dem oben erwähnten Pendelschwindel sowie in einigen französischen Hexenjagden. In Frankreich war es üblich und schließlich obligatorisch, Urteile über Hexen einem der neun Parlamente zur Überprüfung vorzulegen.[51] Zwar bestätigten diese Parlamente häufig die Urteile der unteren Instanzen, sie zögerten aber auch nicht, die Urteile über manche Hexen zu kassieren oder das Strafmaß zu mildern.[52] Berufungsverfahren müssen nicht unbedingt die gesamte Hexenjagd beendet haben, aber sie trugen sicher dazu bei, ihre Intensität zu mildern, und veranlaßten wohl auch die Richter der unteren Instanzen, bei späteren Hexenprozessen vorsichtiger vorzugehen. Die Skepsis der Juristen des Parlaments von Paris wirkte sich schließlich so stark aus, daß eine Reihe kleinerer Hexenjagden abgebrochen und langfristig sogar alle Hexenverfolgungen eingestellt wurden.[53]

Sehr viel dramatischer und schneller konnte sich der Erlaß entsprechender Gesetze oder schärferer Richtlinien über das Verhör auf Hexenjagden auswirken. Ein Beispiel dafür bietet eine der größten schottischen Hexenjagden aus dem Jahre 1597. Diese war in mancher Hinsicht die Fortsetzung einer Hexenjagd, die 1591/92 stattgefunden hatte, da der *Privy Council* in diesen und den folgenden Jahren bei den örtlichen Behörden ständige Kommissionen zur Aburteilung von Hexen eingerichtet hatte. Daraus resultierten in manchen Kommunen wie etwa in Aberdeen fast unkontrollierte epidemische Hexenverfolgungen. Sobald der *Privy Council* bemerkte, daß Unschuldige hingerichtet worden waren, löste er alle Kommissionen wieder auf und schuf Einzelkommissionen, die er direkt kontrollierte. Durch diese Maßnahme wurde die Hexenjagd von 1597 sofort beendet; allerdings ermöglichte sie später immer noch Hexenjagden, die von Regierungsseite gebilligt wurden.[54]

Ein zweites Beispiel für die Wirkung von Erlassen stammt aus Spanien, wo der Hohe Rat der Inquisition eine Schlüsselrolle bei der Beendigung der baskischen Hexenjagd von 1610–14 spielte. Dabei trat die entscheidende Wende ein, als Salazar, der Inquisitor in Logroño, Tausende von Geständnissen überprüfte und zu dem Ergebnis kam, daß nie Hexerei vorgelegen hatte. Die Überprüfung der Beweise durch Salazar zeigt deutlich, wie weit das Vertrauen in die Richter verlorengegangen war, aber seine Nachforschungen alleine genügten nicht zur Beendigung der Jagd; Entscheidungen aufgrund seiner Schlußfolgerungen mußten in Madrid gefällt werden. Nach langer Überlegung handelte Madrid schließlich und übernahm Salazars Empfehlung, neue, schärfere Richtlinien für die Durchführung von Hexenprozessen zu erlassen. Diese Entscheidung beendete nicht nur die Hexenjagd im Baskenland, sondern reduzierte auch die Intensität der Hexenverfolgung in ganz Spanien.[55]

Ein drittes Beispiel stammt aus Frankreich, wo 1669/70 in der Normandie eine sehr ausgedehnte Hexenjagd stattfand. Anders als das Parlament von Paris hatte das Parlament von Rouen die ersten zwölf Todesurteile bestätigt und sollte noch über 24 weitere Fälle entscheiden, als die Familien der zwölf verurteilten Hexen unmittelbar an König Ludwig XIV. appellierten und um Gnade baten. Der König gewährte die Gnade und weigerte sich trotz der Gesuche der Behörden von Rouen, seine Entscheidung zu widerrufen, unter anderem weil er die Autonomie der lokalen Gerichtsbarkeit einschränken wollte. Zwölf Jahre später tat er einen weit wichtigeren Schritt und verbot alle Hexenprozesse. Insofern hatte die Entscheidung der Regierung nicht nur Einfluß auf den Fall in Rouen, sondern auf die Hexenverfolgung in ganz Frankreich.[56]

Zum Abschluß dieses Kapitels können wir einige einfache, fast selbstverständliche Schlußfolgerungen ziehen: Erstens waren Hexenjagden höchst unvorhersehbare Ereignisse. Beginn, Verlauf und Fortsetzung hingen von mehreren Bedingungen ab; sie konnten durch einen von vielen Faktoren begrenzt oder beendet werden, manchmal sehr abrupt. Zweitens bildeten Hexenjagden außerordentlich vielschichtige historische Phänomene, die nur aus einer Interaktion philosophischer, gesetzlicher, gesellschaftlicher und psychologischer Tendenzen zu erklären sind. Drittens nahmen Verlauf und Umfang der Hexenjagden so unterschiedliche Formen an, daß man von einer typischen Hexenjagd nicht sprechen kann. Dennoch besaßen die Hexenjagden so viele gemeinsame Züge, daß sich eine stereotype Vorstellung davon herausgebildet hat, die zur Beschreibung von Kampagnen gegen Abweichler in der modernen Welt verwendet wird. Damals wie heute geht es bei Hexenjagden um die Verfolgung eines geheimen Feindes der Gesellschaft, um die Annahme, daß dieser Feind nicht alleine wirkt, sondern Teil einer größeren Bewegung, wenn nicht gar einer Verschwörung ist, und um den Einsatz außerordentlicher gesetzlicher Maßnahmen, um das zu entdecken, was nicht nur als geheimes, sondern auch als religiöses und ideologisches Verbrechen gilt. Daher ist mit allen Hexenjagden ein hohes Maß an Ängsten in Öffentlichkeit und Justiz verbunden, die sowohl die außerordentlichen gesetzlichen Maßnahmen rechtfertigen als auch die Furcht schüren, daß Komplizen oder andere Übeltäter unentdeckt bleiben könnten. Wenn in der Neuzeit daher zahlreiche Gerichte und Untersuchungskommissionen unbegrenzte Verhöre gegen angeblich subversive politische, ideologische oder religiöse Bewegungen in der Annahme durchführen, daß die Untersuchung zur Ermittlung der Namen und Aktivitäten von Feinden der Gesellschaft führen werde, erleben wir ein Phänomen, das unverwechselbare Ähnlichkeit mit Hunderten von Hexenjagden aufweist, die im Europa der Frühen Neuzeit stattfanden.

VII.
Chronologie und Geographie der Hexenjagd

Eine der schwierigsten Aufgaben für den Historiker ist die Erklärung der nach Ort und Zeit sehr unterschiedlichen Intensität der europäischen Hexenjagd. Warum fanden in Europa zum Beispiel zwischen 1580 und 1630 mehr Prozesse statt als zwischen 1530 und 1580? Und warum war die Hexenverfolgung in Deutschland und Schottland um soviel intensiver als in Spanien und England? Zur Beantwortung solcher Fragen müssen wir zunächst eine allgemeine Chronologie der gesamten europäischen Hexenjagd erstellen und nach Gründen für das An- und Abschwellen der Verfolgungswellen zwischen 1450 und 1750 fragen. Dann müssen wir die Geschichte der Hexenverfolgungen in einzelnen Staaten und Regionen Europas und die dabei zu beobachtenden zeitlichen Schwankungen verfolgen. Danach werden wir noch deutlicher als bisher die Komplexität und Vielfalt des Phänomens verstehen, mit dem wir uns hier beschäftigen.

Chronologische Strukturen

Vor 1430 kann man kaum von Hexenverfolgungen im eigentlichen Sinne des Wortes sprechen, da das kumulative Konzept von Hexerei noch nicht voll entfaltet war. Die Fälle, die in den Quellen dieser Zeit faßbar sind, handeln entweder von einfachem *maleficium* oder von ritueller Magie, wobei sich durchaus unterschiedliche Phasen erkennen lassen. Richard Kieckhefer teilt die Periode von 1300 bis 1435 in drei Teile. Die Zeit von 1300 bis 1330 sieht er vorwiegend von politischer Hexerei geprägt. Von 1330 bis 1375 nahm die Zahl politischer Prozesse zwar ab, aber dennoch fanden zahlreiche Hexenprozesse statt. Ob diese wegen einfachem *maleficium* oder wegen ritueller Magie angestrengt wurden, läßt sich schwer entscheiden, jedenfalls ging es nie um Satanskult. Von 1375 bis 1435 stieg die Zahl der Verfahren beträchtlich an, und die Anklage wegen Teufelskults kam besonders in Italien ins Spiel. In dieser Phase, deren Verlauf durch die Ausbreitung des inquisitorischen Verfahrens an den Gerichten gekennzeichnet ist, vollzog sich die allmähliche Annäherung des Verbrechens des Teufelskults an das der Hexerei.[1] 1435 begann eine neue und grundlegend andersartige Phase der Geschichte der europäischen Hexenverfolgung. Die Zahl der Prozesse nahm zu, und Anklagen wegen Satanskults wurden immer häufiger erhoben; die Hexenjagd nahm allmählich die Züge an, die wir oben beschrieben haben. In der Periode von 1435 bis 1500, mit der Kieckhefers Arbeit abschließt, kündigten sich die Massenverfolgungen des späten 16. und des 17. Jahrhunderts an. Außerdem erschienen in dieser Zeit viele Hexentraktate, welche die Zunahme von Prozessen sowohl widerspiegelten als auch stimulierten. Mit den Prozessen des 15. Jahrhunderts beginnt jedenfalls die große europäische Hexenjagd.[2]

Allerdings verläuft ihre Geschichte von diesem Zeitpunkt an nicht gerade wie erwartet. In der ersten Hälfte des 16. Jahrhunderts blieb die Zahl der Prozesse annähernd gleich, nahm in manchen Gebieten sogar ab[3] und stieg keineswegs gleichmäßig bis zu den großen Paniken des späten 16. und frühen 17. Jahrhunderts an. Diesen Rückgang bemerkten schon die Zeitgenossen. Martin Luther schrieb 1516, in seiner Jugend habe es zwar viele Hexen und Zauberer gegeben, aber man höre kaum noch etwas von ihnen.[4] Allerdings gab es auch Gegenden, wo er in diesen Jahren sehr viel mehr von Hexen hätte hören können. Zahlreiche Hexenprozesse fanden zwischen 1507 und 1539 im Baskenland statt, 1549 in Katalonien, zwischen 1510 und 1530 in der Diözese Como und anderen Teilen Norditaliens und in der ersten Hälfte des 16. Jahrhunderts in Luxemburg, Namur, Douai und anderen Teilen der Niederlande.[5] Einzelne Prozesse gab es auch in Deutschland, etwa in Nürnberg,[6] aber insgesamt läßt sich kaum bestreiten, daß das frühe 16. Jahrhundert in der Geschichte der Hexenverfolgungen eine Periode relativer Ruhe darstellt.[7]

Den Rückgang in der ersten Hälfte des 16. Jahrhunderts kennzeichnete und verursachte wohl auch die Tatsache, daß keine Handbücher und Traktate über Hexerei veröffentlicht wurden. Der *Malleus Maleficarum* zum Beispiel, der zwischen 1486 und 1520 und dann wieder 1580 bis 1650 große Popularität genoß, wurde zwischen 1521 und 1576 nicht aufgelegt. Auch kein anderer Hexentraktat des 15. Jahrhunderts fand in diesen Jahren Absatz. Nachdem Grillandus 1524 den *Tractatus de Hereticis et Sortilegiis* veröffentlicht hatte, wurde bis in die 1570er Jahre hinein nur wenig geschrieben, was die Hexenverfolgung förderte. Mit anderen Worten, wenn wir die Intensität der Hexenverfolgung an der Produktion von Hexenliteratur messen, stellen wir im frühen 16. Jahrhundert, kurz nach dem tatsächlichen Rückgang der Prozesse, eine regelrechte Lücke fest. Es gab also keine kontinuierlich verlaufende Hexenjagd in Europa, sondern zwei getrennte Phasen, eine frühe, geographisch begrenzte Phase im späten 15. Jahrhundert und eine weit intensivere und verbreitete Hexenjagd im späten 16. und im 17. Jahrhundert.

Das vorübergehende Abklingen der Hexenverfolgungen in der ersten Hälfte des 16. Jahrhunderts erklärt sich aus dem Skeptizismus der Gelehrten und dem ersten Schock der Reformation. In dieser Zeit verbreitete sich der Humanismus in ganz Europa. Wenn es den Humanisten auch nicht gelang, das kumulative Konzept von Hexerei aus den Angeln zu heben, so griffen sie doch Teile davon ebenso wie die scholastische Denkweise an, die für solche Vorstellungen empfänglich gewesen war. Für eine kurze Zeitspanne dürften Kritiker des Hexenglaubens und der Hexenprozesse wie Erasmus, Alciatus, Pomponazzi und Agrippa Behörden und Gerichte mit ihren Schriften zumindest soweit verunsichert haben, daß diese nur relativ wenige Hexen verfolgten.[8] Da sie immer wieder betonten, daß Magie auf natürliche Weise und ohne Zutun der Dämonen zu erklären sei und daß Hexen harmlose Kreaturen und Opfer ihrer Einbildungskraft seien, erreichten sie wenigstens, daß Zweifel an der Realität des Verbrechens aufkamen. Zur gleichen Zeit entstand in Deutschland besonders durch das Werk des Predigers Martin Plantsch aus Tübingen der Glaube, daß für viele Naturkatastrophen wie Hagelstürme, die häufig auf Hexerei zurückgeführt wurden, Gott unmittelbar verantwortlich sei.[9] Am deutlichsten formulierte diesen Skeptizismus des frühen 16. Jahrhunderts der tolerante Humanist und Arzt Johann Weyer.

Komplexer und problematischer ist die Rolle, die die Reformation beim Rückgang der Hexenverfolgungen im frühen 16. Jahrhundert spielte. Zweifellos trugen im späten 16. und im 17. Jahrhundert katholische und protestantische Reformer viel zur Intensivierung der Hexenverfolgungen bei. Dagegen dürften in den ersten Jahren der Reformation der Zerfall der mittelalterlichen Christenheit und die intensive Auseinandersetzung darüber die europäischen Eliten vom Thema Hexenjagd abgelenkt haben, wie ja auch Kriegsereignisse Hexenverfolgungen verhindern konnten. Da die Protestanten den römischen Katholizismus ablehnten, wollten sich die Reformatoren natürlich nicht mehr auf die Arbeiten katholischer Dämonologen und Inquisitoren aus dem 15. Jahrhundert verlassen, sondern formulierten eine eigene Hexenlehre. Zwar glich die schließlich erarbeitete protestantische Theorie der alten katholischen in so vielen Aspekten, daß sie teilweise davon kaum zu unterscheiden war, aber die Ausarbeitung einer ausdrücklich protestantischen Lehre erforderte eine gewisse Zeit. Schließlich führte auch die Ablehnung der katholischen Theorie dazu, daß die Nachfrage nach den älteren Traktaten des 15. Jahrhunderts nachließ. Das wichtigste war schließlich, daß die Protestanten die Inquisition ablehnten, die gesamte kirchliche Gerichtsbarkeit gründlich überprüften und einen beträchtlichen Anteil auf weltliche Gerichte übertrugen, was zu tiefgreifenden Veränderungen des Justizwesens führte, das bisher die Hexen verfolgt hatte. Auch in katholischen Gebieten mußten erst eigene Gesetze erlassen werden, bevor die weltliche Gerichtsbarkeit die Hexenprozesse übernehmen konnte, und außerdem mußten die weltlichen Magistrate von der Notwendigkeit solcher Verfahren überzeugt werden.

In den Jahrzehnten zwischen 1550 und 1580 sprachen viele Anzeichen dafür, daß sich Europa vor dem Ausbruch einer neuen Welle von Hexenverfolgungen befand, die weit intensiver und ausgreifender verlaufen könnte als die erste im späten 15. Jahrhundert. Zwar kam es in dieser Zeit nur zu wenigen Paniken, aber die Zahl der Einzelverfahren und kleinerer Hexenjagden stieg beträchtlich an. Gleichzeitig wurden in England, Schottland und den deutschen Territorien zahlreiche Hexengesetze beschlossen. Und noch wichtiger war, daß Theologen, Juristen und andere Intellektuelle ihre skeptische Beurteilung des Hexenwesens revidierten, was schließlich in eine Widerlegung der Arbeiten von Weyer durch Thomas Erastus und Jean Bodin mündete.[10] Daß der *Malleus Maleficarum* wieder aufgelegt wurde und nur als Manuskripte vorliegende Abhandlungen des 15. Jahrhunderts wie der *Flagellum haereticorum fascinariorum* von Nicholas Jacquier erstmals gedruckt wurden, belegt deutlich, daß die Zeit des Skeptizismus abgelaufen war, während bereits Autoren wie Boguet, de Lancre, Guazzo und Del Rio anhand der Prozeßergebnisse des späten 16. Jahrhunderts die Existenz von Hexerei nachwiesen, die Furcht davor steigerten und Anleitungen zu ihrer wirkungsvollen Verfolgung lieferten.

In der Wiederaufnahme der Hexenprozesse im späten 16. Jahrhundert und ihrer intensiven Verstärkung in einem bis dahin unbekannten Ausmaß spiegeln sich nicht nur der Rückgang der Skepsis der Gelehrten und die Festigung der bis dahin unsicheren Gesetzeslage, sondern auch die Auswirkungen der protestantischen und katholischen Reformen auf das Leben Tausender von Europäern. In dieser Zeit hatte der Bibeltext in seiner wörtlichen Auslegung des Todesurteils über die Hexen weite Verbreitung in der Volkssprache gefunden, Prediger hatten die Menschen eindringlich auf die Bedrohung durch Satan hingewiesen, die Reformer der Magie in allen Erscheinungsformen den Kampf angesagt, und die fortschreitende Christianisierung hatte dazu beigetragen, die Gefühle der moralischen Überlegenheit, aber auch der Schuld zu entwickeln, die bei der Hexenverfolgung eine so wichtige Rolle spielten. Zu allem Übel erreichte die Auseinandersetzung zwischen Protestanten und Katholiken einerseits und den verschiedenen Formen des Protestantismus untereinander andererseits allmählich ihren Höhepunkt, eine Entwicklung, welche die Furcht vor dem Teufel und den Haß auf die Hexen zusätzlich verstärkte.[11]

Ein letzter und vielleicht entscheidender Faktor, der zur Intensivierung der Hexenverfolgung im späten 16. Jahrhundert beitrug, war der Beginn eines der wirtschaftlich schwierigsten und politisch instabilsten Jahrhunderte der europäischen Geschichte. Zwischen 1550 und 1650 erlebte Europa eine fortschreitende Inflation, den Übergang zu einer kommerzialisierten Landwirtschaft, mehrere Hungersnöte, die in den

1590er Jahren am schlimmsten wüteten, zahlreiche Einbrüche im Handel und einen Vorgang, den die Geschichtswissenschaft als Produktionskrise beschrieben hat.[12] Regionale Unruhen, Bürgerkriege, Religionskriege und sogar nationale Revolutionen erzeugten ein Klima hoher politischer Instabilität. Außerdem wüteten in vielen Teilen Europas die Pest und andere Epidemien in einem Ausmaß, wie man es im frühen 16. Jahrhundert nicht gekannt hatte. Diese Entwicklungen verschärften teilweise die persönlichen Spannungen, die sich häufig in Anklagen wegen Hexerei entluden. Hauptsächlich aber schürten sie eine allgemein verbreitete Angst, die wiederum die Entstehung von Hexenjagden begünstigte.

Die Zahl der Hexenprozesse nahm zwischen 1550 und 1580 zwar ständig zu, aber die Zeit der Massenprozesse und großen Hexenjagden begann in Europa erst nach 1580, in einigen Ländern sogar erst einige Jahrzehnte später. Da nur unvollständige Zahlenangaben vorliegen, läßt sich schwer bestimmen, in welchem Jahrzehnt zwischen 1580 und 1650 die Hexenverfolgung ihr intensivstes Ausmaß erreichte. Die 1580er Jahre waren in der Schweiz und den Niederlanden besonders furchtbar, die 1590er Jahre in Frankreich, den Niederlanden und Schottland. Ab 1600 waren der Jura und viele deutsche Länder besonders betroffen, ab 1610 wütete der Hexenwahn in Spanien und in den 1620er und 1630er Jahren wiederum in Deutschland. Rein zahlenmäßig erwies sich die Zeit zwischen 1610 und 1630 wohl als die schlimmste, als in Städten wie Würzburg, Bamberg und Ellwangen Hunderte von Menschen hingerichtet wurden.

Insgesamt stellt die Periode von 1580 bis 1650 sicherlich den Höhepunkt der europäischen Hexenjagd dar. Diese ging zwar erst nach einem weiteren Jahrhundert definitiv zu Ende, aber schon mitten in der intensivsten Phase der Verfolgung gab es Anzeichen dafür, daß der gesamte Vorgang sich totlaufen werde. Die Wende setzte in Spanien nach 1610 und in Frankreich nach 1620 ein, in Deutschland erzeugten die Massenprozesse zwischen 1627 und 1632 eine Vertrauenskrise, die zum dramatischen Rückgang der Hexenverfolgung führte.[13] England erlebte seine umfangreichsten Hexenjagden in den 1640er Jahren, Schottland in den 1660er Jahren und Schweden und Finnland Ende der 1660er und Anfang der 1670er Jahre. Aber nach solchen traumatischen Vorgängen gingen in allen diesen Ländern die Verfolgungen dramatisch zurück. Um 1675 hatte die Hexenverfolgung nur in Österreich, Ungarn, Böhmen, Polen und Neuengland ihren Höhepunkt noch nicht erreicht.[14] Im größten Teil Europas nahm die Zahl der Hexenprozesse in der Zeit von 1675 bis 1750 ständig ab, und die Verfahren, die noch stattfanden, betrafen meist nur eine oder zwei Personen.

Geographische Muster

Jeder Versuch, eine Chronologie der europäischen Hexenjagd zu erstellen, wird durch regionale Besonderheiten erschwert. Bestimmte Verlaufsmuster sind zwar erkennbar, aber Hexenjagden begannen, erreichten ihren Höhepunkt und endeten an unterschiedlichen Orten zu unterschiedlichen Zeiten. Hinzu kommt, daß auch die Gesamtzahl der Prozesse, Verurteilungen und Hinrichtungen in den europäischen Staaten und Regionen sehr unterschiedlich ist. Eine erschöpfende Darstellung der regionalen Abläufe, aufgeschlüsselt nach Provinzen, Grafschaften und Städten, kann im Rahmen unserer Untersuchung nicht gegeben werden, sondern lediglich ein Überblick über größere geographische Einheiten. Dabei stellt sich allerdings die Frage, welche geographischen Einheiten sich für einen solchen Vergleich am besten eignen. Halten wir uns an die politischen Grenzen souveräner Staaten, müßten wir jedes einzelne Fürstentum in Deutschland, jede politische Einheit in Italien und die einzelnen Königreiche Spaniens betrachten und außerdem beachten, daß sich die staatliche Zugehörigkeit vieler europäischer Regionen in der Frühen Neuzeit gelegentlich änderte.

Hielten wir uns an die Sprache als unterscheidendes Kriterium, könnten wir die Schweiz und Schottland nicht als eigene Einheiten behandeln. Vermutlich eignen sich mittelgroße Einheiten am besten für eine Analyse, wenigstens liegen als Beispiele mehrere ausgezeichnete Untersuchungen vor, so von Midelfort über Südwestdeutschland, von Schormann über Nordwestdeutschland, von Behringer über Bayern, von Muchembled und Dupont-Bouchat über die Niederlande, von Monter über den Jura und von Demos über Neuengland. Doch lassen sich nur schwer Regionen finden, die sich mit diesen Gebieten sinnvoll vergleichen lassen bzw. deren Quellenlage einen Vergleich überhaupt erlaubt. Wir beschränken uns daher im folgenden auf fünf europäische Großregionen: 1. Westeuropa mit Deutschland, Frankreich, der Schweiz und den Niederlanden; 2. die Britischen Inseln und die britischen Besitzungen in Übersee, also England, Schottland, Irland und die amerikanischen Kolonien; 3. Skandinavien mit Dänemark, Norwegen, Schweden und Finnland; 4. Östliches Mitteleuropa und Osteuropa mit Polen, Ungarn, Böhmen und Rußland; 5. Südeuropa mit Italien, der Iberischen Halbinsel und den spanischen und portugiesischen Überseegebieten. Unberücksichtigt bleibt, abgesehen von den relativ autonomen Provinzen Moldau und Walachei, das vom Osmanischen Reich kontrollierte Gebiet, da es dort keine Hexenverfolgungen gab. Innerhalb dieser Großregionen existierten deutliche regionale und nationale Unterschiede, zum Beispiel zwischen Frankreich und Deutschland, England und Schottland, Norwegen und Schweden, Polen und Rußland, Spanien und

Italien. Dennoch weisen sie außer ihrem geographischen Zusammenhang hinsichtlich der Hexenverfolgung so viele Gemeinsamkeiten auf, daß ein breiterer Vergleich gerechtfertigt erscheint. Dabei handelt es sich um gemeinsame religiöse, gesetzliche und politische Charakteristika aller Länder der jeweiligen Großregion.

Westeuropa und westliches Mitteleuropa

Die überwältigende Mehrheit der Hexenprozesse, vielleicht sogar 75 Prozent, fand in Deutschland, Frankreich, der Schweiz und den Niederlanden statt, ein Gebiet, in dem rund die Hälfte der europäischen Bevölkerung lebte. Dies überrascht nicht, denn in dieser Region kam es zu den ausgedehntesten Hexenjagden und Fällen von Massenhysterie, und aus diesen Panikwellen ergab sich die unverhältismäßig hohe Zahl der Prozesse und Hinrichtungen. In den ersten Jahren fanden die meisten Prozesse in Frankreich statt, und zwar vorwiegend in ostfranzösischen Regionen, die an die Schweiz und die burgundischen Besitzungen grenzten. Im späten 16. Jahrhundert jedoch, als die Hexenjagd ihr intensivstes Stadium erreicht hatte, war Deutschland zum Zentrum der Verfolgungen geworden. Zwar wurden auch in Frankreich weiterhin Prozesse geführt, besonders in den südlichen Grenzregionen, und in einigen Städten lösten Fälle von Besessenheit Hexenprozesse aus. Aber die umfangreichsten Panikwellen des späten 16. und des 17. Jahrhunderts ereigneten sich in deutschsprachigen Gebieten.

Mehr als die Hälfte des westlichen Europa gehörte zum Heiligen Römischen Reich. 1559 umfaßte das Reich die gesamten Niederlande und die spanisch beherrschte Freigrafschaft Burgund, die Schweiz und sogar Teile Norditaliens, im Osten Böhmen, Österreich und Schlesien. 1648 wurde das Reichsgebiet beträchtlich verkleinert; die nördlichen Niederlande und die Schweiz waren zu souveränen Staaten geworden, die Herzogtümer Savoyen, Mailand, Genua und Toskana aus dem Reichsverband ausgeschieden. Daher läßt sich nur schwer eine genaue Zahl der Hexenprozesse im Reich ermitteln, aber man darf davon ausgehen, daß sie höher lag als die Summe aller Hexenprozesse in den anderen Regionen Europas.[15] Beschränkt man sich auf die deutschsprachigen Reichsländer, so kommt man auf mindestens 30 000 Prozesse, möglicherweise aber auch auf eine noch erheblich höhere Zahl.[16]

Wichtigster Grund für die Häufung der Hexenprozesse in diesem Teil Europas war vermutlich die Schwäche der Zentralgewalt. Das Reich bestand aus einer sehr lockeren Konföderation zahlreicher kleiner Königreiche, Fürstentümer, Herzogtümer und Territorien, die als souveräne oder halbsouveräne Staaten agierten. Einige dieser Territorien wie die Spanischen Niederlande wurden von fremden Herrschern regiert. Andere gehörten zu größeren Reichseinheiten, wie zum Beispiel Mömpelgard (Montbéliard), das dem Herzog von Württemberg unterstand. Wieder andere waren geistliche Territorien unter der Herrschaft eines Fürstbischofs oder Abtes. Außerdem gab es zahlreiche Reichsstädte, die zwar reichsunmittelbar waren, aber über eine gewisse Autonomie verfügten. Diese Vielfalt und Dezentralisierung verlieh relativ kleinen politischen Einheiten eine weitgehende Rechtshoheit. Das Reich selbst schuf nur wenig einheitliches Recht und besaß kaum eine Kontrolle über die Gerichte, die mit Hexenprozessen befaßt waren. Zwar wurde 1532 die *Carolina* als einheitliches Gesetzbuch für das ganze Reich erlassen, aber es existierten keine wirkungsvollen Instrumente zur Durchsetzung dieses Rechts. Es gab weder Reichsrichter, die von Ort zu Ort zogen und dafür sorgten, daß das Reichsrecht eingehalten wurde, noch Rechtsvorschriften für eine geregelte Anrufung des Reichskammergerichts in Speyer. Selbst innerhalb der größeren politischen Einheiten, die entweder politisch schwache Erblande oder ihrerseits Konföderationen kleinerer Einheiten waren, gelang es oft nicht, die verschiedenen Gerichtshöfe wirksam zu beaufsichtigen. Die Durchführung von Hexenprozessen in Deutschland oblag meistens Gerichten, die für einen relativ kleinen Bezirk zuständig waren.

Die stark regionalisierte Rechtsprechung in Deutschland brachte es mit sich, daß Hexenjagden relativ unkontrolliert ablaufen konnten. Sicher wäre es übertrieben zu behaupten, daß diese Situation jedem Grundherrn, Pfarrer oder Richter die Freiheit gab, «nach Herzenslust zu verbrennen», aber tatsächlich verfügten deutsche Richter bei Hexenprozessen über einen Handlungsspielraum, um den sie eifrige Hexenjäger in anderen Teilen Europas zweifellos beneideten.[17] Eines der eindrucksvollsten Beispiele für diese Unabhängigkeit in der Rechtsprechung liefert die Fürstpropstei Ellwangen, ein kleines katholisches Territorium in Südwestdeutschland, das kaum einer politischen oder kirchlichen Kontrolle unterstand und Berufungen an höhere Instanzen nie zuließ. So überrascht es denn auch nicht, daß in Ellwangen eine der radikalsten Hexenjagden der deutschen Geschichte stattfand und zwischen 1611 und 1618 fast 400 Menschenleben forderte.[18]

Die Verteilung der Hexenprozesse innerhalb des Reiches liefert einen zusätzlichen Beweis für die These, daß zwischen der Größe der deutschen Gerichtsbezirke und der Intensität der Hexenjagd ein Zusammenhang bestand. Ohne eine unendlich komplexe Situation allzu sehr zu vereinfachen, kann man Deutschland in zwei Regionen unterschiedlich intensiver Hexenverfolgungen aufteilen. Die relativ stärker zentralisierten Länder lagen im Norden und Osten, wobei das Herzogtum Mecklenburg im Nordosten als Ausnahme von der Regel in der Geschichte der deutschen Hexenverfolgungen einen besonders schwarzen

Fleck bildet. Die Hauptzentren der Hexenjagd lagen jedoch im Süden und Westen und umfaßten ein großes Gebiet, zu dem Würzburg, Bamberg, Eichstätt, Württemberg und Ellwangen gehörten, um nur einige wenige Stätten umfangreicher Hexenverfolgungen aufzuzählen. Wie Gerhard Schormann gezeigt hat, gab es zwischen diesen beiden Großregionen zahlreiche Unterschiede, wobei am wichtigsten erscheint, daß der Norden und der Osten aus größeren, nicht so stark zersplitterten politischen Einheiten wie der Süden und der Westen bestand.[19] Dabei zählt Schormann das im Südosten gelegene Herzogtum Bayern zur Gruppe der nördlichen und östlichen Länder, da dort im Verhältnis zur Größe des Gebietes relativ wenige Hexen hingerichtet wurden.[20] Beziehen wir in dieses Schema die noch größeren Länder Österreich und Böhmen mit ein, die ebenfalls zum Reich gehörten, wird die Beziehung zwischen der Größe der politischen Einheit und der Intensität der Hexenverfolgung noch deutlicher. In Österreich wurden etwa 900, in Böhmen 1000 Menschen hingerichtet. Die Mehrzahl dieser Prozesse fand im späten 17. und frühen 18. Jahrhundert statt, etwas später als der Großteil der deutschen Prozesse.[21]

Die deutschen Gerichte mußten zwar in der Regel nicht mit einer Anrufung des Reichskammergerichts rechnen und wurden auch nicht von Reichsbehörden kontrolliert, aber bei Hexenprozessen waren sie gehalten, die Universitäten zu konsultieren. Der entsprechende Artikel 109 der *Carolina* verfolgte den Zweck, die lokalen Richter bei einem komplexen Strafverfahren in einem Rechtsbereich, der ihnen häufig nicht vertraut war, zu unterstützen. Vor dem Einsatz der Folter und bevor das Urteil gefällt wurde, sollten sie einen Bericht an die juristische Fakultät der nächsten Universität schicken – im frühen 17. Jahrhundert gab es im Reich 23 Universitäten – und um Rat bitten. Aber dieses Verfahren führte keineswegs zu größerer Zurückhaltung und Vorsicht bei Hexenprozessen, wie sie die Intervention von Zentralbehörden andernorts bewirkt hatte, sondern es trat gerade die gegenteilige Wirkung ein. Da die dämonologischen Theorien in den Universitäten erarbeitet und verbreitet wurden, bewirkte die Konsultation gelehrter Juristen, daß örtlichen Magistraten, deren Hexenglauben sich oft kaum von dem einfacher Bauern unterschied, dämonologische Vorstellungen vermittelt wurden.[22] Daher führte in diesen Fällen die Beteiligung «höherer» juristischer Autoritäten eher dazu, daß die Entschlossenheit örtlicher Magistrate zur Ausrottung der Hexen verstärkt und nicht gedämpft wurde.

Verlassen wir das Heilige Römische Reich, so begegnen wir dem bedeutenden Einfluß der Jurisdiktion auf die Intensität der Hexenverfolgung auch in der «Kernregion der Hexerei». In der Schweiz, wo schätzungsweise 10 000 Hexen hingerichtet wurden,[23] bietet sich ein äußerst komplexes Bild, da die Eidgenossenschaft mehrere Religionen, Kulturen und Sprachen vereinigte. Die Kantone waren in bezug auf die Rechtsprechung autonom, was nicht nur dazu führte, daß Hexenjagden sehr unterschiedlich verliefen, sondern auch unkontrollierte Hexenverfolgungen ermöglichte. Mit welcher Härte in der Schweiz die Hexenjagd betrieben wurde, zeigt sich am deutlichsten im Waadtland, wo mehr als 90 Prozent der angeklagten Hexen hingerichtet wurden und die Gesamtzahl der Opfer über 3000 lag. In Genf hingegen kam es zwar von Zeit zu Zeit zu panikartigen Verfolgungswellen gegen Menschen, die angeblich die Pest verbreitet hatten, aber nur zu sehr wenigen Hexenprozessen.[24]

Nördlich der Schweiz stoßen wir auf Territorien wie die Freigrafschaft Burgund, Lothringen und die Niederlande, die zwar zum Reichsverband zählten, aber de facto autonom waren. Die Unabhängigkeit der Jurisdiktion förderte hier überall die Hexenverfolgung, die in den Spanischen Niederlanden zusätzlich durch königliche Agenten verschärft wurde, die Hexerei als Verbrechen interpretierten und auf ihre gerichtliche Verfolgung drängten. In diesen Gebieten wirkten zentrale und lokale Behörden in verhängnisvoller Weise zusammen. Der König von Spanien, der Kaiser des Heiligen Römischen Reiches oder der Erzherzog von Burgund schufen die gesetzlichen Grundlagen und gaben manchmal auch den ersten Anstoß zur Hexenverfolgung, die kleinen Herzogtümer oder Staaten konnten dann nach Gutdünken verfahren.[25] Folglich forderten in diesen kleinen Territorien die Hexenprozesse einen schweren Blutzoll. In Lothringen, wo Nicolas Rémy zwischen 1586 und 1595 mehr als 800 und in seiner gesamten Amtszeit mehr als 2000 Menschen zu Tode brachte, konnten Reisende «Tausende und Abertausende von Scheiterhaufen» sehen, auf denen Hexen verbrannt wurden.[26] Von den 3000 Menschen, die in Lothringen zwischen 1580 und 1630 wegen Hexerei angeklagt wurden, wurden über 90 Prozent verurteilt.[27] In Luxemburg wurden zwischen 1509 und 1687 358 Menschen hingerichtet, in den anderen Teilen der Spanischen Niederlande noch weit mehr.[28]

Von den politischen Einheiten dieser Region passen einzig die nördlichen Niederlande nicht in unser Interpretationsschema. In dieser Region, den späteren Generalstaaten, in der mehr als eine Million Menschen lebten, wurden weniger als 150 Hexen hingerichtet. Außerdem ging hier die Hexenverfolgung insgesamt früher zu Ende als in anderen Teilen Europas. Einige umfangreiche Hexenjagden fanden in den Provinzen Groningen, Utrecht und Nordbrabant statt, aber nirgends gab es so viele Hinrichtungen von Hexen wie in der Region Limburg, die damals noch nicht zu den Generalstaaten zählte.[29]

Vermutlich kann man das Gerichtswesen, das in so vielen Teilen

Deutschlands die Intensität der Hexenverfolgung beeinflußte, nicht zur Erklärung der Abläufe in den Niederlanden heranziehen. Die gesamte Rechtsprechung war stark dezentralisiert, was andernorts die Prozesse erleichterte, und das Ausmaß zentraler Kontrolle war in den Provinzen sehr unterschiedlich.[30] Es erscheint jedoch bemerkenswert, daß in der Provinz Friesland, wo die Rechtsprechung zentralisiert war, keine Hexenprozesse stattfanden, während in der Provinz Groningen, wo die lokalen Gerichte beträchtliche Handlungsfreiheit besaßen, im 16. Jahrhundert zwei recht umfangreiche Hexenjagden stattfanden.[31]

Die Zurückhaltung der Niederländer bei der Hexenjagd hatte ihre Ursachen vermutlich stärker in ideologischen Motiven und nicht im Gerichtswesen. Obwohl auch hier die Richter über alle Befugnisse zu massiven Hexenjagden verfügten und die Folter einsetzen konnten, glaubten sie nie daran, daß Hexen an den in der dämonologischen Literatur beschriebenen Aktivitäten teilnahmen. Das kumulative Konzept von Hexerei entwickelte sich in den Niederlanden nur langsam, und als es schließlich voll entfaltet war, fiel es nirgends auf fruchtbaren Boden.[32] Zwar akzeptierten die Magistrate die Existenz des Teufelspaktes, aber nie die Vorstellung einer verbreiteten diabolischen Verschwörung. Ohne diesen beängstigenden Glauben neigten sie sicher eher dazu, sich an die geltenden Regeln der richterlichen Vorsicht zu halten.

Beachtung verdienen in diesem Zusammenhang noch zwei weitere mögliche Erklärungen. Die erste geht zurück auf die außerordentliche Bedeutung, die der – formell erst 1648 beendete – Kampf um die Unabhängigkeit von Spanien zwischen 1568 und 1609 für die Niederlande besaß. Wie oben erwähnt, kam es in Zeiten von Kriegen oder innenpolitischen Krisen selten zu Hexenjagden; die Auseinandersetzung mit Spanien erstreckte sich aber über die gesamte Periode der europäischen Hexenverfolgung. Die zweite Erklärungsmöglichkeit bietet die Tatsache, daß sich die katholischen wie die protestantischen Kirchenbehörden sträubten, selbst Kampagnen gegen Magie und Aberglauben zu führen, und die weltlichen Behörden bei der Suche und Verfolgung von Hexen nicht unterstützten.

Wenn wir uns schließlich Frankreich zuwenden, erhebt sich die Frage, ob dort die Einflüsse der Politik und der Jurisdiktion ebenso bedeutsam für die Intensität der Hexenverfolgung waren wie im Reich. Nach dem allgemein gültigen Schema der Hexenverfolgungen, besonders nachdem im 16. Jahrhundert die weltlichen Gerichte die Hexenprozesse übernommen hatten, müßte dies eigentlich zutreffen. Die von der Hexerei am stärksten heimgesuchten Regionen Frankreichs lagen in Randbereichen des Königreiches, im Norden, Osten, im Languedoc, im Südwesten und später in der Normandie. Alle diese Regionen widersetzten sich dem Bestreben der französischen Monarchen, einen zentralistischen, absolutistischen Staat zu schaffen.[33] Möglicherweise veranlaßte dies die königlichen Richter, Hexenprozesse als Teil eines allgemeinen Programms der Disziplinierung und Christianisierung der Bevölkerung und zur Bekämpfung der Rebellion in diesen entlegenen Regionen zu nutzen. Wie wir sahen, assoziierten die Zeitgenossen im Languedoc Hexerei mit Rebellion, und teilweise mögen sie damit recht gehabt haben. Der wichtigste Grund der intensiveren Hexenverfolgungen in den Randgebieten Frankreichs liegt jedoch darin, daß dort die Gerichte der Kontrolle der Zentralregierung nicht in demselben Maße unterlagen wie die Gerichte in Zentralfrankreich. Und wie wir aus den Prozessen wissen, die im späten 17. Jahrhundert in Rouen geführt wurden, lieferte das Recht lokaler Behörden, Hexenprozesse ohne Kontrolle durch die Zentralregierung abzuhalten, einen der zahlreichen Streitpunkte zwischen Ludwig XIV. und den Provinzen seines Königreiches.[34]

In Frankreich steht daher die Auseinandersetzung zwischen Zentrum und Peripherie im Zusammenhang mit der Hexenverfolgung, und die erfolgreiche Durchsetzung einer mächtigen Zentralmonarchie im 16. und 17. Jahrhundert erklärt zum großen Teil, warum in Frankreich weniger Hexen als in Deutschland hingerichtet wurden. Ein weiterer Grund, der ebenfalls mit der Zentralisierung zu tun hat, ergibt sich aus der Möglichkeit, die Urteile lokaler Gerichte vor den Provinzparlamenten anzufechten. In einigen Fällen wie in der Normandie in den 1590er Jahren, als das Parlament von Rouen alle Urteile bestätigte, trug dieser Weg nicht dazu bei, die lokalen Behörden von Hexenprozessen abzuhalten. Aber die Zurückweisung vieler Urteile durch das Parlament von Paris, das als Berufungsinstanz für den größten Teil Nordfrankreichs fungierte und die Maßstäbe für die Provinzparlamente setzte, half mit, die Hexenverfolgung in Frankreich in Grenzen zu halten. Hierin vor allem hat man auch die Erklärung dafür zu suchen, daß Frankreich mit einer Bevölkerung, die nur unwesentlich kleiner als die des Reiches war, weit weniger Hexen hervorbrachte. Da die Akten der Provinzparlamente noch kaum ausgewertet sind, bleiben wir vorläufig auf Schätzungen angewiesen, aber man kann wohl von einer Zahl um 4000 ausgehen, zumindest in den Gebieten, die tatsächlich der königlichen Jurisdiktion unterlagen.[35] Die illegalen Hinrichtungen, wie zum Beispiel die 300 Exekutionen in den Ardennen im frühen 17. Jahrhundert, dürften die Gesamtzahl erhöhen.[36] Aber selbst dann kann man nicht von einer intensiveren Hexenjagd als in England sprechen, wenn die Zahl der Hinrichtungen jeweils im Verhältnis zur Gesamtbevölkerung betrachtet wird.

Die Konzentration der großen Mehrheit der Hexenprozesse im mittleren und westlichen Kernbereich Europas hatte sowohl religiöse als auch politische und rechtliche Gründe. Zweifellos waren in dieser Region Europas die religiösen Verhältnisse am labilsten, im Mittelalter war sie eine Brutstätte der Häresie und danach das Zentrum der Reformation. Nach der Reformation wechselten einige Regionen mehrfach die Konfession, andere wurden konfessionell gemischt. Nach 1555 bestimmte in Deutschland der jeweilige Landesherr die Konfession, während Frankreich von 1598 bis 1685 eine Periode relativer religiöser Toleranz erlebte. Daher gab es in Frankreich viele konfessionell gespaltene Gebiete, und sowohl in Frankreich als auch in Deutschland kam es zu ausgedehnten religiösen Konflikten. Religiöse Spaltung, Instabilität und Vielfalt förderten insgesamt die Hexenverfolgung. Natürlich dachten die Behörden bei jeder Art von Dissens an mögliche Hexerei; denn Hexerei war schließlich eine neue und besonders gefährliche Art der Häresie. Auch die unmittelbare Nachbarschaft von Menschen rivalisierender Konfessionen weckte das Bewußtsein vom Wirken Satans in diesen Regionen, während die Häufigkeit und Intensität offener Religionskriege die Angst schürte, die allen Hexenverfolgungen zugrunde lag.

Die Britischen Inseln

Verlassen wir die Mitte und den Westen Europas und wenden uns der Peripherie zu, dann stoßen wir auf eine vergleichsweise milde und begrenzte Form der Hexenverfolgung. Zu Panikwellen kam es zwar auch in allen Randgebieten, aber in weit niedrigerer Zahl und geringerem Umfang als im europäischen Kernland. In England, Schottland und den englischen Überseegebieten verlief die Hexenverfolgung sehr unterschiedlich, insgesamt aber ganz anders als in West- und Mitteleuropa. Gewiß erlebte England in den 1640er Jahren eine umfangreiche Hexenjagd, Schottland im späten 16. und im 17. Jahrhundert eine Reihe landesweiter Panikwellen, und in Salem, Massachusetts, kam es 1692 zu der schon mehrfach erwähnten Hexenjagd. Aber kaum einer dieser Vorgänge entsprach in Umfang und Intensität dem Gemetzel, das in Ellwangen, Würzburg oder Bamberg stattfand. Außerdem lag die Gesamtzahl der britischen Prozesse kaum über 5000, die der Hinrichtungen unter 2500, eventuell nur um 1500.

Hauptgrund für diesen relativ milden Verlauf war die verzögerte und unvollständige Rezeption des kumulativen Konzepts von Hexerei. Da die Häresien des Mittelalters nicht auf die Britischen Inseln übergegriffen hatten und daher auch keine päpstlichen Inquisitoren zu deren Bekämpfung eingreifen mußten, entwickelten im 15. Jahrhundert weder Engländer noch Schotten eine solch wahnhafte Furcht vor dem Eindringen einer neuen Häresie, wie sie die Hexerei darstellte; als das kumulative Konzept von Hexerei im 16. Jahrhundert schließlich in ganz Europa an Bedeutung gewann, fand es in Britannien keinen fruchtbaren

Die Verbrennung der Hexe Anne Hendriks in Amsterdam 1571.

Boden. Die herrschende Elite und die Verwaltungsbehörden Englands nahmen es nur widerstrebend zur Kenntnis, und selbst in Schottland, wo die neuen Vorstellungen bereitwilliger akzeptiert wurden, kam es nie zur vollen Ausformung. Im 17. Jahrhundert bildete der Glaube an den Hexensabbat, der den meisten großen Hexenjagden zugrunde lag, den Hauptanklagepunkt in mehreren englischen Prozessen und auch bei der großen schottischen Hexenverfolgung, aber er wurde nie so detailliert ausgeschmückt wie auf dem Kontinent. In England und Schottland galt der Sabbat als relativ harmlose Angelegenheit, bei der die Hexen mit Satan zu Tisch saßen, aber kaum Kindermord und Kannibalismus praktizierten, an Orgien teilnahmen oder zu ihren Versammlungen flogen. Auch als der Glaube an den Sabbat einigen Widerhall fand, führte er zwar zur Suche nach Komplizen, aber die Anzahl der Teilnehmer blieb immer klein, und der gesamte Vorgang löste nicht dieselben bedrückenden Ängste aus wie die auf dem Kontinent verbreiteten albtraumhaften Vorstellungen.

Daß das kumulative Konzept von Hexerei in Britannien nur langsame und unvollständige Verbreitung fand, hängt mit dem zweiten Grund zusammen, aus dem die Hexenverfolgung in dieser Region relativ mild verlief, dem zurückhaltenden Gebrauch der Folter. Sowohl in England als auch in Schottland durfte die Folter nur auf besonderen Befehl des *Privy Council* und nur bei Vergehen gegen die staatliche Sicherheit eingesetzt werden.[37] In England wurde dieses Verbot strikt eingehalten, mit dem Ergebnis, daß nur bei einem einzigen Hexenprozeß, der in der Zeit des Bürgerkrieges stattfand, die Folter widerrechtlich angewendet wurde. In Schottland, wo die Justiz nicht so streng wie in England überwacht wurde, kam es häufiger zum unrechtmäßigen Gebrauch der Folter, und zwar häufig schon vor Beginn der Prozesse während der Verhöre und Ermittlungen.[38] Bei einer sehr umfangreichen Hexenjagd wurde sie auch auf amtlichen Befehl angewendet, als König Jakob VI. sich selbst als Opfer von Hexerei betrachtete.[39]

Der relativ zurückhaltende Einsatz der Folter in Britannien wirkte sich auf die Hexenjagd in zweifacher Weise aus: Einerseits schwächte er die Übernahme des kontinentalen Hexenglaubens; denn vorwiegend durch erpreßte Geständnisse über die Teilnahme am Sabbat und das Fliegen durch die Luft hatten sich die Magistrate diese Vorstellungen angeeignet, vom gemeinen Volk gar nicht zu reden. In diesem Zusammenhang erscheint es bemerkenswert, daß die britischen Hexenprozesse, in denen die Vorstellung vom Hexensabbat am weitesten entwickelt wurde, diejenigen waren, in denen die Folter auf legale oder illegale Weise eingesetzt wurde. Andererseits verhinderte der seltene Einsatz der Folter, daß ein Prozeß eine ganze Lawine weiterer Prozesse auslöste. Solche Vorgänge ereigneten sich in Britannien nur zweimal, und zwar 1590–92 und 1661/62 in Schottland; in beiden Fällen wurde intensiv gefoltert. Und selbst in diesen Fällen wurde die Mehrzahl der Prozesse unabhängig voneinander begonnen, eine unmittelbare Kettenreaktion läßt sich nicht nachweisen.

Der relativ milde Verlauf von Hexenjagden in Britannien ist ferner darin begründet, daß sowohl in England als auch in Schottland Hexenprozesse vor Geschworenengerichten stattfanden. Obwohl die Geschworenen nicht wie die kontinentalen Gerichte an das strikte Beweisrecht gebunden waren und eine Hexe aufgrund ihrer Reputation oder anhand von Indizien verurteilt werden konnte, fällten sie in der Regel relativ milde Urteile, und es gab in beiden Ländern zahlreiche Freisprüche. Darüber hinaus stellten die Geschworenengerichte, wie erwähnt, ein weiteres Charakteristikum der britischen Rechtsprechung dar; sie garantierten nämlich, daß das inquisitorische Verfahren nicht zur Anwendung kam, ein System, das unmittelbar zum Einsatz der Folter verleitete. Da die schottische Rechtsprechung vom römischen Recht beeinflußt war, enthielt sie manche Züge des inquisitorischen Verfahrens, aber bis ins späte 17. Jahrhundert blieb sie in ihren Grundzügen englisch geprägt. Wie in Kapitel 3 dargelegt, wahrten die Geschworenengerichte ihre Unabhängigkeit. Eine Initiative zur Hexenverfolgung von «oben», die für das inquisitorische Verfahren des Kontinents so charakteristisch war, kam in Schottland nur selten, in England nie vor.

Insgesamt also verliefen Hexenverfolgungen in Großbritannien wesentlich milder als in Deutschland, Frankreich und der Schweiz, in Schottland aber erheblich dramatischer als in England. Der Unterschied zwischen den beiden Ländern läßt sich erst richtig ermessen, wenn man bedenkt, daß in Schottland dreimal so viele Hexen wie in England hingerichtet wurden und daß die englische Bevölkerung viermal größer als die schottische war. Hauptgründe für diesen Unterschied waren die vollständigere Ausformung des kumulativen Konzepts von Hexerei in Schottland und der häufigere illegale Einsatz der Folter. Noch folgenreicher war die in Schottland übliche Praxis, lokale Magistrate mit Hexenprozessen zu beauftragen, ohne sie der Aufsicht von übergeordneten Richtern zu unterstellen. In solchen Fällen lag der Anteil der Verurteilungen und Hinrichtungen regelmäßig höher, als wenn die Prozesse vor dem Zentralgericht in Edinburgh oder von wandernden Richtern durchgeführt wurden. In England dagegen wurden alle Hexenprozesse vor den Grafschaftsgerichten von wandernden Richtern abgehalten.

Aber noch andere Faktoren gesetzlicher und religiöser Art trugen dazu bei, daß die Hexenjagd in Schottland intensiver betrieben wurde. Zur Verurteilung genügte in Schottland die Mehrheit der Geschworenen, während das englische Recht ein einstimmiges Votum verlangte. Wie sich dies auf die Anzahl der Verurteilungen auswirkte, läßt sich nicht genau feststellen; es steht aber immerhin fest, daß zahlreiche Urteile schottischer Gerichte auf Mehrheitsentscheidungen beruhten. Der Unterschied zwischen den Hexengesetzen der beiden Länder trug wohl auch dazu bei, daß in Schottland zwar nicht mehr Hexen verurteilt, aber mehr hingerichtet wurden. Während die englischen Gesetze von 1542, 1563 und 1604 für Ersttäter die Todesstrafe nicht vorsahen, verlangte das schottische Gesetz von 1563 die Todesstrafe in allen Fällen, ein schreckliches Zeugnis der sprichwörtlichen Strenge der schottischen Justiz. Dennoch entgingen viele schottische Hexen der Todesstrafe, weit weniger allerdings als in England.

Auch religiöse Faktoren beeinflußten die unterschiedlichen Ergebnisse der Hexenverfolgung in England und Schottland. Beide Länder waren nach 1560 protestantisch, und beide wurden von Religionskriegen erschüttert, aber trotzdem unterschieden sie sich in religiöser Hinsicht grundlegend. Die größere Strenge des calvinistischen Denkens scheint die Hexenjagd in Schottland nicht gefördert zu haben, aber der schottische Klerus spielte im religiösen Leben eine aktivere Rolle als der englische. In Schottland nahmen die Pfarrer und Gemeindeältesten nicht nur als Mitglieder des Pfarrgemeinderats an den ersten Verhören der Hexen teil, sondern als Mitglieder der Generalversammlung drängten sie die Regierung auch ständig, die Hexen zu verfolgen und so einen gottgefälligen Staat zu errichten, eines der deutlichsten Beispiele dafür, wie religiöse Reformer weltliche Regierungen in bezug auf die Hexenjagd unter Druck setzten.[40]

Besondere Beachtung verdient das Hexenwesen in den englischen Kolonien. In Irland, wo im 14. Jahrhundert der Fall der Alice Kytler eine wichtige Etappe bei der Entfaltung des kumulativen Konzepts von Hexerei markiert hatte, gab es überraschend wenige Hexenprozesse. Obwohl man allgemein annahm, daß das Land von Hexen und Zauberern nur so wimmele, und obwohl das irische Parlament 1586 ein Hexengesetz verabschiedete, scheint die Gesamtzahl der Prozesse sehr niedrig gewesen zu sein. Möglicherweise liegt das lediglich an der Unvollständigkeit der Gerichtsakten; aber da es auch sonst keinerlei Beweise für Hexenjagden gibt, darf man annehmen, daß die irischen Behörden nicht sehr häufig mit gesetzlichen Mitteln gegen Hexen vorgingen. Dabei dürften auch der unklare Status der irischen Justiz und die Spannungen zwischen englischem und gälischem Recht bzw. altirischem Gewohnheitsrecht eine Rolle gespielt haben. Es erscheint durchaus denkbar, daß Iren sich weigerten, Hexen vor Gerichte zu stellen, die nach englischem Recht richteten, und daß sie auf diese Weise Hexenverfolgungen verhinderten.

Auf jeden Fall aber bezeugen die erhaltenen Quellen, daß die auf dem Kontinent verbreiteten Vorstellungen über den Satanskult in Irland keinen nennenswerten Einfluß ausübten. Das Gesetz von 1586 war zumindest teilweise erlassen worden, um die 1578 aufgetretenen rechtlichen Schwierigkeiten zu beheben, die sich ergaben, als die Richter auf das Naturrecht zurückgreifen mußten, um zwei Hexen zu verurteilen. Das neue Gesetz lehnte sich recht eng an die englischen Gesetze von 1563 an, und die gegen Hexen in Irland erhobenen Anklagen glichen weit stärker den Anklagen in England als denen in Deutschland oder Frankreich. Einer der wenigen bekannten Fälle – der 1606 geführte Prozeß gegen den protestantischen Kleriker John Aston – befaßte sich unter anderem mit dem Vorwurf, der Angeklagte habe nach einem Schatz gegraben, eine Beschuldigung, die in englischen Hexenprozessen häufig erhoben wurde. Auch der berühmteste Prozeß des 17. Jahrhunderts, der 1661 gegen Florence Newton, «die Hexe von Youghal», geführt wurde, lehnte sich eng an ein englisches Vorbild an. Die Schwierigkeiten der Frau begannen, als sie bei John Pyne um ein Stück Rindfleisch bat, aber zurückgewiesen wurde und daraufhin fluchend wegging. Kurz danach küßte sie Mary Longdon, eine Magd aus dem Hause Pyne, und als diese dann einen Anfall erlitt, in Trance geriet und sich übergeben mußte, benannte sie die Newton als Grund ihrer Krankheit. Die mißliche Lage der Angeklagten verschlimmerte sich im Gefängnis zusätzlich, weil sie angeblich einen gewissen David Jones durch das Gitter hindurch küßte und damit dessen Tod verursachte. Der Ausgang dieses Falles ist nicht bekannt, aber soweit wir wissen, enthielten die Anklagen keine Elemente von Satanskult. Das war auch nicht zu erwarten, weil weder in diesem noch in anderen Fällen von irischen Gerichten die Folter eingesetzt wurde. In Irland wie in England bestand Hexerei nämlich im wesentlichen aus dem Verbrechen des *maleficium*, nicht des Satanskults.[41]

Wenden wir uns den amerikanischen Kolonien Englands zu, treffen wir auf eine ganz andere Lage als in Irland. In den mittleren und südlichen Kolonien gab es nur sehr eingeschränkte oder überhaupt keine Hexenverfolgungen. Nur einzelne Hexenprozesse fanden in New York, New Jersey, Delaware, Maryland und Virginia statt, und davon endete lediglich ein Prozeß 1685 in Maryland mit einer Hinrichtung.[42] Ganz anders war die Lage in Neuengland; dort wurden im 17. Jahrhundert insgesamt 234 Menschen wegen Hexerei angeklagt, von denen 36 hingerichtet wurden. Bedenkt man, daß Neuengland zu dieser Zeit nur rund 100 000 Einwohner zählte, wird deutlich, welchen Intensitätsgrad die Hexenverfolgung erreichte. Sie war bedeutend stärker als in der englischen Grafschaft Essex und vermutlich sogar intensiver als in Schottland. Darüber hinaus zeigten sich in Neuengland viele Zeichen regelrechter Hexenhysterie. Hier war der kontinentale Hexenglaube verbreitet, und in Salem kam es 1692 zu einer Hexenjagd, die mehr als die Hälfte aller in Neuengland zu ermittelnden Opfer forderte.[43]

Daß sich in Neuengland Elemente des kontinentalen Hexenglaubens durchsetzten, erstaunt nicht; denn zumindest in der englischen Literatur finden sie sich bereits im frühen 17. Jahrhundert und konnten so auch nach Neuengland gelangt und zur Zeit der Hexenjagd von Salem dort bekannt gewesen sein. Auch läßt sich eine großangelegte Hexenjagd in einer englisch geprägten Welt durchaus erklären. In Salem bereitete eine außergewöhnliche Kombination von politischen und sozialen Spannungen den Boden für eine Panik; das Gericht ließ in einem Fall, bei dem es ursprünglich um Besessenheit ging, sogenannte Geisterbeweise zu und ermöglichte damit, daß die betroffenen Mädchen eine größere Zahl von Verdächtigen in das Verfahren hineinzogen, als man normalerweise bei einem englischen Hexenprozeß erwarten konnte. Außerdem wurde in einem anderen Fall eine begrenzte Form der Folter eingesetzt, um die Namen von Komplizen herauszufinden.[44]

Am schwierigsten ist die Frage zu beantworten, warum die Bevölkerung in Neuengland Hexerei mehr fürchtete und stärker darauf bedacht war, sie zu verfolgen, als die Bewohner der südlichen Kolonien oder die Einwohner von Irland und England. Die Erklärung ist mit großer Sicherheit eher im religiösen als im sozialen oder wirtschaftlichen Bereich zu suchen. Die Kolonien in Neuengland waren zumindest anfänglich theokratische Institutionen, deren Zweck es war, ein neues Jerusalem zu errichten. Wie in Schottland sollte hier ein gottgefälliger Staat entstehen, und in beiden Fällen bedeutete das, daß Hexen als Feinde Gottes verfolgt werden mußten. In Massachusetts galt Hexerei wie in England als weltliches Verbrechen, das vor einem weltlichen Gericht verhandelt wurde, und die meisten Beschuldigungen, die Dorfbewohner gegen ihre Nachbarn erhoben, handelten von *maleficia*. Jedoch der Klerus und die von ihm beeinflußten Magistrate interpretierten Hexerei und damit das Hexengesetz von Massachusetts aus dem Jahre 1642 ausschließlich im Zusammenhang mit dem Teufelspakt.[45] Die einflußreichen Männer, die in Salem die Hexenjagd leiteten, betrachteten die Verfolgung von Hexen als Teil eines Generalangriffs auf die Macht des Teufels und nicht als den Versuch, Menschen zu verurteilen, die *maleficia* begangen hatten.[46]

Skandinavien

In Skandinavien verlief die Hexenverfolgung intensiver als auf den Britischen Inseln. Insgesamt fanden in Dänemark, Norwegen, Schweden und Finnland etwa 5000 Prozesse statt, von denen zwischen 1700 und 2000 mit Hinrichtungen endeten. Diese Zahlen entsprechen in etwa denen der Britischen Inseln, spiegeln aber dennoch eine intensivere Verfolgung, da die Bevölkerung Skandinaviens nur etwa 40 Prozent der britischen betrug.[47] In anderer Hinsicht jedoch war die skandinavische Hexenverfolgung mit der britischen durchaus vergleichbar. In beiden Regionen wurde das kumulative Konzept von Hexerei nur unvollständig und spät übernommen, nach Schweden und Finnland gelangte es sogar erst in der Mitte des 17. Jahrhunderts. Außerdem zögerte man in ganz Skandinavien, mit Hilfe der Folter Geständnisse oder die Namen der Komplizen zu erpressen. Das Zusammenwirken von schwach ausgebildeter Vorstellungswelt und zurückhaltender Gerichtsbarkeit erklärt die relative Milde der skandinavischen Hexenverfolgung, aber wie in Britannien galten diese Grundsätze nicht überall, und zu bestimmten Zeiten und in begrenzten Bereichen fanden auch hier ausgedehnte Hexenjagden statt.

Als erster skandinavischer Staat begann Dänemark mit der Verfolgung von Hexen. Peter Palladius, der lutherische Bischof von Seeland, drängte bereits in den 1540er Jahren auf Hexenprozesse mit der Begründung, daß diejenigen sich der Hexerei schuldig machten, die zum Katholizismus neigten. 1544 berichtete Palladius, daß ein relativ großer Hexenprozeß 52 Menschenleben gefordert hatte. Dagegen erklärte die Regierung 1547, die Aussage verurteilter Verbrecher, zu denen auch Hexen gezählt wurden, könne nicht zur Verurteilung einer anderen Person herangezogen werden. Außerdem verbot sie die Anwendung der Folter bis nach der Verhängung eines Todesurteils.[48] Diese beiden Gesetze verhinderten die Entstehung ausgedehnter Hexenjagden, hielten die Gesamtzahl der Verurteilungen relativ niedrig und sorgten auch dafür, daß die Vorstellungen vom Hexensabbat kaum übernommen wurden. Dies bedeutet nicht, daß es in Dänemark keinen Glauben an Satanskult gab. Zahlreiche Hexen wurden beschuldigt, einen Pakt mit dem Teufel geschlossen und ihn gemeinsam mit anderen verehrt zu haben.[49] 1617 definierte ein königlicher Erlaß Hexerei erstmals im Zusammenhang mit dem Teufelspakt und bestimmte, daß diejenigen, die dieser Verbrechen überführt würden, verbrannt werden sollten.[50] Aber die Rechtsreform von 1547 verhinderte zusammen mit der nach 1576 zwingend vorgeschriebenen Überprüfung von Todesurteilen durch die Grafschaftsgerichte, daß Dänemark denselben Weg wie viele deutsche Länder einschlug. Nach verläßlichen Schätzungen fanden in Dänemark rund 2000 Hexenprozesse statt, wobei etwa 1000 Menschen hingerichtet wurden.[51] Diese Zahlen entsprechen in der Relation etwa denen von Schottland, das ungefähr doppelt so viele Menschen zählte wie Dänemark.[52]

In Norwegen, das in dieser Zeit unter dänischer Herrschaft stand, fanden etwas weniger Hexenprozesse als in Dänemark statt. Um 1650 lebten dort 25 Prozent weniger Menschen als in Dänemark. Mit etwa 1400 Hexenprozessen entsprach das Verhältnis von Bevölkerungszahl zu Verfahren zwar dem Dänemarks, aber nur ein Viertel der Verurteilten wurde hingerichtet.[53] Wie in anderen Ländern, wo die Hexenverfolgung relativ mild verlief, liegt auch hier die Erklärung in einer Kombination von rechtlichen und ideologischen Faktoren. In Norwegen galt vorwiegend ein auf Anklage beruhendes Strafprozeßrecht, das für die Überführung eines Angeklagten die Aussage zweier Augenzeugen voraussetzte. Wenn es um Hexerei ging, konnte allerdings ein Prozeß auch aufgrund von Gerüchten begonnen werden, da Hexerei ein *crimen exceptum* darstellte. Die Folter war zwar erlaubt, wurde aber nur gelegentlich angewendet, was vermutlich erklärt, daß nur in weniger als einem Fünftel aller Fälle der Vorwurf des Satanskults erhoben wurde.[54] Vorstellungen über Teufelsverschwörungen, die hauptsächlich über Dänemark auch nach Norwegen gelangten, sind zwar bereits um 1590 nachweisbar, aber zumindest in den Prozessen, deren Akten erhalten sind, standen sie nicht im Vordergrund. Gewiß war in Norwegen beim einfachen Volk wie bei der Elite der Glaube weit verbreitet, daß Hexen sich in den nördlichen Landesteilen häufig mit dem Teufel trafen. Da die Versammlungsorte weit entfernt lagen, setzte sich auch die Ansicht durch, daß Hexen fliegen könnten, und eng damit verbunden der Glaube an die Möglichkeit der Verwandlung. In den Prozessen wurde jedoch nur selten der Vorwurf erhoben, die Angeklagten hätten am Sabbat teilgenommen, und in der Regel wurde ein solcher Vorwurf nicht zum Hauptanklagepunkt.[55] Dieser Glaube blieb vielmehr vorwiegend im Bereich der volkstümlichen Legende und wurde nicht zum festen Bestandteil dämonologischer Theorie. Der damit zusammenhängende Glaube an die Verwandlungsfähigkeit und die Flugkünste der Hexen stand hingegen öfter im Mittelpunkt von Prozessen, und zwar im Zusammenhang mit den traditionellen Anklagen wegen *maleficia.* Menschen, denen nachgesagt wurde, sie hätten Stürme ausgelöst - in seefahrenden Nationen ein häufiger Vorwurf –, wurden zum Beispiel oft bezichtigt, sie hätten diese Missetat im Fluge vollbracht, andere wurden beschuldigt, sie hätten *maleficia* in der Gestalt eines Wolfs, eines Raben, eines Hundes oder einer Katze ausgeübt.

Der berühmteste norwegische Hexenprozeß wurde gegen Anna Pedersdotter Absalon geführt, die 1590 in Bergen hingerichtet wurde. Bekannt wurde der Fall durch ein Bühnenstück des Norwegers Hans Wiers-Jenssen, eine englische Übersetzung von John Masefield und den brillanten Film *Day of Wrath* von Carl Theodore Dreyer.[56] Bühnenstück und Film halten sich zwar keineswegs an die historische Wahrheit, aber der Prozeß selbst wirft ein bezeichnendes Licht auf die norwegische Art des Hexenwesens. Anna Pedersdotter Absalon war die Ehefrau des berühmtesten Humanisten Norwegens, des lutherischen Pfarrers Absalon Pedersen Beyer. Die Anschuldigungen gegen Anna entsprangen der Opposition, die sich in Bergen gegen die Bemühungen Absalons und des Klerus wandte, die für die vorreformatorische Kirche so charakteristischen Heiligenbilder zu zerstören. Die Antriebsfeder der Hexenverfolgung war also eine ganz andere als 50 Jahre zuvor in Dänemark, wo der lutherische Klerus offensichtlich die Initiative ergriff, Furcht vor Hexerei verbreitete und vielleicht sogar selbst die Anschuldigungen formulierte. In diesem norwegischen Fall war der Klerus das Opfer, und da die Kleriker selbst ihrer hohen Stellung wegen nicht angreifbar waren, wandte man sich ersatzweise gegen ihre Ehefrauen. Dieses Verlaufsmuster findet man auch häufig bei Hexenjagden in deutschen Städten, wo Mitglieder politischer Gruppierungen die Ehefrauen ihrer Gegner der Hexerei bezichtigten, um ihre eigene Karriere zu fördern. Es sei außerdem ausdrücklich vermerkt, daß Anna von einem weltlichen Gericht verurteilt wurde und nicht wie im Bühnenstück und im Film von einem lutherischen Kirchengericht.

Als Anna zum erstenmal im Todesjahr ihres Ehemannes 1575 angeklagt wurde, kam es zwar zu einem Freispruch, aber 1590 wurde der Fall wiederaufgenommen. Den interessantesten Aspekt dieses zweiten Verfahrens liefern die gegen Anna vorgebrachten Beschuldigungen, bei denen es sich meist um traditionelle *maleficia* handelte: Sie habe einen

Mann, der die Bezahlung eines Webrahmens verweigert habe, ins Koma versetzt, einen anderen, der sich geweigert habe, ihr Wein, Bier und Essig zu geben, mit Krankheit geschlagen und den Tod eines vierjährigen Knaben verursacht, indem sie ihm verhextes Gebäck gegeben habe. Nachdem der Prozeß wegen solcher Beschuldigungen begonnen hatte, wurden, wie häufig in solchen Fällen, Anschuldigungen wegen Satanskults laut. Annas Magd bezeugte, ihre Herrin habe sie in ein Pferd verwandelt und sei mit ihr zu einem Berg namens Lyderhorn zum Sabbat geritten, wo mehrere Hexen beschlossen hätten, alle in Bergen einlaufenden Schiffe in einem Sturm zu zerstören, später die Stadt in Brand zu setzen und eine Überschwemmung zu verursachen. Der Sabbat sei jedoch von einem weiß gekleideten Mann aufgelöst worden, der verkündet habe, Gott werde dies nicht zulassen. Die Aussagen der Magd und anderer Zeugen führten dazu, daß Anna als Hexe verbrannt wurde.[57]

Dieser Prozeß zeigt, daß die Beschuldigung der kollektiven Teufelsverehrung in norwegischen Hexenprozessen zwar vorkam, aber keine entscheidende Rolle spielte. Der Sabbat, der angeblich in Lyderhorn stattfand, beruht vorwiegend auf dem norwegischen Volksglauben und nicht auf einer dämonologischen Theorie; ihm fehlen die charakteristischen Merkmale des Sabbats, wie er in Deutschland, Frankreich und der Schweiz beschrieben wurde. So ist zum Beispiel keine Rede von Kindermord oder Kannibalismus, und obwohl Anna und ihre Magd auf der Heimreise angeblich das Sakrament empfingen, wurde nicht behauptet, der Satan habe die Kommunion beim Sabbat ausgeteilt. Insgesamt verlief der Sabbat hier weit unspektakulärer als in Schottland oder auch in England. Anna wurde hauptsächlich deshalb verurteilt, weil sie mit anderen oder alleine *maleficia* begangen hatte, wobei als Beweis gewertet wurde, daß während eines Sabbats ein Sturm in Bergen ausgebrochen war. Sie wurde als Hexe verbrannt, eine Bestrafung für Hexerei, die diese eher als Häresie denn als Zauberei kennzeichnet, aber die Beschuldigungen, die zu ihrer Verurteilung führten, weisen darauf hin, daß sie als Zauberin galt und nicht als jemand, der mit dem Teufel paktierte und ihn verehrte.

Zwei andere Facetten dieses Prozesses vermitteln weitere Erkenntnisse über das Verständnis von Hexerei in Norwegen. Obwohl die Aussagen zweier zuvor wegen Hexerei hingerichteter Frauen in dem Prozeß verwertet wurden, was in Dänemark nicht möglich gewesen wäre, beeinflußten sie den Ausgang des Verfahrens nicht entscheidend. Zweitens wurde Anna während des Prozesses offensichtlich nicht gefoltert, und der Richter bestand nicht auf einem Geständnis. Auch wurden keine Namen von Komplizen unter der Folter erpreßt. Zwar erlaubte das norwegische Gesetz die Folter, aber sie wurde offenbar ebenso selten wie in Dänemark angewandt; diese Zurückhaltung verhinderte sowohl die Überlagerung des volkstümlichen Glaubens mit dämonologischen Theorien als auch die Auslösung von umfangreichen, in Kettenreaktionen verlaufenden Hexenjagden. Sie mag auch dazu beigetragen haben, daß in Norwegen relativ wenige Hexen hingerichtet wurden, im Verhältnis zur Bevölkerung kaum mehr als in England.

In Schweden verlief die Hexenverfolgung zunächst ähnlich wie in Norwegen, aber im späten 17. Jahrhundert brach eine umfangreiche Panik aus, die für skandinavische Verhältnisse außergewöhnlich war. Erste Hexenprozesse fanden nach 1580 statt, aber die meisten davon behandelten einfache *maleficia*, und nur sehr wenige endeten mit Hinrichtungen. Ein Gesetz aus dem Jahre 1593, das bei einem Todesurteil entweder sechs Zeugenaussagen oder ein Geständnis forderte, und ein Erlaß von 1614, nach welchem alle Todesurteile dem königlichen Hochgericht in Stockholm zur Überprüfung vorgelegt werden mußten, sorgten dafür, daß Hexenjagden in Grenzen gehalten wurden. Jedoch spielten bei diesen Prozessen auch Anschuldigungen wegen Satanskults eine Rolle, und da in Hexenprozessen hier die Folter erlaubt war, waren die Voraussetzungen für umfangreiche Hexenjagden durchaus gegeben. In den 1640er Jahren haben möglicherweisen Soldaten, die aus dem Dreißigjährigen Krieg heimkehrten, extremere Vorstellungen von Satanskult importiert.[58]

Königin Christina, die in dem während des Dreißigjährigen Krieges von Schweden regierten deutschen Territorium Verden die Hexenprozesse beendete, behauptete viele Jahre nach ihrer Abdankung, sie habe 1649 bei allen schwedischen Hexenprozessen die Todesstrafe verboten, es sei denn, der Angeklagte sei des Mordes beschuldigt worden. Außerdem habe sie die Geständnisse der Hexen weiblicher Verwirrtheit oder teuflischen Illusionen zugeschrieben. Es gibt Anlaß, an diesem Bekenntnis einer frühen Aufgeklärtheit zu zweifeln, aber was immer die Königin unternommen hatte, konnte nicht verhindern, daß unter Karl XI. eine umfangreiche Hexenjagd stattfand. Diese begann 1668 in der nordschwedischen Provinz Dalecarlia, dem heutigen Dalarna, dehnte sich über ganz Nordschweden aus und sprang sogar auf die schwedischsprachigen Teile Finnlands über. Das Außergewöhnliche daran war, daß sich sowohl unter den Zeugen als auch unter den Angeklagten sehr viele Kinder befanden. Nach einem schwedischen Volksglauben besuchten Hexen einen mythischen Ort namens Blakulla, wo sie angeblich feierten, tanzten und sich mit Teufeln vermählten; in Anlehnung an diese Legende beschuldigten viele Kinder Verwandte, Nachbarn und andere Kinder, sie zu dieser schwedischen Version des Sabbats mitgenommen zu haben.

Karl XI. richtete mehrere königliche Kommissionen zur Untersuchung der einzelnen Fälle und zur Aburteilung der Hexen ein. Die

Situation verschärfte sich, als nach der ersten Prozeßserie Eltern und Magistrate in vielen kleinen Gemeinden forderten, auch in ihren Dörfern die Hexen vor Gericht zu stellen, eine Aufgabe, die neu ernannten Kommissionen übertragen wurde. Diese durften zwar keine Folter einsetzen, aber in einer Stimmung allgemeiner Hysterie hielten sie sich offensichtlich nicht an das Verbot. Die königlichen Kommissionen fällten auf dem Höhepunkt der Panik zahlreiche Todesurteile, 100 allein im Jahr 1675. Die Hexenjagd kam erst zum Ende, als sie den Süden und die Hauptstadt Stockholm erreicht hatte. Zwei im Jahre 1676 neu ernannte Kommissionen agierten zurückhaltender als ihre Vorgänger und übten einen mäßigenden Einfluß auf die von Panik erfaßte Bevölkerung aus. Gleichzeitig begann der Appellationsgerichtshof, der in den vorangegangenen acht Jahren viele Urteile bestätigt hatte, die Zeugen selbst zu verhören. Als zahlreiche Kinder eingestanden, daß ihre Beschuldigungen unbegründet waren, überprüfte das Gericht alle Beweise und ließ die meisten der kurz zuvor verurteilten Hexen frei.[59]

Während der Hexenjagd in Nordschweden wurden 1668–1676 mehr als 200 Menschen hingerichtet. Wie die von Matthew Hopkins in den 1640er Jahren in England angeführte Hexenjagd belegt auch diese, daß selbst in Ländern, in denen Hexen üblicherweise milde behandelt wurden, gelegentlich umfangreiche Panikwellen ausbrechen konnten. Alles, was dazu benötigt wurde, war der Glaube an den Hexensabbat, die Lockerung des Prozeßrechts und eine Stimmung im Volk, durch die sich die Obrigkeit zur Tat gedrängt fühlte.

Finnland gehörte damals zu Schweden, und die beiden Provinzen, in denen die meisten finnischen Hexenprozesse stattfanden, waren schwedischsprachig. Daher ist die Hexenverfolgung in Finnland im Zusammenhang mit den Vorgängen in Schweden zu betrachten. Ein Großteil der Prozesse resultierte aus der in Dalecarlia ausgelösten Panikwelle. Andererseits verlief jedoch die Geschichte der Hexenverfolgung in Finnland ganz anders als in Schweden. Von allen skandinavischen Ländern begann Finnland als letztes mit Hexenprozessen. Im späten 16. und im 17. Jahrhundert war der Glaube an Hexen und an Satanskult durchaus verbreitet. Er war aus den nördlichen, schwedischsprachigen Provinzen, aber auch aus Estland und Lettland übernommen worden, die damals zu Schweden gehörten und umfassende kulturelle Kontakte mit Finnland und Deutschland pflegten.[60] Dennoch fand Hexerei bei der finnischen Obrigkeit wenig Beachtung, bis 1640 der schwedische Bischof Isaac Rothovius Vizekanzler der Turku Akademie, der ersten finnischen Universität, wurde. Rothovius, ein eifriger Verfechter der lutherischen Sache gegen Katholiken und Calvinisten, befaßte sich nicht mit Hexen, die am Sabbat teilnahmen, sondern er verlangte die Ausrottung von Zauberei, die er nach der älteren Tradition als einen Überrest heidnischen Aberglaubens betrachtete. Außerdem startete er in der Universität eine Kampagne gegen die Ausübung dämonischer Magie, der sich andere Würdenträger und auch sein Nachfolger anschlossen. Damit kam in Finnland 1640 eine Entwicklung in Gang, die in anderen europäischen Ländern mehr als zwei Jahrhunderte früher begonnen hatte.

In finnischen Hexenprozessen tauchte das kumulative Konzept von Hexerei erst in den 1660er Jahren auf. Für dessen Einführung war in erster Linie Nils Psilander verantwortlich, ein Richter am Zivilgericht der schwedischsprachigen Provinz Ahvenanmaa (Ålandinseln). Seine Ausbildung hatte Psilander an der baltischen Tartu Akademie erhalten, wo er die zeitgenössischen deutschen Rechtsvorstellungen über Hexerei kennengelernt hatte. Zwischen 1666 und 1674 leitete er eine lang anhaltende Hexenjagd, bei der die ursprünglichen Beschuldigungen wegen Wahrsagerei und Zauberei mit dämonologischen Theorien überlagert und darüber hinaus mit Elementen aus der schwedischen Legende über die Reise nach Blakulla vermischt wurden. Bei diesen Prozessen wurde häufig das Teufelszeichen festgestellt und die Folter eingesetzt, aber skeptische Geschworene und der etwas weniger skeptische Appellationsgerichtshof von Turku verhinderten, daß die Hexenjagd außer Kontrolle geriet. Obwohl die als erste verdächtigte Karin Hendriksdotter dreizehn Komplizen benannte, wurden nur vier davon und eine später verdächtigte Person zusammen mit ihr hingerichtet.

In Österbotten (Pohjanmaa), der zweiten vorwiegend schwedischsprachigen Provinz Finnlands, fanden zwischen 1665 und 1684 zahlreiche Hexenprozesse statt. Diese Hexenjagd, bei der mindestens 152 Personen der Hexerei beschuldigt wurden, endete mit 20 Todesurteilen, von denen die meisten vermutlich in einem Berufungsverfahren bestätigt wurden, und mit der Hinrichtung von acht weiteren Personen, deren Prozeßakten nicht erhalten sind. Diese Prozesse standen in Zusammenhang mit der großen nordschwedischen Hexenjagd von 1668–1675. Überraschenderweise ging es dabei aber nicht hauptsächlich um Satanskult. Die Beschuldigungen wurden vorwiegend «von unten» erhoben, und da kein Richter ähnlich wie Psilander gelehrte Vorstellungen über Hexerei vertrat, wurden die Angeklagten im wesentlichen wegen *maleficia* verurteilt. Erst als Kinder zusammen mit einer Magd behaupteten, die Eltern hätten sie nach Blakulla mitgenommen, eine Beschuldigung, die nur in wenigen Prozessen erhoben wurde, tauchte das Thema Satanskult auf, diente aber auch in diesem Fall nicht als Grundlage der Anklage.

Alles in allem verlief die Hexenverfolgung in Österbotten in den Jahren 1665–1684 relativ glimpflich. Da nur etwa ein Drittel der Betroffenen von anderen denunziert worden war, kann man nicht von einer Verfolgungswelle sprechen. Außerdem wurden die Denunziationen nicht unter der Folter erpreßt. Soweit sie nicht jugendlicher Phantasie entsprangen, waren sie das Werk boshafter Mitmenschen oder übereifriger Kleriker. Auch fielen die Urteile nicht allzu hart aus. 57 Prozent der Angeklagten wurden freigesprochen oder freigelassen, während die Mehrzahl der übrigen Hexen Kirchenbußen erhielten, ein Bußgeld zahlen mußten oder zu Gefängnis bzw. Zwangsarbeit verurteilt wurden. Nur 13 Prozent der Angeklagten wurden zum Tode verurteilt, und vermutlich wurden einige Todesurteile vom Appellationsgericht wieder aufgehoben.[61]

Insgesamt scheint in Finnland die Hexenverfolgung nie außer Kontrolle geraten zu sein. Vermutlich fanden kaum mehr als 1000 Hexenprozesse statt[62]; die Vorstellungen über den Satanskult wurden nie vollständig übernommen und gerieten nur gelegentlich in den Brennpunkt von Prozessen; die Folter wurde zurückhaltend eingesetzt; Geschworenengerichte bremsten den Eifer von Hexenjägern; die Hinrichtungsrate lag niedriger als in anderen skandinavischen Ländern. In den Provinzen mit vorwiegend finnischer Sprache kam es noch seltener zu Hexenverfolgungen. Mindestens die Hälfte aller Prozesse fand in der Provinz Österbotten statt, und soweit bekannt, wurde außerhalb der schwedischsprachigen Provinzen Österbotten und Ahvenanmaa nur eine Hexe hingerichtet.

Der Osten Mitteleuropas und Osteuropa

Über Hexenverfolgungen in den osteuropäischen Ländern, östlich des Heiligen Römischen Reiches und nördlich der Grenzen des Osmanischen Reiches sind kaum allgemeine Aussagen zu machen. In allen diesen Regionen begannen die Hexenjagden sehr viel später als in Westeuropa und hielten bis in die Mitte des 18. Jahrhunderts an. Die Intensität der Verfolgung schwankte jedoch regional sehr stark. In manchen Teilen Polens, wo das kumulative Konzept von Hexerei auf fruchtbaren Boden fiel, verlief die Hexenverfolgung so intensiv wie in den am schlimmsten betroffenen Gegenden Deutschlands. In Ungarn, wo gelehrte Interpretationen von Hexerei nur teilweise und widerstrebend übernommen wurden, gab es zwar zahlreiche, aber keineswegs außerordentlich viele Prozesse und nur sehr wenige ausgedehnte Hexenjagden. Relativ wenige Hexenprozesse fanden in Siebenbürgen und den Herzogtümern Moldau und Walachei statt, wo dämonologische Vorstellungen kaum oder überhaupt nicht verbreitet waren. Ganz allgemein darf man behaupten, daß die Regionen, die Deutschland nahe lagen, kulturelle Kontakte mit Deutschland pflegten oder eine deutschsprachige Bevölkerung besaßen, weit mehr Hexen verfolgten als die rein slawischen Gebiete. Intensive Hexenjagden fanden offensichtlich auch nicht in solchen Regionen statt, die zur orthodoxen Kirche gehörten. Zwar kann man nicht behaupten, daß es dort überhaupt keine Hexenverfolgungen gegeben habe; Hexenprozesse gab es in Rußland und in den orthodoxen und unierten Gebieten von Litauen.[63] Aber zweifellos beteiligten sich die östlichsten Teile Europas nicht annähernd mit derselben Begeisterung an der europäischen Hexenjagd wie ihre westlichen und lateinisch geprägten Nachbarn.

Als einziges Land in Ost- bzw. Ostmitteleuropa verfolgte Polen Hexen in großer Zahl. Da die Gerichtsakten nicht vollständig erhalten sind, kann die Gesamtzahl der Prozesse bzw. Hinrichtungen nur geschätzt werden. Vermutlich greift Baranowski, der von 10 000 legalen Hinrichtungen ausgeht, zu hoch, aber selbst wenn man von der Hälfte ausginge, überträfe Polen immer noch sowohl die Britischen Inseln, die viel stärker bevölkert waren, als auch Skandinavien. Polen beteiligte sich an der europäischen Hexenverfolgung zwar mit zeitlicher Verzögerung, aber keineswegs widerstrebend, sondern außerordentlich intensiv. Umfangreiche Hexenjagden begannen erst nach 1650, und mehr als die Hälfte der Hinrichtungen fanden zwischen 1676 und 1725 statt, am schlimmsten waren die ersten Jahre des 18. Jahrhunderts.[64]

Drei Faktoren erklären die Härte der Hexenverfolgung in Polen, und zwar die dort vertretenen Theorien über Satanskult, das Fehlen einer wirksamen zentralen Kontrolle der Gerichte und der unbegrenzte Einsatz der Folter. Die Vorstellungen über den Satanskult waren wie in Britannien und Skandinavien im wesentlichen importiert. Lange Zeit glaubten die Polen an *maleficia*, aber der Glaube an einen förmlichen Pakt mit dem Teufel und an den Sabbat wurde im späten 16. und frühen 17. Jahrhundert aus Deutschland übernommen. Gelehrte Ansichten über Hexerei drangen zuerst in die an Deutschland grenzenden Regionen, die eine große deutschsprachige Bevölkerung besaßen und enge wirtschaftliche und kulturelle Kontakte mit dem Nachbarland pflegten. Von dort aus verbreiteten sie sich in andere Landesteile, ein Vorgang, der dadurch beschleunigt wurde, daß zu Beginn des 17. Jahrhunderts der *Malleus Maleficarum* ins Polnische übersetzt wurde. Lediglich im weit entfernten Litauen, das im 16. Jahrhundert zu Polen kam, und im südpolnischen Galizien setzten sich diese Vorstellungen nicht durch. Verständlicherweise beteiligten sich diese Teile Polens auch nicht intensiv an der europäischen Hexenjagd.

Obwohl ein polnisches Gesetz von 1543 die Jurisdiktion über Hexerei kirchlichen Gerichten übertragen hatte, fand der größte Teil der Hexenprozesse vor städtischen Gerichten statt. Zwar versuchte 1669 Bischof Czartoryski von Leslau, das Jurisdiktionsmonopol der Kirche durchzusetzen, und forderte, daß alle Prozesse vom Bischof gebilligt werden müßten, aber die städtischen Gerichte setzten die Prozesse in eigener Regie fort. Auch königliche Erlasse von 1672 und 1713, deren alleinige Existenz beweist, daß die Bemühungen des Bischofs keinen Erfolg zeitigten, konnten den Eifer der lokalen Gerichte nicht in Schranken halten. Angesichts der damaligen Schwäche des polnischen Staates überrascht dieses Versagen nicht. Andererseits wirkte sich die Tatsache, daß lokale Gerichte Erlasse der Zentralregierung offen ignorieren konnten, nachhaltig auf die Ausweitung der Hexenjagden aus; denn die lokalen Gerichte, die das inquisitorische Verfahrensrecht anwandten, verstießen wiederholt gegen alle prozeduralen Regeln, die den Angeklagten schützen sollten. Aus den Instruktionen des Bischofs wissen wir, daß diese Gerichte den Angeklagten die Beweise und den Rechtsbeistand vorenthielten und sie vor allem unbegrenzt folterten, um Geständnisse zu erlangen und die Namen von Komplizen zu erfahren. Damit waren in Polen alle Bedingungen gegeben, welche ausgedehnte Hexenverfolgungen ermöglichten: Theorien über Satanskult, Autonomie der lokalen Gerichte und unbegrenzter Gebrauch der Folter; folglich war die Zahl der Opfer sehr hoch. In ihren Grundzügen glich die Hexenverfolgung in Polen der in Deutschland. Da der polnische Hexenglaube aus Deutschland übernommen war und die schlimmsten Verfolgungen im Westen des Königreiches stattfanden – im Gebiet des königlichen Polen und des königlichen Preußen –, können wir die gesamte polnische Hexenverfolgung als Ausläufer des deutschen Phänomens betrachten.

Die Frage jedoch, warum die Hexenverfolgung in Polen soviel später als in Deutschland einsetzte, bleibt ungelöst. Mag man die verspätete Übernahme der dämonologischen Theorie in Schweden noch mit verzögerter Übermittlung erklären, so gilt dies nicht für ein Land, in dem der deutsche Einfluß weit unmittelbarer zur Geltung kam. Offensichtlich war man in Polen im frühen 17. Jahrhundert nicht bereit, Hexenverfolgungen zu beginnen, setzte dann aber in der zweiten Hälfte des Jahrhunderts recht unvermittelt eine größere Kampagne in Gang. Ein Grund dafür dürfte in den in der Mitte des Jahrhunderts plötzlich entstandenen beispiellosen Kriegsschäden zu suchen sein. Im 16. und frühen 17. Jahrhundert hatte Polen weder einen Bürgerkrieg noch eine Invasion erlebt. Dagegen bildeten um die Jahrhundertmitte ein Kosakenaufstand (1648) und der erste Nordische Krieg gegen Schweden und Rußland den Anfang einer Katastrophe, bei der feindliche Truppen das Land verwüsteten und die Regierung lähmten. Wie in anderen europäischen Regionen führten auch hier die Kriege nicht unmittelbar zur Intensivierung der Hexenverfolgung, aber die langfristigen Auswirkungen der Katastrophe schufen die neuen sozialen, wirtschaftlichen und psychologischen Voraussetzungen.[65]

Ein zweiter, weniger faßbarer Grund mag in der Veränderung des religiösen Klimas liegen. In Polen nahm die Reformation einen ungewöhnlichen Verlauf. Die Ausdehnung des Protestantismus und die erfolgreiche Gegenreformation führten weder zu Religionskriegen noch zu Unterdrückung, sondern zu einer Politik der Toleranz, die in Europa ihresgleichen suchte.[66] Aus einer Vielzahl praktischer Gründe, unter anderem wegen der Schwäche der Zentralregierung, der wenig fanatischen Einstellung und der religiösen Zersplitterung des Adels, wurde Polen zu einem «Staat ohne Scheiterhaufen», in dem eine protestantische Minderheit mit einer katholischen Mehrheit zusammenlebte. Im 17. Jahrhundert jedoch und besonders nach 1648 wuchs die Intoleranz unter den Katholiken, was dazu führte, daß die Glaubensfreiheit der Protestanten eingeschränkt wurde. Möglicherweise förderte dieser neue Geist der Intoleranz gegen Andersgläubige auch die Hexenverfolgung. Zwar waren religiöser Dissens und Hexerei zwei ganz unterschiedliche Phänomene, da aber beide Formen religiöser Rebellion darstellten, waren sie in manchen Bereichen vergleichbar, und die Intoleranz gegenüber der einen angeblichen Verfehlung konnte dazu führen, daß man auch gegen die andere härter vorging. Vermutlich ist es kein Zufall, daß sich zur selben Zeit, als man in Polen Hexen verbrannte, ein militanter, kompromißloser Katholizismus ausbreitete und die ursprünglich geübte Toleranz spürbar abnahm, wenn dies auch nicht bedeutete, daß man Häretiker verbrannte. Man könnte sogar vermuten, daß eine intolerante katholische Mehrheit die Hexenverbrennung als ein Mittel benutzte, einem Land, das selbst im späten 17. und frühen 18. Jahrhundert noch religiös pluralistisch geprägt war, einen einheitlichen Glauben aufzuzwingen.

Die Hexenverfolgung begann in Polen auch deshalb so spät, weil die kirchliche Gerichtsbarkeit über Hexerei sehr lange aufrechterhalten wurde. Wie oben dargelegt, beschleunigten der Niedergang der kirchlichen Jurisdiktion und die Übertragung der Gerichtsbarkeit in Hexenangelegenheiten auf weit skrupellosere weltliche Gerichte die Hexenjagd in Europa. Nicht anders als in vielen Teilen Europas wurde auch in Polen die Zuständigkeit der kirchlichen Gerichte im späten 16. Jahrhundert eingeschränkt, aber die traditionelle Gerichtsbarkeit über *maleficia* blieb der Kirche erhalten.[67] Die kirchlichen Gerichte, die Hexerei mit relativer Milde behandelten, konnten so im späten 16. und frühen 17. Jahrhundert verhindern, daß weltliche Gerichte ihre möglicherweise todbringende Aufmerksamkeit diesem Verbrechen zuwandten. Erst in der zweiten Hälfte des 17. Jahrhunderts hatten die lokalen Gerichte genug Macht, das offizielle Monopol der Kirche zu ignorieren und Fälle von Hexerei als Zivilverbrechen an sich zu ziehen. In dieser Zeit war die Macht des Königs so gering, daß er das Monopol der Kirche nicht aufrechterhalten konnte. Die Entstehung der Hexenverfolgung in Polen spiegelt den Niedergang der kirchlichen Gerichtsbarkeit, wenn dieser auch sehr viel später als in anderen Ländern Europas einsetzte.

Die Hexenverfolgung in Ungarn war sehr viel weniger intensiv und forderte weniger Menschenleben als in Polen, obwohl die Zahl der Prozesse und Hinrichtungen keineswegs niedrig lag. Zwischen 1520 und 1777 wurden knapp 1500 Menschen wegen Hexerei verurteilt, von denen 450, soweit man weiß, hingerichtet wurden, und zwar durch Verbrennung, während mindestens 225 andere Strafen erhielten.[68] Die meisten Prozesse fanden im Königreich Ungarn statt, dem einzigen Landesteil, der nach der Niederlage König Ludwigs II. bei der Schlacht von Mohács 1526 vom Osmanischen Reich unabhängig geblieben war. Eine Reihe von Prozessen gab es auch in der südöstlichen Provinz Siebenbürgen, die zwischen 1526 und 1699 eine autonome Provinz des Osmanischen Reiches blieb und bis 1711 nicht voll in das von den Habsburgern regierte Königreich Ungarn eingegliedert wurde.

Obwohl Hexerei in Ungarn eine alte Tradition besaß, dauerte es lange, bis sich umfangreiche Hexenjagden entwickelten. Bereits im 15. Jahrhundert wurde Hexerei als eine Form der Häresie definiert, 1421 bestimmte das Stadtrecht von Buda, daß Zauberer den Judenhut tragen mußten. Sieht man von deutsch besiedelten Gebieten ab, dauerte es einige Zeit, bis westliche dämonologische Vorstellungen in das Land gelangten, die sich jedoch nie voll entfalteten. Im 16. Jahrhundert zirkulierten einige Exemplare des *Malleus Maleficarum*, aber es gab keine bedeutende Hexenliteratur, und die wenigen ungarischen Intellektuellen, die sich mit solchen Fragen beschäftigten, neigten zu einer skeptischen Einstellung.[69] Erst nachdem die *Practica Rerum Criminalium* des Benedikt Carpzov 1656 für Österreich kodifiziert und 1696 in das ungarische Recht übernommen worden war, drangen westliche dämonologische Vorstellungen zu den ungarischen Richtern vor. Ihnen gelang es dann, in Verfahren wegen Teufelsverehrung, wie sie im Westen üblich waren, entsprechende Geständnisse zu erlangen. Wie sich dieser Vorgang abspielte, läßt sich an einer Reihe von Prozessen verfolgen, die 1728/29 in Szeged stattfanden, wo 13 Hexen hingerichtet wurden, 28 weitere aber auf Intervention Kaiser Karls VI. am Leben blieben. Dabei war zunächst die Beschuldigung erhoben worden, die Hexen hätten durch Hagelstürme Weinberge zerstört. Aber dann folgten weitere Anklagen, etwa sie hätten sich mit dem Teufel verbündet, sein Zeichen erhalten – meist in Form eines Hühnerfußes – und am Sabbat teilgenommen.[70]

Neben diesen gängigen dämonologischen Vorstellungen kamen bei den Prozessen zahlreiche Elemente des ungarischen Volksglaubens zum Tragen. Eines der interessantesten ist der Aberglaube, der bereits 1656 belegt ist und bei den Prozessen von Szeged Bedeutung erlangte, die

Hexen seien unter dem Oberkommando des Teufels in militärischer Form organisiert. Zwischen diesen Vorstellungen und denen der *benandanti* in Friaul bestehen möglicherweise Verbindungen; denn auch diese waren angeblich zum Kampf gegen die Hexen militärisch organisiert.[71] Eine große Rolle spielte im ungarischen Volksglauben auch der *táltosok*, ein schamanenartiger Magier und Heiler, dessen Seele im Trancezustand den Körper verließ und mit den Seelen anderer Magier kämpfte.

Die späte Übernahme gelehrter Vorstellungen über Hexenglauben in Ungarn entsprach der verzögerten Übernahme des inquisitorischen Verfahrensrechts in den 1580er Jahren. Die ersten größeren Prozesse fanden erst in jenem Jahrzehnt statt. In der Provinz Siebenbürgen, die eine eigene Jurisdiktion besaß, wurde das inquisitorische Verfahrensrecht sogar noch später eingeführt. Bis 1725 wurden alle Anklagen in Siebenbürgen öffentlich und nach dem Talionsprinzip erhoben; beide Parteien boten Zeugen auf; als wichtigstes Mittel, um ein Geständnis zu erreichen, diente die Wasserprobe als Gottesurteil. Die Folter wurde nur angewandt, wenn der Beschuldigte der Hexerei dringend verdächtig war und wenn die Wasserprobe fehlschlug. In einem Fall wurde sie allerdings auch eingesetzt, um Namen von Komplizen zu erfahren.[72] Hauptsächlich aufgrund dieses Systems blieb die Zahl der Verurteilungen in Siebenbürgen auf einem äußerst niedrigen Stand. Die meisten Prozesse, von denen wir wissen, fanden in einer Region statt, die im 12. Jahrhundert von Deutschen besiedelt worden war. Dort wurden alle Hexenprozesse von weltlichen Gerichten durchgeführt, wenn auch die Geistlichen dabei oft eine wichtige Rolle spielten.[73]

Meist verlief die Hexenjagd in Ungarn ähnlich wie in Polen. Um 1580 kam es zu vereinzelten Prozessen und gelegentlich auch zu kleineren Paniken wie 1615, als mehrere Hexen angeblich versuchten, ganz Ungarn und Siebenbürgen durch Hagelstürme zu vernichten, und zwar kurioserweise in einer Zeit, als das Land ohnehin unter einer Trockenheit litt.[74] Die große Mehrzahl der Hexenprozesse fand jedoch erst im 18. Jahrhundert statt. Diese verspätete Intensivierung der Hexenjagd in Ungarn kann nicht einfach damit erklärt werden, daß nach 1699 der politische und kulturelle Einfluß Deutschlands und Österreichs zunahm. Vermutlich muß man die Gründe eher in einem allgemeineren historischen Entwicklungsprozeß suchen; denn die sozialen, wirtschaftlichen und kulturellen Bedingungen, die im Westen Hexenjagden förderten, entstanden in den östlichen Regionen erst sehr viel später.[75]

Kennzeichnend für die Hexenjagd in Rußland war neben dem hohen Anteil von Männern unter den Angeklagten[76] die Tatsache, daß dämonologische Theorien nicht zum Tragen kamen. Im 11., 12. und 13. Jahrhundert, als Prozesse wegen *maleficia* im Westen selten und Hinrichtungen noch seltener vorkamen, wurden in Rußland Männer und Frauen, die angeblich mit magischen Kräften Dürre und Trockenheit ausgelöst hatten, in so großer Zahl hingerichtet, daß sie die Aufmerksamkeit der Chronisten und Reisenden erregten. Die kirchliche Interpretation dieser Akte von Hexerei glich der in dieser Zeit im Westen gängigen; sie galten als Spuren heidnischen Aberglaubens. Aber während diese Vorstellung im Westen langsam dem Glauben wich, daß Zauberer Verbündete Satans und Anhänger einer neuen Form von Häresie seien, blieb man in Rußland bei der ursprünglichen Interpretation. Im 15. und 16. Jahrhundert nahmen die Prozesse zu, 1411 wurden in Pskov zwölf Hexen auf einmal verbrannt, aber die Vorstellungen, die zu den Prozessen geführt hatten, änderten sich nicht.

In der Mitte des 16. Jahrhunderts sicherte sich der Zar, bestürzt über die Ausübung von Hexerei an seinem Hof, die Unterstützung der Kirche und nannte Hexerei ein weltliches Verbrechen. Wie im Westen erleichterte die weltliche Jurisdiktion über Hexerei die Verfolgung und führte zu einer wachsenden Anzahl von Prozessen. Wir wissen mit Sicherheit, daß zwischen 1622 und 1700 die Berichte über 47 Prozesse, in die 99 Menschen verwickelt waren, in Moskau zur Bestätigung der Urteile vorgelegt wurden. Von den 99 Angeklagten wurden mindestens zehn zum Tode verurteilt, drei starben während der Verhöre, und 21 wurden freigesprochen. Vereinzelte Belege weisen darauf hin, daß aus unterschiedlichen Gründen einige Verfahren nicht in Moskau zur Überprüfung vorgelegt wurden. So wurden zum Beispiel 1667 in Galitsch sechs Frauen hingerichtet, weil sie angeblich einen Adligen und seine Frau verhext hatten.[77] In der kleinen Stadt Luzk wurden zwischen 1656 und 1660 in einer ganzen Serie von Prozessen 25 Menschen angeklagt, von denen fünf hingerichtet wurden. Den meisten Hexen von Luch wurde vorgeworfen, die Besessenheit von 35 Stadtbewohnern verursacht zu haben.[78] Dies deutet alles darauf hin, daß es im 17. Jahrhundert in Rußland eine Angst vor Hexen, aber keinen Hexenwahn gab. Zwar fanden vermutlich mehr Hexenprozesse als in Siebenbürgen statt, aber sie nahmen nicht annähernd die Ausmaße wie in Polen an, das wegen seiner Nähe und seiner Größe zum Vergleich am besten geeignet erscheint.[79]

Vermutlich hat das russische Strafprozeßrecht mit der relativ niedrigen Anzahl der Urteile und Hinrichtungen recht wenig zu tun. Es ist zutreffend, daß die Strafprozesse in Rußland von den Ortsgemeinden und nicht von kirchlichen oder staatlichen Organen ausgehen sollten. Dieser Grundsatz hinderte aber lokale Beamte nicht, gegen verdächtige Hexen vorzugehen, wenn sich kein Privatkläger fand. War die erste Anschuldigung vorgebracht, übernahm der Staat alle Prozesse, ein Kennzeichen dafür, daß das russische System im wesentlichen inquisitorisch geprägt war. Um Geständnisse zu erlangen und die Namen von Komplizen zu erfahren, wurde die Folter nach Belieben und manchmal in ihrer schärfsten Form eingesetzt.[80] Das Urteil konnte ohne die Mitwirkung von Geschworenen gefällt werden. Nur die Vorschrift, alle Fälle in Moskau vorzulegen, bewirkte eine Begrenzung der Hexenjagd in Rußland; doch diese Regel wurde gelegentlich auch ignoriert.

Der Hauptgrund dafür, daß die Hexenjagd in Rußland nie zu einem großen Hexenwahn ausuferte, ist darin zu sehen, daß die dämonologischen Theorien aus dem Westen nicht übernommen wurden. Wenn der Hexenglaube, wie er in deutschen intellektuellen Kreisen verbreitet war, nach Rußland vorgedrungen und von zentralen und lokalen Behörden übernommen worden wäre, hätte Rußland vermutlich eine der polnischen vergleichbare Hexenjagd erlebt. Aber diese Vorstellungen waren nun einmal nicht vorhanden. Nur ein einziger Beleg für diesen Hexenglauben findet sich in einem Moskauer Prozeß, wo eine 1663 verurteilte männliche Hexe angeblich Christus verleugnet und dem Teufel einen Treueid geschworen hatte.[81] Ob diese Anschuldigung einen polnischen Einfluß aus dem späten 17. Jahrhundert oder einen Rest der älteren augustinischen Vorstellung darstellt, daß Zauberer Diener Satans seien, fest steht, daß es in Rußland keinen Glauben an den Sabbat, an kannibalistischen Kindermord oder Hexenflug gab. Hexerei blieb in Rußland stärker noch als in England ein Verbrechen der schädlichen Magie, nicht des Satanskults. Außerdem blieb das *maleficium*, auch wenn es von weltlichen Gerichten abgeurteilt wurde, ein Zeichen von Heidentum und nicht von teuflischer Häresie; es hat weder die herrschende Schicht noch die Bauernschaft, die heidnische Elemente ohnehin tolerierte, zu einer massiven Hexenverfolgung inspirieren können. Insgesamt geht also die relative Milde der russischen Hexenjagd darauf zurück, daß die orthodoxe Kirche im späten Mittelalter nicht dieselbe dämonologische Vorstellungswelt entwickelt hatte wie die lateinische Kirche.

Südeuropa

Bei diesem Überblick über das Hexenwesen in Europa mag es unangemessen erscheinen, den Mittelmeerraum zuletzt zu behandeln, da doch gerade in Spanien, Portugal und Italien die Inquisition, die als Inbegriff der Hexenverfolgungen gilt, länger als in anderen Teilen Europas tätig war. Außerdem fanden in Italien einige der ersten Hexenverfolgungen statt.[82] Wenn wir jedoch die Zahl der Hinrichtungen als Maßstab zur Bewertung der relativen Intensität der Hexenverfolgungen anlegen, dann ist es richtig, die südeuropäischen Länder als letzte zu behandeln. Abgesehen von den italienischsprachigen Alpenregionen finden sich in der gesamten Mittelmeerregion kaum Beweise für mehr als 500 Hinrichtungen. Und davon waren die meisten von weltlichen Gerichten und nicht von Inquisitionsgerichten angeordnet worden.[83] In den spanischen Kolonien Amerikas fanden offensichtlich überhaupt keine Hinrichtungen statt.[84] Daraus dürfen wir jedoch nicht schließen, daß die italienischen, spanischen und portugiesischen Behörden Hexerei für unbedeutend hielten. Die Gesamtzahl der Prozesse in diesen Ländern war ziemlich hoch. Zwischen 1580 und 1650 verurteilte die Inquisition in Spanien zum Beispiel mehr als 3500 Personen wegen verschiedener Arten von Magie und Hexerei.[85] In Italien, wo die Akten der Inquisition noch nicht voll erschlossen sind, lagen die Zahlen sogar noch höher: Allein das Gericht von Venedig verurteilte mehr als 700 Personen.[86] In Portugal, wo die Quellen ebenfalls noch nicht vollständig ausgewertet sind, wurden allein im Süden des Königreiches 291 Hexen vor Gericht gestellt.[87] Die relative Milde der Strafen in iberischen und italienischen Hexenprozessen bestand vorwiegend darin, daß spanische, portugiesische und italienische Gerichte Hexen seltener zum Tode verurteilten. Diese Zurückhaltung erklärt sich aus den angewandten Prozeßverfahren, der Art und Weise, in der die Inquisitoren das Verbrechen interpretierten, und der sorgfältigen Kontrolle ihrer Arbeit durch übergeordnete Instanzen.

Am meisten überrascht, daß in italienischen und iberischen Hexenprozessen selten die Anklage kollektiver Teufelsverehrung erhoben wurde. Der Glaube an den Sabbat war in diesen Regionen durchaus verbreitet, und bei einigen wenigen größeren Hexenjagden wirkte er sich dramatisch aus. Die Geständnisse der baskischen Hexen von 1610 liefern uns eine der detailliertesten Beschreibungen des Hexensabbats in ganz Europa.[88] Aber in der großen Mehrheit der Fälle, die vor spanischen und aus Rom kommenden Inquisitoren verhandelt wurden, und besonders in den südlichen Teilen der beiden Halbinseln fehlen derartige Anklagen vollständig. Bauern und Stadtbewohner wurden beschuldigt, verschiedene Arten von Magie ausgeübt zu haben, einschließlich der Liebesmagie und der Heilkunst, und ihre Magie wurde als Häresie verurteilt. Aber das bedeutete nicht, daß sie einen Pakt mit dem Teufel geschlossen oder ihn gemeinsam verehrt hätten. Auch wurden die magischen Praktiken dieser Menschen nicht grundsätzlich als schadenstiftend angesehen. Natürlich mußten sie verfolgt werden, um Irrtümer zu korrigieren und den Glauben zu läutern, nicht aber, um die Gesellschaft vor einer bedrohlichen Verschwörung zu schützen.[89] Insgesamt gab es viele Verurteilungen und Strafen, aber die Inquisition verhängte in der Tradition kirchlicher Gerichtsbarkeit meist keine Todesstrafen.[90]

Für den Umgang mit dem Hexenwesen in Spanien und Italien gibt es keine monokausale Erklärung. Einen wichtigen Faktor bildet der weitverbreitete Glaube an die klassischen Formen von Hexerei. Sowohl die spanische als auch die italienische Hexe wurde oft ähnlich wie die

Canidia des Horaz betrachtet oder wie die weit bekanntere Kupplerin Celestina, eine von Fernando de Rojas in seinem Bühnenstück *Tragicomedia de Calisto y Melibea* 1499 beschriebene Frau, die Liebeszauber und Wahrsagerei betreibt. Man glaubte, daß solche Frauen ihre Weissagungen aus dem Fleisch von Kindern lesen und Macht über den Teufel erwarben, aber sie hatten mit den deutschen und schweizerischen Hexen, die zum Sabbat flogen, wenig gemein. Wie Julio Caro Baroja gezeigt hat, lebten diese Hexen eher im städtischen als im ländlichen Milieu, nicht nur weil solche Frauen dort ihr Gewerbe trieben, sondern auch, weil die Kultur der Renaissance, die den Glauben an solche Gestalten unterstützte, eine städtisch geprägte Kultur war.[91] So ist es kein Zufall, daß sowohl in Italien als auch in Spanien die Regionen, in denen das kumulative Konzept von Hexerei weit verbreitet war und in denen die meisten Prozesse stattfanden, sowohl ländlich geprägt waren als auch jeweils im Norden lagen und nördlichen, das heißt aus Deutschland und Frankreich kommenden Einflüssen ausgesetzt waren.

Überblickt man die italienische und spanische Hexenliteratur, verstärkt sich der Eindruck, daß die vereinfachte Vorstellung von Hexen im Mittelmeerraum nie voll akzeptiert wurde. Zwar lieferten im Spätmittelalter italienische und in geringerem Maße auch spanische Intellektuelle wichtige Beiträge zum kumulativen Konzept von Hexerei, jedoch geht die Gleichsetzung von Magie und Häresie im wesentlichen auf das Papsttum zurück. Sobald jedoch das Konzept von Hexerei ausgebildet war, übernahmen nur sehr wenige spanische oder italienische Autoren ausdrücklich die Definition von Hexerei, die zu ihrer weiteren Entfaltung beigetragen hatte. Der überaus leichtgläubige Richter Paulus Grillandus übernahm in seinem *Tractatus de Hereticis et Sortilegiis* in der Kommentierung von Fällen, die er in Rom und Süditalien verhandelt hatte, die meisten gelehrten Auffassungen von Hexerei; nach ihm aber akzeptierte als einziger italienischer Autor Francesco Maria Guazzo, ein Mailänder Kapuziner, das kumulative Konzept von Hexerei uneingeschränkt; sein weit verbreitetes *Compendium maleficarum* basiert nicht nur auf zahlreichen französischen und deutschen Quellen, sondern auch auf seiner eigenen Erfahrung als Hexenjäger im Rheinland.[92] Man darf daher mit Recht behaupten, daß die auf dem Höhepunkt der europäischen Hexenjagd in Italien vertretenen extremen Formen des Hexenglaubens nicht im Land selbst entwickelt, sondern aus Nordeuropa rezipiert worden waren. Dasselbe gilt für Spanien, wo dämonologische Vorstellungen, die bis nach Südfrankreich und auf das Werk des Dämonologen Pierre de Lancre zurückverfolgt werden können, die großen baskischen Hexenprozesse beherrschten.[93] Außerdem gelangte das kumulative Konzept von Hexerei in Spanien nie voll zur Geltung, besonders nicht im Süden.[94]

Daß sich auf dem Höhepunkt der europäischen Hexenverfolgung dieses Konzept von Hexerei in Italien nicht durchsetzte, kann man teilweise aus der starken skeptischen Tradition italienischer intellektueller Kreise erklären. Direkt oder indirekt hängt dieser Skeptizismus mit dem Humanismus zusammen, dessen älteste und tiefste Wurzeln in Italien liegen. Wie oben dargelegt, war der Hexenglaube dem Humanismus durchaus nicht fremd, denn die Humanisten akzeptierten sowohl die Existenz satanischer Mächte in der Welt als auch die Wirksamkeit von Magie. Auch die Tatsache, daß Vertreter des Neuplatonismus gelehrte Magie betrieben, mag auf indirektem Wege dazu beigetragen haben, daß es in Italien zu Hexenverfolgungen kam.[95] Andererseits förderte der Humanismus die skeptische Einstellung gegenüber dem scholastischen Denken, und zahlreiche Humanisten kritisierten sowohl einzelne Aspekte des kumulativen Konzepts als auch die Hexenprozesse selbst. Diesem Skeptizismus der Renaissance war es zum größten Teil zu verdanken, daß im frühen 16. Jahrhundert die Ansichten des *Malleus Maleficarum* in Italien auf äußerst scharfe Kritik stießen, und vermutlich auch, daß in späterer Zeit französische und deutsche Vorstellungen kaum übernommen wurden.[96]

Daß auch italienische Inquisitoren viele gelehrte Theorien über die Hexerei nicht akzeptierten, hing vermutlich damit zusammen, daß das 1376 von Nicholas Eymeric veröffentlichte *Directorium Inquisitorum* als Handbuch für Inquisitoren in der gesamten Periode der großen Hexenjagd in Italien sehr weit verbreitet war. Hexerei beschrieb Eymeric als rituelle Magie, die er in echt scholastischer Tradition als Häresie betrachtete, weil sie den Pakt mit dem Satan voraussetzte. Zwischen dieser Auffassung von Hexerei und der in späteren Werken wie dem *Malleus Maleficarum* und in Del Rios *Disquisitionum* dargelegten bestand ein bedeutender Unterschied. Eymeric erwähnt weder den Sabbat noch das *maleficium*. Mit der Übernahme seiner Definition von Hexerei hielten die italienischen Inquisitoren an einer älteren Vorstellung fest, die viele der Elemente des Verbrechens ausschloß, welche erst nach Veröffentlichung des Handbuchs entwickelt und zum Allgemeingut geworden waren.[97]

Auch daß sich die spanische und italienische Inquisition an recht strenge Verfahrensvorschriften hielt, trug dazu bei, daß die Hexenverfolgung in beiden Ländern relativ milde verlief. Im Mittelalter waren die päpstlichen Inquisitoren dafür bekannt, daß sie unbeschränkt foltern ließen und die Angeklagten auf vielfältige Weise ins Unrecht setzten. Als jedoch die große europäische Hexenjagd begann, hatten Inquisitoren ein umfangreiches Schrifttum veröffentlicht, und die beiden moderneren Institutionen, welche die mittelalterliche Inquisition abgelöst hatten, die spanische und die römische Inquisition, achteten außerordentlich genau auf die Einhaltung des Verfahrensrechts. In diesem Zusammenhang wurde das Heilige Offizium in Rom sogar als «Pionier der Justizreform» bezeichnet.[98] Anders als vor vielen weltlichen Gerichten erhielt der Angeklagte einen Rechtsbeistand und Abschriften der Anschuldigungen und Aussagen, die gegen ihn vorgebracht wurden. Darüber hinaus maß die Inquisition der Aussage eines Verdächtigen gegen angebliche Komplizen recht wenig Bedeutung bei.[99] Am bedeutsamsten erscheint aber, daß sowohl die spanische als auch die römische Inquisition selten zur Folter griffen. In Spanien wurde sie nur eingesetzt, wenn zwar stichhaltige Indizien, aber keine Beweise vorlagen, und dann auch erst am Ende des Verfahrens, kurz vor der Urteilsverkündung.[100] Selbst während der großen baskischen Hexenjagd von 1610–14, von der Tausende von Verdächtigen betroffen waren, wurden nur zwei Angeklagte gefoltert, und da nach der Folter ein Todesurteil in eine Verbannung umgewandelt werden durfte, kann man dies sogar als Gnadenakt werten.[101] Lediglich lokale weltliche Behörden und der lokale Mob drängten manchmal darauf, die Angeklagten durch die Folter zu Geständnissen zu bewegen, aber die Inquisition bemühte sich, die außergesetzlichen Absichten dieser Gruppen zu unterbinden. Ebenso wenig neigte man in Italien zur Folter.[102] Sogar die *benandanti*, die Anhänger eines alten Fruchtbarkeitskults, die schließlich als Hexen verurteilt wurden, wurden nie gefoltert.[103]

Diese Zurückhaltung der spanischen und römischen Inquisition beim Einsatz der Folter wirkte sich im gesamten Mittelmeerraum auf die Hexenverfolgung aus. Umfangreiche Hexenjagden konnten dadurch zwar nicht vollständig verhindert werden; denn bei lokalen Panikwellen und Traumepidemien kam es vor, daß zahlreiche Menschen auch ohne Folter der Hexerei verdächtigt wurden. Aber ohne den uneingeschränkten Einsatz der Folter konnten die Jagden nicht zu so vielen Urteilen und Hinrichtungen führen wie in Deutschland und in der Schweiz. Noch wichtiger ist, daß der Widerstand gegen die Folter die Entwicklung eines extremen, diabolischen Hexenglaubens verhinderte. Ohne die Folter waren die Möglichkeiten sehr begrenzt, einen einfachen Akt des Aberglaubens in ein Verbrechen der satanischen Konspiration zu verwandeln; denn nur durch Geständnisse, die unter der Folter abgelegt wurden, konnte der Satansglauben die verbreitete Anerkennung finden, die zur Fortsetzung der Hexenjagd erforderlich war. Ohne die Folter blieb Hexerei, ob in gelehrter oder volkstümlicher Interpretation, im wesentlichen immer ein individueller Verstoß gegen die Moral und konnte nie als breit angelegter Angriff auf die christliche Kultur gedeutet werden.

Als weiterer Faktor darf die Bedeutung zentraler Kontrolle zur Erklärung der relativen Mäßigung der spanischen und italienischen Hexenjagd nicht außer acht gelassen werden. Obwohl die mittelalterlichen

Inquisitoren stets von Rom ihre Aufträge erhalten hatten, gab es für sie keine zentralen Vorschriften oder Koordinationsmaßnahmen. Diese Autonomie verloren die Inquisitoren jedoch im 16. und 17. Jahrhundert. Am deutlichsten wurde dies in Spanien, wo 1478 anstelle der mittelalterlichen Inquisition, die nur in Aragón gewirkt hatte, eine neue, dem König unterstellte Institution geschaffen wurde. Hauptorgan dieser neuen Institution war der Oberste Gerichtshof in Madrid, der die zahlreichen Regionalgerichtshöfe in Spanien (davon gab es schließlich 21) und in den Überseegebieten streng überwachte. Im frühen 16. Jahrhundert hatten einige dieser Gerichte ein großes Maß an lokaler Autonomie errungen, aber bis 1550 setzte der Oberste Gerichtshof seine Weisungsbefugnis gegenüber allen lokalen Gerichten durch.[104] Die Auswirkungen dieser zentralen Kontrolle zeigten sich in Barcelona in den 1530er Jahren, als der Oberste Gerichtshof eine Hexenjagd dadurch beendete, daß er sich die Überprüfung aller Urteile vorbehielt.[105] In noch dramatischerer Form beendete er die große baskische Hexenjagd von 1610–14 und versetzte damit dem ganzen Hexenwahn einen ernsthaften Schlag; auf Empfehlung Salazars erließ er für das gesamte Königreich sehr strenge Verfahrensvorschriften für Hexenprozesse. Autorität und Einfluß des Obersten Gerichtshofs kamen auch in Hexenprozessen vor weltlichen Gerichten zur Geltung. Im 17. Jahrhundert gelang es ihm in mehreren Fällen, am spektakulärsten 1621 in der nordspanischen Provinz Vizcaya, die Milderung sehr harter Urteile durchzusetzen.[106]

Die Inquisitionsgerichte, die in Italien außerhalb des Kirchenstaates tätig waren, wurden nicht so strikt zentral kontrolliert wie die spanischen. Einige regionale Gerichte, wie zum Beispiel die Inquisition von Venedig, an denen weltliche Richter als Regierungsvertreter beteiligt waren, arbeiteten zum Teil unabhängig vom Heiligen Offizium in Rom.[107] Dennoch bemühte sich die römische Inquisition mit einem gewissen Erfolg, in ganz Italien einheitliche Verfahrensregeln und Urteilsmaßstäbe durchzusetzen. Sie behielt sich die Bestätigung aller Urteile vor und, was noch wichtiger war, sie verlangte von den Provinzinquisitoren die Durchführung weiterer Ermittlungen, wenn es ihr geboten schien.[108] Sogar die Inquisition von Venedig, die ihre Unabhängigkeit eifersüchtig verteidigte, konsultierte Rom oft in Verfahrensfragen und überstellte dem römischen Gericht manchmal Verdächtige.[109]

Zum Schluß müssen wir uns noch mit der These von Trevor-Roper auseinandersetzen, nach der die Hexenverfolgung in Spanien deshalb relativ gemäßigt verlaufen sei, weil die Spanier alle Feindseligkeiten gegen die Juden und nicht gegen die Hexen gerichtet hätten. Diese These geht von der Annahme aus, daß die Hexenverfolgung nur eine Form eines allgemeineren Bedürfnisses der Gesellschaft war, Sündenböcke für ihre Probleme zu finden und soziale Spannungen abzubauen. Hexen und Juden – ebenso wie Ketzer und andere Minderheiten – wären dabei in gewisser Weise austauschbar. Jede dieser Gruppen könnte zum Objekt der Diskriminierung und gesellschaftlicher Ängste werden; es komme nur darauf an, welche Gruppe am bedrohlichsten erschienen sei. Aus dieser Argumentation folgt logischerweise, daß einer weiteren Gruppe die Verfolgung drohte, sobald die Angst vor der ersten geschwunden war, da die Gesellschaft neue Sündenböcke suchte, wenn die alten überflüssig geworden waren. Des weiteren folgt daraus, daß den Richtern zur Aburteilung der Betroffenen nur begrenzte Zeit blieb und daß aus diesem Grunde jeweils nur eine Gruppe verfolgt wurde.[110]

Zur Erklärung dafür, warum die Hexenjagd in Spanien relativ gemäßigt verlief, kann diese These nur in begrenztem Maße beitragen. Wohl hilft sie uns zu verstehen, warum im späten 15. und frühen 16. Jahrhundert in Spanien vergleichsweise wenige Hexenprozesse stattfanden. Obwohl die spanischen Inquisitoren im 14. und 15. Jahrhundert rituelle Magie verfolgten, verhielten sie sich weniger wachsam in einer Zeit, als solche Magier in Frankreich und im Rheinland bereits zu Hexen wurden. Statt dessen wandten sie ihre Aufmerksamkeit fast ausschließlich den Juden zu, derentwegen hauptsächlich 1478 die Inquisition geschaffen worden war und die bis etwa 1540 die Hauptlast ihrer Tätigkeit zu ertragen hatten. Schwierig wird es jedoch, nach 1540 die Milde der spanischen Hexenverfolgung der Existenz jüdischer Sündenböcke zuzuschreiben; denn zu dieser Zeit war das Problem weitgehend gelöst, und die Inquisition hatte ihre Aufmerksamkeit anderen Bereichen zugewandt. Nun könnte man argumentieren, daß nach 1580 die Anzahl der Hexen in Spanien anstieg und dies tatsächlich auf das Verschwinden der jüdischen Gefahr zurückzuführen sei, was dem allgemeinen Tenor der These Trevor-Ropers entspräche. Aber damit läßt sich die Milde der spanischen Hexenjagd nicht erklären, die, wie wir sahen, nicht an der Zahl der Prozesse, sondern der Hinrichtungen zu messen ist. Auf keinen Fall kann man die «gemäßigte Weisheit» der Spanier im Umgang mit Hexen nach 1540 auf die Existenz jüdischer Sündenböcke in der spanischen Gesellschaft zurückführen. Tatsache ist, daß in dieser Zeit Juden nicht verfolgt wurden, Hexen aber sehr wohl. Die Gründe liegen vorwiegend in der Natur der Inquisition und in der Art, wie Hexerei damals verstanden wurde; mit den Juden hat dies recht wenig zu tun.

Zusammenfassung

Bei der Beschreibung der Verlaufsformen der europäischen Hexenjagd vergleichen viele Historiker Kontinentaleuropa mit England und legen dar, daß in England das Verbot der Folter und die unvollständige Rezeption der dämonologischen Theorie verhinderten, daß Hexenprozesse so ausuferten wie in Deutschland und der Schweiz. Zwar ist dieser Vergleich zulässig und lehrreich, aber wenn er zu häufig benutzt wird, kann dies zu einer allzu vereinfachten Sicht der Geographie der europäischen Hexenjagd führen. Man könnte den unberechtigten Schluß daraus ziehen, daß nur in England wenige Hexenprozesse stattfanden. Andererseits könnte der ebenso falsche Eindruck entstehen, es habe in ganz Kontinentaleuropa gemeinsame Muster im Verlauf der Hexenverfolgungen gegeben. Der nach Regionen gegliederte Überblick dürfte deutlich gemacht haben, daß beides nicht zutrifft. Mit seinen unterschiedlichen nationalen Gesetzen und seinem gemischten Prozeßrecht mag sich England in der Behandlung von Hexen wie in vielen anderen Bereichen stark von Frankreich und den deutschen Ländern unterschieden haben, aber es bildete keineswegs die einzige Ausnahme von der europäischen Regel. Gemessen an den deutschen oder schweizerischen Verhältnissen kann man mit demselben Recht behaupten, daß die Hexenverfolgungen in Dänemark, Norwegen, Rußland und Spanien Ausnahmen darstellten.

Tatsächlich gab es in Europa so viele Regionen, in denen die dämonologischen Theorien nur teilweise übernommen wurden, die Anwendung der Folter wirksam eingeschränkt war, die Anzahl der Verurteilungen und Hinrichtungen nach Hexenprozessen relativ niedrig ausfiel und Massenprozesse nur selten vorkamen, daß man ernsthaft fragen muß, ob es tatsächlich einen allgemeinen europäischen Hexenwahn gegeben hat. Zweifellos gab es eine allgemeine europäische Hexenjagd, an der sich viele Länder mehr oder weniger intensiv beteiligten. Aber epidemischer Hexenwahn, eine unbeschränkte und oft panikartige Verfolgung großer Zahlen von Hexen, ereignete sich tatsächlich nur in Westeuropa und im westlichen Mitteleuropa. Zwar werden wir nie über vollständige Zahlenangaben verfügen, aber soweit wir wissen, fanden bis zu 75 Prozent aller Hexenprozesse in diesem großen und volkreichen Teil Europas statt. Innerhalb dieses Gebiets können wir die Grenzen des Hexenwahns noch genauer ziehen, da im Königreich Frankreich nur relativ wenige Prozesse stattfanden. Das eigentliche Zentrum des Hexenwahns bildeten das Heilige Römische Reich, die Schweiz und die französischsprachigen Herzogtümer und Fürstentümer, die an Deutschland und die Schweiz grenzten. Im Vergleich zu diesem Gebiet wurden in allen anderen Regionen – vielleicht abgesehen von Polen – Hexen nur zurückhaltend verfolgt und relativ milde behandelt.

Natürlich gibt es für diese in groben Umrissen beschriebene ungleiche geographische Verteilung keine einfachen Erklärungen. Insgesamt jedoch wirkten sich vier unterschiedliche, aber miteinander zusammenhängende Faktoren am stärksten aus: Als erster die Art und die Intensität des Hexenglaubens in der jeweiligen Region. Wo immer Hexerei primär als *maleficium* und nicht als Satanskult verstanden wurde, blieb der Umfang der Hexenjagden tendenziell begrenzt, vorwiegend weil der Verdacht, daß jemand Hexerei betrieb, nicht zur Suche nach Komplizen führte. Der Unterschied zwischen Deutschland, wo der Glaube an den Satanskult weit verbreitet war, und Rußland, wo dieser Glaube praktisch nicht existierte, könnte deutlicher nicht sein. In einigen Regionen konnte Hexerei jedoch auf beide Arten definiert werden, wobei die Theorie über den Satanskult nur gelegentlich zum Ausdruck kam und nur begrenzte Beachtung fand. Dies war sicher der Fall in England, den skandinavischen Ländern und in Spanien, und in jedem dieser Länder wurden zahlreiche Menschen wegen *maleficium* verurteilt, aber es kam auch zu einigen größeren Hexenjagden, nachdem einzelne des Satanskults beschuldigt worden waren.

Als zweiter wichtiger Faktor bestimmte das Strafprozeßrecht die Intensität der Hexenjagd. Obwohl vermutlich alle europäischen Gerichte mit Ausnahme der englischen das inquisitorische Verfahren anwandten und die Folter nach eigenem Ermessen einsetzten, ist deutlich geworden, daß die Hexenprozesse in sehr unterschiedlicher Weise geführt wurden. Die Einleitung des Verfahrens, die Vorschriften über den Gebrauch der Folter, das Recht der Verteidigung und das Appellationsverfahren, all dies war von Ort zu Ort verschieden. Diese Unterschiede beeinflußten den Verlauf der Hexenjagd gravierend, da sie maßgeblich über die Chancen der Verurteilung und Hinrichtung bestimmten. Das Strafprozeßrecht beeinflußte darüber hinaus die Rezeption des Hexenglaubens durch die Richter; denn manche Elemente des Hexenglaubens wurden erst durch Geständnisse unter der Folter zum Allgemeingut.

Als dritter Faktor beeinflußte der Grad der zentralen Kontrolle über die Prozesse die Intensität der Hexenverfolgungen. Dabei führte zentrale Aufsicht nicht notwendigerweise zur Eindämmung; denn manche Herrscher waren eifrig auf die Ausrottung der Hexerei bedacht und brachten gelegentlich sogar selbst Hexenjagden in Gang. Aber in der Regel bemühten sich lokale Behörden, die Magistrate einer Stadt oder eines Dorfes oder die Richter einer kleineren Region stärker darum, Hexen zu entdecken, abzuurteilen und hinzurichten, als diejenigen, die in Kirche oder Staat höhere Positionen einnahmen, und dabei neigten jene eher dazu, die von den Zentralregierungen erlassenen Verfahrensvorschriften zu ignorieren. Die relative Mäßigung der englischen, russischen und spanischen Hexenjagd und der Hexenverfolgung in Zentralfrankreich beruht zumindest teilweise auf den erfolgreichen Bemühungen der weltlichen oder kirchlichen Zentralbehörden, den Enthusiasmus lokaler Behörden zu dämpfen, mit dem sie einen umfangreichen Krieg gegen die Verbündeten des Teufels zu führen bereit waren.

Als letzter Faktor muß bei der Erklärung der regionalen Besonderheiten im Verlauf der Hexenjagd der religiöse Eifer der Bevölkerung der jeweiligen Region berücksichtigt werden. Natürlich ist es schwierig, religiösen Eifer zu bemessen, und noch schwieriger, seinen Einfluß auf Hexenverfolgungen zu beweisen. Aber bei vielen großen Hexenjagden war er eindeutig eine treibende Kraft, und diejenigen Länder, die Hexen in großer Zahl verurteilten und hinrichteten, waren bekannt für ihr militantes Christentum, ihre religiöse Intoleranz und ihre starke Hinwendung zur Reformation oder Gegenreformation. Alle Unterschiede bei der Hexenverfolgung zwischen Neuengland und den anderen nordamerikanischen Kolonien, zwischen England und Schottland, zwischen Polen und Rußland und zwischen Italien und Deutschland können zum Teil auf diese schwer faßbaren Unterschiede im allgemeinen religiösen «Enthusiasmus» zurückgeführt werden. Sie können ferner mit der religiösen Stabilität der jeweiligen Länder in Verbindung gebracht werden; denn Hexen wurden tendenziell in den Ländern am strengsten verfolgt, die einen Religionswechsel erlebt hatten oder sich von einem solchen bedroht fühlten. Diese Länder waren darüber hinaus weit anfälliger als andere für Elemente diabolischen Hexenglaubens und neigten eher dazu, zum Schutz des christlichen Glaubens die Folter zu gestatten. Auf diese Weise tendierte religiöser Eifer dazu, andere Ursachen für intensive Hexenjagden zu verstärken, während dort, wo solcher Eifer nicht vorhanden war, Behörden eine «aufgeklärtere» und gemäßigtere Einstellung gegenüber den gesamten Vorgängen einnehmen konnten.

VIII.
Rückgang und Fortleben

Im späten 17. und frühen 18. Jahrhundert sank in Europa die Zahl der Hexenprozesse, bis diese schließlich ganz eingestellt wurden. Der Rückgang vollzog sich nicht in allen europäischen Ländern und Regionen gleichzeitig. In den Niederlanden zum Beispiel setzte er bereits im frühen 17. Jahrhundert ein, in Polen erst nach 1725. Ungeachtet dieser zeitlichen Unterschiede war er ein europaweites Phänomen, und daß er in allen Ländern, in denen es zu Hexenjagden gekommen war, jeweils innerhalb eines Jahrhunderts einsetzte, berechtigt zu der Annahme, daß es dafür genauso wie für den Beginn der Hexenverfolgung allgemeine Gründe gab.

Bei der Suche nach den Ursachen für den Rückgang der Hexenprozesse ergeben sich zwei Probleme der Interpretation. Das erste betrifft die Unterscheidung zwischen Prozessen gegen einzelne und großen Hexenjagden. Das Ende der Massenprozesse, die zahllose, manchmal Hunderte von Menschenleben forderten, bedeutete nicht automatisch das Ende von Prozessen gegen einzelne Hexen. Beides hängt zwar eng miteinander zusammen, da viele Kritiker alle Hexenprozesse, ob große oder kleine, ablehnten und die negative Reaktion auf einige große Hexenjagden schließlich zur Einstellung der Hexenverfolgung insgesamt beitrug. Aber die Gründe für den Rückgang beider Arten der Hexenprozesse waren nicht immer identisch. Große Hexenjagden wurden eingestellt, nachdem die Europäer erlebt hatten, wie Massenpaniken das gesellschaftliche Leben zum Erliegen brachten, und als sie erkannt hatten, daß unschuldige Menschen darunter leiden mußten. Aufgrund dieser Erfahrung bemühten sie sich, die Wiederholung solcher Vorgänge zu verhindern und gesetzliche Maßnahmen zu ergreifen, um lawinenartige Hexenverfolgungen auszuschließen. Die Anzahl solcher Hexenjagden ging auch zurück, als sich die sozialen, wirtschaftlichen und religiösen Voraussetzungen verändert hatten, die zur Schaffung einer hysterischen, die Hexenverfolgung begünstigenden Stimmung beitrugen. Prozesse gegen einzelne unterblieben aber erst, nachdem sie gesetzlich verboten wurden oder wenn örtliche Justizbehörden sich weigerten, ein Verfahren zu eröffnen. Die Beendigung beider Typen setzte die Festigung einer skeptischen Geisteshaltung voraus, aber der vollständige Verzicht auf Hexenprozesse basierte auf einer weit tieferen Skepsis gegenüber der Realität von Hexerei als diejenige, die zur Beendigung der großen Hexenjagden führte.

Das zweite Problem der Interpretation betrifft die jeweilige Rolle der Eliten und des einfachen Volkes in dieser Entwicklung. In der Forschung wurde bislang meist der Anteil der herrschenden Schichten und der gebildeten Elite bei der Beendigung der Hexenjagd betont. Sicher setzte sich der neue Skeptizismus in den oberen Gesellschaftsschichten zuerst durch, und Männer aus diesen Kreisen unternahmen die notwendigen politischen und gesetzgeberischen Schritte, um die Verfolgungen vollständig zu beenden. Im Gegensatz dazu veränderte sich der volkstümliche Hexenglaube in dieser Zeit kaum, und häufig drängten Menschen aus den unteren Schichten auf die Verfolgung angeblicher Hexen und stießen dann auf eine skeptische Behörde, die sich weigerte, einen Prozeß einzuleiten. Möglicherweise spielten die unteren Schichten aber dennoch beim Rückgang der Hexenverfolgungen eine wichtigere Rolle als bisher angenommen. Ein Autor behauptet sogar, die bei den Hexenjagden festzustellende Massenhysterie sei vorwiegend von der Verwaltungsebene ausgegangen, während das stärker rational eingestellte gemeine Volk sich eher aufgeklärt verhalten habe.[1] Natürlich stimmt es, daß die extremsten Elemente des Hexenglaubens, die eine Hexenjagd am stärksten begünstigten, vorwiegend in den oberen Schichten formuliert und von ihnen verbreitet wurden. Und es steht auch fest, daß in der gesamten Periode der Hexenverfolgungen in den unteren Schichten immer wieder Skepsis geäußert wurde, wenn Behörden Geständnisse zu erpressen versuchten. Auf dem Höhepunkt einer großen schottischen Hexenjagd stellte zum Beispiel eine Frau aus Newbattle in Midlothian die ganze Theorie des Teufelszeichens mit der Behauptung in Frage, jedermann habe solche körperlichen Unvollkommenheiten.[2] Und was noch wichtiger ist, das gemeine Volk konnte durchaus dazu beitragen, daß eine Hexenjagd abgebrochen wurde, und tat dies gelegentlich auch. Da Hexenjagden auch von Stimmungen gestützt wurden und einfache Menschen mit ihren Beschuldigungen und Zeugenaussagen bei den Prozessen eine wichtige Rolle spielten, besaßen sie auch die Möglichkeit, die Hexenjagd zu beenden, wenn sie erkannten, daß die Verfahren mehr Schaden als Nutzen stifteten.

Einer der besten Belege für einen solchen Vorgang stammt aus der kleinen deutschen Stadt Lindheim, wo der Richter Georg Ludwig Geiß 1661 eine Hebamme und sechs andere Frauen hinrichten ließ, weil sie ein Kind bei der Geburt getötet und die Leiche zur Herstellung einer magischen Salbe benutzt haben sollten. Er verhaftete auch die Eltern des Kindes, die ausgesagt hatten, daß sie die Hebamme für unschuldig hielten, und die außerdem die Leiche exhumiert hatten, um zu beweisen, daß sie unversehrt war. Als sich die Hexenjagd dennoch ausdehnte – sie forderte insgesamt 30 Menschenleben – und der Vater des Kindes, ein wohlhabender Müller, gefoltert wurde, wandte sich die Stimmung der Bevölkerung gegen das Gericht. Dem Müller und einigen anderen Gefangenen gelang die Flucht, und er erhob Gegenklage beim Reichskammergericht in Speyer, das die Beendigung der Prozesse anordnete. Diese Verfügung kam zu spät, um das Leben der Müllersfrau zu retten, aber der Widerstand gegen die Verfahren war so stark geworden, daß ein Mann den Gerichtsdiener, der seine Frau verhaften wollte, tätlich angriff und Geiß selbst schließlich fliehen mußte.[3]

Wenn untere Schichten auch gelegentlich dazu beitrugen, daß Hexenjagden abgebrochen wurden, geht das Ende der Hexenverfolgung insgesamt dennoch nicht in erster Linie auf ihren Einfluß zurück. Es gibt zum Beispiel keinen Beweis dafür, daß die europäischen Dorfbewohner des späten 17. und frühen 18. Jahrhunderts nicht mehr an Magie geglaubt und es deshalb zunehmend abgelehnt hätten, ihre Nachbarn der Hexerei zu bezichtigen. Zwar nahm die Zahl der formellen Anklagen in dieser Zeit ab, aber das hängt nicht mit dem Skeptizismus oder gar der Aufgeklärtheit einfacher Volksschichten zusammen. Man bezichtigte seine Nachbarn seltener der Hexerei, weil man wenig Hoffnung auf Erfolg sah oder weil die Bedingungen, die solche Bezichtigungen förderten, nicht mehr gegeben waren. Auf keinen Fall liegt die Ursache für den Rückgang der Anklagen bei den Landbewohnern selbst, im Gegenteil. Alle Belege über Einzelprozesse des späten 17. Jahrhunderts und bis zum Ende der gesamten Hexenverfolgung deuten darauf hin, daß diese Prozesse vorwiegend auf Druck aus der Unterschicht eröffnet wurden und daß jeglicher Skeptizismus gegenüber den Beschuldigungen von den herrschenden Schichten und der gebildeten Elite kam.

Auf den ersten Blick verführerisch erscheint auch die Behauptung, die Hexenverfolgung sei von ihrem eigenen Gewicht erdrückt worden und habe den Keim des Niedergangs in sich getragen. Dieses Argument ist insofern tragfähig, als große Hexenjagden grundsätzliche Kritik an der Hexenverfolgung auslösten. Aber die Annahme, Hexenjagden seien gewissermaßen ausgebrannt, wäre irreführend. In allen Teilen Europas fanden Prozesse und große Hexenjagden über einen sehr langen Zeitraum hinweg statt, was zeigt, daß Hexenverfolgungen unter bestimmten Umständen unbegrenzt andauern konnten. Die Prozesse unterblieben schließlich nicht nur einfach aus der Erkenntnis, daß Hexenjagden außer Kontrolle geraten konnten, sondern aufgrund bedeutsamer Neuerungen im europäischen Straf- und Prozeßrecht und aufgrund von Veränderungen der Denkweise der gebildeten und herrschenden Schichten, des religiösen Klimas und der allgemeinen Lebensbedingungen.

Veränderungen des Rechts

Im Zusammenhang mit der Beendigung der Hexenverfolgung sind zunächst die verschiedenen Veränderungen im europäischen Recht im allgemeinen und besonders hinsichtlich der Verfolgung von Hexerei zu erörtern. Sie verdienen vorrangige Beachtung, weil in den meisten Fällen rechtliche und verfahrensrechtliche Argumente gegen Hexenprozesse einen Rückgang ihrer Zahl bewirkten. Einige der frühesten Kritiker der Hexenverfolgung beriefen sich ausschließlich auf rechtliche Gründe und betonten, daß ihre skeptische Einstellung nicht philosophisch bedingt sei.[4] Diese Autoren behaupteten zwar nicht, daß Hexerei unmöglich sei oder daß es keine Hexen gebe, aber sie trugen zu einer Entwicklung bei, die schließlich zur Beendigung der Hexenverfolgung führte.

Besonders drei Elemente der Rechtsentwicklung sind in diesem Zusammenhang hervorzuheben: 1. die Forderung nach schlüssigen Beweisen für das *maleficium* und den Teufelspakt; 2. strengere Vorschriften für den Einsatz der Folter; 3. Erlasse zur Einschränkung oder zum Verbot von Hexenprozessen.

Die Forderung nach überzeugenden Beweisen konnte in vielfältiger Weise zum Ausdruck kommen. Gelegentlich entschied das Gericht, es lägen keine ausreichenden Beweise vor, die den Einsatz der Folter rechtfertigten, oder es ließ ermitteln, ob ein *maleficium* nicht auch natürliche Ursachen haben könnte. In anderen Fällen wurden unwiderlegliche Beweise für den Teufelspakt oder in allgemeinerer Form besondere Zurückhaltung der Gerichte bei Fällen von Hexerei gefordert.[5] Manchmal wurde die Forderung nach Beweisen mit der Schwierigkeit begründet, ein *maleficium* tatsächlich nachzuweisen. Im späten 17. Jahrhundert weigerten sich immer mehr Richter, ein Mißgeschick, das einer Person kurz nach feindseligen Äußerungen ihres Nachbarn widerfahren war, als Beweis dafür zu akzeptieren, daß Hexerei im Spiel war. Wenn man bedenkt, daß die meisten Anklagen wegen *maleficium* deshalb erhoben wurden, weil sich Nachbarn nur auf diese Weise ein unfaßliches Mißgeschick erklären konnten, wird verständlich, welche Bedeutung die Forderung nach Beweisen erlangte. Zum Nachweis eines *maleficium* mußte man belegen, daß es sich um absichtliche Hexerei handelte, und ohne die zum Zauber benutzten Instrumente, wie sie im späten Mittelalter dem Gericht oft vorgelegt worden waren, war die Tat schwer nachweisbar. Ähnlich skeptisch wurde der Teufelspakt beurteilt. Abgesehen von einem Geständnis galt als Hauptbeweis die Existenz eines Teufelsmals. Mehr als hundert Jahre lang hatten Richter das Mal als Beweis für begangenes *maleficium* und den Pakt akzeptiert, es als Rechtfertigung der Folter und als Beweismittel in der formellen Anklage angeführt. Im späten 17. Jahrhundert ließen immer weniger Richter das Teufelsmal als Beweismittel zu und bewirkten so, daß Hexenprozesse immer schwieriger in Gang zu setzen waren.[6] Als dritte Beweisform wurde der Geisterbeweis nach und nach abgelehnt, das heißt die Aussage einer geschädigten Person, die behauptete, sie könne den Geist der schuldigen Person sehen.

Die zweite wichtige Veränderung, die zu einem beträchtlichen Rückgang der Hexenprozesse und der Verurteilungen führte, war die wachsende Ablehnung der Folter als Instrument des gerichtlichen Verhörs. Die gesamte Periode der Hexenverfolgung hindurch war die Folter sowohl aus humanitären Gründen als auch aus dem ganz praktischen Grund kritisiert worden, daß die damit erzielten Geständnisse unzuverlässig waren.[7] Dennoch gelangte die Folter, die stärker als jeder andere Faktor die Auslösung großer Hexenjagden ermöglichte, in den meisten europäischen Jurisdiktionsbereichen regelmäßig zur Anwendung. Während des 17. Jahrhunderts wurden jedoch in mehreren europäischen Regionen restriktive Vorschriften sowohl über den Gebrauch der Folter als auch über die Verwendung des auf diese Weise erlangten Beweismaterials erlassen, so zum Beispiel 1614 in Spanien, in den 1620er Jahren in Italien und in den 1660er Jahren in Schottland.[8] Nach 1630 schränkten mehrere deutsche Fürstentümer den Einsatz der Folter ein, teilweise vielleicht als Reaktion auf die Veröffentlichung der *Cautio Criminalis* des Friedrich von Spee, einer vernichtenden Kritik an den bei deutschen Hexenprozessen angewandten Verfahren.[9]

Nach ihrer Einschränkung wurde die Folter schließlich vollständig abgeschafft. Gefördert wurde diese Entwicklung durch den Rückgang der Todesstrafe und eine geringere Bedeutung der Geständnisse. Die Aufhebung der Folter erfolgte in Schottland 1709, in Preußen 1740, in Sachsen 1770, in Österreich 1776, in Belgien 1787, in der Schweiz 1803 und in Bayern 1806. Außer eventuell in Schottland wirkte es sich auf die Hexenverfolgung kaum aus, ganz einfach weil es so spät erfolgte. Daß die Folter so lange erhalten blieb, lag zumindest teilweise daran, daß man Hexen hinzurichten wünschte, was ohne ein Geständnis in der Regel unmöglich war. Die Abschaffung wurde erst möglich, als die Behörden nicht mehr glaubten, daß Hexerei mit dem Tode bestraft werden müsse.[10]

Neben der Einschränkung der Folter bemühten sich im späten 17. und im 18. Jahrhundert Herrscher und gesetzgebende Gremien in ganz Europa, Hexenprozesse zu reduzieren oder ganz zu verhindern, und erzielten mit Gesetzen und Erlassen häufig durchschlagende Erfolge. Ein Edikt Ludwigs XIV. von Frankreich aus dem Jahre 1682, das für Weissagungen nur noch körperliche Züchtigung zuließ und Magie lediglich als Aberglauben einstufte, führte dazu, daß die Hexenverfolgung in Frankreich praktisch beendet wurde. Es galt für das gesamte Königreich und schränkte die Rechtsprechungsbefugnis, die lokale Gerichte und Provinzparlamente bislang in Fällen von Hexerei ausgeübt hatten, erheblich ein.[11] Dasselbe galt für die preußischen Erlasse von 1714 und 1721, für die von Kaiserin Maria Theresia zwischen 1755 und 1768 unternommenen Bemühungen, in Österreich und Ungarn die Hexenverfolgung zu unterbinden, und für das 1776 in Polen erlassene Verbot.[12] Dennoch darf man solchen königlichen Edikten und Erlassen keine allzu große Bedeutung beimessen; denn manche dieser Verbote traten erst lange Zeit nach dem tatsächlichen Ende aller Hexenverfolgungen in Kraft und legalisierten daher lediglich eine bereits bestehende Praxis. Daß das Parlament von Großbritannien 1736 die englischen und schottischen Hexengesetze aufhob, hatte keinerlei praktische Auswirkungen und wurde von den Zeitgenossen nicht einmal zur Kenntnis genommen, da in beiden Ländern schon seit geraumer Zeit keine Hexen mehr verfolgt worden waren. Dennoch dürfen wir in diesem Zusammenhang nicht übersehen, daß Herrscher, Hofräte und Parlamente sehr häufig ihre Macht nutzten, um die Hexenprozesse unter ihre Kontrolle zu bringen, und in einigen Fällen tatsächlich die Hexenjagd in ihrem Land beendeten.

Die neue Denkweise

Zur selben Zeit, als Richter und Herrscher das Beweisrecht neu faßten, die Anwendung der Folter einschränkten und Hexenprozesse verboten, vollzogen sich im europäischen Geistesleben Veränderungen, aufgrund derer die Eliten die Existenz von Hexerei in Frage stellten. Dieser Wandel hängt eng mit den oben beschriebenen juristischen Veränderungen zusammen; denn die Zurückhaltung der Richter in Fällen von Hexerei, ihre Abneigung gegen die Folter und das Verbot von Hexenprozessen gründeten wesentlich auf dem Zweifel an dem tatsächlichen Geschehen des angeblichen Verbrechens. Obwohl einige Magistrate und Richter darauf beharrten, daß Hexen tatsächlich existierten und ihre Skepsis nur juristischer Natur sei, hegten viele tiefe Zweifel an der Realität solcher Phänomene und neigten daher dazu, erst nach eindeutigen Beweisen oder einem freiwilligen Geständnis ein Urteil zu fällen. Wohl das beste Beispiel für die Verbindung und gegenseitige Befruchtung von juristischem und philosophischem Skeptizismus liefert das Werk des Juristen Christian Thomasius, Professor an der Universität Halle, der im frühen 18. Jahrhundert sowohl die gerichtliche Folter als auch den Hexenglauben kritisierte.[13]

Obwohl die Veränderungen der Denkweise nur dann zum Rückgang der Hexenverfolgungen beitrugen, wenn sie sich bei den mit Hexenprozessen befaßten Magistraten und Richtern durchsetzten, betrafen sie natürlich einen weit größeren Teil der europäischen Elite. Viele der frühen Kritiker des Hexenglaubens waren Theologen, Philosophen und Wissenschaftler, die mit Hexenprozessen nichts zu tun hatten. Aber ihre Vorstellungen setzten sich allmählich in der Bildungselite Europas und schließlich in der gesamten Oberschicht, bei Herrschern und Richtern, durch.

Dabei darf nicht vergessen werden, daß Hexerei nicht erst im 17. Jahrhundert kritisch beurteilt wurde. Während der gesamten Periode der großen Hexenverfolgung hatten immer wieder einzelne die Realität angeblicher Akte von schädlicher Magie und Teufelskult in Frage gestellt. Und bereits im 16. Jahrhundert hatten Autoren wie Weyer, Scot und Montaigne die im 17. und 18. Jahrhundert vorgebrachten kritischen Argumente formuliert. Der Unterschied besteht darin, daß im 16. Jahrhundert die Ansichten der Skeptiker von Verfechtern der Hexenverfolgung wie Bodin und Erastus verworfen wurden, während sie im späten 17. und im 18. Jahrhundert weithin Zustimmung fanden. In der Zwischenzeit hatte sich das ganze Weltbild der gebildeten Europäer in einer Weise verändert, die den gegen die Skeptiker gerichteten Argumenten ihre Überzeugungskraft nahm. Und was noch wichtiger ist, es bestand keine Notwendigkeit mehr, die skeptischen Ansichten zu bekämpfen, da sie keine Bedrohung mehr für Religion, Philosophie oder Gesellschaftsordnung darstellten.

In ihrer Gesamtheit stellten die Veränderungen der Geisteshaltung der gebildeten Europäer eine intellektuelle Revolution dar, welche die Vorherrschaft der Scholastik in Europa beendete und unter anderem viele Glaubensvorstellungen zerstörte, die den Hexenverfolgungen zugrunde gelegen hatten. Die wichtigste Veränderung, deren detaillierter Nachweis aber auch am schwersten fällt, war die in allen Bereichen des Geisteslebens zunehmende Tendenz, Dogmen, ererbte Autoritäten und überhaupt alles in Frage zu stellen, sogar die Grundprinzipien der eigenen Weltanschauung. Am sichtbarsten wird diese Tendenz im Werk des Philosophen René Descartes, der sich bei seiner Suche nach Gewißheit nicht mehr auf Bücher verließ, die 'Autorität' der antiken Philosophen ebenso wie die der Scholastiker verwarf und sein philosophisches System auf «klares und deutliches» Denken gründete. Descartes verstand sich nicht als Skeptiker, zumindest nicht im Sinne der altgriechischen Skepsis, die selbst an gesichertem Wissen zweifelte; er war sich seiner eigenen Existenz, der Existenz Gottes und der materiellen Welt durchaus gewiß. Aber die Methode, mit der er diese Gewißheit erreicht hatte, die Ablehnung jeglichen Dogmas und die systematische Infragestellung, wurde weitgehend mit seiner Person und seiner Philosophie identifiziert, die sich über ganz Europa ausbreitete.[14] Im 17. Jahrhundert wurde der Cartesianismus zum Hauptrivalen der scholastischen Philosophie, aber noch größere Bedeutung erlangte die skeptische Methode, der Descartes folgte, weil sie einer Geisteshaltung entsprach, die im Laufe des Jahrhunderts allmählich zur bestimmenden Kraft heranwuchs. Das 17. Jahrhundert mag uns mit seiner religiösen Intoleranz und seinen zahlreichen Kriegen als eine Epoche intensiven und kompromißlosen Glaubens erscheinen, was durchaus zutrifft. Aber für die gebildete Elite, für Akademiker und besonders für Naturwissenschaftler war es zugleich eine Zeit tiefgreifenden und umfassenden Zweifels. Als der Hexenglaube und das ihn stützende philosophische System zur Zielscheibe dieses Zweifels wurden, fiel die Rechtfertigung von Hexenverfolgungen immer schwerer.

Ein weiterer Wandel in der Geisteshaltung der gebildeten Europäer vollzog sich mit der im späten 17. Jahrhundert wachsenden Überzeugung, daß das Universum nach festen Gesetzen und Regeln geordnet sei. Gestützt wurde diese Ansicht durch die Entdeckungen von Männern wie Kopernikus, Galilei, Kepler und Newton, deren Forschungen zur Entthronung der alten aristotelisch-scholastischen Kosmologie beitrugen, nach der die Erde als ruhendes Zentrum des Universums galt, das den Angriffen übernatürlicher Kräfte ausgesetzt sei. Die neue mechanistische Weltsicht machte die Erde zum Teil einer reibungslos funktionierenden Maschine und reduzierte drastisch die Aufgaben von Geistern und Dämonen im Universum oder leugnete sie sogar vollständig. Descartes, ein führender Vertreter der mechanistischen Philosophie, leugnete zwar nicht die Möglichkeit ihrer Existenz, aber er verwarf die Vorstellung, daß sie Einfluß auf den Lauf des Universums nehmen oder menschliche Gestalt annehmen könnten. Sobald jedoch den Dämonen diese Fähigkeiten abgesprochen wurden, geriet das gesamte kumulative Konzept von Hexerei ins Wanken.[15]

Die mechanistische Philosophie stellte für die vorherrschenden Glaubensvorstellungen eine ernsthafte Bedrohung dar; denn wer die Existenz von Geistern leugnete, konnte auch zu dem Schluß kommen, es gebe keine Wunder; er konnte die Wirksamkeit des Gebets ebenso wie das Wirken der göttlichen Vorsehung oder gar die Existenz Gottes selbst in Frage stellen. So warnte Henry More bei einem Angriff gegen die extrem materialistische Version der mechanistischen Philosophie: «Kein Geist, kein Gott».[16] Die implizite Gefahr des Atheismus hätte die allgemeine Durchsetzung der mechanistischen Philosophie verhindern können, hätten Naturwissenschaftler wie Descartes nicht deutlich erklärt, daß Gott in ihrem Universum einen festen Platz habe, und wären Theologen und Geistliche nicht bereit gewesen, sich auf die neue Philosophie einzustellen. In England zum Beispiel erwiesen sich die Staatskirche und auch die nichtkonformistischen Sekten als erstaunlich aufnahmefähig für die neuen Ideen. Die Latitudinarier lehnten zum Beispiel die Dämonologie ab, versuchten den Glauben mit dem Verstand in Einklang zu bringen und entwickelten eine differenzierte Naturtheologie, nach welcher Gott sich in den natürlichen Vorgängen manifestiert.[17] Selbst die wörtliche Auslegung der Bibel führte dazu, daß die Macht Satans auf Erden geleugnet wurde, da die Bibel Hexerei als solche zwar erwähnt, aber auch versichert, daß Gott, und zwar der allmächtige Gott des reformierten Protestantismus, den Teufel in die Hölle verbannt habe und ihn so daran hindere, in das Leben der Menschen einzugreifen. Damit erwies sich die Religion weder als ernsthaftes Hindernis für die Rezeption der mechanistischen Philosophie, noch hinderte sie die gebildeten Europäer daran, den Glauben an die Macht Satans aufzugeben. Balthasar Bekker, ein niederländischer Theologe und Verfechter der cartesianischen Philosophie, vertrat eine bereits weit verbreitete Meinung, als er 1691 schrieb, sowohl die Heilige Schrift als auch die Vernunft lieferten den Beweis dafür, daß «das Reich des Teufels eine reine Chimäre ist und daß er weder die Macht noch die Fähigkeiten besitzt, die ihm gemeinhin zugeschrieben werden».[18]

Eng verbunden mit dem Glauben an ein nach Gesetzen geordnetes Universum war in der gebildeten Elite Europas die wachsende Überzeugung, daß es für geheimnisvolle und scheinbar übernatürliche Vorgänge eine natürliche Erklärung gebe. Im 14. und 15. Jahrhundert wurde die natürliche Welt relativ eng definiert. Alle Phänomene, die nicht auf Anhieb und in einfacher, «natürlicher» Form zu erklären waren, wurden bereitwillig irgendeiner Art von übernatürlichem Eingriff zugeschrieben, eine Denkweise, welche die Scholastik noch gefördert hatte. Nicht die mechanistische Philosophie hat diese scholastische Weltsicht erstmals in Frage gestellt, sondern deren Rivalin, die magische Kosmologie des neuen Platonismus. Auf den ersten Blick mag es überraschen, daß dieser Neuplatonismus – eine Philosophie, in der Magie eine so bedeutende Rolle spielte – mit der Begründung einer in weiten Bereichen sehr viel realistischeren Weltsicht in Zusammenhang gebracht wird. Aber mit ihrer Theorie, daß alle Substanzen natürliche Sympathien und Antipathien besitzen, die erklären, warum sie sich in einer bestimmten Weise verhalten, verdrängten die Neuplatoniker die übernatürlichen Erklärungen für außerordentliche Ereignisse und förderten den Drang nach Erforschung der Natur im genuin wissenschaftlichen Sinne.[19] Und selbst dadurch, daß sich in der Renaissance Magier gezwungen sahen, die Naturmagie durch Geisterzauber zu ersetzen, trugen sie zur Erschütterung der scholastischen Kosmologie bei, da nach neuplatonischer Vorstellung der gelehrte Magier die Geister zum Gehorsam zwingen konnte und damit nicht mehr das Opfer launischer Dämonen war. Langfristig unterlag die magische Weltsicht des Neuplatonismus dem zweiten Rivalen der Scholastik, der mechanistischen Philosophie, nach welcher die Materie träge und tot ist und sich daher für keinerlei Natur- oder Geistermagie eignet. Dennoch verhalf der Neuplatonismus ganzen Generationen von Intellektuellen zu der Erkenntnis, daß außerordentliche Phänomene natürliche Ursachen haben. Interessanterweise akzeptierte Reginald Scot, der schärfste Kritiker des Hexenglaubens und der Hexenprozesse im späten 16. Jahrhundert, vorbehaltlos die Realität von Naturmagie. Seine Leichtgläubigkeit mag ihm gegenüber seinen Kritikern nicht geholfen haben, aber sie zeigt, wie die Theorie von der Naturmagie zu einer naturalistischen Infragestellung des Hexenglaubens führen konnte.[20]

Zur selben Zeit, als gebildete Europäer Weltsichten entwickelten, die sie dazu ermutigten, außerordentliche Ereignisse auf natürliche Ursachen zurückzuführen, entdeckten sie auch, daß sich viele seltene Krankheiten und abnorme Verhaltensweisen, die man traditionell als Hexenwerk betrachtet hatte, ebenfalls auf natürliche Weise erklären ließen. In der zweiten Hälfte des 16. Jahrhunderts stellten erstmals Gelehrte, besonders aber erfahrene Ärzte, die Behauptung auf, daß viele Krankheiten, die angeblich durch *maleficia* ausgelöst wurden, natürliche Ursachen hatten, daß Menschen, die freiwillig Hexerei gestanden, entweder unter Drogen standen oder an einer Art von Melancholie, Depression oder geistiger Verwirrtheit und solche, die als besessen galten, in Wirklichkeit unter einer medizinisch zu erklärenden Krankheit litten. Diese Ansicht setzte sich keineswegs allgemein durch, und selbst die Ärzteschaft vertrat in dieser Frage unterschiedliche Meinungen.[21] So wurde Johann Weyer, dessen Ansichten über die natürlichen Ursachen angeblicher *maleficia* und über die depressive Erkrankung geständiger Hexen ihm den Ruf eines frühen Skeptikers eingetragen haben, von dem Arzt Thomas Erastus «widerlegt», während Jacques Fontaine de Maximin, ein Arzt aus der Provence, später Erastus an Leichtgläubigkeit noch übertraf.[22] Es wurde sogar vermutet, daß Ärzte, die den Ausbruch von Epidemien nicht erklären konnten, ihrerseits Hexenpaniken auslösten.[23]

Dennoch trugen auch Ärzte dazu bei, die Grundlagen des Hexenglaubens zu erschüttern.[24] In seiner Kritik des volkstümlichen Hexenglaubens und der Tätigkeit der sogenannten *cunning men* bewies der englische Arzt Edward Jorden, daß viele angeblich von Hexen verursachte Krankheiten Formen einer Erkrankung darstellten, die wir heute Hysterie nennen würden, während John Cotta solche Symptome der Epilepsie zuschrieb.[25] Es dauerte lange, bis alle gebildeten Europäer davon überzeugt waren, daß Krankheiten grundsätzlich natürliche Ursachen haben; selbst Cotta und Jorden wollten nicht ausschließen, daß es übernatürlich zu erklärende Krankheiten gebe.[26] Da man die Ursache zahlreicher Krankheiten noch nicht kannte, blieb die Versuchung groß, sie übernatürlichen Kräften zuzuschreiben. Und selbst wenn die Ärzte die natürlichen Ursachen einer physischen oder psychischen Erkrankung kannten, war der Glaube, daß Hexerei im Spiel sein könnte, nicht vollständig geschwunden; denn das Argument, daß der Teufel sich der Natur bediene, war solange nicht von der Hand zu weisen wie Theologen dasselbe von Gott behaupteten. Langfristig jedoch gelangte die gebildete Elite zu der Überzeugung, daß die angeblich von Hexen ausgelösten Krankheiten, das Verhalten von Besessenen und die haarsträubenden Geständnisse einiger Hexen natürliche Ursachen besaßen und ohne jede Beteiligung von Geistern oder Dämonen zustande kamen. Selbst als die Ursachen von Krankheiten oder ungewöhnlichem Verhalten noch nicht bekannt waren, vertrauten einzelne Menschen bereits darauf, daß man sie irgendwann entdecken werde. So konnte ein ungarischer Arzt 1756 fordern, daß «die Ärzte in diesen Tagen alle Fragen des Übernatürlichen dem Klerus überlassen» sollten.[27]

Der oben beschriebene Wandel – die wachsende cartesianische Skepsis, die Verbreitung der mechanistischen Philosophie und die Überzeugung, daß noch unerklärbare Phänomene auf natürliche Weise erklärt werden konnten – vollzog sich vorwiegend in den oberen Schichten der europäischen Gesellschaft. Soweit wir wissen, änderte sich im späten 17. und im 18. Jahrhundert der Hexenglaube der unteren Schichten kaum. Er wurde lediglich von der Elite als Aberglaube abqualifiziert und mit Verachtung gestraft, ein sprechendes Beispiel für das, was Peter Burke als Distanzierung der Elite von der Volkskultur bezeichnet hat.[28] Natürlich sickerten manche Vorstellungen der Oberschicht in die unteren Gesellschaftsschichten, so wie im 15. und 16. Jahrhundert gelehrte Vorstellungen vom Teufelspakt und vom Hexensabbat durch Predigten, Katechese und sogar Hexenprozesse an ungebildete Schichten vermittelt worden waren. Möglich erscheint, daß die beiden Gruppen von gebildeten und halbgebildeten Menschen, mit denen die unteren Gesellschaftsschichten in Berührung kamen, der Klerus und die Ärzte, manche Elemente des volkstümlichen Hexenglaubens schwächen konnten. So konnte ein Geistlicher seine Gemeinde davon überzeugen, daß sich in den natürlichen Vorgängen das Wirken Gottes manifestiere und daß Dämonen die Menschen nicht ständig mit körperlichen Beschwerden bedrohten, während die Ärzte ihren Patienten vielleicht erklären konnten, daß ihre Krankheiten nicht auf übernatürliche Ursachen zurückgingen, wie die *cunning men* immer behauptet hatten.[29] Es wäre jedoch übertrieben anzunehmen, daß diese beiden Gruppen von Gebildeten mit großem Erfolg die Einstellung der Bevölkerung verändert hätten. Denn es ist sehr viel schwieriger, den Menschen Skepsis gegenüber dem Übernatürlichen zu vermitteln als Leichtgläubigkeit, und vermutlich war die wissenschaftlich begründete Skepsis der meisten Geistlichen und Ärzte nicht so stark gefestigt, daß sie die Leichtgläubigkeit und den Aberglauben der einfachen Bevölkerung effektiv und nachhaltig bekämpfen konnten.[30]

Gewissermaßen als Ironie der Geschichte trug das Beharren der bäuerlichen Bevölkerung im Aberglauben zum Sieg des Skeptizismus in den Eliten bei. Eine der Taktiken, mit denen Skeptiker wie Nicolas de Malebranche, Laurent Bordelon und Cyrano de Bergerac Unterstützung für ihre Ansichten gewannen, bestand darin, daß sie den Aberglauben einfältiger Schafhirten und Bauern, die immer noch behaupteten, in ihren Gemeinden seien Hexen am Werk, ins Lächerliche zogen.[31] Diese Taktik verfolgten später auch William Hogarth und Francisco Goya mit ihren Gemälden und Stichen zum Thema Hexenwesen und Aberglauben. Als Reaktion auf solche satirischen Darstellungen in Literatur und Kunst neigten selbst die weniger gebildeten Mitglieder der Oberschicht dazu, wenigstens ein Lippenbekenntnis zu dem neuen Skeptizismus abzulegen, um damit ihre geistige Überlegenheit über das niedere Volk zu beweisen. Mit anderen Worten, Skeptizismus kam in Mode. Im späten 17. und frühen 18. Jahrhundert vertieften sich die Gräben zwischen den Gesellschaftsschichten, und in ganz Europa verschärften sich gesellschaftliche Spannungen und Konflikte. Um die Distanz zum einfachen Volk zu demonstrieren, taten Mitglieder der landbesitzenden und mittleren Schichten, besonders diejenigen, die nach sozialem Aufstieg strebten, alles in ihrer Macht Stehende, um zu beweisen, daß sie mit den unteren Schichten nichts gemein hatten. Die Kenntnis der neuesten wissenschaftlichen Entdeckungen war sicher eine Art, gesellschaftliches und intellektuelles Niveau zu signalisieren, aber da die skeptische Einstellung zur Hexerei zugleich den Ausdruck offener Verachtung für die unteren Schichten mit sich brachte, war sie noch weit wirkungsvoller. Der Niedergang des Hexenglaubens in den oberen und mittleren Gesellschaftsschichten dürfte deshalb nicht nur auf neuen wissenschaftlichen Erkenntnissen und philosophischen Theorien beruhen, sondern kaum weniger auf gesellschaftlichem Snobismus.

Das neue religiöse Klima

Wie wir bereits sahen, trug die Reformation einerseits zur Intensivierung der europäischen Hexenjagd, andererseits langfristig zu deren Beendigung bei. Die protestantische Auffassung von der Allmacht Gottes stellte die Möglichkeit des *maleficium* in Frage. Die tiefere Christianisierung der Bevölkerung schwächte den Glauben an Magie, die Auslegung der Bibel führte zu der Erkenntnis von der Ohnmacht des Teufels, und die Auseinandersetzungen zwischen Katholiken und Protestanten über den Exorzismus ließen viele Menschen zweifeln, ob Besessenheit, Hexerei oder der Teufel überhaupt existierten. Zwar lieferte jede dieser Entwicklungen ihren Beitrag zur Beendigung der großen Hexenverfolgung, entscheidend wurde aber die Veränderung des religiösen Klimas im späten 17. Jahrhundert. Allerdings wäre die Behauptung irreführend, Europa sei insgesamt zu dieser Zeit toleranter geworden.[32] Dennoch gibt es zahlreiche Belege dafür, daß nach 1650 der religiöse Fanatismus in Europa an Schwung verlor. Am deutlichsten zeigt sich dies am Rückgang der Religionskämpfe nach dem Westfälischen Frieden von 1648. Danach entstanden internationale Auseinandersetzungen eher aus nationalen oder dynastischen Interessen und nicht so sehr aus religiösen Spannungen. Dasselbe gilt für innenpolitische Unruhen; nach 1650 waren in Europa Bürgerkriege nur noch sehr selten religiös motiviert. Die Theologie reagierte auf Fanatismus und Eiferertum mit der Betonung der Rationalität von Religion,[33] wobei das deutlichste Kennzeichen des neuen Klimas das Mißtrauen gegen Menschen bildete, die von Gott unmittelbar inspiriert oder geleitet zu sein behaupteten.[34] Alle diese Elemente deuten darauf hin, daß das Zeitalter der Reformation, das geprägt war von religiösem Radikalismus und Religionskriegen, von der Bevorzugung des Emotionalen vor dem Rationalen und von religiös inspirierten Heiligen oder Fanatikern, allmählich zu Ende ging und ein weltlicheres, rationaleres Zeitalter anbrach.

Auf die Hexenverfolgung wirkte sich der Rückgang des religiösen Fanatismus in vielfältiger Weise aus. Wie wir sahen, akzeptierten Theologen wie die Latitudinarier in England in ihrem Bemühen, Religion und Philosophie bzw. Naturwissenschaft miteinander zu versöhnen, die mechanistische Philosophie und andere Kosmologien, in denen Satan nur geringe Macht zugestanden wurde. Mit dem wachsenden Mißtrauen gegen Menschen, die sich auf direkten Kontakt mit der Geisterwelt beriefen, wurde auch das Thema Besessenheit immer skeptischer diskutiert und folgerichtig auch die Hexerei als deren angebliche Ursache. Am wichtigsten aber wurde, daß gottesfürchtige Christen sich nicht mehr verpflichtet fühlten, die Welt durch Hexenverbrennungen zu läutern. Zwar sind nicht alle Hexenprozesse aus religiösem Fanatismus entstanden, besonders nicht solche, in denen *maleficia* verhandelt wurden. Dennoch waren viele Hexenprozesse und Hexenjagden vom entschlossenen Eifer der Richter, des Klerus und der Gemeinden getragen worden, die Welt durch den Kampf gegen die Verbündeten Satans zu läutern. Mit diesen Formen der Militanz und des Millenarismus gingen auch die von ihnen inspirierten Hexenverfolgungen zurück.

Sozialer und wirtschaftlicher Wandel

Die Frage nach den Auswirkungen sozialer und wirtschaftlicher Veränderungen auf den Rückgang der Hexenverfolgung ist äußerst schwierig zu beantworten. Zum Teil besteht das Problem darin, daß die wirtschaftlichen und sozialen Bedingungen zwar die gegen Hexen vorgebrachten Verdächtigungen und Beschuldigungen mitprägten, aber nicht den Verlauf der Prozesse an sich, und es ist schwer, wenn nicht gar unmöglich zu unterscheiden, ob die Anzahl der Beschuldigungen sank oder ob die Behörden sich einfach weigerten, daraufhin tätig zu werden. Selbst wenn nachgewiesen werden könnte, daß im späten 17. und frühen 18. Jahrhundert die Anzahl der Beschuldigungen wegen Hexerei sank, würde es schwerfallen, diejenigen sozialen und wirtschaftlichen Faktoren zu identifizieren, die dazu führten, daß Dorf- und Stadtbewohner sich sicherer und durch die *maleficia* ihrer Nachbarn weniger verwundbar fühlten. Mit anderen Worten, wir bewegen uns im Bereich der Spekulation. Dennoch legt die Tatsache, daß solche Faktoren beim Ausbruch der Hexenjagd eine bedeutende Rolle spielten, die Vermutung nahe, daß sie auch an ihrer Beendigung mitwirkten.

Denkbar wären dabei drei Möglichkeiten; als erste, daß eine allgemeine Verbesserung der Lebensbedingungen im späten 17. und frühen 18. Jahrhundert in den Dörfern Spannungen gemildert haben könnte, die gelegentlich zu Hexenjagden geführt hatten. Tatsächlich lebten in den letzten Jahren der großen Hexenverfolgung die meisten Europäer unter besseren Lebensbedingungen als auf deren Höhepunkt. Der Preisanstieg war zum Stillstand gekommen, die Löhne sanken nicht mehr, sondern stiegen in einigen Ländern sogar an. Die Bevölkerungsdichte nahm leicht ab, um dann erst allmählich wieder anzusteigen, und die allgemeinen klimatischen Verhältnisse verbesserten sich. Den Unterschichten können diese Veränderungen durchaus ein etwas angenehmeres Leben beschert haben, aber daß sie die spezifischen sozialen Spannungen, die zu Hexenprozessen geführt hatten, teilweise oder vollständig abbauten, ist eher unwahrscheinlich. Das ganze 18. Jahrhundert hindurch herrschten in den Dorfgemeinden noch so viele wirtschaftlich begründete Spannungen, so viel Armut und Hunger und sicherlich auch so viel alltägliche Unbill, daß es für zahlreiche intensive Hexenjagden ausgereicht hätte.

Eine zweite Möglichkeit besteht darin, daß die Dorfbewohner zwar immer noch genügend Anlaß hatten, ihre Nachbarn als Hexen zu bezichtigen, es aber unterließen, weil Hexen nicht mehr dieselbe Art von Bedrohung darstellten wie in der Vergangenheit. Für diese These spricht einiges. So hat Keith Thomas zum Beispiel nachgewiesen, daß am Ende des 17. Jahrhunderts die endgültige Einführung des Armenrechts in

England den Dorfbewohnern teilweise das Schuldgefühl nahm, das sie empfanden, wenn sie wohltätige Gaben verweigerten. Damit hatten sie auch weniger Grund, ihre Schuld dadurch zu erleichtern, daß sie die Armen der Hexerei bezichtigten.[35] Ganz allgemein gab es auch weniger Gründe, alleinstehende Frauen der Hexerei zu beschuldigen, da sie in den frühneuzeitlichen Städten und Dörfern Europas zu vertrauteren Erscheinungen geworden waren. Anstatt solchen Menschen mit Mißtrauen und Angst zu begegnen, zog man es nun vor, sie zu ignorieren. Die frühneuzeitlichen Städte Europas wurden größer, verloren den Charakter intimer Kleingesellschaften, in denen jeder jeden kennt, und entsprachen damit nicht mehr dem Gemeindetyp, in dem die meisten Hexenverfahren entstanden waren.

Die dritte mögliche Auswirkung des sozialen und wirtschaftlichen Wandels vollzog sich mittelbarer, war aber vermutlich von größerer Bedeutung als die beiden erstgenannten. Wie oben dargelegt, erzeugten die außerordentlichen wirtschaftlichen und gesellschaftlichen Veränderungen der Frühen Neuzeit zusammen mit der politischen und religiösen Instabilität der Zeit in allen gesellschaftlichen Schichten eine pessimistische Stimmungslage und tiefe Ängste. In der Identifizierung, Anklage und Verfolgung von Hexen sahen Dorfbewohner und Magistrate als einzelne wie als Mitglieder der Gemeinde eine Möglichkeit, solche Ängste zu mildern. Daher dienten Hexen in einer Zeit raschen und grundlegenden Wandels nicht nur als Sündenböcke für die täglichen Unbilden des Dorflebens, sondern auch für die Schwächen und Übel der gesamten Gesellschaft. Am Ende des 17. Jahrhunderts waren viele Bedingungen, aus denen Sorge und Angst entstanden waren, nicht mehr gegeben. Die Geldentwertung verlangsamte sich, und überall verbesserten sich die Lebensbedingungen. Vor allem aber gingen die großen Pestwellen, die in den vorangegangenen 300 Jahren verheerende soziale Schäden in Europa angerichtet hatten, ihrem Ende entgegen und tauchten erst im späten 19. Jahrhundert wieder auf. Zur gleichen Zeit hörten die religiösen Wirren der Reformationszeit auf, und die beunruhigende Serie von Aufständen und Revolutionen des späten 16. und frühen 17. Jahrhunderts brach um 1660 ab. Selbst Kriege, die in der Zeit der großen Hexenverfolgung die europäische Gesellschaft so häufig zerrissen hatten, wirkten sich nach 1660 nicht mehr so katastrophal aus.[36] Zwar führten die europäischen Länder weiterhin Kriege gegeneinander, aber etwa ab 1700 verzichtete man weitgehend darauf, Dörfer und Städte zu plündern.[37] Daraus resultierte insgesamt, daß Europa nach 1660 allmählich in eine Periode sozialer, politischer, wirtschaftlicher und religiöser Stabilität überging und die in den einzelnen Staaten herrschenden Aristokratien neue Möglichkeiten zur Erhaltung einer stabileren Welt entdeckten. Unter solchen Bedingungen hatten einzelne und Gemeinden weniger Gründe, auf hilflose Nachbarn einzuschlagen, um ihre allgemeinen Ängste zu mildern, und noch weniger Anlaß, durch massive Hexenjagden eine angebliche Horde von Teufelsanbetern auszurotten, die die ganze Welt und die gesellschaftliche Ordnung auf den Kopf stellen wollte.

Fortleben und Wiederaufleben des Hexenglaubens

Der Rückgang der Hexenverfolgung vollzog sich allmählich. In den meisten Ländern folgte auf eine intensive Verfolgungsphase zunächst eine Zeit gelegentlicher Prozesse und sporadischer kleiner Hexenjagden, bis auch diese schließlich ganz eingestellt wurden. In Frankreich zum Beispiel gingen die Hexenprozesse im Jurisdiktionsbezirk des Parlaments von Paris nach 1620 zurück, in den anderen Landesteilen aber erst nach dem Edikt Ludwigs XIV. von 1682.[38] Auch danach fanden noch einzelne Prozesse meist wegen Wahrsagerei und Verursachung von Impotenz statt; die letzte Hexe wurde 1745 hingerichtet. In England, wo die einzige landesweite Hexenjagd 1646 ein Ende fand, gab es noch bis 1682 einzelne Prozesse und Hinrichtungen. Danach wurden in vereinzelten Prozessen zwar noch Hexen verurteilt, aber nicht hingerichtet, bis das Parlament schließlich 1736 das Hexengesetz von 1604 aufhob. In Schottland, wo die Hexenverfolgung intensiver als in England betrieben worden war, begann der Rückgang etwas später, und zwar nach der großen Hexenjagd von 1661/62; die letzte Hinrichtung fand 1722 statt. Noch später wurde die Hexenverfolgung in Deutschland eingestellt. Viele deutschen Länder wiederholten zwar nie die Massenschlächterei der 1620er und 1630er Jahre, richteten aber noch bis ins 18. Jahrhundert hinein zahlreiche Hexen hin. König Friedrich Wilhelm I. schränkte zwar 1714 die Hexenprozesse in Preußen ein, aber der letzte fand noch 1728 statt. In Würzburg wurde die letzte Hexe 1749 hingerichtet, in Württemberg 1751 und in Deutschland insgesamt 1775 in der Fürstabtei Kempten. Überraschenderweise fanden im späten 18. Jahrhundert in Spanien und in den spanischen und portugiesischen Kolonien Amerikas vereinzelte Hexenprozesse statt, wenn auch keiner mit einer Hinrichtung endete.[39] 1763 wurde ein vereinzelter Prozeß in Schweden geführt, und noch 1782 fand im reformierten Kanton Glarus die letzte legale Hinrichtung einer Hexe in Europa statt. 1793 wurden in Posen zwei Frauen als Hexen hingerichtet, aber in den Gerichtsakten wurde der Vorfall nicht dokumentiert, und die Hinrichtung scheint illegal gewesen zu sein.[40]

Am Ende des 18. Jahrhunderts gehörte die große europäische Hexenjagd, die am Ende des 16. und zu Beginn des 17. Jahrhunderts ihre intensivste Phase erreicht hatte, der Vergangenheit an. Sie war, wie wir im ersten Kapitel sahen, eher ein zeitgebundenes als ein periodisch wiederkehrendes oder fortwährendes Phänomen. Dennoch haben einzelne ihrer Elemente über das 18. Jahrhundert hinaus entweder fortgedauert, oder sie traten wieder auf und vermittelten den folgenden Generationen einen flüchtigen Eindruck von der großen Hexenjagd. Eines der dauerhaftesten und am weitesten verbreiteten Elemente war die Beharrungskraft des volkstümlichen Hexenglaubens. Dieser Glaube nahm nie derart extreme Formen an wie derjenige der gebildeten Elite, aber da er von der Angst vor *maleficia* lebte, erwies er sich als weit dauerhafter. Mitte des 19. Jahrhunderts berichtete der Bischof von Orléans, auf dem Lande seien Hexenglaube und das Vertrauen in Zauberer genauso weit verbreitet wie früher,[41] und selbst im 20. Jahrhundert war älteren Bewohnern der Fränkischen Schweiz noch ein Hexenglaube vertraut, dessen Wurzeln weit in die Antike zurückreichten.[42]

Aufgrund volkstümlichen Hexenglaubens gingen einzelne Gemeinden gelegentlich illegal gegen Menschen vor, die sie der Hexerei verdächtigten. So verbrannten zum Beispiel Bauern im dänischen Gronning 1722 eine Hexe bei lebendigem Leibe, lange nachdem es keine legalen Hinrichtungen mehr gegeben hatte.[43] Ähnliches ereignete sich 1751 in Tring in der englischen Grafschaft Hertfordshire, als ein Gastwirt einen Mob aufwiegelte, der dann in ein Armenhaus eindrang und eine arme alte Frau namens Ruth Osborne und ihren Mann ergriff, die beide der Hexerei verdächtigt wurden. Wie viele andere Hexen des 16. und 17. Jahrhunderts hatte Ruth Osborne den Gastwirt einmal um Milch gebeten und war abgewiesen worden. Man entkleidete das Ehepaar, band ihre Hände mit den Füßen zusammen, schleppte sie zum nahegelegenen Fluß und unterzog sie der Schwimmprobe, einem Gottesurteil, das mit dem Tod der Frau endete. Später wurden drei Männer wegen Mordes verurteilt, einer von ihnen namens Thomas Colley wurde hingerichtet.[44]

Vorfälle dieser Art, in denen entweder einzelne oder Gruppen Männer und Frauen angriffen, weil sie ihnen schädliche Magie vorwarfen, ereigneten sich seit dem 18. Jahrhundert immer wieder und sogar noch in der jüngsten Vergangenheit.[45] 1894 prügelten in Clonmel, Tipperary, der Ehemann, Verwandte und Freunde die jungverheiratete Bridget Cleary zu Tode und verbrannten sie, weil sie glaubten, die Elfen hätten die wirkliche Bridget entführt und eine Hexe an ihre Stelle gesetzt.[46] Noch stärker erinnert der Angriff, der 1976 in einer deutschen Kleinstadt gegen Elisabeth Hahn geführt wurde, an die Hexenjagden des 16. und 17. Jahrhunderts. Elisabeth Hahn war eine arme, ältere Jungfer, die weithin als Hexe galt und verdächtigt wurde, sie lebe mit Schutzgeistern in Gestalt von Hunden zusammen. Weil ihre Nachbarn glaubten, sie

Der Pöbel von Tring/Hertfordshire ertränkt 1751 Ruth Osborne.
Auf diese Weise starb auch ihr Ehemann John.

belege sie mit Zaubersprüchen, mieden sie sie, bewarfen sie mit Steinen, drohten sie totzuschlagen und setzten schließlich ihr Haus in Brand, wobei sie schwere Verbrennungen erlitt und alle ihre Tiere getötet wurden.[47] Im folgenden Jahr wurden zwei Brüder aus einem französischen Dorf in der Nähe von Alençon wegen Mordes an einem Zauberer vor Gericht gestellt, der in seiner Hütte zahlreiche Zaubertränke bereitet und Salz in die Gärten der Dorfbewohner geworfen haben soll.[48] 1981 steinigte in Mexiko eine aufgebrachte Menge eine Frau zu Tode, nachdem ihr Ehemann sie beschuldigt hatte, sie habe durch Hexerei das Attentat auf Papst Johannes Paul II. ausgelöst.[49]

Alle diese Vorfälle erinnern an den Hexenglauben und die Angst vor Hexerei, wie sie im Europa der Frühneuzeit üblich waren. Der wichtigste Unterschied besteht darin, daß sich die jeweiligen Justizbehörden nicht daran beteiligten und anschließend nicht die Hexen, sondern die Angreifer verfolgten. Mit anderen Worten, in der europäischen Neuzeit wurde die Hexenjagd zu einer Art Lnychjustiz, um deren Kontrolle und Unterbindung sich die Justiz bemüht. Sucht man heute nach Vorgängen, die sich mit der legalen Hexenjagd der Vergangenheit vergleichen lassen, stößt man auf die Art, wie manche moderne Regierungen politische Dissidenten und gesellschaftliche Abweichler mit Justizterror verfolgen. Die Opfer dieser Kampagnen sind keine Hexen mehr; denn die Verwaltungsapparate haben sichergestellt, daß es Hexenjagden im eigentlichen Sinne nicht mehr geben wird. Aber die gerichtlichen Prozeduren, die einst gegen Hexen angewandt wurden, leben wieder auf. Bei der Verfolgung dieser neuzeitlichen «Hexen» verletzen die Behörden oft zahlreiche Regeln zum Schutz der bürgerlichen Freiheit und erfinden eine Vielfalt von Taktiken, um Gruppen, die zum Objekt weit verbreiteter Angst wurden, unter Druck zu setzen, zu verfolgen, zu verurteilen und zu bestrafen.

Am stärksten erinnern die von zahlreichen Regierungen in aller Welt gegen politische und militärische Gefangene eingesetzten Methoden an die große europäische Hexenjagd. Dazu gehört in vielen Ländern der Gebrauch der Folter, manchmal in Form des *strappado* oder anderer bewährter Methoden, mit deren Hilfe Geständnisse oder die Namen von Komplizen erpreßt werden.[50] Der Gebrauch der Folter durch Justizbehörden gehört zu den traurigsten und erschreckendsten Kapiteln der Geschichte des 20. Jahrhunderts. Gefoltert wurde allerdings nicht bei der amerikanischen Kommunistenjagd, die am häufigsten mit der großen europäischen Hexenjagd verglichen wird. In den frühen 50er Jahren verhörten Kongreß- und Senatsausschüsse Hunderte von Amerikanern, um in Regierung, Armee und Unterhaltungsindustrie Kommunisten aufzuspüren. Eines der Opfer dieser Inquisition, Arthur Miller, schrieb das Bühnenstück *The Crucible* in der Absicht, die Parallelen zwischen diesen Verhören und der Salemer Hexenjagd von 1692 aufzuzeigen.

Und solche Parallelen gab es mehrere: In beiden Fällen betätigten sich prominente Politiker als Hexenjäger und Richter; man glaubte jeweils an eine Bedrohung von innen und von außen; und die vereinfachte Vorstellung von einer Hexe bzw. von einem Kommunisten brach zusammen, als die Jagd zu umfangreich wurde, insbesondere als sie sich auf Offiziere erstreckte, wodurch die Skepsis gegenüber den Verfahren wuchs. Am stärksten gleichen sich die Jagden aber im Bereich des Prozeßrechts. So wie in Salem für die Hexenprozesse ein Sondergericht geschaffen worden war, wurden mit der Bekämpfung der kommunistischen Bedrohung besondere Ausschüsse beauftragt, die in bezug auf die Vorladung und das Verhör mit Befugnissen ausgestattet wurden, welche regulären Gerichten nicht zur Verfügung standen. Es waren im Repräsentantenhaus das *Un-American Activities Committee* und im Senat das *Permanent Investigations Committee.* Die Verfahren in den 50er Jahren basierten wie die Prozesse von 1692 weitgehend auf der Schuldvermutung, so daß Senator Hubert Humphrey befand, die Ausschüsse stellten das angelsächsische Rechtsverständnis auf den Kopf. In beiden Fällen bedrängten die Vorsitzenden die Zeugen mit Suggestivfragen, und was noch wichtiger ist, die Zeugen wurden enorm unter Druck gesetzt, damit sie die Namen von Komplizen oder Gleichgesinnten preisgaben. Gerade dieser Druck bei der Suche nach Namen, der nicht durch Folter, sondern durch andere Formen von Zwang ausgeübt wurde, quälte Miller und viele andere Opfer der Kommunistenjagd wie Lillian Hellman am meisten. Und dieser Aspekt rief mit Recht besonders lebhafte Erinnerungen an die eskalierenden Hexenjagden der Vergangenheit wach.[51]

Die illegale Verfolgung von Hexen durch einen nach Lynchjustiz dürstenden Mob und die legale Verfolgung von Ersatzhexen durch Behörden und Politiker zeigen uns, daß bestimmte Aspekte der Hexenjagd von Zeit zu Zeit wiederkehren, obwohl die große europäische Hexenjagd seit mehr als 200 Jahren beendet ist. In ganz anderer Weise erinnert daran die Ausübung von Magie und Hexerei in der Neuzeit. Seit dem Ende des Zweiten Weltkrieges hat die Anzahl praktizierender Hexen besonders in England und Amerika beträchtlich zugenommen. Obwohl kaum genaue Zahlenangaben vorliegen, wurde geschätzt, daß es in Amerika mehr als 200 000, in Großbritannien etwa 100 000 Hexen gibt. Im Rahmen unserer Untersuchung kann es nicht darum gehen, die Praktiken moderner Hexen zu beschreiben, die Zusammensetzung der unterschiedlichen Hexenbewegungen zu analysieren oder darüber zu spekulieren, warum heutzutage das Interesse an Hexerei und Okkultismus wieder erwacht ist.[52] Hier geht es nur um die Frage, ob das moderne Hexenwesen in irgendeiner Weise als Wiederbelebung und Fortsetzung der Praktiken aus der Vergangenheit verstanden werden kann und ob die heutigen Hexen mit den Menschen, die im 16. und 17. Jahrhundert angeklagt und verfolgt wurden, irgend etwas gemeinsam haben. Ziehen wir die zeitgenössischen Definitionen von Hexerei zum Vergleich heran, so scheinen sich tatsächlich Gemeinsamkeiten zu ergeben. Hexen können heute als Menschen definiert werden, die Magie ausüben und heidnische Gottheiten oder wie im Falle der Satanisten den christlichen Teufel verehren. Einer solchen Definition hätten die meisten Menschen in der Frühen Neuzeit ohne Schwierigkeiten beipflichten können, obwohl die Magie der Hexen vorwiegend als schädlich angesehen wurde und als Objekt ihrer Verehrung stets der Teufel galt. In beiden Fällen können Hexen jedoch als Menschen bezeichnet werden, die den christlichen Glauben ablehnen.

Obgleich die Hexen des 20. Jahrhunderts mit sehr ähnlichen Begriffen wie die des 16. und 17. Jahrhunderts beschrieben werden könnten, gibt es jedoch nur sehr wenige Gemeinsamkeiten zwischen beiden Gruppen. Manche modernen Hexen, besonders die Jünger von Gerald Gardner, nehmen an, daß die frühneuzeitlichen Hexen – wie sie selber auch – einen alten Fruchtbarkeitskult namens *Wicca* pflegten und keine Teufelsanbeter gewesen seien, wie die Behörden behaupteten. Dabei berufen sie sich meist auf die Arbeiten von Margaret Murray, deren These die Kritik aber widerlegt hat. Weder läßt sich beweisen, daß Hexen heidnische Gottheiten verehrten, noch daß sie sich wie ihre neuzeitlichen Nachfahren zu irgendwelchen Zwecken in Gruppen zusammenschlossen. Das moderne Hexenwesen unterscheidet sich in seinen Zusammenschlüssen zu Hexensabbaten und erst recht in seinen lokalen und regionalen Organisationen grundlegend von der Hexerei, wie sie früher praktiziert wurde, mag ihr auch anderes unterstellt worden sein.

Abgesehen von der fehlenden Organisation der frühneuzeitlichen Hexen gibt es noch andere grundlegende Unterschiede zwischen ihnen und ihren neuzeitlichen Nachfahren. Die Hexen des 16. und 17. Jahrhunderts wurden immer von anderen als solche bezeichnet; jemand wurde «Hexe» genannt, auch wenn er lediglich in gewissem Umfang Magie betrieb. Im 20. Jahrhundert jedoch haben sich die Hexen selbst als solche bezeichnet, zwar zögernd, aber doch mit einem gewissen Stolz. Sobald sich aber Hexerei in eine selbstbestimmte statt fremdbestimmte Aktivität verwandelte, verlor sie ihren bösartigen Charakter. Frühneuzeitliche Hexen galten als im Wesen böse Menschen, während moderne Hexen sich selbst als im Wesen gut bezeichnen und sogar eine Liga gegen die Diffamierung von Hexen gegründet haben, um das negative Image abzubauen, das ihnen die Vergangenheit vererbt hat. Moderne Hexen bestehen darauf, daß ihre Magie stets gutartig sei, während die

Macht der frühneuzeitlichen Hexe als Inbegriff des Bösen verstanden wurde, auch dann, wenn sie in guter Absicht oder überhaupt nicht ausgeübt wurde.

In diesem Zusammenhang sei darauf hingewiesen, daß zeitgenössische Satanisten wie Anton LaVey sich selbst als böse bekennen; wenn aber seine *Satansbibel* zur Orientierung herangezogen werden darf, halten sie sich selbst nur nach traditionellen christlichen Maßstäben für böse. LaVey propagiert eine nichtchristliche, hedonistische, aber keineswegs aggressive Ethik, die weder er selbst noch ein unvoreingenommener Beobachter als böse bezeichnen können.[53] Natürlich gibt es Satanisten, die mit der Tötung von Tieren oder der Ermordung von Menschen die Aufmerksamkeit der Öffentlichkeit auf sich gezogen haben. Aber sie sind weder typisch für die Satanisten noch für die Hexenbewegung; sie sind eher als Kriminelle oder Sadisten denn als Hexen zu bezeichnen. Als weitere Gruppe böser Satanisten gelten diejenigen, die angeblich «rituellen satanischen Mißbrauch» betreiben. Es bleibt jedoch ungewiß, ob solche Kulte überhaupt existieren oder ob sie wie die Hexenversammlungen des 16. und 17. Jahrhunderts lediglich Phantasieprodukte, besonders von Kindern, sind.[54]

Abgesehen von den angeblich bösen Satanisten der Neuzeit und den Phantasievorstellungen, deren Produkt sie vermutlich sind, gibt es zwischen den Hexen des 16. und 17. Jahrhunderts und ihren modernen Nachfahren wenig Gemeinsamkeiten. Auch der gesellschaftliche Status der beiden Gruppen ist unterschiedlich. Wie wir sahen, stammten die frühneuzeitlichen Hexen fast ausschließlich aus den unteren Gesellschaftsschichten, während heutzutage die Hexen in Amerika und Europa allen Gesellschaftsschichten angehören, besonders den Schichten mit Universitätsbildung. Ein amerikanischer Beobachter formulierte dies so: «In diesem Bereich betätigen sich gut ausgebildete Menschen aus der Mittelschicht, die schöne Häuser und einen Doktortitel besitzen, Menschen, die man nicht gerade als kulturelle Außenseiter betrachten würde.»[55] Und natürlich besteht der wichtigste Unterschied zwischen den beiden Gruppen darin, daß sich die neuzeitlichen Hexen in organisierter oder anderer Form tatsächlich an diversen magischen oder religiösen Handlungen beteiligen, während die frühneuzeitlichen vielleicht gelegentlich schwarze oder weiße Magie ausübten, aber die meisten Untaten, deren man sie bezichtigte, nie begangen haben.

Wenden wir uns von der technologisch fortgeschrittenen europäischen und amerikanischen Gesellschaft den weniger entwickelten oder gar den primitiven Kulturen der Neuzeit zu, stoßen wir auf eine weitere Form der Hexerei, die zum Vergleich mit dem frühneuzeitlichen Hexenwesen anregt. Anthropologen haben das afrikanische und indianische Hexenwesen recht gründlich erforscht. Ihre Forschungsergebnisse wurden von Historikern in den letzten beiden Jahrzehnten genutzt, um das soziale Umfeld zu analysieren, aus dem heraus Beschuldigungen wegen Hexerei erwachsen, und um die Quellen des Hexenglaubens zu erkunden. Da die afrikanische Hexerei wesentlich eine fremdbestimmte Aktivität darstellt und sich auf begrenzte Praktiken beschränkt, läßt sie sich eher mit der historischen europäischen Hexerei vergleichen als die Handlungen selbstbestimmter ritueller Magier und Neuheiden in Westeuropa und in Amerika. Bei der Untersuchung von Hexenglauben und Hexereibeschuldigungen unter Gruppen wie den Zande fanden sich deutliche Übereinstimmungen der Funktionen, denen solche Anschuldigungen in diesen Gesellschaften und in den europäischen Dörfern dienten. Ferner entdeckte man Parallelen in den sozialen Strukturen, die Hexenglauben und Beschuldigungen fördern. Diese Vergleiche haben zwar unser Verständnis der frühneuzeitlichen Hexenbeschuldigungen bereichert, sie haben aber auch ihre Grenzen. Parallelen finden sich vorwiegend im Bereich der Magie und nicht für das Feld des Diabolismus. Der besondere Charakter des Hexenwesens im frühneuzeitlichen Europa besteht in der Überlagerung des bäuerlichen Volksglaubens an Magie und *maleficium* durch eine sehr differenzierte Dämonologie. Eine solche Dämonologie ist in den primitiven Kulturen aber nicht aufzufinden, weshalb umfassende Vergleiche zwischen der primitiven und der frühneuzeitlichen Hexerei wenig sinnvoll sind. Es überrascht daher auch nicht, daß die anthropologischen Forschungsergebnisse am erfolgreichsten bei der Untersuchung des englischen Hexenwesens herangezogen werden konnten, da in England Hexerei stärker als in anderen Ländern Europas von der Magie und nicht vom Diabolismus her verstanden wurde.[56]

Ein zweiter Unterschied zwischen der primitiven Hexerei und der frühneuzeitlichen in Europa zeigt sich in den verbreiteten phantastischen Vorstellungen über den Hexensabbat und den daraus erwachsenen Beschuldigungen, die den primitiven Kulturen fremd sind, was auch nicht erstaunt, da sie vorwiegend der christlichen Dämonologie entstammen. Zwar gibt es auch in einigen primitiven Kulturen Vorstellungen, die dem europäischen Hexensabbat vergleichbar sind. Bei einigen afrikanischen Stämmen – etwa bei den Dinka im Südsudan und den Lugbara im Westen Ugandas – glaubt man an Tageshexen und Zauberer, darüber hinaus aber auch an Nachthexen. Anders als die Tageshexen, die vorwiegend zu Fuß unterwegs sind, können sich die Nachthexen in Tiere verwandeln und auf dem Kopf gehen; sie versammeln sich nachts und verspeisen Leichen, tanzen nackt, greifen Menschen an, schädigen die Ernte und schlagen die Frauen mit Unfruchtbarkeit. Daß solche Vorstellungen in nichtchristlichen Gesellschaften entwickelt wurden, die erst in jüngster Zeit mit der westlichen Theologie in Berührung kamen, legt die Vermutung nahe, daß alle Gesellschaften in der Lage sind, phantastische Vorstellungen von Menschen zu entwickeln, die alle sozialen und moralischen Normen mißachten und Taten wie kannibalistischen Kindermord begehen. Insofern stellt der europäische Sabbat nur eine Version eines weltweit verbreiteten Albtraums dar, der die Menschen immer dann heimsucht, wenn die gesellschaftliche Ordnung in Gefahr zu sein scheint. Es muß aber betont werden, daß die Dinka und Lugbara zwar die Tageshexen, jedoch nicht die Nachthexen identifizieren und gegen sie vorgehen können. Außerdem werden einer namentlich bekannten Tageshexe niemals die Untaten einer Nachthexe angelastet. Mit anderen Worten, Nachthexen existieren nur in der Phantasie der Menschen.[57]

Die Unfähigkeit der afrikanischen Gesellschaften, Nachthexen zu identifizieren und sich gegen sie zu wehren, stellt wohl den größten Unterschied zwischen der frühneuzeitlichen Hexerei und dem Hexenwesen in den primitiven Kulturen der Neuzeit dar. Anders als die afrikanischen Gesellschaften entwickelte die europäische Gesellschaft ein Strafverfahren, mit dessen Hilfe zahlreiche Menschen entdeckt und wegen Verbrechen und Untaten verfolgt werden konnten, die sie nie begangen hatten. Auch afrikanische Gesellschaften entwickelten Methoden zur Bekämpfung des Hexenwesens und führten im 20. Jahrhundert sogar große Hexenjagden durch, allerdings ohne offizielle Unterstützung durch die Behörden. Aber es gelang ihnen nie, eine Justizmaschinerie aufzubauen, die Hexen so systematisch, effektiv und mit tödlicher Sicherheit verfolgen konnte wie im frühneuzeitlichen Europa. Vollendet wurde diese Justizmaschinerie in Europa erst, als der moderne Staat sich bereits in einem fortgeschrittenen Entwicklungsstadium befand, seine führenden Vertreter aber noch nicht das durch Skepsis und Säkularisierung bestimmte Weltbild angenommen hatten. Als in Afrika moderne Staaten entstanden, war die herrschende Schicht zum Teil aufgrund der Beeinflussung durch europäisches Gedankengut der Hexerei gegenüber bereits so skeptisch eingestellt, daß sie die Judikative gar nicht erst mit der Aufdeckung und Verfolgung angeblicher Hexen betraute. Wie in der europäischen Gesellschaft nach der Mitte des 18. Jahrhunderts blieb die Rache an Zauberern und die Bestrafung von Hexen ein lokaler, von der Bevölkerung ausgehender und zumindest aus staatlicher Sicht illegaler Vorgang.

Diese Unterschiede zwischen den Rechtsverhältnissen im frühneuzeitlichen Europa und den primitiven Gesellschaften Afrikas, aber auch die Neubelebung der Hexenjagd gegen Ersatzhexen im 20. Jahrhundert unterstreichen die Bedeutung des Rechtswesens für die große europäische Hexenjagd. Es gibt zahlreiche und vielfältige Gründe dafür, daß diese Jagd stattfinden konnte. Aber im wesentlichen war sie ein durch das Recht geprägter Vorgang, der undenkbar gewesen wäre ohne die Zunahme der Rechtsbefugnisse von Kirche und Staat, die Einführung des inquisitorischen Verfahrens, den Einsatz der Folter und anderer gerichtlicher Zwangsmaßnahmen. Außerdem hätte sie nicht ohne die Ausformung des kumulativen Konzepts von Hexerei beginnen können. Dieses Buch hat dargelegt, daß die Verbindung des volkstümlichen Hexenglaubens mit der von Theologen entwickelten Dämonologie am Ende des 15. Jahrhunderts und die gleichzeitige Entwicklung bestimmter rechtlicher Prozeduren die beiden wichtigsten Voraussetzungen der Hexenjagd bildeten und besser als alle anderen Faktoren erklären, warum die Hexenverfolgung stattfand. Natürlich bestand zwischen diesen beiden Voraussetzungen ein enger Zusammenhang, da die verschiedenen Ausprägungen des Hexenglaubens nur durch die Entwicklung neuer Rechtsprozeduren miteinander verschmolzen werden konnten. Erst als die Inquisitoren in die Lage versetzt wurden, Menschen zur Preisgabe ihrer Phantasievorstellungen zu zwingen, konnte sich das kumulative Konzept von Hexerei jene Legitimation verschaffen, die es ihm erlaubte, eine beherrschende Stellung einzunehmen.

Wie für die Entstehung der großen Hexenjagd waren die Rechtsprozeduren auch für ihre Beendigung von entscheidender Bedeutung. Der Wendepunkt der großen Hexenjagd kam, wie in diesem Kapitel gezeigt wurde, als Behörden und Richter zu der Erkenntnis gelangten, daß die Strafverfahren den Tod Hunderter unschuldiger Menschen verursacht hatten, und sie deshalb solche Justizirrtümer für die Zukunft zu verhüten suchten. Zur gleichen Zeit forderte ein tiefgreifender philosophischer und religiöser Skeptizismus die Glaubenshaltung heraus, die der großen Hexenjagd zugrunde lag. Es verdient aber abschließend hervorgehoben zu werden, daß die Eindämmung der großen europäischen Hexenjagd in weit größerem Umfang das Werk von Behörden, Richtern und Magistraten war als das von Theologen und Philosophen. Nachdem die Hexenverfolgung zur gelegentlichen Verfolgung wegen *maleficium* geschrumpft war, beendete eine Reihe von Gesetzen und Erlassen die europäische Hexenjagd und schloß damit eines der traurigsten Kapitel der europäischen Rechtsgeschichte.

Anmerkungen

I. Einführung

1 Heutige Hexenverfolgungen jagen Menschen insgesamt häufiger wegen ihrer Überzeugung als wegen ihrer Taten. Vgl. C. Larner, *Witchcraft and Religion,* Oxford 1984, S. 88–91.

2 Zur Unterscheidung zwischen «gewöhnlicher Hexerei» und Verhexung in England und Neuengland vgl. R. Wiseman, *Witchcraft, Magic and Religion in the 17th-Century* Massachusetts, Amherst 1984, S. 47–49.

3 Vgl. H. Sebald, *Hexen – Damals und heute*, Frankfurt a. M. 1987, S. 134–154; E. Nottingham, *The Sociology of religion*, New York 1971, S. 88–91.

4 Diese Unterscheidung wurde erstmals zur Zeit der Reformation gemacht; vgl.K. Thomas, *Religion and Decline of Magic*, New York 1971, S. 77.

5 Zu der Ansicht, daß Magie der Religion entspringe und nicht umgekehrt vgl. D. L. O'Keefe, *Stolen Lightening*, New York 1982; A. A. Barb, *The Survival of Magic Arts*, in: *The Conflict between Paganism and Christianity*, hg. v. A. Momigliano, Oxford 1963, S. 100–125.

6 Nottingham, *Sociology*, S. 91; Sebald, *Hexen – Damals und heute,* S. 147 f., W. Goode, *Religion among the Primitives*, Glencoe, III., 1951, S. 52–55.

7 E. Peters, *The Magician, the Witch and the Law,* Philadelphia 1978, S. XV; Barb, *Survival*, S. 101.

8 Vgl. z. B. C. Larner, *Enemies of God*, Baltimore 1981, S. 9; R. A. Horsley, *Who were the witches? The social roles of the accused in the European witch trials*, in: Journal of interdisciplinary History 9 (1979), S. 696. Einen entgegengesetzten Standpunkt vertreten F. E. Lorint und J. Bernabe, *La sorcellerie paysanne,* Brüssel 1977, S. 25; A. Macfarlane, *Witchcraft in Tudor and Stuart England,* S. 4.

9 Horsley, *Who were the Witches,* S. 701, betont diesen Unterschied. Vgl. auch Macfarlane, *Witchcraft in Tudor and Stuart England,* S. 4.

10 H. C. E. Midelfort, *Witch Hunting In Southwestern Germany,* 1562–1684, Stanford 1972, S. 52 f.

11 Vgl. z. B. N. Rémy, *Demonolatry,* hg. v. M. Summers, London 1930, S. VII.

12 Henri Boguet, *An Examen of Witches,* hg. v. M. Summers, London 1929, S. 203 f.

13 D. Hall (Hg.), *Witch-hunting in Seventeenth Century New England,* Boston 1991, S. 9; G. Henningsen, *The Papers of Alonso de Salazar Frias,* in: Temenos 5 (1969) S. 105.

14 W. Perkins, *A Discourse of the Damned Art of Witchcraft,* in: *Works III,* Cambridge 1613, S. 638 hält die weißen Hexen sogar für die weitaus gefährlichsten. Die Definition bei Joseph Glanvil, *Saducismus Triumphatus II,* London 1681, S. 4 nähert weiße und schwarze Magie einander an.

15 Zu weißen Hexen G. Henningsen, *The Witches' Advocate,* Reno 1980, S. 303; Thomas, *Religion and the Decline of Magic,* S. 212–253; Wiseman, *Witchcraft, Magic and Religion,* S. 61; Ginzburg, *Die Benandanti,* Frankfurt a. M. 1980, S. 107 f.; Monter, *Witchcraft in France and Switzerland,* Ithaca 1976, S. 167–190.

16 Beispiele bei H. A. Harris, *Sport in Greece and Rome,* Ithaca 1972, S. 235 f.

17 Zu einigen seltenen Fällen, in denen Hexen Bücher benutzten, vgl. Sebald, *Hexen – Damals und Heute,* S. 41; *C. Garrett, Witches and Cunning Folk in the old regime,* in: *The Wolf and the Lamb: Popular Culture in France from the Old Regime to the Twentieth Century,* hg. v. J. Beauroy u. a., Stanford 1976, S. 59. Zu dem Fall von Jean Michel aus Moulins vgl. Humanities Research Center, University of Texas at Austin, Pre–1700 MS 142.

18 C. Hansen, *Witchcraft at Salem,* New York 1969, S. 94–104 und 284–286.

19 Vgl. N. Cohn, *Europe's Inner Demons,* New York 1975, S. 115.

20 R. H. Robbins, *The Encyclopedia of Witchcraft and Demonology,* New York 1959, S. 236.

21 Henningsen, *The Witches' Advocate,* S. 247.

22 Vgl. R. Kieckhefer, *European Witch Trials,* London 1976, Kap. 3 und 5; M. Madar, *Estonia I: Werewolves and Poisoners,* in: *Early Modern European Witchcraft: Centres and Peripheries,* hg. v. B. Ankarloo und G. Henningsen, Oxford 1990, S. 272.

23 L. Pitts, *Witchcraft and Devil Lore in the Channel Islands,* Guernsey 1886, S. 9 f.

24 Ibid., S. 12–14.

25 Sir George Mackenzie, *The Laws and Customs of Scotland in Matters Criminal,* Edinburgh 1678, S. 87.

26 Vgl. M. Harner, *The Role of Hallucinogenic Plants in Europe,* in: *Hallucinogens and Shamanism,* hg. v. M. Harner, New York 1973, S. 125–150.

27 Vgl. Monter, *Witchcraft in France and Switzerland,* S. 199 f.

28 Vgl. Thomas, *Religion and Decline of Magic,* S. 516–526.

29 Vgl. Monter, *Witchcraft in France and Switzerland,* S. 137.

30 Vgl. Henningsen, *Witches' Advocate,* S. 93 f.

31 M. Murray, *The Witch-Cult in Western Europe,* Oxford 1921; *The God of the Witches,* London 1933; *The Divine King in England,* London 1954.

32 E. Rose, *A Razor for a Goat,* Toronto 1962.

33 Vgl. C. Ginzburg, *Die Benandanti.*

34 E. Le Roy Ladurie, *Die Bauern des Languedoc,* München 1990, S. 230–234.

35 Vgl. z. B. A. Dworkin, *Woman Hating,* New York 1974, S. 130. W. von Baeyer-Katte, *Die historischen Hexenprozesse: Der verbürokratisierte Massenwahn,* in: *Massenwahn in Geschichte und Gegenwart,* hg. v. W. Bitter, Stuttgart 1965, S. 222 geht von zahlreichen verlorenen Prozeßakten und Prozessen ohne Aktenführung aus und schätzt die Gesamtzahl auf nahezu 1 Million Fälle. Zu einer Schätzung aus dem späten 18. Jahrhundert vgl. H. C. Lea, *Materials toward a History of Witchcraft,* hg. v. Arthur C. Howland, Bd. III, New York 1957, S. 1075.

36 Luis de Páramo behauptete, allein die Inquisitoren hätten in der Mitte des 16. Jahrhunderts 30 000 Menschen wegen Hexerei hingerichtet. H. C. Lea, *Geschichte der Inquisition im Mittelalter,* hg. v. Joseph Hansen, Bd. III, Nördlingen 1987, S. 614.

37 Henningsen, *The Witches' Advocate,* S. 23–25 und 480 f. R. Briggs, *Communities of Belief,* Oxford 1989, vermutet sogar, es seien nur 30 gewesen.

38 Larner, *Crimen exceptum?: the crime of witchcraft in Europe?,* in: *Crime and the Law,* hg. v. V. Gattrell u. a., London 1980, S. 52.

39 H. C. Lea, *Geschichte der spanischen Inquisition,* Bd. III, Nördlingen 1988, S. 194; C. Larner, *Enemies of God,* London 1981, S. 63.

40 Midelfort, *Witch Hunting,* S. 147.

41 Quellen für Tabelle 1: Monter, *Witchcraft in France and Switzerland,* S. 49; Dupont-Bouchat, *La répression de la sorcellerie dans le duché de Luxembourg aux XVIe et XVIIe siècles,* in: M. Dupont-Bouchat u. a., *Prophètes et sorciers dans les Pays-Bas. XVIe-XVIIIe siècles,* Paris 1978, S. 127; Pitts, *Witchcraft and Devil Lore,* S. 28–32; C. Larner/C. H. Lee/H. V. McLachlan, *Source-Book of Scottish Witchcraft,* Glasgow 1977, S. 237 Tabelle 2; A. Heikkinen/T. Kervinen, *Finland: The Male Domination,* in: *Early Modern European Witchcraft,* S. 321; H. E. Naess, *Norway: The Criminological Context,* in: *Early Modern European Witchcraft,* S. 371; Macfarlane, *Witchcraft in Tudor and Stuart England,* S. 57; G. Klaniczay, *Hungary: the Accusations and the Universe of Popular Magic,* in: *Early Modern European Witchcraft,* S. 222.

42 G. Schormann, *Hexenprozesse in Deutschland,* Göttingen 1981, S. 8–15 und 71. Nach Schormanns Schätzung liegt die Zahl unter 100 000. Wolfgang Behringer hat errechnet, daß in Deutschland sicher mehr als 15 000 und vielleicht sogar mehr als 20 000 Menschen hingerichtet wurden. W. Behringer, *«Erhob sich das ganze Land zu ihrer Ausrottung . . .». Hexenprozesse und Hexenverfolgungen in Europa,* in: *Hexenwelten. Magie und Imagination vom 16. bis zum 20. Jahrhundert,* hg. v. Richard van Dülmen, Frankfurt a. M. 1987, S. 165.

43 B. Baranowski, *Procesy Czarownic w Polsce w XVII i XVIII Wieku,* Lodz 1952, S. 178. Baranowskis Schätzung von 10 000 legalen und 5000 illegalen Hinrichtungen mag zu hoch gegriffen sein. Aber ich habe diese Zahlen für die Gesamtzahl der Verfahren übernommen.

44 Bader, *Die Hexenprozesse in der Schweiz,* Affoltern 1945, S. 211–220, nennt 8888 Verurteilte und 5417 Hinrichtungen, aber spätere Untersuchungen ergaben, daß diese Zahlen zu niedrig angesetzt waren. Behringer, *«Erhob sich das ganze Land»,* S. 161 f. schätzt die Zahl der Hinrichtungen auf 10 000.

45 Soman, *The Parliament of Paris and the Great Witch Hunt* (1565–1640), in: Sixteenth Century Journal 9 (1978), S. 35.

46 Parker, *Some Recent Work on the Inquisition in Spain and Italy,* in: Jounal of Modern History 54 (1982), S. 529, nennt für die Zeit zwischen 1560 und 1700 3687 verurteilte Menschen in Spanien. Diese Zahl beinhaltet keine Verfahren vor weltlichen Gerichten. In Italien scheint die Hexenjagd intensiver betrieben worden zu sein als in Spanien.

47 Die meisten Hinrichtungen in Spanien und Italien wurden im 16. Jahrhundert vollzogen, einige aber auch im 17. Jahrhundert. Auch weltliche Gerichte verfügten einige Hinrichtungen. Vgl. W. Monter, *Frontiers of Heresy,* Cambridge 1990, S. 255–275.

48 Diese Zahlen basieren auf den Angaben von D. Unverhau, *Kieler Hexen und Zauberer zur Zeit der großen Verfolgung (1530–1676),* in: Mitteilungen der Gesellschaft für Kieler Stadtgeschichte 68 (1981), S. 45 f.

49 Diese Zahlen stimmen ungefähr mit den Angaben von Monter, *The Pedestal and the Stake: Courtly Love and Witchcraft,* in: *Becoming visible: Women in European History,* hg. v. R. Bridenthal und C. Koonz, Boston 1977, S. 130. Behringer, *»Erhob sich das ganze Land«,* geht ebenfalls von weniger als 100 000 Hinrichtungen aus. J. Klaits, *Servants of Satan,* Bloomington 1985, schätzt die Zahl der Verfahren auf 200 000.

50 Macfarlane, *Witchcraft in Tudor and Stuart England,* S. 60 und S. 66–75.

51 H. C. Erik Midelfort, *Heartland of the Witchcraze: Central and Northern Europe,* in: History Today 31 (1981), S. 28.
52 A. Soman, *Witch Lynching at Juinville,* in: Natural History 95 (1986), S. 10.
53 Bodin, *De la démonomanie des sorciers,* Antwerpen 1586, S. 365; Boguet, *An Examen of Witches,* a. a. O.
54 Rémy, *Demonolatry,* S. 56; Lea, *Materials III,* S. 1297.

II. Die geistigen Grundlagen

1 Vgl. Ginzburg, *Die Benandanti,* S. 164 f. C. Holmes, *Popular Culture? Witches, Magistrates and Divines in Early Modern England,* in: *Understanding Popular Culture,* hg. v. S. Kaplan, Berlin 1984, S. 100 f. vermutet, daß in England die Propaganda des Klerus dazu führte, daß der Teufelspakt in begrenztem Maße in die Volkskultur übernommen wurde.
2 Zur Kluft zwischen Volksglauben und gelehrten Ansichten vgl. Kieckhefer, *European Witch Trials,* S. 27–46; R. Muchembled, *Witches of Cambrésis: The Acculturation of the Rural World in the Sixteenth and Seventeenth Centuries,* in: *Religion and the People, 800–1700,* hg. v. J. Obelkevich, Chapel Hill, N. C., 1979, S. 232 und 240; Wiseman, *Witchcraft, Magic and Religion,* S. 53–72.
3 *The Devils Triumph Over Rome's Idol,* London 1680.
4 Robbins, *Encyclopedia,* S. 130; Lea, *Materials III,* S. 1084.
5 Vgl. Rémy, *Demonolatry,* S. 92; H. Institoris und J. Sprenger, *Malleus Maleficarum (Der Hexenhammer),* München 1989 (Nachdruck der Ausgabe von 1906), Teil 2, S. 63 f.; Lea, *Materials II,* S. 993.
6 Die Kälte wurde auch darauf zurückgeführt, daß der Teufelskörper aus Wasser gebildet sei oder daß Satan eine Leiche benutzt habe. Vgl. R. Masters, *Eros and Evil,* New York 1966, S. 20–22.
7 *Malleus Maleficarum,* Teil 2, S. 88–93.
8 Daß während der großen Hexenjagd der Glaube verlorenging, daß Satan Gott vollständig untertan sei, belegt F. Cervantes, *The Idea of the Devil and the Problem of the Indian,* London 1991, S. 11–19.
9 J. Bossy, *Moral Arithmetic: Seven Sins into Ten Commandments,* in: *Conscience and Casuistry in Early Modern Europe,* hg. v. E. Leites, Cambridge 1988, S. 229–231.
10 Ibid. Zu Niders Rolle als Reformator und den Verbindungen zwischen dem *Formicarius* und anderen katechetischen Schriften der Zeit vgl. Blauert, *Frühe Hexenverfolgungen,* S. 32 f.
11 Vgl. Ginzburg, *Hexensabbat,* Berlin 1990, S. 74–77. Zu einer Analyse der verschiedenen Elemente in Niders Traktat und den darin enthaltenen neuen Elementen vgl. Blauert, *Frühe Hexenverfolgungen,* S. 56–59.
12 J. B. Russell, *Witchcraft in the Middle Ages,* Ithaca 1972, S. 84 f.
13 Peters, *The Magician, the Witch and the Law,* Philadelphia 1978, S. 16 f.
14 Russell, *Witchcraft,* S. 144; Cohn, *Europe's Inner Demons,* S. 176.
15 Zur Entwicklung dieser Definition von Häresie, die nicht unbedingt unlogisch ist, vgl. Russell, *Witchcraft,* S. 174.
16 Viele Autoren betonten, daß manche Hexen zwar eindeutig Abtrünnige, aber keine Häretiker waren. Vgl. S. Leutenbauer, *Hexerei- und Zauberdelikt in der Literatur von 1450 bis 1550,* Berlin 1972, S. 48–70; *Malleus Maleficarum,* Teil 3, S. 1–31.

17 King James, *Daemonologie,* hg. v. G. B. Harrison, London 1924, S. 9.

18 Die Autoren stellen lediglich fest, daß manche Teufelspakte «in einer feierlichen Zeremonie» geschlossen werden, zu der «Hexen an einem bestimmten Tag zusammenkommen»; *Malleus Maleficarum,* Teil 2, S. 29. Sie erwähnen auch «eine Zusammenkunft von Frauen zu nächtlicher Stunde», bei der ein Mann «sah, wie sie sein Kind töteten, sein Blut tranken und es aufaßen.» Ibid., Teil 1, S. 158.

19 Vgl. L. Mair, *Witchcraft,* S. 40.

20 Russell, *Witchcraft,* S. 253; J. Caro Baroja, *Die Hexen und ihre Welt,* Stuttgart 1967, S. 143 f. und 174 f.; M. Summers, *The History of Witchcraft,* Secaucus, N. J., 1956, S. 147–157; E. Le Roy Ladurie, *Die Bauern des Languedoc,* Stuttgart 1983, S. 231 f.

21 W. L. Wakefield/A. P. Evans (Hgg.), *Heresies of the High Middle Ages,* New York 1969, S. 251–254.

22 Cohn, *Europe's Inner Demons,* S. 1–15.

23 J. Hansen (Hg.), *Quellen und Untersuchungen zur Geschichte des Hexenwahns und der Hexenverfolgung im Mittelalter,* Bonn 1901, S. 449–454.

24 Ibid. S. 132–138; Kieckhefer, *European Witch Trials,* S. 16–18.

25 Cohn, *Europe's Inner Demons,* S. 205.

26 Ibid., S. 204 f. Die von Greyerz verhandelten Fälle bilden die Grundlage von Niders Beschreibung einer Sekte von *malefici* aus Bern und Lausanne.

27 Ginzburg, *Hexensabbat,* S. 80 f.

28 Peters, *Magician,* S. 33–45.

29 Lea, *Materials III,* S. 1296.

30 Vgl. Ginzburg, *Die Benandanti,* S. 62–67; Cohn, *Europe's Inner Demons,* S. 210–219.

31 A. Kors/E. Peters (Hgg.), *Witchcraft in Europe, 1100–1700,* Philadelphia 1973, S. 36 f.

32 *Malleus Maleficarum,* Teil 2, S. 52. Vgl. auch Ginzburg, *Die Benandanti,* S. 40 f.

33 F. M. Guazzo, *Compendium Maleficarum,* hg. v. M. Summers, London 1929, S. 34.

34 M. J. Harner, *The Role of the Hallucinogenic Plants in European Witchcraft,* in: *Hallucinogens and Shamanism,* hg. v. M. J. Harner, London 1973, S. 127–150; L. Gentz, *Vad förorsakade de stora häxprocesserna,* in: Arv 10 (1954), S. 37.

35 Henningsen, *Witches' Advocate,* S. 99 und 471 f.

36 Kieckhefer, *European Witch Trials,* S. 41. Harner, *Hallucinogens,* S. 131 glaubt, der Stock habe als Applikator für die empfindlichen Teile der Vagina gedient, Gründe für die Anwendung dieser Methode erläutert er aber nicht..

37 Jean Bodin war einer der wenigen, die daran glaubten. Seine Ansichten wurden jedoch von Pierre Le Loyer, Martin Del Rio und J. de Nynauld abgelehnt. Vgl. dazu J. Pearl, *Humanism and Satanism: Jean Bodin's contribution to the witchcraft crisis,* in: Canadian Review of Sociology and Anthropology 19 (1984), S. 542–544.

38 Boguet, *Examen of Witches,* S. 143.

39 Monter, *Witchcraft in France and Switzerland,* S. 144–151; C. Oates, *The Trial of a teenage Werewolf, Bordeaux 1613,* in: Criminal Justice History 9 (1988) S. 1–29.

40 Vgl. Cohn, *Europe's Inner Demons,* S. 225–228. In diesen Prozessen tauchten auch erstmals Beschreibungen von Verwandlungen auf. Ginzburg, *Hexensabbat,* S. 76 f. Zu einem Prozeß in Todi 1428, der mit den Prozessen in Frankreich und der Schweiz verglichen werden kann, vgl. Kieckhefer, *European Witch Trials,* S. 73.

41 Vgl. J. Marx, *L'Inquisition en Dauphiné,* Paris 1914, S. 14. In dieser Zeit unterscheiden die Inquisitoren oft zwischen Waldensern und der «anderen verderblichen Sekte». Dennoch kam es wohl zu terminologischer Konfusion, da die neuen Hexen oft einfach als Waldenser oder Häretiker bezeichnet wurden. Vgl. Russell, *Witchcraft,* S. 220; Ginzburg, *Hexensabbat,* S. 83. Im Jura wurden viele der frühen mundartlichen Bezeichnungen für Hexe von den Bezeichnungen für Häretiker abgeleitet. Vgl. Monter, *Witchcraft in France and Switzerland,* S. 22 f.

42 Ginzburg, *Hexensabbat,* S. 77. Für die Verbindung zur Magie vgl. oben Anm. 26.; Kieckhefer, *European Witch Trials,* S. 73; Hansen, *Quellen,* S. 449. Daß Frauen gestanden, *strigae* gewesen zu sein, konnte solche Beschuldigungen leicht noch erhärten. Vgl. Cohn, *Europe's Inner Demons,* S. 228.

43 Monter, *Witchcraft in France and Switzerland,* S. 159–166. In einigen Fällen wurden mehrere Körpermale gefunden. 1657 wurden bei Janet Bruce aus dem schottischen Tranent vier Male gefunden; Scottish Record Office JC 26/22, Prozeß gegen die Hexen von Tranent, 23. Juni 1657.

44 Ginzburg, *Die Benandanti,* S. 96 f.. Ders., *Hexensabbat,* S. 81–83 und passim. Ginzburg geht davon aus, daß im späten 14. und frühen 15. Jahrhundert ein vergleichbares Corpus volkstümlicher Kultur eine der Hauptquellen für die Vorstellungen vom Hexensabbat in der Westalpenregion lieferte.

45 J. Bodin, *De la Démomanie des Sorciers,* Antwerpen 1586, S. 135–153; Murray, *Witch-Cult,* S. 13 und passim.

46 Zur Rolle der Universitäten in Deutschland vgl. G. Schormann, *Hexenprozesse in Nordwestdeutschland,* Hildesheim 1977, S. 9–44.

47 Dies galt besonders im 15. Jahrhundert. Vgl. Russell, *Witchcraft,* S. 243.

48 Vgl. S. Anglo, *Evident Authority and Authoritative Evidence: The Malleus Maleficarum,* in: *The Damned Art,* hg. v. S. Anglo, London 1977, S. 1–31.

49 Ibid., S. 41–48 und 99.

50 H. Sebald, *Hexen – Damals und Heute,* S. 33.

51 Midelfort, *Witch Hunting,* S. 22 hält den Einfluß des Buches für nicht beonders groß.

52 Hansen, *Witchcraft at Salem,* S. 27 behauptet, in Massachusetts habe der puritanische Geistliche Increase Mather das Buch noch im späten 17. Jahrhundert benutzt.

53 Zu solchen Listen vgl. Russell, *Witchcraft,* S. 246–250; Leutenbauer, *Hexerei- und Zauberdelikt,* S. XIV-XXI.

54 Vgl. Henningsen, *Witches' Advocate,* S. 206 f.; *Papers of Salazar,* S. 105.

55 S. Boyer/P. Nissenbaum, *Salem Possessed,* Cambridge, Mass., 1971, S. 168–178.

56 Ginzburg, *Die Benandanti.*

57 Die Bedeutung solcher volkstümlichen Vorstellungen für die Ausformung des von Gelehrten benutzten Klischees bleibt umstritten. Vgl. Ginzburg, *Hexensabbat,* S. 14 und passim, der das Klischee für ein hybrides Ergebnis eines Konflikts zwischen volkstümlicher und gelehrter Kultur hält. Im Gegensatz dazu vgl. R. Muchembled, *Satanic Myths and Cultural Reality,* in: *Early Modern European Witchcraft,* S. 140 f.

58 D. P. Walker, *Spiritual and Demonic Magic,* London 1958; W. Shumaker, *The Occult Sciences in the Renaissance,* Berkeley 1972, S. 108–159.

59 E. W. Monter (Hg.), *European Witchcraft,* New York 1969, S. 56 f.; H. A. Oberman,

Masters of the Reformation, Cambridge 1981, S. 174; Hugh R. Trevor-Roper, *Der europäische Hexenwahn,* in: Ders.: *Religion, Reformation und sozialer Umbruch,* Frankfurt a. M./Berlin 1970, S. 130 f.

60 Zum Skeptizismus der Renaissance vgl. C. G. Nauert, *Agrippa and the Crisis of Renaissance Thought,* Urbana 1965, S. 200, 240 f. und 292–301.

61 Vgl. z. B. H. Kearney, *Scholars and Gentlemen,* London 1970, S. 94.

62 A. Williamson, *Scottish National Consciousness in the Age of James VI,* Edinburgh 1979, S. 168; R. H. West, *Reginald Scot and Renaissance Writings on Witchcraft,* Boston 1984, S. 4.

63 F. Yates, *The Occult Philosophy in the Elizabethan Age,* London 1979, S. 67–71.

64 P. Burke, *Witchcraft and Magic in Renaissance Italy: Gianfresco Pico and His Strix',* in: Anglo, *The Damned Art,* S. 49.

65 G. Brucker, *Sorcery in Renaissance Florence,* in: Studies in the Renaissance 10 (1963), S. 8.

66 H. C. E. Midelfort, *Johann Weyer and the Transformation of the Insanity Defense,* in: *The German People and the German Reformation,* hg. v. R. P. Hsia, Ithaca 1988, S. 234–261.

67 Auch Peter Binsfeld widersprach Weyer und behauptete, daß der Abschluß eines Pakts mit dem Teufel durchaus möglich sei. Vgl. sein *Tractatus de confessionibus maleficorum et sagarum,* Trier 1596.

68 Vgl. unten Kapitel 5.

69 Vgl. Monter, *Witchcraft in France and Switzerland,* S. 18; G. Holmes, *Europe: Hierarchy and Revolt,* 1320–1450, New York 1975, S. 125–133. Nider, der eine der frühesten Beschreibungen des Sabbats liefert, behauptet, die Sekte existiere seit 1375. Ginzburg, *Hexensabbat,* S. 75.

70 H. Kamen, *European Society 1500–1700,* London 1984; P. Zagorin, *Rebels and Rulers,* 2 Bde., Cambridge 1981.

71 Leutenbauer, *Hexerei- und Zauberdelikt,* S. 109.

72 Zum politischen Charakter solcher Verkehrung vgl. S. Clark, *Inversion, Misrule and the Meaning of Witchcraft,* in: Past and Present 87 (1980), S. 110–127.

73 1 Samuel 15.23; J. Kirkton, *The Secret and True History of the Church of Scotland,* hg. v. C. K. Sharpe, Edinburgh 1817, S. 126. Vgl. auch W. Kennett, *The Witchcraft of the Present Rebellion,* London 1715.

74 L. Rothkrug, *Religious Practices and Collective Perceptions,* in: Historical Reflections 7 (1980), S. 110 f. Zur Bedeutung des Konzils von Basel für die Festigung des gelehrten Konzepts von Hexerei vgl. Blauert, *Frühe Hexenverfolgungen,* S. 32 f.

75 Evans, *Das Werden der Habsburgermonarchie,* Wien 1986, S. 284 f; G. H. Radford, *Thomas Larkham,* in: Reports and Transactions of the Devonshire Association 24 (1892), S. 97.

76 Rothkrug, *Religious Practices,* S. 108.

77 Henri Boguet, *An Examen of Witches,* S. XXXI und XXXVI.

78 C. Larner, *James VI and I and Witchcraft,* in: *The Reign of James VI and I,* hg. v. A. G. R. Smith, London 1973, S. 74–90; S. Clark, *King James's Daemonologie. Witchcraft and Kingship,* in: *The Damned Art,* S. 156–181.

79 Er glaubte auf jeden Fall, die Hexe bedrohe die Ordnung der Republik. Vgl. J. Bodin, *Démonomanie des Sorciers,* Antwerpen 1586, S. 334.

80 Perkins, *Damned Art of Witchcraft,* in: *Works III,* S. 651.

1 Dupont-Bouchat, *Répression,* S. 106; Larner, *Enemies of God,* S. 114, 116, 119; Naess, *Norway,* S. 376. Rémy, *Demonolatry,* S. 161 deutet die Selbstmorde als Versuch, der Macht des Teufels zu entkommen.

2 Hansen, *Quellen,* S. 559–561; Henningsen, *Witches' Advocate,* S. 209.

3 Robbins, *Encyclopedia,* S. 394; S. Garnier, *Barbe Buvée et la prétendue possession des Ursulines d'Auxonne,* Paris 1985.

4 Baranowski, *Procesy Czarownic,* S. 178. A. F. Soman nimmt an, daß in Frankreich deshalb so häufig Lynchjustiz geübt wurde, weil die Gemeinden damit die Kosten für ein Gerichtsverfahren einsparen konnten; ders., *The Parlement of Paris and the Great Witch Hunt (1565–1640),* in: Sixteenth Century Journal 9 (1978), S. 42 f.

5 Zum Prozeß gegen die Verantwortlichen für Lynchjustiz gegen Hexen in Frankreich im Jahre 1587 vgl. A. F. Soman, *Witch Lynching at Juinville,* in: Natural History 95 (1986), S. 8–15.

6 Zu einer kurzen Erörterung des Unterschiedes zwischen den deutschen und den römischen Formen vgl. G. Bader, *Die Hexenprozesse in der Schweiz,* Affoltern 1945, S. 11 f.

7 C. H. Lea, *Die Inquisition,* hg. v. J. Hansen, ND Frankfurt a. M. 1992; J. Gaudemet, *Les ordiales au moyen âge. Doctrine, législation et pratique canoniques,* in: La Preuve, Brüssel 1965, S. 99–136.

8 Vgl. dazu B. Lenman/G. Parker, *The State, the Community and the Criminal Law in Early Modern Europe,* in: *The Crime and the Law,* hg. v. V. Gattrell u. a., London 1980, S. 29 f.

9 Zur zunehmenden Ablehnung des Gottesurteils durch den Klerus und der entscheidenden Rolle des Papsttums bei seiner Abschaffung vgl. R. Bartlett, *Trial by Fire and Water,* Oxford 1986, S. 70–102.

10 Manche städtischen Gerichte blieben jedoch bis ins 17. Jahrhundert beim Gottesurteil. Zu einem Gottesurteil mit heißem Wasser 1637 in Braunsberg vgl. Lea, *Materials III,* S. 1234.

11 Vgl. J. Langbein, *Prosecuting Crime in the Renaissance,* Cambridge, Mass., 1974, S. 130 f.

12 In Schleswig-Holstein kamen einige Hexenprozesse durch individuelle Anzeigen in Gang, aber das frühneuzeitliche Anklageverfahren war nicht mit dem mittelalterlichen identisch, und häufig verlief es nach denselben Regeln wie das Inquisitionsverfahren. Vgl. dazu D. Unverhau, *Akkusationsprozeß – Inquisitionsprozeß: Indikatoren für die Intensität der Hexenverfolgung in Schleswig-Holstein,* in: *Hexenprozesse. Deutsche und Skandinavische Beiträge,* hg. v. C. Degn, H. Lehmann, D. Unverhau, Neumünster 1983, S. 83–143, bes. S. 116.

13 Zur Denunziation vgl. *Malleus Maleficarum,* Teil 3, S. 32–38; Bader, *Die Hexenprozesse in der Schweiz,* S. 15.

14 Zur Funktion des Fiskals vgl. F. Merzbacher, *Die Hexenprozesse in Franken,* München 1957, S. 78–80.

15 H. C. Lea, *Die Inquisition,* S. XIV.

16 Langbein, *Prosecuting Crime,* S. 130 f.

17 Das englische Verfahren war jedoch weniger auf zwei Gegenparteien konzen-

triert als in der Neuzeit. Vgl. dazu J. Langbein, *The Criminal Trial before the Lawyers,* in: University of Chicago Law Review 45 (1978), S. 307–316.

18 Vgl. dazu L. W. Levy, *Accusatorial and Inquisitorial Systems of Criminal Procedure: The Beginnings,* in: *Freedom and Reform,* hg. v. H. Hyman und L. Levy, New York 1967, S. 16–54.

19 Zur Schwächung der schottischen Geschworenengerichte im späten 17. Jahrhundert vgl. I. D. Willock, *The Origins and Development of the Jury in Scotland,* Edinburgh 1966, S. 218–221.

20 Vgl. Kieckhefer, *European Witch Trials,* S. 19.

21 Vgl. Cohn, *Europe's Inner Demons,* S. 160–163.

22 Lea, *Die Inquisition,* S. XIII.

23 M. Ruthven, *Torture: The Great Conspiracy,* London 1980, S. 43.

24 Vgl. J. Langbein, *Torture and the Rule of Proof,* Chicago 1978, S. 14 und M. Kunze, *Der Prozeß Pappenheimer,* Ebelsbach 1981, S. 216–222.

25 Vgl. J. Bodin, *De la Démonomanie des Sorciers,* Antwerpen 1586, Buch IV, Kap. V; C. Larner, *Crimen Exceptum?,* S. 49–74.

26 Langbein, *Torture,* S. 14.

27 Zur Erörterung dieses Problems bei Caesar Carena vgl. Lea, *Materials II,* S. 996.

28 Ibid., S. 150.

29 Robbins, *Encyclopedia,* S. 256.

30 P. Carus, *The History of the Devil and the Idea of the Evil,* New York 1969, S. 331.

31 H. A. Oberman, *Masters of the reformation,* S. 160 f.

32 *Newes from Scotland,* London 1591, S. 18 und 28.

33 Boguet, *Examen of Witches,* S. 225 erlaubt in diesem Falle drei Folterungen.

34 Vgl. Midelfort, *Witch Hunting,* S. 149.

35 Eine vom Pariser Parlament angeordnete Folter führte nicht zu Geständnissen; vgl. dazu A. Soman, *Trente procès de sorcellerie dans le Perche (1566–1624),* in: L'Orne littéraire 8 (1986), S. 44 f.

36 J. Tedeschi, *Inquisitorial Law and the Witch,* in: *Early Modern European Witchcraft,* S. 102 f.

37 Vgl. z. B. S. Clark, *Protestant Demonoloy: Sin, Superstition and Society (c. 1520 – c. 1630),* in: *Early Modern European Witchcraft,* S. 49 f.; Holmes, *Popular Culture?,* S. 92 f.

38 Vgl. Peters, *Magician, Witch and the Law,* S. 106.

39 Trevor-Roper, *Der europäische Hexenwahn,* S. 170 f., vertritt die Ansicht, daß die Magistrate, nicht aber die unabhängige Laienschaft, erst um 1600 die Vorstellungen des Klerus übernahmen.

40 *Malleus Maleficarum,* Teil 2, S. 1–31; A. Gari La Cruz, *Variedad de competencias en el delito de brujería 1600–1650 en Aragón,* in: *La Inquisición Española,* hg. v. J. Perez Villanueva, Madrid 1980, S. 319–321; Ginzburg, *Die Benandanti,* S. 134 f.

41 Vgl. R. Kieckhefer, *The Repression of Heresy in Medieval Germany,* Philadelphia 1980, S. 75–82.

42 Vgl. Cohn, *Europe's Inner Demons,* S. 226.

43 Eine Ausnahme bildete Frankreich, wo es kein eigenes Gesetz gegen das Hexenwesen gab; vgl. Soman, *Witch Lynching at Juinville,* S. 9.

44 J. C. V. Johansen, *Denmark: The Sociology of Accusations,* in: *Early Modern European Witchcraft,* S. 341; *Midelfort, Witch Hunting,* S. 23; S. Fox, *Science and Justice,* Balti-

more 1968, S. 37–43; H. C. Lea, *Geschichte der Inquisition im Mittelalter,* Bd. III, S. 608.

45 Zur Bezeichnung der päpstlichen Inquisition als Institution vgl. Kieckhefer, *Repression of Heresy,* S. 3–8.

46 Zur Einstellung der Inquisition in der Freigrafschaft um 1600 vgl. Monter, *Witchcraft in France and Switzerland,* S. 73.

47 Vgl. z. B. R. Houlbrooke, *The Decline of Ecclesiastical Jurisdiction under the Tudors,* in: *Continuity and Change,* hg. v. R. O'Day und F. Heal, Leicester 1976, S. 239–257.

48 Lea, *Materials III,* S. 1263.

49 Baranowski, *Procesz Czarownic,* S. 180.

50 Kieckhefer, *European Witch Trials,* S. 21 f.

51 Henningsen, *Witches' Advocate,* S. 387 f.

52 Als sich die Jagd jedoch ausdehnte, ließ die Begeisterung des Klerus merklich nach. Vgl. Boyer/Nissenbaum, *Salem Possessed,* S. 9 f.

53 Larner, *Enemies of God,* S. 72.

54 Muchembled, *Witches of the Cambrésis,* S. 259 f. und S. 266 f. In Lothringen dagegen wurden die Gemeindegeistlichen nicht an den Verfahren beteiligt; vgl. Briggs, *Communities of Belief,* S. 71 f.

55 L. Rothkrug, *Religious Practices,* S. 104 f.

56 Der Fürstbischof von Bamberg beauftragte ein weltliches Gericht unter dem Vorsitz von Zivilrechtlern mit den Hexenprozessen. Vgl. Sebald, *Hexen – Damals und Heute,* S. 35 ff.

57 Midelfort, *Witch Hunting,* S. 98 und 143; Robbins, *Encyclopedia,* S. 35.

58 Hexen wurden schärfer als Ketzer bestraft; sie wurden meist schon nach dem ersten Vergehen hingerichtet. Vgl. Lea, *Geschichte der Inquisition im Mittelalter,* Bd. III, S. 582.

59 Johannes 15.6.

60 Das dänische Hexengesetz von 1617 bestimmte, daß nur diejenigen Hexen verbrannt werden sollten, die einen Pakt mit dem Teufel geschlossen hatten. Vgl. Johansen, *Denmark,* S. 341.

61 Midelfort, *Witch Hunting,* S. 99.

62 F. Volk, *Hexen in der Landvogtei Ortenau und der Reichsstadt Offenburg,* Lahr 1882, S. 27. 1628 waren vier Hexen bei lebendigem Leibe verbrannt worden.

63 Ankarloo, *Sweden,* S. 295.

64 H. Schormann, *Hexenprozesse in Nordwestdeutschland,* S. 19, 24, 30 f. und 34.

65 Vgl. die Tabelle bei Monter, *Witchcraft in France and Switzerland,* S. 49.

66 Ibid., S. 51 und 66.

67 Boguet, *Examen of Witches,* S. 226.

68 Kieckhefer, *Repression of Heresy,* S. 76–78.

69 R. J. W. Evans, *Das Werden der Habsburger Monarchie,* S. 285.

70 Möglicherweise beabsichtigten die Richter in Salem, alle geständigen Hexen hinzurichten, nachdem sie über Verbrechen dritter ausgesagt hatten. Vgl. P. Boyer/S. Nissenbaum, *Salem Village Witchcraft,* Belmont, Calif., 1972, Bd. 1, Einleitung.

71 Henningsen, *Witches' Advocate,* S. 143–180 und 397.

72 Dies galt vor allem für Finnland. Vgl. Heikkinen, *Paholaisen Liittolaiset,* Helsinki 1969, S. 381.

73 Vgl. z. B. Evans, *Das Werden der Habsburger Monarchie,* S. 283 f.
74 Zum Reichskammergericht vgl. Merzbacher, *Hexenprozesse,* S. 63 f.; Midelfort, *Witch Hunting,* S. 114.
75 Vgl. Kieckhefer, *Repression,* S. 107.
76 Monter, *Witchcraft in France and Switzerland,* S. 106.
77 Tabelle 2 stützt sich auf Larner, *Source-Book of Scottish Witchcraft,* S. 237, Tabelle 2. In den Zahlen sind diejenigen Fälle nicht enthalten, in denen der Angeklagte im Gefängnis zu Tode kam, geflohen war oder ein anderes unvorhergesehenes Schicksal erlitten hatte.
78 Soman, *Parlement of Paris,* S. 36. Zu einem frühen Fall vgl. Cohn, *Europe's Inner Demons,* S. 232.
79 J. C. V. Johansen, *Denmark: The Sociology of Accusations,* in: *Early Modern European Witchcraft,* S. 339–350.
80 Ibid., S. 341 und 345–347; Henningsen, *Witches' Advocate,* S. 18. Auf den Erlaß folgte eine Periode intensiver Hexenjagd.
81 Henningsen, *Witches' Advocate,* S. 18; Trevor-Roper, *Witch-Craze,* S. 114; Briggs, *Communities of Belief,* S. 14; H. E. Naess, *Norway: The Criminological Context,* in: *Early Modern European Witchcraft,* S. 379 f.
82 C. Larner, *Witchcraft and Religion,* Oxford 1984, S. 89, hält bei der Suche nach Gründen für die Hexenjagd die Entstehung der Nationalstaaten für einen der «entscheidenden Faktoren».
83 Muchembled, *Witches of Cambrésis,* S. 261–269.

IV. Der Einfluß der Reformation

1 Am deutlichsten vertritt diesen Standpunkt Trevor-Roper, *Der europäische Hexenwahn,* S. 134 f. und passim.
2 Vgl. Midelfort, *Witch Hunting,* S. 33; Monter, *Witchcraft in France and Switzerland,* S. 106 f.
3 Zur Verbindung zwischen Hexenverfolgung und Neubelebung der Lehren des Hl. Augustinus im Protestantismus wie im Katholizismus vgl. A. D. Wright, *The Counter-Reformation,* New York 1982, S. 1–50.
4 Zur gegenseitigen Beeinflussung katholischer und protestantischer Autoren vgl. N. Paulus, *Hexenwahn und Hexenprozesse vornehmlich im 16. Jahrhundert,* Freiburg 1910, S. 69.
5 Martin Luther: *Sämtliche Schriften,* hg. v. Johann Georg Walch, Bd. 9: Auslegung des Neuen Testaments, Luthers große Auslegung der Epistel an die Galater und die übrigen exegetischen Schriften, o. O. 1893, Spalte 255–257.
6 H. A. Oberman, Luther. *Mensch zwischen Gott und Teufel,* Berlin 1981, S. 110 behauptet, daß nach Luther der allmächtige Gott dem Menschen verborgen sei; der geoffenbarte Gott, in Christus Mensch geworden, habe sich dem Wüten des Teufels ausgeliefert.
7 Johannes Calvin: *Unterricht in der christlichen Religion,* Buch 1, Kapitel 14, Absatz 13, Neukirchen 1845, S. 75.
8 Vgl. M. Walzer, *The Revolution of the Saints,* Cambridge, Mass., 1965, S. 64 f.
9 Vgl. Monter, *European Witchcraft,* S. 59.
10 Zu Calvins Aussagen zur Hexerei vgl. J. Teall, *Witchcraft and Calvinism in Eliza-*

bethan England: Divine Power and Human Agency, in: Journal of the History of Ideas 23 (1962), S. 21–36, bes. S. 27–29.

11 Thomas, *Religion and the Decline of Magic,* S. 476.

12 Vgl. R. Muchembled, *The Witches of Cambrésis,* S. 259–273.

13 Vgl. W. Lamont, *Godly Rule,* London 1969, S. 98–100.

14 Larner, *Enemies of God,* S. 25.

15 Macfarlane, *Witchcraft in Tudor and Stuart England,* S. 192–199.

16 Muchembled, *Witches of Cambrésis,* S. 259 f. und 266 f.

17 Boyer/Nissenbaum, *Salem Possessed,* S. 179–216.

18 E. W. Monter, *Witchcraft in France and Switzerland,* S. 137.

19 Zu solchen Praktiken vgl. Thomas, *Religion and the Decline of Magic,* S. 27–50; R. Scribner, *Ritual and Popular Religion in Catholic Germany at the Time of the Reformation,* in: Journal of Ecclesiastical History 35 (1984), S. 44–77 und E. Duffy, *The Stripping of the Altars,* New Haven 1992, S. 277–287. Zur «Folklorisierung» des Christentums vgl. J. Delumeau, *Angst im Abendland: Die Geschichte kollektiver Ängste im Europa des 14. bis 18. Jh.,* Hamburg 1985, Bd. 2, S. 326–330.

20 Perkins, *Damned Art of Witchcraft,* in: *Works III,* S. 638 f.

21 Clark, *Protestant Demonology,* S. 45–81.

22 R. Martin, *Witchcraft and the Inquisition in Venice, 1550–1650,* Oxford 1989, S. 246–250; M. O'Neill, *Magical Healing, Love Magic and the Inquisition in Late Sixteenth-Century Modena,* in: *Inquisition and Society in Early Modern Europe,* hg. v. S. Haliczer, Totowa, N. J., 1987, S. 88–114.

23 Vgl. unten Kapitel 5.

24 Parker, *Some Recent Work,* S. 529; W. Monter, *Ritual, Myth and Magic in Early Modern Europe,* Athens, Ohio, 1983, S. 66–68.

25 Vgl. Thomas, *Religion and the Decline of Magic,* S. 498.

26 M. Gijswij-Hofstra, *Witchcraft in the Northern Netherlands,* in: *Current Issues in Women's History,* hg. v. A. Angerman u. a., London 1989, S. 77.

27 Scottish Record Office CH 2/265/2, S. 165.

28 Larner, *Enemies of God,* S. 67 f. und 71–75; B. Ankarloo, *Trolldomsprocesserna in Sverige,* Stockholm 1971, S. 328.

29 Johann Weyer, *De praestigiis daemonum,* in: *Witches, Devils and Doctors in the Renaissance,* hg. v. G. Mora, Binghamton, N. Y., 1991, S. 93–98. Vgl. auch Sir Robert Filmer, *A Difference between an English and Hebrew Witch,* London 1653.

30 Einen Überblick über die protestantische Einstellung zu dieser schwierigen Frage gibt P. D. L. Avis, *Moses and the Magistrate: A Study in the Rise of Protestant Legalism,* in: Journal of Ecclesiastical History 26 (1975), S. 149–172.

31 A. L. Drummond/J. Bulloch, *The Scottish Church, 1688–1843,* Edinburgh 1973, S. 12 f. Vgl. auch J. Stearne, *A Confirmation and Discovery of Witchcraft,* London 1648, S. 9.

32 Paulus, *Hexenwahn,* S. 82.

33 U. Lange, *Untersuchungen zu Bodins Démonomanie,* Frankfurt a. M. 1970, S. 159 f.

34 *The Journal of the Rev. John Wesley, A. M.,* New York 1906, Bd. 3, S. 330.

35 W. Blackstone, *Commentaries on the Laws of England,* Oxford 1769, Bd. 4, S. 60.

36 Die klassische These vertritt Trevor-Roper, *Der europäische Hexenwahn,* S. 138 und 160 f.. Vgl. dagegen Schormann, *Nordwestdeutschland,* S. 159.

37 Thomas, *Religion and the Decline of Magic,* S. 499, Anm.

38 Midelfort, *Witch Hunting,* S. 138.
39 Ibid.; Schormann, *Nordwestdeutschland,* S. 159.
40 Marx, *L'Inquisition en Dauphiné,* S. 48; Burr, *Fate of Dietrich Flade,* in: *George Lincoln Burr: Selections from His Writings,* hg. v. L. O. Gibbons, Ithaca 1943, S. 229. Gelegentlich wurden wohl Hexen und heimliche Protestanten gleichgesetzt, die sich in der Habsburger Monarchie zu Konventikeln zusammenfanden; vgl. dazu Evans, *Das Werden der Habsburger Monarchie,* S. 280 ff.
41 Vgl. E. Cowan, *The Darker Vision of the Scottish Renaissance,* in: *The Renaissance and Reformation in Scotland,* hg. v. I. B. Cowan und D. Shaw, Edinburgh 1983, S. 128.
42 Ibid.
43 R. Scot, *The Discovery of Witchcraft,* hg. v. M. Summers, London 1930, S. 4.
44 J. Demos, *Entertaining Satan,* New York 1982, S. 64.
45 Henningsen, *Witches' Advocate,* S. 16 dagegen hält Hexenprozesse für verschleierte Ketzerprozesse.
46 Trevor-Roper, *Der europäische Hexenwahn,* S. 139 f.
47 Delumeau, *Angst im Abendland,* Bd. 2, S. 528–531.
48 In Lothringen und den drei geistlichen Kurfürstentümern des Rheinlands, die jeweils an protestantische Länder grenzten, herrschte eine eher kämpferische religiöse Einstellung, und dort gab es auch zahlreiche Hexenprozesse. Monter, *Ritual,* S. 84.
49 Monter, *European Witchcraft*, S. 35 f.
50 Parker, *Some Recent Work,* S. 529.
51 In Trier wurden noch zur Zeit der großen Hexenverfolgung in den späten 1580er und frühen 1590er Jahren Ketzerprozesse geführt. Vgl. Burr, *Fate of Flade,* S. 228 f.
52 Monter, *Witchcraft in France and Switzerland,* S. 151–157.
53 *A Discourse of the Subtile Practice of Devils by Witches* (1587); *A Dialogue Concerning Witches and Witchcraft* (1593).
54 J. Hitchcock, *George Gifford and Puritan Witch Beliefs,* in: Archiv für Reformationsgeschichte 58 (1967), S. 90–99; Teall, *Witchcraft and Calvinism,* S. 21–36.
55 Delumeau, *Le catholicisme,* S. 256–258; Larner, *Enemies of God,* S. 160–162.
56 In Finnland kam der Widerstand von seiten der Bischöfe; vgl. Heikkinen, *Paholaisen Liittolaiset,* S. 394.
57 R. Mandrou, *Magistrats et sorciers en France au XVIIe siècle,* Paris 1968; D. Walker, *Unclean Spirits,* London 1982.

V. Das gesellschaftliche Umfeld

1 In diesem Zusammenhang ist ein Vergleich zwischen England und Regionen wie Südost-Schottland, Lothringen und der Freigrafschaft Burgund aufschlußreich. Vgl. B. P. Levack, *The great Scottish Witch Hunt of 1661–1662,* in: Journal of British Studies 20 (1984) S. 102; Delumeau, *Angst im Abendland,* Bd. 2, S. 551 f.
2 Caro Baroja, *Die Hexen und ihre Welt,* S. 125; Schormann, *Deutschland,* S. 72; Muchembled, *Satan ou les hommes?,* in: *Prophètes et Sorciers,* S. 19; Monter, *Witchcraft in France and Switzerland,* S. 128; Larner, *Enemies of God,* S. 199.
3 Vgl. L. Mair, *Witchcraft,* New York 1970, S. 9 f.

4 Vgl. z. B. Larner, *Enemies of God,* S. 193.

5 Monter, *Witchcraft in France and Switzerland,* S. 65. Vgl. auch Blauert, *Frühe Hexenverfolgungen,* S. 14.

6 Baranowski, *Procesz Czarownic,* S. 180. Peters, *Magician, Witch and the Law,* S. 206, vertritt die Ansicht, daß Hexerei in gleichem Maße ein städtisches und ländliches Phänomen sei.

7 Heikkinen, *Paholaisen,* S. 386.

8 Vgl. F. Braudel, *Sozialgeschichte des 15.–18. Jahrhunderts. Der Alltag,* München 1990, S. 524–526. Gehen wir von 10 000 Fällen aus, fällt der Anteil auf knapp über 3 Prozent. J. De Vries, *European Urbanization,* Cambridge, Mass., 1984.

9 Schormann, *Deutschland,* S. 72 spricht von einer mittelgroßen Stadt bei mindestens 2000 Einwohnern, von einer kleinen Stadt bei mindestens 500 Einwohnern. D. Herlihy/C. Klapisch-Zuber, *Tuscans and their Families,* New Haven 1985, S. 54 ziehen die Grenze zwischen einem Dorf und einer kleinen Stadt zwischen 700 und 800 Einwohnern.

10 Macfarlane, *Witchcraft in Tudor and Stuart England,* S. 149 und 325–330.

11 Kieckhefer, *European Witch Trials,* S. 95.

12 Vgl. Monter, *Witchcraft in France and Switzerland,* S. 207.

13 Vgl. A. Huxley, *The Devils of Loudun,* New York 1952.

14 Quellen für Tabelle 3: Midelfort, *Witch Hunting,* S. 281; Monter, *Witchcraft in France and Switzerland,* S. 119 f.; Peter Kamber, *La chasse aux sorciers et sorcières dans le Pays de Vaud: Aspects quantitatifs (1581–1620),* in: Revue Historique Vaudoise 90 (1982), S. 22 f.; Dupont-Bouchat, *La Répression,* S. 138; A. Denis, *La sorcellerie à Toul aux XVI*[e] *et XVII*[e] *siècles,* Toul 1888, S. 177 f.; Gari Lacruz, *Variedad,* S. 236; Martin, *Witchcraft and the Inquisition in Venice,* S. 266; Heikkinen/Kervinen, *Finland,* S. 321; M. Madar, *Estonia I: Werewolves and Poisoners,* S. 266 f.; V. Kivelson, *Through the Prism of Witchcraft: Gender and Social Change in Seventeenth-Century Muscovy,* in: *Russia's Women,* hg. v. B. E. Evanset u. a., Berkeley 1991, S. 83; G. Klaniczay, *Hungary: The Accusations and the Universe of Popular Magic,* in: *Early Modern European Witchcraft,* S. 222; Macfarlane, *Witchcraft in Tudor and Stuart England,* S. 160; C. Karlsen, *Devil in the Shape of a Woman,* New York 1987, S. 47; Larner u. a., *Source Book,* S. 240, Tabelle 6.

15 Zur Behauptung, Hexerei sei weltweit frauenspezifisch vgl. R. Briffault, *The Mothers,* New York 1927, Bd. 2, S. 556. Vgl. auch M. Hester, *Lewd Women and Wicked Witches,* London 1992, S. 109–123.

16 Vgl. z. B. die Illustrationen in Guazzo, *Compendium Maleficarum,* passim.

17 Monter, *Witchcraft in France and Switzerland,* S. 23 f. Vgl. auch Burghartz, *Equation of Women and Witches,* S. 64. Die bei Nider, *Formicarius (1435–37)* beschriebenen Hexen waren männlich und weiblich. Ginzburg, *Hexensabbat,* S. 74.

18 Russell, *Witchcraft in the Middle Ages,* S. 281; B. Easlea, *Witch Hunting, Magic and the New Philosophy,* Brighton 1980, S. 35 f.

19 Burghartz, *Equation of Women and Witches,* S. 64. Weit höher lag der Anteil weiblicher Hexen bei den zur selben Zeit vor weltlichen Gerichten – etwa in Luzern – geführten Prozessen. Bei diesen Verfahren war ein dämonologisches Stereotyp der weiblichen Hexe kaum von Bedeutung, eine weit größere Rolle spielte das *maleficium.* Vgl. ibid., S. 62–64.

20 Vgl. Gari Lacruz, *Variedad de Competencias,* S. 326.

21 Über die vorwiegende Beschäftigung der venezianischen Inquisition mit Formen der Magie, die an Häresie grenzten, und ihr mangelndes Interesse an *maleficia* vgl. Martin, *Witchcraft and the Inquisition of Venice,* S. 254–257.

22 Vgl. Peters, *Magician, Witch and the Law,* S. 120–125.

23 Holmes, *Popular Culture,* S. 95 behauptet, die Assoziierung von bösartiger Macht und Frauen sei eine «dauerhafte Komponente des Volksglaubens».

24 *Malleus Maleficarum,* Teil 1, S. 92–106; Lea, *Materials II,* S. 449; P. de Lancre, *Tableau de l'inconstance des mauvais anges et démons,* hg. v. N. Jacques-Chaquin, Paris 1982, S. 89–93; Rémy, *Demonolatry,* S. 56; James VI, *Daemonologie,* S. 43 f.

25 *Malleus Maleficarum,* Teil 1, S. 106.

26 Wie hartnäckig sich die Vorstellung noch im späten 17. Jahrhundert behauptete, zeigt R. Thompson, *Unfit for Modest Ears,* London 1979, S. 97.

27 Bodin, *Démonomanie,* S. 386; Boguet, *Examen of Witches,* S. 29.

28 C. Zika, *Fears of Flying: Representations of Witchcraft and Sexuality in Early Sixteenth-Century Germany,* in: Australian Journal of Art 8 (1989), S. 19–48.

29 J. Klaits, *Servants of Satan,* Bloomington, Ind., 1985, S. 65–85, behauptet, die «neue Frauenfeindlichkeit» stehe in Zusammenhang mit den Reformbewegungen.

30 *Malleus Maleficarum,* Teil 2, S. 27; Ginzburg, *Die Benandanti,* S. 118. Vgl. auch Monter, *Witchcraft in France and Switzerland,* S. 179; Dömötör, *The Cunning Folk in English and Hungarian Witch Trials,* in: *Folklore Studies in the Twentieth Century,* hg. v. V. J. Newall, Woodbridge 1978, S. 183. In Rußland wurden Heilkundige, die Männer wegen Impotenz behandelten, manchmal verdächtigt, dieselbe verursacht zu haben; vgl. V. A. Kivelson, *Through the Prism of Witchcraft: Gender and Social Change in Seventeenth-Century Muscovy,* in: *Russia's Women,* hg. v. B. E. Evans, Berkeley 1991, S. 89.

31 Horsley, *Who were the Witches?,* S. 700–712; Dömötör, *Cunning Folk,* S. 183–186; R. C. Sawyer, *Strangely Handled in All Her Lyms: Witchcraft and Healing in Jacobean England,* in: Journal of Social History 22 (1989), S. 461–485; Larner, *Enemies of God,* S. 138–142; J. P. Demos, *Entertaining Satan,* New York 1982, S. 81–84.

32 Soman, *Parlement of Paris,* S. 43. Vgl. auch Briggs, *Communities of Belief,* S. 16.

33 Nur eine der in Luzern als Hexen verurteilten 45 Frauen war mit Sicherheit Hebamme. Burghartz, *Equation of Women and Witches,* S. 67. D. Harley, *Historians as Demonologists: The Myth of the Midwife-witch,* in: Social History of Medecine 3 (1990), S. 1–26, stellt fest, daß entgegen einer weit verbreiteten Meinung Hebammen besonders in England selten als Hexen verfolgt wurden. Andererseits bilden Hebammen die einzige weibliche Gruppe, deren Beruf in den Akten überhaupt erwähnt wird.

34 Monter, *European Witchcraft,* S. 75–81. In Ungarn bezichtigten sich konkurrierende Hebammen aus verschiedenen Orten häufig gegenseitig der Hexerei, was zur Hinrichtung beider Frauen führte. Vgl. Klaniczay, *Hungary,* S. 254.

35 *Malleus Maleficarum,* Teil 1, S. 158; Lea, *Materials III,* S. 1255. Vgl. allgemein J. Forbes, *The Midwife and the Witch,* New Haven 1966.

36 L. Roper, *Witchcraft and Fantasy in Early Modern Germany,* in: History Workshop 32 (1991), S. 19–43, besonders S. 30 f.

37 Ibid., S. 23; J. Sharpe, *Witchcraft and Women in Seventeenth-Century England: Some Northern Evidence,* in: Continuity and Change 6 (1991), S. 179–199.

38 C. Holmes, Women: *Witnesses and Witches,* in: Past and Present 140 (1993), S. 45–78.

39 Zur Macht der Hexen vgl. Sharpe, *Witchcraft and Women,* S. 185 f.

40 Quellen für Tabelle 4: E. Bever, *Old Age and Witchcraft in Early Modern Europe,* in: *Old Age in Preindustrial Europe,* hg. v. P. Stearns, New York 1982, S. 181; Demos, *Underlying Themes in the Witchcraft of Seventeenth-Century New England,* in: American Historical Review 75 (1970), S. 1315.

41 Den Beginn des Alters im frühneuzeitlichen Europa setzen Historiker überall zwischen 40, dem Einsetzen der Menopause, bis hin zu 65 Jahren an. Vgl. Bever, *Old Age and Witchcraft,* S. 165. Zur Altersgrenze von 60 Jahren in Neuengland vgl. Demos, *Entertaining Satan,* S. 67.

42 Monter, *Witchcraft in France and Switzerland,* S. 123; R. Scot, *The Discoverie of Witchcraft,* hg. v. M. Summers, London 1930, S. 4 und 19.

43 S. R. Burstein, *Aspects of the Psychopathology of Old Age Revealed in the Witchcraft Cases of the Sixteenth and Seventeenth Centuries,* in: British Medical Bulletin 6 (1949), S. 63–72.

44 Zitiert bei Monter, *European Witchcraft,* S. 115.

45 C. Merchant, *The Death of Nature,* New York 1980, S. 132–136.

46 Zur Macht älterer Frauen in Neuengland vgl. Demos, *Entertaining Satan,* S. 68.

47 *Hans Baldung Grien, Prints and Drawings,* hg. v. J. H. Marrow und A. Shestack, Chicago 1981, S. 116–119.

48 *Malleus Maleficarum,* Teil 2, S. 21.

49 R. Burton, *Anatomy of Melancholy,* New York 1932, Bd. 3, S. 55 f.

50 J. Pitt-Rivers, *Honour and Social Status,* in: *Honour and Shame: The Values of Mediterranean Society,* hg. v. J. G. Peristiany, Chicago 1966, S. 69.

51 Vgl. dazu auch Bever, *Old Age and Witchcraft,* S. 175, Anm. 112. Die sexuelle Begierde älterer Frauen wurde auf ihre «Trockenheit» und ihre Sehnsucht nach Samenflüssigkeit zurückgeführt. Vgl. L. Roper, *Witchcraft and Fantasy in Early Modern Germany,* in: History Workshop Journal 32 (1991), S. 28 f.

52 Vgl. die Erörterungen über die Ansichten Montaignes bei Easlea, *Witch-Hunting,* S. 28.

53 Lea, *Materials II,* S. 449.

54 Martin, *Witchcraft and the Inquisition in Venice,* S. 228.

55 Vgl. z. B. F. Byloff, *Hexenglaube und Hexenverfolgung in den österreichischen Alpenländern,* Berlin 1934, S. 117; Monter, *Ritual,* S. 104.

56 W. Behringer, *Kinderhexenprozesse. Zur Rolle von Kindern in der Geschichte der Hexenverfolgung,* in: Zeitschrift für Historische Forschung 16 (1988), S. 31–47.

57 Vgl. Midelfort, *Witchcraft and the Domino Theory,* in: *Religion and the People,* S. 283.

58 Henningsen, *Witches' Advocate,* S. 34; Bader, *Hexenprozesse,* S. 209; Karlsen, *Devil in the Shape of a Woman,* S. 3 und 71; Perkins, *Damned Art of Witchcraft,* S. 643; Mandrou, *Magistrats et sorciers,* S. 115 f.; W. G. Soldan/H. Heppe, *Geschichte der Hexenprozesse,* hg. v. M. Bauer, München 1912, Bd. I, S. 483–485; Rémy, *Demonolatry,* S. 92; D. Sabean, *Power in the Blood: Popular Culture and Village Discourse in Early Modern Germany,* Cambridge 1984, S. 107.

59 Lea, *Materials II,* S. 902.

60 Robbins, *Encyclopedia,* S. 348–350.

61 Quellen für Tabelle 5: Denis, *Toul,* S. 177; Macfarlane, *Witchcraft,* S. 164; Pollock, *Kent,* S. 41 Tabelle 3 (ausgenommen die Frauen, die in den Anklageschriften als «verheiratet und als alte Jungfern» bezeichnet werden); Larner u. a., *Source-Book,* S. 241, Tabelle 8; Karlsen, *Devil in the Shape of a Woman,* S. 72; Ankarloo, *Sweden,* S. 311; Monter, *Witchcraft in France and Switzerland,* S. 121; Martin, *Witchcraft and the Inquisition in Venice,* S. 229.

62 Burghartz, *Equation of Women and Witches,* S. 65 f. stellt fest, daß in Luzern das Alter ein wichtigeres Charakteristikum als die Witwenschaft für Hexen gewesen sei.

63 Besonders gefährdet, als Hexen angeklagt zu werden, waren Frauen, die ihren Ehemann verlassen hatten. Vgl. Martin, *Witchcraft and the Inquisition in Venice,* S. 73.

64 Im frühen 15. Jahrhundert reichte in der Toskana der Anteil der Witwen von 16 Prozent auf dem Lande bis zu 25 Prozent in den Städten. Vgl. Herlihy/Klapisch-Zuber, *Tuscans and their Families,* S. 216 f.

65 In manchen Gemeinden wie etwa im schwedischen Mora, wo 1668 eine ausgedehnte Hexenjagd stattfand, lebten vorwiegend infolge der Kriege weniger als halb soviele Männer wie Frauen. Vgl. Ankarloo, *Sweden,* S. 316.

66 Vgl. S. C. Watkins, *Spinsters,* in: Jounal of Family History 9 (1984), S. 315 f.; P. Laslett, *The World We Have Lost,* 3. Aufl., New York 1984, S. 111.

67 Bezüglich England vgl. M. MacDonald, *Mystical Bedlam,* Cambridge 1979, S. 110; Thomas, *Religion and the Decline of Magic,* S. 561.

68 Vgl. z. B. Midelfort, *Witch Hunting,* S. 101 f.; Delcambre, *Psychologie,* S. 517.

69 Vgl. S. Ozment, *When Fathers Ruled,* Cambridge, Mass., 1983, S. 27 f., zur Erörterung der Rolle der Eltern bei der Eheschließung.

70 Evans, *Das Werden der Habsburger Monarchie,* S. 286.

71 Vgl. z. B. A. Pollock, *Social and Economic Characteristics of Witchcraft Accusations in Sixteenth- and Seventeenth-Century Kent,* in: Archaeologica Cantiana 95 (1979), S. 45.

72 Heikkinen, *Paholaisen,* S. 388 und 390, weist nach, daß sogar einige der finnischen Witwen, die in den Akten nicht als Bettlerinnen bezeichnet werden, oft zur Bettelei gezwungen waren.

73 G. Cardano, *De Rerum Varietate,* Basel 1557, zitiert in: Lea, *Materials II,* S. 446; Rémy, *Demonolatry,* S. 159. Zur Übertreibung bei Rémy vgl. Briggs, *Communities of Belief,* S. 75.

74 Wiseman, *Witchcraft, Magic and Religion,* S. 76–91. Vgl. auch Thomas, *Religion and the Decline of Magic,* S. 62 f.

75 Naess, *Norway,* S. 377.

76 Zitiert bei Lea, *Materials II,* S. 491.

77 W. Behringer, *Hexenverfolgung in Bayern,* München 1987, S. 96–112, bringt die verschärfte Hexenverfolgung sowohl mit der Agrarkrise des späten 16. Jahrhunderts als auch mit den sozialen Veränderungen der Zeit in Verbindung.

78 F. Braudel/P. Spooner, *Prices in Europe from 1450 to 1750,* in: *Cambridge Economic History of Europe,* Bd. 4, Cambridge 1967, S. 429.

79 Karlsen, *Devil in the Shape of a Woman,* S. 111–116.

80 Thomas, *Religion and the Decline of Magic,* S. 530. Macfarlane, *Witchcraft in Tudor and Stuart England,* S. 158–160; Monter, *Witchcraft in France and Switzerland,* S. 136 f.; Demos, *Entertaining Satan,* S. 54 – 56; J. Kamensky, *Words, Witches and*

Woman Trouble: Witchcraft, Disorderly Speech and Gender Boundaries in Puritan New England, in: Essex Institute Historical Collections 128 (1992), S. 286–307.

81 Kamensky, *Words, Witches and Woman Trouble*, S. 288.

82 G. Zilboorg, *The Medical Man and the Witch during the Renaissance,* New York 1941, S. 204–220.

83 E. Delcambre, *La psychologie des inculpés lorrains de sorcellerie,* in: Revue historique de droit français et étranger, Serie 4, 32 (1954), S. 391 f.

84 Zu diesem Argument vgl. I. Veith, *Hysteria: The History of a Disease,* Chicago 1965, S. 58–61.

85 Vgl. Burstein, *Old Age,* S. 65–68.

86 In Neuengland waren 10 von 118 Hexen wegen Diebstahls verurteilt worden. Vgl. Demos, *Entertaining Satan,* S. 77. In Norwegen hatten, soweit bekannt, 40 wegen Hexerei Angeklagte zuvor wegen anderer Vergehen vor lokalen Gerichten gestanden. Vgl. Naess, *Norway,* S. 378. Vgl. auch Monter, *Witchcraft in France and Switzerland,* S. 136.

87 Delcambre, *La psychologie,* S. 105; Levack, *Great Scottish Witch Hunt,* S. 101; Karlsen, *Devil in the Shape of a Woman,* S. 138; Byloff, *Hexenglaube,* S. 117; A. Evans, *Witchcraft and the Gay Counterculture,* Boston 1978, S. 76 f.; E. W. Monter, *La sodomie à l'époque moderne en Suisse romande,* in: Annales 29 (1974), S. 1031 f.

88 *Witches Apprehended, Examined and Executed,* London 1613, sig. B; Burghartz, *Equation of Women and Witches,* S. 68 f.

89 Scot, *The Discovery of Witchcraft,* S. 4; Delcambre, *La psychologie,* S. 105.

90 Muchembled, *Witches of Cambrésis,* S. 222, lehnt die Benutzung des englischen Begriffs ‹deviance› ab. Vgl. dazu Erikson, *Wayward Puritans,* New York 1966, und C. McCagy, *Deviant Behaviour,* New York 1976, S. 2–4; N. Ben-Yehuda, *Deviance and Moral Boundaries,* Chicago 1985.

91 Garrett, *Women as Witches,* S. 466. Karlsen, *Devil in the Shape of a Woman,* S. 119 und 127, behauptet, in Neuengland seien Hexen Frauen gewesen, die sich weigerten, den ihnen von den Männern zugewiesenen Platz in der Gesellschaft zu akzeptieren.

92 Vgl. Michelet, *Die Hexe,* Wien 1988.

93 Le Roy Ladurie, *Die Bauern des Languedoc,* S. 230–234.

94 Muchembled, *Witches of Cambrésis,* S. 264, betont, daß die Hexen dieser Region keine Aufrührer, sondern Opfer gewesen seien.

95 I. Silverblatt, *Moon, Sun and Witches: Gender Ideologies and Class in Inca and Colonial Peru,* Princeton 1987, S. 195 f.

96 Delcambre, *La psychologie,* S. 87 f.

97 D. Konig, *Law and Society in Colonial Massachusetts,* Chapel Hill, N. C., 1980, S. 173 f.

98 E. W. M. Bever, *Witchcraft in Early Modern Württemberg,* Diss. Princeton 1983; N. Davis, *Die wahrhaftige Geschichte von der Wiederkehr des Martin Guerre,* München 1984, S. 37.

99 S. Brauner, *Martin Luther on Witchcraft: A True Reformer?,* in: *The Politics of Gender in Early Modern Europe,* hg. v. J. R. Brink u. a., in: Sixteenth-Century Essays and Studies 12 (1989), S. 29–42; A. P. Coudert, *The Myth of the Improved Status of Protestant Women: The Case of Witchcraze,* in: *Politics of Gender,* S. 61–94.

100 Macfarlane, *Witchcraft in Tudor and Stuart England,* S. 158; Scot, *Discovery,* S. 320.

101 Macfarlane, *Witchcraft in Tudor and Stuart England,* S. 161; Thomas, *Religion and the Decline of Magic,* S. 562.

102 Briggs, *Communities of Belief,* S. 74.

103 White, *Death and the Devil,* in: *The Darker Vision of the Renaissance,* hg. v. R. S. Kinsman, Berkeley 1974, S. 26.

104 Zu der extremen Ansicht, die herrschenden Schichten hätten die Hexenjagd bewußt genutzt, um die Unterschichten zu verunsichern und latente revolutionäre Energien abzulenken, vgl. M. Harris, *Cows, Pigs, Wars and Witches,* New York 1974, S. 225–240.

VI. Die Eigendynamik der Hexenjagd

1 G. L. Kittredge, *Witchcraft in Old and New England,* Cambridge, Mass., 1929, S. 357; Henningsen, *Witches' Advocate,* S. 389.

2 Muchembled, *Witches of Cambrésis,* S. 256 f.

3 Den ersten Schritt unternahm Papst Alexander IV. im Jahre 1258. Vgl. Kors/ Peters (Hgg.), *Witchcraft in England,* S. 77 und 79.

4 Vgl. z. B. Trevor-Roper, *Der europäische Hexenwahn,* S. 135–137; Clark, *Protestant Demonology,* passim; Naess, *Norway,* S. 374.

5 Kors/Peters, *Witchcraft in Europe,* S. 341.

6 Monter, *Witchcraft in France and Switzerland,* S. 72 f. und 81. Ein Beispiel für die Auswirkung von Gerüchten bei Ankarloo, *Trolldomsprocesserna,* S. 338 f.

7 Vgl. Robbins, *Encyclopedia,* S. 202.

8 Monter, *Witchcraft in France and Switzerland,* S. 77 und 86.

9 Midelfort, *Witch-Hunting,* S. 122.

10 Behringer, *Erhob sich das ganze Land,* S. 141–143. Nicht immer hatte die Pest diese Wirkung; vgl. Midelfort, *Witch-Hunting,* S. 122.

11 Blauert, *Frühe Hexenverfolgungen,* S. 20–23; Kamber, *La Chasse,* S. 26–28.

12 John Stearne, A *Confirmation and Discovery,* S. 60, behauptet, bei der Wiederkehr Christi werde es keine Hexen mehr geben. Vgl. auch Trevor-Roper, *Der europäische Hexenwahn,* S. 169 f.

13 Macfarlane, *Witchcraft in Tudor and Stuart England,* S. 141 und 223; W. Lamont, *Godly Rule,* S. 14 und 99.

14 Levack, *Great Scottish Witch Hunt,* S. 90–95 und 107 f.; Trevor-Roper, *Der europäische Hexenwahn,* S. 152.

15 Monter, *Witchcraft in France and Switzerland,* S. 81; Kamber, *La Chasse,* S. 27; Byloff, *Hexenglaube,* S. 160.

16 Monter, *Witchcraft in France and Switzerland,* S. 81.

17 Klaniczay, *Hungary,* S. 224.

18 Baranowski, *Proceszy Czarownic,* S. 178.

19 Midelfort, *Witch Hunting,* S. 88–90.

20 Vgl. C. Larner, *James VI and Witchcraft,* in: *The Reign of James VI and I,* hg. v. A. G. R. Smith, London 1979, S. 80 f.

21 Monter, *Witchcraft in France and Switzerland,* S. 44–47.

22 Ibid., S. 92 f.

23 Hopkins, *The Discovery of Witches,* S. 50.

24 Thomas, *Religion and the Decline of Magic,* S. 457 f.; A. Gregory, *Witchcraft, Poli-*

tics and ‹Good Neighbourhood› in Early Seventeenth-Century Rye, in: Past and Present 133 (1991), S. 31–66.

25 Horsley, *Who were the Witches?,* S. 713.

26 C. Baxter, Jean Bodin's *«De la Démonomanie des Sorciers»: The Logic of Persecution,* in: S. Angelo (Hg.), *The Damned Art,* S. 78; Muchembled, *Witches of Cambrésis,* S. 241; Soman, *Parlement of Paris,* S. 42 f.; Schormann, *Deutschland,* S. 109 f.; Henningsen, *Witches' Advocate,* S. 1; Ankarloo, *Sweden,* S. 308 f.

27 Larner, *Witchcraft and Religion,* S. 134; Briggs, *Communities of Belief,* S. 63; Macfarlane, *Witchcraft in Tudor and Stuart England,* S. 103.

28 Briggs, *Communities of Belief,* S. 36; Soman, *Witch Lynching at Juinville,* S. 15.

29 *Register of the Privy Council of Scotland,* 3. Serie I, S. 11 f.

30 Briggs, *Communities of Belief,* S. 136.

31 Ankarloo, *Sweden,* S. 308.

32 Zu den neuzeitlichen Inhalten des Begriffs vgl. Larner, *Witchcraft and Religion,* S. 88.

33 Roper, *Witchcraft and Fantasy,* S. 21.

34 Garrett, *Women and Witches,* S. 464.

35 Zwischen 1586 und 1631 fanden in Bayern 14 große Hexenjagden statt, von denen jede über 20 Opfer forderte. Über die Hälfte der 929 Hinrichtungen in Bayern entfielen auf diese Hexenjagden. Behringer, *Hexenverfolgung in Bayern,* S. 65–68.

36 Robbins, *Encyclopedia,* S. 515.

37 Ibid., S. 318.

38 Volk, *Hexen,* S. 58–88; Midelfort, *Witch Hunting,* S. 128.

39 I. Veith, *Hysteria: The History of a Disease,* Chicago 1965.

40 Robbins, *Encyclopedia,* S. 317.

41 G. Rosen, *Psychopathology of the Social Process,* in: Journal of Health and Human Behaviour 1 (1960), S. 200–211.

42 Midelfort, *Witch Hunting,* S. 91; Lea, *Materials III,* S. 1075.

43 H. C. E. Midelfort, *Witch Hunting and the Domino Theory,* in: *Religion and the People,* S. 177–188.

44 R. Seth, *Children against Witches,* New York 1969, S. 164–169; W. Notestein, *A History of Witchcraft in England,* Washington 1991, S. 146–163.

45 Ibid., S. 140–143; M. Hopkins, *The Discovery of Witches,* hg. v. M. Summers, London 1928, S. 47 und 49–62.

46 *Register of the Privy Council of Scotland,* 3. Serie I, S. 187 und 210.

47 Vgl. z. B. E. P. Currie, *Crimes without Criminals: Witchcraft and its Control in Renaissance Europe,* in: Law and Society Review 1968, S. 21–28.

48 Kors/Peters, *Witchcraft in Europe,* S. 217.

49 *Register of the Privy Council of Scotland,* 3. Serie I, S. 78.

50 Robbins, *Encyclopedia,* S. 350.

51 Zum Widerstand unterer Instanzen gegen Berufungsverfahren und zur 1624 eingeführten automatischen Berufung an das Parlament von Paris vgl. Mandrou, *Magistrats et sorciers,* S. 343–348.

52 Soman, *Parlement of Paris,* S. 36.

53 Mandrou, *Magistrats et sorciers,* S. 313–363.

54 Larner, *Enemies of God,* S. 71f.

55 Henningsen, *Witches' Advocate,* S. 357–393.

56 Mandrou, *Magistrats et sorciers,* S. 425–486.

VII. Chronologie und Geographie der Hexenjagd

1 Kieckhefer, *European Witch Trials,* S. 10–26.

2 Blauert, *Frühe Hexenverfolgungen,* kommentiert diese schweizerischen Prozesse des 15. Jahrhunderts und einige Hexentraktate.

3 Zahlenangaben über Prozesse und Hinrichtungen zwischen 1450 und 1500 und 1500 und 1550 bei Hansen, *Quellen,* S. 68–262, Foucault, *Les procès de sorcellerie dans l'ancienne France devant les jurisdictions séculières,* Paris 1907, S. 297–306 sowie Midelfort, *Witch-Hunting,* S. 201 f.

4 Kors/Peters, *Witchcraft in Europe,* S. 201.

5 H. Kamen, *Inquisition and Society in Spain in the Sixteenth and Seventeenth Centuries,* Bloomington 1985, S. 210–212; Monter, *Frontiers of Heresy,* S. 255–267; G. Bonomo, *Caccia alle Streghe,* Palermo 1959, S. 143; Lea, *Materials III,* S. 1112 f.; Le Roy Ladurie, *Die Bauern des Languedoc,* S. 227; Delumeau, *Le catholicisme,* S. 252–255.

6 H. H. Kunstmann, *Zauberwahn und Hexenprozeß in der Reichsstadt Nürnberg,* Nürnberg 1970, S. 39–73.

7 Trevor-Roper, *Der europäische Hexenwahn,* S. 134.

8 Evans, *Das Werden der Habsburger Monarchie,* S. 284, glaubt, eine Atmosphäre des Humanismus, der Toleranz und der Urbanität habe damals Hexenverfolgungen in Österreich verhindert.

9 Oberman, *Masters of the reformation,* S. 158–183.

10 Monter, *European Witchcraft,* S. 55–71. Zum Rückgang des Skeptizismus in Luxemburg vgl. Dupont-Bouchat, *Répression,* S. 87.

11 Trevor-Roper, *Der europäische Hexenwahn,* S. 136–139.

12 Vgl. E. Hobsbawm, *The Crisis of the Seventeenth Century,* in: *Crisis in Europe, 1560–1660,* hg. v. T. Aston, New York 1967, S. 5–62.

13 Vgl. Midelfort, *Witch Hunting,* S. 121–163.

14 Byloff, *Hexenglaube,* S. 160; Evans, *Das Werden der Habsburger Monarchie,* S. 285 f.; Baranowski, *Procesz Czarownic,* S. 179.

15 Monter, *The Pedestal and the Stake,* S. 130, nimmt an, daß mehr als die Hälfte aller Hinrichtungen im Reich stattfanden.

16 Vgl. Schormann, *Deutschland,* S. 71. Behringer, *Erhob sich das ganze Land,* schätzt die Hinrichtungen in Deutschland auf 20 000.

17 Lea, *Materials III,* S. 1231.

18 Midelfort, *Witch Hunting,* S. 98–100.

19 Schormann, *Deutschland,* S. 65 f. Auch topograpisch unterscheiden sich die beiden Gebiete. Der Norden und Osten bestehen vorwiegend aus Flachland, während der Süden und der Westen durch Mittelgebirge geprägt sind.

20 Behringer, *Hexenverfolgung in Bayern,* S. 69, nimmt an, daß im gesamten Südosten Deutschlands 1000 bis 1500 Menschen hingerichtet wurden. Im alten Herzogtum Bayern, das nach 1628 zum Kurfürstentum wurde, gab es vermutlich nur etwa 300 Hinrichtungen. Abgesehen von Bayern war die Region politisch außerordentlich zersplittert. Diese kleineren Gerichtsbezirke spielten bei der Verfolgungswelle von 1590 eine unverhältnismäßig wichtige Rolle; vgl. dazu ibid. S. 139 f. Zum Vergleich zwischen dem gesamten Südosten und anderen Teilen Deutschlands vgl. Behringer, *Erhob sich das ganze Land,* S. 163–165.

21 Behringer, *Hexenverfolgung in Bayern,* S. 414; Evans, *Werden der Habsburger Monarchie* S. 282–289. Byloff, *Hexenglaube und Hexenverfolgungen,* S. 159 f. schätzt, daß in Österreich 1700 Menchen angeklagt wurden, räumt aber ein, daß es auch 5000 gewesen sein könnten.

22 Vgl. Midelfort, *Heartland,* S. 30; Lea, *Materials III,* S. 1229, 1246 und 1251; Schormann, *Nordwestdeutschland,* S. 158 f.; S. Lorenz, *Aktenversendung und Hexenprozeß, dargestellt am Beispiel der Juristenfakultäten Rostock und Greifswald (1570/82–1630),* 2 Bde., Bern 1982.

23 Die von Bader, *Hexenprozesse in der Schweiz,* S. 211 ff., genannten Zahlen von 8888 Anklagen und 5417 Hinrichtungen sind eindeutig zu niedrig. Vgl. Behringer, *Erhob sich das ganze Land,* S. 162 f.

24 Monter, *Ritual,* S. 47.

25 Zu den Bemühungen Philipps II. und des Rates von Luxemburg um die Einführung eines neuen Verfahrensrechts und einer Generalinquisition für Hexenprozesse vgl. Dupont-Bouchat, *Répression,* S. 86–99.

26 Boguet, *Examen,* S. XXXIII; Rémy, *Demonolatry,* S. 56, berichtet von nicht weniger als 800 Hinrichtungen und davon, daß annähernd so viele oder mehr Menschen geflohen seien oder die Folter überstanden hätten. Zu den Zahlenangaben von 2000 bis 3000 Hinrichtungen vgl. C. Pfister, *Nicolas Rémy et la sorcellerie en Lorraine à la fin du XVIe siècle,* in: Revue Historique 93 (1907), S. 239.

27 R. Briggs, *Witchcraft and Popular Mentality in Lorraine, 1580–1630,* in: *Occult and Scientific Mentalities in the Renaissance,* hg. v. Brian Vickers, Cambridge 1984, S. 338.

28 Dupont-Bouchat, *Répression,* S. 127.

29 M. Gijswijt-Hofstra, *Six Centuries of Witchcraft in the Netherlands,* in: *Witchcraft in the Netherlands,* hg. v. M. Gijswijt-Hofstra und W. Frijhoff, Rotterdam 1991, S. 25–31.

30 A. F. Soman, *Decriminalizing Witchcraft: Does the French Experience furnish a European Model?,* in: Criminal Justice History 10 (1989), S. 17, sieht in den Niederlanden, wo eine dezentralisierte Gerichtsbarkeit die Hexenjagd sehr früh einstellte, eine Ausnahme von der in den meisten europäischen Jurisdiktionsbezirken geltenden Regel.

31 Gijswijt-Hofstra, *Six Centuries,* S. 31 f.

32 M. Gielis, *The Netherlandic Theologians' Views of Witchcraft and the Devil's Pact,* in: *Witchcraft in the Netherlands,* S. 37–52.

33 Muchembled, *Satan ou les hommes?,* S. 18.

34 Mandrou, *Magistrats et sorciers,* S. 449–462.

35 Aus dem Jursidiktionsbezirk des Parlaments von Paris sind Akten von 1288 Appellationsverfahren und 554 Fällen erhalten, die dieses Stadium nie erreichten; A. Soman, *Trente procès de sorcellerie dans le Perche (1566–1624),* in: L'Orne littéraire 8 (1986), S. 42–47. Briggs, *Communities of Belief,* S. 12, nimmt an, daß im Verhältnis zur Gesamtbevölkerung die Hexenverfolgung in Frankreich insgesamt nicht signifikant stärker war als in England.

36 Soman, *The Parlement of Paris,* S. 40. Muchembled, *The Witches of the Cambrésis,* geht davon aus, daß abgesehen von Lothringen, das damals nicht zu Frankreich gehörte, es in Frankreich eher Hunderte als Tausende von Hexen gab. Zwischen 1565 und 1640 bestätigte das Parlament von Paris lediglich 115 Todesurteile.

Vgl. Soman, *Parlement of Paris,* S. 26. In den anderen Landesteilen gab es jedoch einige umfangreiche Hexenjagden. Zu de Lancres Bericht über 400 Hinrichtungen in Toulouse im Jahre 1577 vgl. Mandrou, *Magistrats et sorciers,* S. 92.

37 In England wurde zwischen 1540 und 1640 in 81 Fällen die Folterung zugelassen; vgl. Langbein, *Torture,* S. 94–123. In Schottland gab es 34 Fälle zwischen 1590 und 1689; vgl. *Register of the Privy Council of Scotland,* passim.

38 Vgl. z. B. B. Whitelocke, *Memorials of the English Affairs,* London 1682, S. 522. Ein Grund für den Gebrauch der Folter war, daß der *Privy Council* ein Geständnis verlangte, bevor er ein Urteil bestätigte; Mackenzie, *Laws and Customs,* S. 88.

39 *Register of the Privy Council of Scotland IV,* S. 680.

40 Larner, *Enemies of God,* S. 67 f. und 71–75.

41 St. John Seymour, *Irish Witchcraft and Demonology,* Dublin 1913, S. 105–113.

42 F. N. Parke, *Witchcraft in Maryland,* in: Maryland Historical Magazine 31 (1936), S. 284 und 290.

43 Demos, *Entertaining Satan,* S. 11–13.

44 Hansen, *Witchcraft at Salem,* S. 284.

45 Wiseman, *Witchcraft, Magic and Religion,* S. 1 f. Der Wortlaut des Gesetzes basierte auf dem mosaischen Gesetz.

46 Einer der Gründe dafür, daß vor den Prozessen von Salem nur sehr wenige Menschen verurteilt worden waren, war die Tatsache, daß die Nachbarn der Hexen sich meist über *maleficia* beklagten, während die Richter den Beweis für den Umgang mit dem Teufel forderten. Vgl. Richard Godbeer, *The Devil's Dominium,* Cambridge 1992; Wiseman, *Witchcraft, Magic and Religion,* Kap. 7.

47 Im Jahre 1600 hatte Britannien etwa 5,4 Millionen, Skandinavien ungefähr 2 Millionen Einwohner. De Vries, *Urbanization,* S. 36.

48 Johansen, *Denmark,* S. 340.

49 G. Henningsen, *Witchcraft in Denmark,* in: Folklore 93 (1982), S. 134, ist der Ansicht, weder der Sabbat noch der Teufelspakt hätten in dänischen Hexenprozessen je eine wichtige Rolle gespielt. Vgl. auch Johansen, *Denmark,* S. 343.

50 Johansen, *Denmark,* S. 341–347. Nach dieser Zeit wurden jedoch die meisten Todesstrafen wegen *maleficium* verhängt.

51 Henningsen, *Witchcraft in Denmark,* S. 135. Vgl. auch Johansen, *Denmark,* S. 344 f.

52 1650 lebten in Dänemark etwa 580 000 Menschen, in Schottland etwa 1 Million. A. Lassen, *The Population of Denmark in 1660,* in: Scandinavian Economic History Review 13 (1965), S. 29.

53 Naess, *Norway,* S. 371, errechnete auf der Grundlage der Fälle, deren Ausgang bekannt ist, eine Hinrichtungsrate von 38 Prozent. S. 372 schätzt er sie für alle Prozesse auf 25 Prozent. B. Alver, *Heksetro og Trolldom,* Oslo 1971, S. 63 geht ebenfalls von einer Hinrichtungsrate von 25 Prozent aus.

54 Zwar wurde in 40 Prozessen die Folter eingesetzt, aber nur in 10 Prozessen vor dem Urteil; Naess, *Norway,* S. 373 und 375.

55 Vgl. Robbins, *Encyclopedia,* S. 361 f. Das Verfahren von 1680 scheint eine Ausnahme von dieser Regel darzustellen.

56 H. Wiers-Jenssen, *Anne Pedersdotter: A Drama in Four Acts,* ins Englische übersetzt von John Masefield, Boston 1917.

57 R. Bainton, *Women of the Reformation from Spain to Scandinavia,* Minneapolis 1977, S. 128–133.

58 Ankarloo, *Trolldomsprocesserna i Sverige* (1971), S. 326–328; K. Baschwitz, *Hexen und Hexenprozesse,* München 1963, S. 321.

59 Ankarloo, *Sweden: The Mass Burnings,* in: *Early Modern European Witchcraft,* S. 285–317; Lea, *Materials III,* S. 1282–1285; Heikkinen, *Paholaisen Liittolaiset,* Helsinki 1969, S. 375–377.

60 Über Hexenwesen in Estland s. Madar, *Estonia I: Werewolves and Poisoners,* und J. Kahk, *Estonia II: The Crusade against Idolatry,* in: *Early Modern European Witchcraft,* S. 257–284.

61 Ibid., S. 386–389.

62 Heikkinen/Kervinen, *Finland,* S. 320.

63 Vgl. Schormann, *Hexenprozesse in Deutschland,* S. 6 und Cohn, *Europe's Inner Demons,* S. 253 für die traditionelle Sicht.

64 Vgl. Baranowski, *Procesz Czarownic,* S. 179.

65 Ibid., S. 178.

66 J. Tazbir, *A State without Stakes,* Wydawniczy 1973, S. 92.

67 Ibid., S. 169 und 208.

68 Klaniczay, *Hungary,* S. 222. Nur von 932 Verfahren ist der Ausgang bekannt.

69 Ibid., S. 233 f. und 249 f.

70 Ibid., S. 230, Anm. 30.

71 Ginzburg, *Die Benandanti,* S. 26 f. und 34. Zu Vorstellungen in Ungarn, die mit denen der *Benandanti* vergleichbar sind, s. G. Klaniczay, *Benandante-kresnik-zduhac-táltos,* in: Ethnographia 94 (1983).

72 Lea, *Materials III,* S. 1264 f.

73 Ibid., *III,* S. 171–173.

74 Ibid., *III,* S. 1254.

75 Klaniczay, *Hungary,* S. 221–235.

76 Vgl. oben Kapitel 5.

77 R. Zguta, *Was there a Witch Craze in Muscovite Russia?,* in: Southern Folklore Quarterly 40 (1977), S. 125.

78 Kivelson, *Through the Prism of Witchcraft,* S. 74–94.

79 R. Zguta, *Witchcraft Trials in Seventeenth-Century Russia,* in: American Historical Review 82 (1977) S. 1187–1207.

80 Baissac, *Les Grands Jours,* S. 154 f.; Kivelson, *Through the Prism of Witchcraft,* S. 81.

81 Ibid., S. 1204.

82 Kieckhefer, *European Witch Trials,* S. 21; Baissac, *Les Grands Jours,* S. 34–43; Trevor-Roper, *Der europäische Hexenwahn,* S. 132 f.

83 Henningsen, *Papers of Salazar,* S. 104, schätzt, daß in ganz Spanien einige hundert Menschen hingerichtet wurden. Zu einigen lokalen Prozessen vgl. Kamen, *Inquisition and Society,* S. 210–215. In Portugal wurden alle Todesurteile außer einem von weltlichen Gerichten gefällt. Vgl. F. Bethencourt, *Portugal: A Scrupulous Inquisition,* in: Ankarloo/Henningsen, *Early Modern European Witchcraft,* S. 405.

84 Monter, *Ritual,* S. 98–107; R. E. Greenleaf, *Zumarraga and the Mexican Inquisition 1536–1543,* Washington 1962, S. 111–121; ders., *The Mexican Inquisition of the Sixteenth Century,* Albuquerque 1969, S. 173. Zu Brasilien vgl. L. de Mello e Souza, *O Diabo e a Terra de Santa Cruz,* Sao Paulo 1987, S. 277–378.

85 Parker, *Some Recent Work on the Inquisition,* S. 529.

86 Martin, *Witchcraft and the Inquisition in Venice,* S. 226.
87 Bethencourt, *Portugal,* S. 405.
88 Henningsen, *The Witches' Advocate,* S. 69–94.
89 M. O'Neil, *Magical Healing, Love Magic and the Inquisition in Late Sixteenth Century Modena,* in: S. Haliczer (Hg.), *Inquisition and Society in Early Modern Europe,* Totowa, N. J., 1987, S. 88–114. Martin, *Witchcraft and the Inquisition in Venice,* S. 292 und 254.
90 Tedeschi, *Inquisitorial Law and the Witch,* in: *Early Modern European Witchcraft,* S. 94.
91 Caro Baroja, *Die Hexen und ihre Welt,* S. 124–128.
92 Robbins, *Encyclopedia,* S. 236 f.; Monter, *Witchcraft in France and Italy,* in: History Today 30 (1980), S. 33.
93 Henningsen, *Papers of Salazar,* S. 88–92.
94 Henningsen, *Witches' Advocate,* S. 22 f.
95 Burke, *Gianfresco Pico,* S. 49.
96 Vgl. Caro Baroja, *Die Hexen und ihre Welt,* S. 129 ff.
97 Martin, *Witchcraft and the Inquisition in Venice,* S. 50–66 und 253–255.
98 J. Tedeschi, *Preliminary Observations on Writing a History of the Roman Inquisition,* in: *Continuity and Discontinuity in Church History,* hg. v. F. F. Church und T. George, Leiden 1979, S. 42.
99 Ibid., S. 242 f.
100 Henningsen, *Witches' Advocate,* S. 44 und 170.
101 Ibid., S. 170 f. Salazar schlug vor, die anderen Angeklagten ebenso zu behandeln; vgl. ibid., S. 179 f.
102 Tedeschi, *Inquisitorial Law and the Witch,* S. 97–104; Martin, *Witchcraft and the Inquisition in Venice,* S. 26–28.
103 Zur Drohung gegen einen der *Benandanti,* die Folter anzuwenden, vgl. Ginzburg, *Die Benandanti,* S. 127.
104 E. Peters, *Inquisition,* Berkeley 1989, S. 90 und 101. Zur Auseinandersetzung mit lokalen Gerichten in Saragossa 1535 und Barcelona 1548–49 vgl. Monter, *Frontiers of Heresy,* S. 264–266.
105 H. Kamen, *The Spanish Inquisition,* New York 1965, S. 145.
106 Henningsen, *Witches' Advocate,* S. 387–389.
107 E. Peters, *Inquisition,* S. 109–119.
108 Ginzburg, *Die Benandanti,* S. 158 f.
109 Peters, *Inquisition,* S. 117.
110 Trevor-Roper, *Der europäische Hexenwahn,* S. 112 f.

VIII. Rückgang und Fortleben

1 W. v. Baeyer-Katte, *Die historischen Hexenprozesse, der verbürokatisierte Massenwahn,* in: *Massenwahn und Geschichte,* hg. v. W. Bitter, Stuttgart 1965, S. 220–231.
2 Scottish Record Office CH2/276/4.
3 Baschwitz, *Hexen und Hexenprozesse,* S. 302–304.
4 Thomas, *Religion and the Decline of Magic,* S. 576.
5 B. Shapiro, *Probability and Certainty in Seventeenth Century England,* Princeton 1983, S. 194–226; Ginzburg, *Die Benandanti,* S. 159; Thomas, *Religion and the*

Decline of Magic, S. 574 f.; P. Miller, *The New England Mind: From Colony to Province,* Cambridge 1953, S. 205.

6 Mackenzie, *Laws and Customs* (1678), S. 91.

7 Die Problematik der Folter erkannten auch diejenigen, die auf der Verfolgung von Hexen bestanden. Vgl. Peter Binsfeld, *De Confessionibus Maleficorum et Sagarum,* Trier 1596, S. 679–698.

8 Henningsen, *Witches' Advocate,* S. 373; Lea, *Materials II,* S. 960 f.; *Register of the Privy Council of Scotland,* Serie 3, S. 187 und 210.

9 In Bremen, wo die erste deutsche Übersetzung der *Cautio Criminalis* erschien, kam es 1640 zur letzten überlieferten Folterung. Vgl. Monter, *Ritual,* S. 30. Zu Teilübersetzungen vgl. Kors/Peters, *Witchcraft in Europe,* S. 351–357.

10 Vgl. M. Damaska, *The Death of Legal Torture,* in: Yale Law Journal 86 (1978), S. 873–878.

11 Zur Intervention des Königs in die Provinzverwaltung insgesamt vgl. Mandrou, *Magistrats et Sorciers,* S. 425–486.

12 Vgl. W. G. Soldan/H. Heppe, *Geschichte der Hexenprozesse,* hg. v. M. Bauer, Bd. 2, München 1912, S. 265; Lea, *Materials III,* S. 1435; G. Klaniczay, *Decline of Witches and Rise of Vampires in 18th Century Habsburg Monarchy,* in: Ethnologia Europaea 17 (1987), S. 165–168; Damaska, *Death of Legal Torture,* S. 874, Anm. 28.

13 C. Thomasius, *Dissertatio de Crimine Magiae,* München 1986; ders., *Über die Folter,* übers. und hg. v. R. Lieberwirth, Weimar 1960.

14 Vgl. R. H. Popkin, *The History of Scepticism from Erasmus to Descartes,* Assen 1960, S. 174–216, bes. S. 212 f.

15 Zur Anziehungskraft der neuen Philosophie, die den Menschen nicht zum Opfer der Natur machte, sonderen deren Beherrschung in Aussicht stellte, vgl. Easlea, *Witch-Hunting,* bes. S. 196–252.

16 P. Brann, *The Webster-More Debate,* in: Huntington Library Quarterly 43 (1980), S. 114. Für More bedeutete die Existenz von Hexen und dämonischen Aktivitäten den Beweis für die Existenz von Geistern und daher auch von Gott. Vgl. A. R. Hall, *Henry More: Magic, Religion and Experiment,* Oxford 1990, S. 138 f.

17 Vgl. S. J. Fox, *Science and Justice,* Baltimore 1968, S. 32.

18 Zitiert bei Easlea, *Witch-Hunting,* S. 218.

19 Trevor-Roper, Der europäische Hexenwahn, S. 181.

20 Easlea, *Witch-Hunting,* S. 23. Weyer schätzte auch die Naturmagie, lehnte aber diabolische Magie ab. Vgl. L. Thorndike, *A History of Magic and Experimental Science,* Bd. 6, New York 1944, S. 516.

21 Vgl. dazu Denis, *Toul,* S. 13–15.

22 Thorndike, *History of Magic,* Bd. 6, S. 553 f.; Monter, *European Witchcraft,* S. 61–63; Zur Leichtgläubigkeit englischer Ärzte vgl. G. Tourney, *The Physician and Witchcraft in Restoration England,* in: Medical History 16 (1972), bes. S. 153–155.

23 Vgl. L. L. Estes, *The Medical Origins of the European Witch-Craze: A Hypothesis,* in: Journal of Social History 17 (1984), S. 270–284.

24 Eine Liste kritischer Stellungnahmen von Ärzten zum Hexenglauben bietet J. Nemec, *Witchcraft and Medicine 1484–1793,* Washington 1974, S. 4 f.

25 M. MacDonald, *Mystical Bedlam,* Cambridge 1979, S. 198 f. Vgl. auch *Witchcraft and Hysteria in Elizabethan England,* hg. v. M. MacDonald, London 1990.

26 Zu dem Versuch Kardinal Barberinis festzustellen, ob eine Krankheit natürliche oder übernatürliche Ursachen hatte, vgl. Ginzburg, *Die Benandanti,* S. 158 f.
27 Zitiert bei Evans, *Das Werden der Habsburger Monarchie,* S. 285.
28 P. Burke, *Helden, Schurken und Narren, Europäische Volkskultur in der frühen Neuzeit,* hg. v. R. Schenda, München 1985, S. 284–295.
29 Delumeau, *Le catholicisme,* S. 255, behauptet, die Angst vor dem Teufel habe nachgelassen, als im späten 17. Jahrhundert Reformation wie Gegenreformation auf der Ebene der Gemeinden angelangt seien.
30 Zur erfolgreich eingesetzten Taktik eines Klerikers, der nicht zu überreden versuchte, sondern sich gleichgültig stellte, vgl. J. Boswell, *Journal of a Tour to the Hebrides,* hg. v. R. W. Chapman, Oxford 1970, S. 266.
31 Monter, *European Witchcraft,* S. 113–126; L. Bordelon, *L'histoire des imaginations extravagantes de Monsieur Oufle,* Paris 1710.
32 Vgl. Drummond/Bullock, *Scottish Church,* Kapitel 1.
33 G. Cragg, *From Puritanism to the Age of Reason,* Cambridge 1960.
34 Vgl. Heyd, *The Reaction to Enthusiasm in the Seventeenth Century: Towards an Integrative Approach,* in: Journal of Modern History 53 (1981), S. 258–280.
35 Thomas, *Religion and the Decline of Magic,* S. 581 f.
36 Vgl. J. Childs, *Armies and Warfare in Europe,* 1648–1789, New York 1982, S. 2.
37 T. Rabb, *The Struggle for Stability in Early Modern Europe,* New York 1975, S. 122.
38 Soman, *Decriminalization,* S. 7. Die letzte Hinrichtung im Jurisdiktionsbezirk des Pariser Parlaments fand 1625 statt.
39 Monter, *Ritual,* S. 101–104; A. Metcalf, *Families of Planters, Peasants and Slaves: Strategies for Survival in Santana de Parnaiba Brazil 1720–1820,* Diss. Univ. Texas 1983, S. 90 f.
40 Sebald, *Hexen – Damals und Heute,* S. 47; Soldan/Heppe, *Geschichte,* Bd. 2, S. 332.
41 Garrett, *Witchcraft and Cunning Men,* S. 57.
42 Vgl. Sebald, *Hexen – Damals und Heute,* passim.
43 Henningsen, *Witchcraft in Denmark,* S. 133.
44 W. B. Carnochan, *Witch-Hunting and Belief in 1751: The Case of Thomas Colley and Ruth Osborne,* in: Journal of Social History 4 (1970–71) S. 388–403.
45 Vgl. Sebald, *Hexen – Damals und Heute,* S. 51 Anm. 48 zu einem Vorfall in Frankreich 1818.
46 P. Byrne, *Witchcraft in Ireland,* Cork 1975, S. 56–68.
47 Sebald, *Hexen – Damals und Heute,* S. 242.
48 Agence France-Press, 13. Mai 1977. Den Fall erwähnt Henningsen, *Witches' Advocate,* S. 18.
49 Newsweek, 25. Mai 1981, S. 33.
50 The Observer, 15. Juni 1980.
51 L. Hellman, *Scoundrel Time,* Boston 1976; A. R. Cardozo, *A Modern American Witch-Craze,* in: *Witchcraft and Sorcery,* hg. v. M. Marwick, London 1970, S. 369–377.
52 Vgl. M. Adler, *Drawing down the Moon,* New York 1979, gibt einen Überblick über das Hexenwesen im heutigen Amerika.
53 A. LaVey, *The Satanic Bible,* New York 1969, S. 46–54.

54 Vgl. J. S. Victor, *Satanic Panic: The Creation of a Contemporary Legend,* Bd. 3, Peru 1993; L. Wright, *Remembering Satan,* in: New Yorker, 17. Mai 1993, S. 60–81 und 24. Mai 1993, S. 54–76.

55 New York Times, 15. November 1973. Ein Anthropologe, der das Hexenwesen in London untersuchte, kam zu dem Schluß, die dortigen Hexen seien in der Regel weiße Angehörige der Mittelschicht und Intellektuelle. T. M. Luhrmann, *Persuasions of the Witch's Craft,* Cambridge, Mass., 1989.

56 Vgl. A. Macfarlane, *Witchcraft in Tudor and Stuart England.*

57 Vgl. Mair, *Witchcraft,* S. 36–42.

Bibliographische Hinweise

Die Literatur über das europäische Hexenwesen ist sehr umfangreich und wächst kontinuierlich an. Im folgenden werden einige Arbeiten vorgestellt, die dem Leser die Vertiefung einzelner Themen ermöglichen.

Bibliographien

Eine umfassende Bibliographie zum Thema existiert nicht, aber H. C. Erik Midelfort, *Recent Witch Hunting Research, or where do we go from here?*, in: Papers of the Bibliographical Society of America 62 (1969), S. 373–420 listet 509 Titel auf, einige weitere in: Ders., *Witchcraft, Magic and the Occult*, in: *Reformation Europe: A Guide to Research*, hg. v. Steven E. Ozment, St. Louis 1982, S. 183–209. Eine Auswahlbibliographie von 1140 Titeln enthält Rossell Hope Robbins, *The Encyclopedia of Witchcraft and Demonology*, New York 1959. Robert Mandrou, *Magistrats et sorciers en France au XVIIe siècle*, Paris 1978, S. 25–70 listet 515 Titel auf. Einen kurzen, aber kommentierten Überblick gibt Robert Muchembled, *Satan ou les hommes? La chasse aux sorcières et ses causes*, in: Marie-Sylvie Dupont-Bouchat u. a., *Prophètes et sorciers dans les Pays-Bas XVIe–XVIIIe siècles*, Paris 1978, S. 33–39. Einen umfassenden Bericht über die neuere Literatur bietet Wolfgang Behringer, *Neue historische Literatur. Erträge und Perspektiven der Hexenforschung*, in: Historische Zeitschrift 249 (1989), S. 619–640.

Allgemeine Literatur

Eine gute Einführung in die Thematik bieten zwei Anthologien: *Witchcraft in Europe, 1100–1700: A Documentary History*, hg. v. Alan C. Kors und Edward Peters, Philadelphia 1972, eine Quellenpublikation mit Auszügen aus Hexentraktaten, Gerichtsakten und philosophischen Werken. E. William Monter (Hg.), *European Witchcraft*, New York 1969, verbindet Quellen mit Auszügen aus wissenschaftlichen Arbeiten in englischer Übersetzung. Henry Charles Lea, *Materials toward a History of Witchcraft*, hg. v. Arthur C. Howland, 3 Bde., New York 1957, besteht aus Aufzeichnungen, die der 1909 verstorbene Lea für seine geplante Geschichte des Hexenwesens gesammelt hatte. Zitate und Paraphrasierungen aus relativ seltenen Hexentraktaten und aus Sekundärliteratur des 19. Jahrhunderts machen diese Bände zum unverzichtbaren Arbeitswerkzeug. Die nützlichste Enzyklopädie über Hexenwesen und Magie ist die oben zitierte Arbeit von Rossell Hope Robbins. Die beste einbändige Untersuchung des Hexenwesens in Westeuropa, besonders in den Niederlanden, hat vorgelegt Julio Caro Baroja, *Die Hexen und ihre Welt*, Stuttgart 1967. Entstehung und Verbreitung gelehrter Vorstellungen behandelt der brillante, aber umstrittene Essay von Hugh R. Trevor-Roper, *Der europäische Hexenwahn des 16. und 17. Jahrhunderts*, in: *Religion, Reformation und sozialer Umbruch*, Frankfurt a. M./Berlin 1970, S. 95–179. Neuere Untersuchungen, die sozialgeschichtliche Aspekte und die Geschichte der Volkskultur berücksichtigen, enthalten Joseph Klaits, *Servants of Satan: The Age of the Witch Hunts,* Bloomington 1985, und Geoffrey R. Quaife, *Godly Zeal and Furious Rage: The Witch in Early Modern Europe,* London 1987. Weitere Erklärungsversuche unternehmen Jean Delumeau, *Angst im Abendland. Die Geschichte kollektiver Ängste im Europa des 14. bis 18. Jh.,* Hamburg 1985; Marijke Gijswijt-Hofstra, *The European Witchcraft Debate and the Dutch Variant,* in: Social History 15 (1990), S. 181–194; Wolfgang Behringer, *«Erhob sich das ganze Land zu ihrer Ausrottung . . .». Hexenprozesse und Hexenverfolgungen in Europa,* in: *Hexenwelten. Magie und Imagination vom 16. bis zum 20. Jahrhundert,* hg. v. Richard van Dülmen, Frankfurt a. M. 1987, S. 131–169; Robert Muchembled, *Satan ou les hommes? La chasse aux sorcières et ses causes,* in: *Prophètes et sorciers,* hg. v. Marie-Sylvie Dupont-Bouchat, Paris 1978, S. 13–39. Immer noch wertvoll ist Kurt Baschwitz, *Hexen und Hexenprozesse,* München 1963.

Der mittelalterliche Hintergrund

In den letzten Jahren erschienen zahlreiche Arbeiten über die Zeit vor der großen Hexenjagd. Am umfassendsten und mit einer sehr weiten Definition von Hexerei behandelt das Thema Jeffrey Burton Russel, *Witchcraft in the Middle Ages,* Ithaca 1972. Norman Cohn, *Europe's Inner Demons,* London 1975, betont im Gegensatz zu Russel die Bedeutung der rituellen Magie für die Ausbildung des Stereotyps Hexe und bezweifelt die Existenz eines organisierten Hexenwesens. Die Figur des Magiers und seine Beurteilung durch mittelalterliche Autoren erörtert ausführlich Edward Peters, *The Magician, the Witch and the Law,* Philadelphia 1978. Richard Kieckhefer, *European Witch Trials: Their Foundations in Popular and Learned Culture, 1300–1500,* London 1976, arbeitet aus den Prozeßakten den Unterschied zwischen volkstümlichen und gelehrten Elementen des Hexenglaubens heraus und erstellt einen chronologischen Abriß der Prozesse. Die ausführlichste Untersuchung der größten Prozesse des 15. Jahrhunderts in der Schweiz bietet Andreas Blauert, *Frühe Hexenverfolgungen. Ketzer-, Zauberei- und Hexenprozesse des 15. Jahrhunderts,* Hamburg 1989. Die älteren Arbeiten von Joseph Hansen, *Zauberwahn, Inquisition und Hexenprozeß im Mittelalter,* München 1900, und ders. (Hg.): *Quellen und Untersuchungen zur Geschichte des Hexenwahns und der Hexenverfolgung im Mittelalter,* Bonn 1901, sind immer noch von unschätzbarem Wert. Carlo Ginzburg, *Hexensabbat. Entzifferung einer nächtlichen Geschichte,* Berlin 1990, vertritt die These, die Vorstellungen über den Hexensabbat seien aus der gegenseitigen Beeinflussung von Volkskultur und kirchlicher Gelehrsamkeit erwachsen.

Das Hexenwesen

Zu den berühmtesten Hexentraktaten gehören insbesondere der *Malleus Maleficarum (Der Hexenhammer)* der Autoren Heinrich Institoris und Jakob Sprenger, München 1989 (Nachdruck der Ausgabe von 1906); Francesco Maria Guazzo, *Compendium Maleficarum,* London 1929; Nicolas Rémy, *Demonolatry,* London 1930; Henry Boguet, *Examen of Witches,* London 1929. Montague Summers besorgte die Herausgabe von *The Discoverie of Witchcraft,* London 1930, Neudruck New York 1972; Matthew Hopkins, *The Discovery of Witches,* London 1928. George Gifford, *A Dialogue Concerning Witches and Witchcraft,* in: *The Witchcraft Papers,* hg. v. Peter Haining,

Secausus/N. J. 1974, S. 76–139. Nicole Jacques-Chaquin edierte eine verkürzte Version von Pierre de Lancre, *Tableau de l'inconstance des mauvais anges et démons,* Paris 1982. Jean Bodin, *Démonomanie,* Antwerpen 1586. Johann Weyer, *De praestigiis daemonum* erschien in englischer Übersetzung unter dem Titel *Witches, Devils and Doctors in the Renaissance,* hg. v. George Mora, Binghamton/N. Y. 1991. Untersuchungen zu Hexentraktaten in George Lincoln Burr, *Selections from his Writings,* hg. v. Lois Oliphant Gibbons, Ithaca 1943, S. 166–189, und Lynn Thorndike, *A History of Magic and Experimental Science,* Bd. 6, New York 1941, S. 514–559. Eine ausgezeichnete Aufsatzsammlung ist *The Damned Art: Essays in the Literature of Witchcraft,* hg. v. Syndney Anglo, London 1977. Untersuchungen zu Hexentraktaten liefern ferner Siegfried Leutenbauer, *Hexerei- und Zauberdelikt in der Literatur von 1450 bis 1550,* Berlin 1972; *Der Hexenhammer: Entstehung und Umfeld des Malleus Maleficarum von 1487,* hg. v. Peter Segl, Köln 1988. Aspekte des dämonologischen Denkens erläutert Stuart Clark, *Inversion, Misrule and the Meaning of Witchcraft,* in: Past and Present 87 (1980), S. 98–127; ders., *Protestant Demonoloy: Sin, Superstition and Society* (c. 1520 – c. 1630), in: *Early Modern European Witchcraft: Centres and Peripheries,* hg. v. Bengt Ankarloo und Gustav Henningsen, Oxford 1990, S. 45–81.

Regionale und lokale Untersuchungen

Dringend erwünscht wäre eine umfassende Bibliographie zum Thema Hexenglaube und Hexenwesen. Für den deutschen Bereich gibt es inzwischen zahlreiche Untersuchungen, so die ausgezeichnete Arbeit von H. C. Erik Midelfort, *Witch Hunting in Southwestern Germany, 1562–1684: The Intellectual and Social Foundations,* Stanford 1972; Edward W. M. Bever, *Witchcraft in Early Modern Württemberg,* Diss. Princeton 1983; Hans Sebald, *Hexen – Damals und Heute,* Frankfurt a. M. 1987, untersucht den fränkischen Bereich. Lyndal Roper, *Witchcraft and Fantasy in Early Modern Germany,* in: History Workshop Journal 32 (1991), S. 19–43, behandelt Augsburg. Überregionale und regionale Untersuchungen bietet Gerhard Schormann, *Hexenprozesse in Deutschland,* Göttingen 1981; ders., *Hexenprozesse in Nordwestdeutschland,* Hildesheim 1977. Weitere regionale Untersuchungen: Wolfgang Behringer, *Hexenverfolgung in Bayern. Volksmagie, Glaubenseifer und Staatsräson in der Frühen Neuzeit,* München 1987. Hartmut H. Kunstmann, *Zauberwahn und Hexenprozeß in der Reichsstadt Nürnberg,* Nürnberg 1970. Friedrich Merzbacher, *Die Hexenprozesse in Franken,* München 1957, ist besonders hilfreich in bezug auf die rechtsgeschichtliche Entwicklung. Fritz Byloff, *Hexenglaube und Hexenverfolgung in den österreichischen Alpenländern,* Berlin-Leipzig 1934. Robert John W. Evans, *Das Werden der Habsburgermonarchie 1550–1700. Gesellschaft, Kultur, Institutionen,* Wien 1986, enthält einen Überblick über Hexenwesen in Österreich, Böhmen und Ungarn.

Die wichtigste Untersuchung über Frankreich ist die oben zitierte Arbeit von Mandrou. Alfred F. Soman, *The Parlement of Paris and the Great Witch Hunt (1565–1640),* in: Sixteenth Century Journal 9 (1978), S. 31–44 ergänzt bzw. korrigiert Mandrou. Vgl. ferner ders., *Trente procès de sorcellerie dans le Perche (1566–1624),* in: L'Orne littéraire 8 (1986), S. 42–57. Über Hexenwesen in Frankreich im allgemeinen und Lothringen im besonderen Robin Briggs, *Communities of Belief: Social and Cultural Tension in Early Modern France,* Oxford 1989, Kap. 1–3. Clarke Garrett,

Witches and Cunning Folk in the Old Regime, in: *The Wolf and the Lamb: Popular Culture in France from the Old Regime to the Twentieth Century,* hg. v. Jacques Beauroy u. a., Stanford 1976, S. 53–64.

Nordfrankreich und Niederlande: Robert Muchembled, *The Witches of Cambrésis: The Acculturation of the Rural World in the Sixteenth and Seventeenth Century,* in: *Religion and the People, 800–1700,* hg. v. James Obelkevich, Chapel Hill 1979, S. 221–276. Marie-Sylvie Dupont-Bouchat, *La répression de la sorcellerie dans le duché de Luxembourg aux XVIe et XVIIe siècles,* in: Dies. (Hg.): *Prophètes et sorciers,* Paris 1978, S. 41–154. Ins Englische übersetzt die von Marijke Gijswijt-Hofstra und Willem Frikhoff herausgegebene Aufsatzsammlung *Witchcraft in the Netherlands from the Fourteenth to the Twentieth Century,* Rotterdam 1991.

Den Jura untersucht die brillante Arbeit von E. William Monter, *Witchcraft in France and Switzerland: The Borderlands during the Reformation,* Ithaca 1976. Guido Bader, *Die Hexenprozesse in der Schweiz,* Affoltern 1945, bietet einen Überblick über die in der Schweiz geführten Prozesse, ist inhaltlich aber überholt. Andreas Blauert, *Frühe Hexenverfolgungen,* wie oben zitiert, untersucht sowohl die Hexenprozesse als auch die Entwicklung der gelehrten Theorien in der Westschweiz im 15. Jahrhundert.

Italien: Carlo Ginzburg, *Die Benandanti, Feldkulte und Hexenwesen im 16. u. 17. Jh.,* Frankfurt a. M. 1980. Ruth Martin, *Witchcraft and the Inquisition in Venice, 1550–1650,* Oxford 1989. Auf ganz Italien erstreckt sich die Untersuchung von Guiseppe Bonomo, *Caccia alle Streghe,* Palermo 1959. Einen kurzen Abriß bietet William Monter mit *Witchcraft in France and Italy,* in: History Today 30 (1980), S. 31–35.

Spanien und seine Kolonien: Gustav Henningsen, *The Witches' Advocate: Basque Witchcraft and the Spanish Inquisition (1609–1614),* Reno 1980. Sebastián Cirac Estopañán, *Los procesos de hechicerías en la Inquisitión de Castilla la Nueva,* Madrid 1942. William Monter, *Frontiers of Heresy: The Spanish Inquisition from the Basque Lands to Sicily,* Cambridge 1991, besonders Kapitel 12.

Britische Inseln: Immer noch nützlich sind die älteren Arbeiten von Wallace Notestein, *A History of Witchcraft in England,* Washington 1911, und George L. Kittredge, *Witchcraft in Old and New England,* Cambridge 1929. Alan Macfarlane, *Witchcraft in Tudor and Stuart England,* London 1970, untersucht die Grafschaft Essex und bietet ein Beispiel für die Anwendung anthropologischer Theorien bei der Untersuchung der Geschichte der Hexerei. Keith Thomas, *Religion and the Decline of Magic,* London 1971, verwendet ebenfalls anthropologische Methoden und untersucht neben der Hexerei auch andere in England angewandte Formen von Magie. Das Verhältnis zwischen gelehrter und volkstümlicher Kultur untersucht Clive Holmes, *Popular Culture? Witches, Magistrates and Divines in Early Modern Europe,* in: *Understanding Popular Culture,* hg. v. Steven L. Kaplan, Berlin 1984, S. 85–111. Christina Larner, *Enemies of God: The Witch-Hunt in Scotland,* London 1981, ist ein vorzüglicher Überblick über die Hexenjagd in Schottland. Ich selbst habe die größte Hexenjagd der schottischen Geschichte untersucht; Brian P. Levack, *The Great Scottish Witch Hunt of 1661–1662,* in: Journal of British Studies 20 (1980), S. 90–108.

Zu Neuengland sind heranzuziehen Paul Boyer und Stephen Nissenbaum, *Salem Possessed: The Social Origins of Witchcraft,* Cambridge 1974. John P. Demos, *Entertaining Satan: Witchcraft and the Culture of Early New England,* New York 1981; Richard

Wiseman, *Witchcraft, Magic and Religion in 17th-Century Massachusetts,* Amherst 1984; Richard Godbeer, *The Devil's Dominion: Magic and Religion in Early New England,* Cambridge 1992; Carol Karlsen, *The Devil in the Shape of a Woman: Witchcraft in Colonial New England,* New York 1987.

Mit skandinavischen Ländern befassen sich mehrere Aufsätze in: *Early Modern European Witchcraft: Centres and Peripheries,* hg. v. Bengt Ankerloo und Gustav Henningsen, Oxford 1990. Englische Zusammenfassungen von Aufsätzen von Bengt Ankarloo, *Trolldomsprocesserna i Sevrige,* Lund 1971, ibid. S. 324–339, und Antero Heikkinen, *Paholaisen Liittolaiset,* Helsinki 1969, ibid. S. 374–394. S. 178–181 findet sich eine französische Zusammenfassung von Bohdan Baranowski, *Procesy Czarownic w Polsce w XVII i XVIII wieku,* Lodz 1952. Zu Ungarn vor allem Gábor Klaniczay, *Hungary: The Accusations and the Universe of Popular Magic,* in: *European Witchcraft,* hg. v. E. William Monter, New York 1969, S. 219–256. Über Rußland hat mehrfach gearbeitet Russell Zguta, vgl. ders., *Witchcraft Trials in Seventeenth-Century Russia,* in: American Historical Review 82 (1977), S. 1187–1207.

Einzelaspekte der Hexenverfolgung

Prägend für die Erforschung der religiösen Aspekte der Hexenverfolgung, bsonders in Frankreich, wurde Kapitel 4 von Jean Delumeau, *Le catholicisme entre Luther et Voltaire,* Paris 1971. Für England gilt dasselbe für die oben zitierte Arbeit von Keith Thomas. Wertvoll für Deutschland bleibt Nikolaus Paulus, *Hexenwahn und Hexenprozeß, vornehmlich im 16. Jahrhundert,* Freiburg 1910.

Zum rechtlichen Aspekt erhellend ist Dagmar Unverhau, A*kkusationsprozeß – Inquisitionsprozeß: Indikatoren für die Intensität der Hexenverfolgung in Schleswig-Holstein,* in: *Hexenprozesse. Deutsche und skandinavische Beiträge,* hg. v. Christian Degn, Hartmut Lehmann und Dagmar Unverhau, Neumünster 1983, S. 59–142. Die beste Studie der Folter ist Edward Peters, *Folter. Geschichte der peinlichen Befragung,* Hamburg 1991. John Tedeschi, *Inquisitorial Law and the Witch,* in: *European Witchcraft,* hg. v. E. William Monter, New York 1969, S. 83–118, behandelt die juristischen Aspekte der römischen Inquisition.

Zum Thema Frauen und Hexenwesen vgl. E. William Monter, *The Pedestal and the Stake: Courtly Love and Witchcraft,* in: *Becoming Visible: Women in European History,* hg. v. Renate Bridenthal und Claudia Koonz, Boston 1977, S. 119–136. Clarke Garrett, *Women and Witches: Patterns of Analysis,* in: Signs 3 (1977), S. 461–470. Carol Karlsen, *The Devil in the Shape of a Women,* New York 1987. Die analytische Bedeutung der Geschlechter betonen Marianne Hester, *Lewd Women and Wicked Witches: A Study in the Dynamics of Male Domination,* London 1991. James Anthony Sharpe, *Witchcraft and Women in Seventeenth-Century England: Some Northern Evidence,* in: Continuity and Change 6 (1991) S. 179–199. Anne Barstow, *Witchcraze: A New History of European Witch Hunts,* New York 1994. Susanna Burghartz, *The Equation of Women and Witches: A Case Study of Witchcraft Trials in Lucerne and Lausanne in the Fifteenth and Sixteenth Centuries,* in: The *German Underworld,* hg. v. Richard J. Evans, London 1988, S. 57–74. Carolyn Merchant, *The Death of Nature: Women, Ecology and the Scientific Revolution,* New York 1980, Kapitel 5.

Lebensalter und Hexerei untersuchen Sona Rosa Burstein, *Aspects of the Psychopathology of Old Age Revealed in Witchcraft Cases of the Sixteenth and Seventeenth Cen-*

turies, in: British Medical Bulletin 6 (1949), S. 63–71. Edward Bever, *Old Age and Witchcraft in Early Modern Europe,* in: *Old Age in Pre-Industrial Society,* hg. v. Peter Stearns, London 1983, S. 150–190. Zur sozialen Stellung der Hexen Richard A. Horsley, *Who were the Witches? The Social Roles of the Accused in the European Witch Trials,* in: Journal of Interdisciplinary History 9 (1979), S. 689–715.

Über die psychologischen und psychiatrischen Aspekte ist viel geschrieben worden. Vgl. vor allem George Rosen, *Psychopathology in the Social Process. I. A Study of the Persecution of Witches in Europa as a Contribution to the Understanding of Mass Delusions and Psychic Epidemics,* in: Journal of Health and Human Behavior 1 (1960), S. 200–211. Robert D. Anderson, *The History of Witchcraft: A Review with some Psychiatric Comments,* in: American Journal of Psychiatry 126 (1970), S. 69–77. Thomas S. Szasz, *The Myth of Mental Illness,* New York 1961, Kapitel 12. Evelyn Heinemann, *Hexen und Hexenglauben,* Frankfurt 1986. Die klassische Untersuchung zur Psychologie der Gefangenen während der Hexenjagd ist Etienne Delcambre, *La psychologie des inculpés lorrains de sorcellerie,* in: Revue historique de droit français et étranger, Serie 4, 34 (1954) S. 383–403 und 508–526.

Zur Beendigung der Hexenverfolgung besonders hilfreich sind Brian Easlea, *Witch-Hunting, Magic and the New Philosophy: An Introduction to the Debates of the Scientific Revolution, 1450–1750,* Brighton 1980. Barbara J. Shapiro, *Probability and Certainty in Seventeenth Century England,* Princeton 1983, Kapitel 6; Alfred F. Soman, *Decriminalizing Witchcraft: Does the French Experience furnish a European Model?,* in: Criminal Justice History 10 (1989), S. 1–22.

Zur Frage der Besessenheit maßgeblich ist Traugott Konstantin Österreich, *Die Besessenheit,* Langens 1971. Vgl. auch die anregenden Studien von Daniel Pickering Walker, *Unclean Spirits: Possession and Exorcism in France and England in the Late Sixteenth and Early Seventeenth Centuries,* Philadelphia 1981; Cécile Ernst, *Teufelsaustreibungen. Die Praxis der katholischen Kirche im 16. und 17. Jahrhundert,* Bern 1972.

Zur Erfassung der anthropologischen Untersuchungen über Hexerei in schriftlosen Kulturen wäre eine eigene Bibliographie erforderlich. Vergleiche zwischen afrikanischer und europäischer Hexerei ziehen *Witchcraft and Sorcery,* hg. v. Max Marwick, London 1982^2; *Witchcraft Confessions and Accusations,* hg. v. Mary Douglas, London 1970. Geoffrey Parrinder, *Witchcraft: European and African,* London 1958 und Lucy Mair, *Witchcraft,* New York 1969, behandeln eingehend auch die europäischen Hexenverfolgungen.

Literaturverzeichnis

Adler, Margot: *Drawing down the Moon,* Boston 1979.

Alver, Bente G.: *Heksetro og Trolldom,* Oslo 1979.

Anderson, Robert D.: *The History of Witchcraft: A Review with some Psychiatric Comments,* in: American Journal of Psychiatry 126 (1970), S. 69–77.

Anglo, Syndey: *Evident Authority and Authoritative Evidence: The Malleus Maleficarum,* in: Ders. (Hg.), *The Damned Art: Essays in the Literature of Witchraft,* London 1977, S. 1–31.

Ders. (Hg.): *The Damned Art: Essays in the Literature of Witchcraft,* London 1977.

Andreski, Stanislav: *The Syphilitic Shock,* in: Encounter 58/5 (1982), S 7–26.

Ankarloo, Bengt: *Trolldomsprocesserna i Sverige,* Stockholm 1971.

Ders./Henningsen, Gustav (Hgg.): *Early Modern European Witchcraft: Centres and Peripheries,* Oxford 1990.
Avis, P. D. L.: *Moses and the Magistrate: A Study in the Rise of Protestant Legalism,* in: Journal of Ecclesiastical History 26 (1975), S. 149–172.
Bader, Guido, *Die Hexenprozesse in der Schweiz,* Affoltern 1945.
Baeyer-Katte, Wanda von: *Die historischen Hexenprozesse, der verbürokratisierte Massenwahn,* in: Wilhelm Bitter (Hg.), *Massenwahn in Geschichte und Gegenwart,* Stuttgart 1965, S. 220–231.
Bainton, Roland: *Women of the Reformation: From Spain to Scandinavia,* Minneapolis 1977.
Baissac, Jules: *Les grands jours de la sorcellerie,* Paris 1890.
Baranowski, Bohdan: *Procesy Czarownic w Polsce w XVII i XVIII wieku,* Lodz 1952.
Barb, A. A.: *The Survival of the Magic Arts,* in: Arnaldo Momigliano (Hg.), *The Conflict between Paganism and Christianity,* Oxford 1963, S. 100–125.
Barstow, Anne L.: *Witchcraze: A New History of the European Witch Hunts,* New York 1994.
Bartlett, Robert: *Trial by Fire and Water: The Medieval Judicial Ordeal,* Oxford 1986.
Baschwitz, Kurt: *Hexen und Hexenprozesse,* München 1963.
Baxter, Christopher: *Jean Bodin's De la Démonomanie des sorciers: The Logic of Persecution,* in: Sydney Angelo (Hg.), *The Damned Art: Essays in the Literature of Witchcraft,* London 1977, S. 53–75.
Behringer, Wolfgang: *«Erhob sich das ganze Land zu ihrer Ausrottung . . .» Hexenprozesse und Hexenverfolgungen in Europa,* in: Richard van Dülmen (Hg.), *Hexenwelten. Magie und Imagination vom 16. bis 20. Jahrhundert,* Frankfurt a. M. 1987, S. 131–169.
Ders. (Hg.): *Hexenverfolgung in Bayern,* München 1988.
Ders.: *Kinderhexenprozesse. Zur Rolle von Kindern in der Geschichte der Hexenverfolgung,* in: Zeitschrift für Historische Forschung 16 (1989), S. 31–47.
Ders.: *Neue historische Literatur. Erträge und Perspektiven der Hexenforschung,* in: Historische Zeitschrift 249 (1989), S. 619–640.
Bever, Edward: *Old Age and Witchcraft in Early Modern Europe,* in: Peter Stearns (Hg.), *Old Age in Pre-industrial Europa,* London 1983, S. 150–190.
Ders.: *Witchcraft in Early Modern Württemberg,* phil. Diss. Princeton 1983.
Binsfeld, Peter: *De Confessionibus Maleficorum et Sagarum,* Trier 1596.
Blackstone, William: *Commentaries on the Laws of England,* Oxford 1796.
Blauert, Andreas: *Frühe Hexenverfolgungen,* Hamburg 1989.
Ders. (Hg.): *Ketzer, Zauberer, Hexen. Die Anfänge der europäischen Hexenverfolgung,* Frankfurt a. M. 1990.
Bodin, Jean: *De la Démonomanie des sorciers,* Antwerpen 1586.
Boguet, Henry: *An Examen of Witches,* hg. v. Montague Summers, London 1929.
Bonomo, Giuseppe: *Caccia alle Streghe,* Palermo 1959.
Bordelon, Laurent: *L'histoire des imaginations extravangantes de Monsieur Oufle,* Paris 1710.
Bossy, John: *Moral Arithmetic: Seven Sins into ten Commandements,* in: *Conscience and Casuistry in Early Modern Europe,* hg. v. Edmund Leites, Cambridge 1988, S. 214–234.

Boswell, James: *Das Leben Samuel Johnsons und das Tagebuch einer Reise nach den Hebriden,* Zürich 1990.
Boyer, Stephen/Nissenbaum, Paul: *Salem Possessed: The Social Origins of Witchcraft,* Cambridge/Mass. 1974.
Brann, Noel: *The Conflict between Reason and Magic in Seventeenth-Century England: A Case Study of the Vaughan-More Debate,* in: Huntington Library Quarterly 43 (1980), S. 103–126.
Braudel, Fernand, *Sozialgeschichte des 15.–18. Jahrhunderts. Der Alltag,* München 1990.
Ders./Spooner, P.: *Prices in Europe from 1450 to 1750,* in: Cambridge Economic History of Europe IV, Cambridge 1967.
Brauner, Sigrid: *Martin Luther on Witchcraft: A True Reformer?,* in: Brink, Jean R. u. a. (Hgg): *The Politics of Gender in Early Modern Europe.* (= Sixteenth Century Essays and Studies 12) Kirksville, Mo. 1989, S. 29–42.
Briffault, Robert: *The Mothers,* New York 1927.
Briggs, Robin: *Communities of Belief: Cultural and Social Tension in Early Modern France,* Oxford 1989.
Ders.: *Witchcraft and Popular Mentality in Lorraine, 1580–1630,* in: *Occult and Scientific Mentalities in the Renaissance,* hg. v. Brian Vickers, Cambridge 1984.
Brucker, Gene A.: *Sorcery in Early Renaissance Florence,* in: Studies in the Renaissance 10 (1963), S. 7–24.
Burghartz, Susanna: *The Equation of Women and Witches: A Case Study of Witchcraft Trials in Lucerne and Lausanne in the Fifteenth and Sixteenth Centuries,* in: *The German Underworld,* hg. v. Richard J. Evans, London 1988, S. 57–74.
Burke, Peter: *Helden, Schurken und Narren, Europäische Volkskultur in der frühen Neuzeit,* hg. v. Rudolf Schenda, München 1985.
Ders.: *Witchcraft and Magic in Renaissance Italy: Gianfrancesco Pico and his Strix,* in: *The Damned Art: Essays in the Literature of Witchcraft,* hg. v. Sydney Anglo, London 1977, S. 32–52.
Burr, George Lincoln: *The Fate of Dietrich Flade,* in: Ders., *Selections from his Writings,* hg. v. Lois Oliphant Gibbons, Ithaca 1943.
Burstein, Sona R.: *Aspects of the Psychopathology of Old Age revealed in the Witchcraft Cases of the Sixteenth and Seventeenth Centuries,* in: British Medical Bulletin 6 (1949), S. 63–71.
Burton, Robert: *Anatomy of Melancholy,* New York 1932.
Byloff, Fritz: *Hexenglaube und Hexenverfolgung in den österreichischen Alpenländern,* Berlin-Leipzig 1934.
Byrne, Patrick: *Witchcraft in Ireland,* Cork 1975.
Cardanus, Hieronimus: *De rerum varietate,* Basel 1557.
Cardoza, A. Rebecca: *A Modern American Witch-Craze,* in: *Witchcraft and Sorcery,* hg. v. Max Marwick, London 1970.
Carnochan, W. B.: *Witch-Hunting and Belief in 1751: The Case of Thomas Colley and Ruth Osborne,* in: Journal of Social History 4 (1970–71), S. 389–403.
Caro Baroja, Julio: *Die Hexen und ihre Welt,* Stuttgart 1967.
Carus, Paul: *The History of the Devil and the Idea of Evil,* New York 1969.
Cervantes, Fernando: *The Idea of the Devil and the Problem of the Indian: The Case of Mexico in the Sixteenth Century,* London 1991.
Childs, John: *Armies and Warfare in Europe, 1648–1789,* New York 1982.

Cirac Estopañán, Sebastián: *Los procesos de hechicerías en la Inquisición de Castilla la Nueva,* Madrid 1942.
Clark, Stuart: *Inversion, Misrule and the Meaning of Witchcraft*, in: Past and Present 87 (1980), S. 98–127.
Ders.: *King James's Daemonologie: Witchcraft and Kingship,* in: Sydney Anglo (Hg.), *The Damned Art: Essays in the Literature of Witchcraft*, London 1977.
Ders.: *Protestant Demonology: Sin, Superstition and Society* (c. 1520 – c. 1630), in: *Early Modern European Witchcraft: Centres and Peripheries,* hg. v. Bengt Ankarloo und Gustav Henningsen, Oxford 1990, S. 45–81.
Cohn, Norman: *Europe's Inner Demons,* London 1975.
Coudert, Allison P.: *The Myth of the Improved Status of Protestant Women: The Case of the Witchcraze*, in: *The Politics of Gender in Early Modern Europe*, hg. v. Jean R. Brink u. a. (= Sixteenth Century Essays and Studies 12) Kirksville, Mo. 1989, S. 61–94.
Cowan, Edward: *The Darker Vision of the Scottish Renaissance*, in: *The Renaissance and Reformation in Scotland*, hg. v. Ian B. Cowan und Duncan Shaw, Edinburgh 1983, S. 125–140.
Cragg, Gerald Robertson: *From Puritanism to the Age of Reason,* Cambridge 1960.
Currie, Elliott P.: *Crimes without Criminals: Witchcraft and its Control in Renaissance Europe,* in: Law and Society Review 3 (1968), S. 7–32.
Daly, Mary: *Gyn/Ecology: The Metaethics of Radical Feminism*, Boston 1978.
Damaska, Mirjan: *The Death of Legal Torture,* in: Yale Law Journal 86 (1978), S. 860–884.
Davis, Natalie Z.: *Die wahrhaftige Geschichte von der Wiederkehr des Martin Guerre,* Mit einem Vorwort von Carlo Ginzburg, München 1984.
Deacon, Richard: *Matthew Hopkins: Witch Finder General*, London 1976.
Degn, Christian/Lehmann, Hartmut/Unverhau, Dagmar (Hgg.): *Hexenprozesse. Deutsche und skandinavische Beiträge,* Neumünster 1983.
Delcambre, Étienne: *La Psychologie des inculpés lorrains de sorcellerie*, in: *Revue historique de droit français et étranger,* Serie 4, 32 (1954), S. 383–403 und S. 508–526.
Delumeau, Jean: *Le catholicisme entre Luther et Voltaire*, Paris 1971.
Ders.: *Angst im Abendland. Die Geschichte kollektiver Ängste im Europa des 14. bis 18. Jh.,* Hamburg 1985.
Demos, John P.: *Underlying Themes in the Witchcraft of Seventeenth-Century England*, in: American Historical Review 75 (1970), S. 1311–1326.
Ders.: *Entertaining Satan: Witchcraft and the Culture of Early New England*, New York 1982.
Denis, A.: *La sorcellerie à Toul aux XVIe et XVIIe siècles,* Toul 1888.
De Vries, Jan: *European Urbanization,* Cambridge/Mass. 1984.
Dienst, Heide: *Magische Vorstellungen und Hexenverfolgungen in den österreichischen Alpenländern (15.–18. Jahrhundert)*, in: *Wellen der Verfolgungen in der österreichischen Geschichte*, hg. v. Erich Zöllner, Wien 1986, S. 70–94.
Dömötör, Tekla: *The Cunning Folk in English and Hungarian Witch Trials,* in: *Folklore Studies in the Twentieth Century,* hg. v. Venetia J. Newall, Woodbridge 1978.
Douglas, Mary: *Witchcraft Confessions and Accusations,* London 1970.
Drummond, Andrew Landale/Bulloch, James: *The Scottish Church 1688–1843*, Edinburgh 1973.

Dülmen, Richard van (Hg.): *Hexenwelten. Magie und Imagination vom 16. bis zum 20. Jh.*, Frankfurt a. M. 1987.
Duerr, Hans Peter: *Traumzeit. Über die Grenzen von Wildnis und Zivilisation*, Frankfurt a. M. 1985.
Dupont-Bouchat, Marie-Sylvie: *La répression de la sorcellerie dans le duché de Luxembourg aux XVIe et XVIIe siècles,* in: Dies. u. a. (Hgg.): *Prophètes et sorciers dans les Pays-Bas, XVIe–XVIIIe siècles,* Paris 1978, S. 41–154.
Dworkin, Andrea: *Woman Hating,* New York 1974.
Easlea, Brian: *Witch Hunting, Magic and the New Philosophy: An Introduction to the Debates of the Scientific Revolution 1450–1750,* Brighton 1980.
Eliade, Mircea: *Das Okkulte und die moderne Welt,* Salzburg 1978.
Erikson, Kai: *Wayward Puritans,* New York 1966.
Ernst, Cécile: *Teufelsaustreibungen. Die Praxis der katholischen Kirche im 16. u. 17. Jh.*, Bern 1972.
Estes, Leland: *The Medical Origins of the European Witch Craze: A Hypothesis*, in: Journal of Social History 17 (1984), S. 271–284.
Evans, Alan: *Witchcraft and the Gay Counterculture*, Boston 1978.
Evans, Richard J. (Hg.): *The German Underworld,* London 1988.
Evans, Robert John W.: *Das Werden der Habsburgermonarchie 1500–1700, Gesellschaft, Kultur, Institutionen,* Wien 1986.
Filmer, Robert: *A Difference between an English and Hebrew Witch,* London 1653.
Flint, Valerie I. J.: *The Rise of Magic in Early Medieval Europe,* Princeton 1991.
Forbes, Thomas R.: *The Midwife and the Witch,* New Haven 1966.
Foucault, Maurice: *Les procès de sorcellerie dans l'ancienne France devant les jurisdictions séculières,* Paris 1907.
Fox, Sanford J.: *Science and Justice: The Massachusetts Witchcraft Trials*, Baltimore 1968.
Gari Lacruz, Angel: *Variedad de competencias en el delito de brujería 1600–1650 en Aragón,* in: Joaquín Peréz Villanueva (Hg.), *La Inquisición Española: Nueva visión, nueva horizontes*, Madrid 1980.
Garrett, Clarke: *Witches and Cunning Folk in the Old Regime*, in: *The Wolf and the Lamb: Popular Culture in France from the Old Regime to the Twentieth Century,* hg. v. Jacques Beauroy u. a., Stanford 1976, S. 53–64.
Ders.: *Women and Witches: Patterns of Analysis,* in: Signs 3 (1977), S. 461–470.
Gaudemet, Jean: *Les ordiales au moyen âge. Doctrine, législation et pratique canoniques,* in: La Preuve (= Recueils de la Société Jean Bodin 17) Brüssel 1965, S. 99–136.
Gentz, Lauritz: *Vad förorsakade de stora häxprocesserna?,* in: Arv 10 (1954), S. 1–39.
Gifford, George: *A Discourse of the Subtle Practice of Devils by Witches,* London 1587.
Ders.: *A Dialogue concerning Witches and Witchcraft,* in: Peter Haining (Hg.), *The Witchcraft Papers,* Secausus, N. J. 1974.
Gijswijt-Hofstra, Marijke: *The European Witchcraft Debate and The Dutch Variant,* in: Social History 15 (1990), S. 181–194.
Dies.: *Witchcraft in the Northern Netherlands*, in: *Current Issue in Women's History,* hg. v. Arina Angerman u. a., London 1989, S. 75–92.
Dies./Frijhoff, Willem (Hgg.): *Witchcraft in the Netherlands from the Fourteenth to the Twentieth Century,* Rotterdam 1991.

Ginzburg, Carlo: *Hexensabbat. Entzifferung einer nächtlichen Geschichte,* Berlin 1990.
Ders.: *Die Benandanti. Feldkulte und Hexenwesen im 16. und 17. Jh.,* Frankfurt a. M. 1980.
Glanvil, Joseph: *Saducismus Triumphatus,* London 1681.
Godbeer, Richard: *The Devil's Dominion: Magic and Religion in Early New England,* Cambridge 1992.
Goode, William: *Religion among the Primitives,* Glencoe/Illinois 1951.
Greenleaf, Richard E.: *Zumarraga and the Mexican Inquisition 1536–1543,* Washington 1962.
Ders.: *The Mexican Inquisition of the Sixteenth Century,* Albuquerque 1969.
Grien, Hans Baldung: *Prints and Drawings,* hg. v. James H. Marrow und Alan Shestack, Chicago 1981.
Guazzo, Francesco Maria: *Compendium Maleficarum,* hg. v. Montagne Summers, London 1929.
Haining, Peter (Hg.): *The Witchcraft Papers,* Secausus, N. J. 1974.
Hall, David (Hg.): *Witch-Hunting in the Seventeenth-Century New England: A Documentary Collection, 1638–1692,* Boston 1991.
Hansen, Chadwick: *Witchcraft at Salem,* New York 1970.
Hansen, Joseph: *Zauberwahn, Inquisition und Hexenprozeß im Mittelalter,* München 1900.
Ders. (Hg.): *Quellen und Untersuchungen zur Geschichte des Hexenwahns und der Hexenverfolgung im Mittelalter,* Bonn 1901.
Harley, David: *Historians as Demonologists: The Myth of the Midwife-Witch,* in: Social History of Medecine 3 (1990), S. 1–26.
Harner, Michael J.: *The Role of Hallucinogenic Plants in European Witchcraft,* in: Ders. (Hg.), *Hallucinogens and Shamanism,* London 1973.
Harris, H. A.: *Sport in Greece and Rome,* Ithaca 1972.
Harris, Marvin: *Cows, Pigs, Wars and Witches,* New York 1974.
Heikkinen, Antero: *Paholaisen Liittolaiset,* Helsinki 1969.
Ders./Kervinen, Timo: *Finland: The Male Domination,* in: *Early Modern European Witchcraft: Centres and Peripheries,* hg. v. Bengt Ankarloo und Gustav Henningsen, Oxford 1990, S. 319–338.
Heinemann, Evelyn: *Hexen und Hexenglaube,* Frankfurt a. M. 1986.
Heinsohn, Gunnar/Steiger, Otto: *The Elimination of Medieval Birth Control and the Witch Trials of Modern Times,* in: International Journal of Women's Studies 5 (1982), S. 193–214.
Hellman, Lillian: *Scoundrel Time,* Boston 1976.
Henningsen, Gustav: *The Papers of Alonso de Salazar Frias,* in: Temenos 5 (1969), S. 85–106.
Ders.: *The Witches' Advocate: Basque Witchcraft and the Spanish Inquisition, 1609–1614,* Reno 1980.
Herlihy, David/Klapisch-Zuber, Christiane: *Tuscans and their Families,* New Haven 1985.
Hester, Marianne: *Lewd Women and Wicked Witches: A Study of the Dynamics of Male Domination,* London 1992.
Heyd, Michael: *The Reaction to Enthusiasm in the Seventeenth Century. Towards an Integrative Approach,* in: Journal of Modern History 53 (1981).

Hitchcock, James: *George Gifford and Puritan Witch Beliefs,* in: Archiv für Reformationsgeschichte 58 (1967), S. 90–99.
Hobsbawm, Eric J.: *The Crisis of the Seventeenth Century,* in: Trevor Aston (Hg.), *Crisis in Europe,* New York 1967.
Holmes, Clive: *Popular Culture? Witches, Magistrates and Divines in Early Modern England,* in: *Understanding Popular Culture. Europe from the Middle Ages to the Nineteenth Century,* hg. v. Steven L. Kaplan, Berlin-New York-Amsterdam 1984, S. 85–111.
Ders.: *Women: Witnesses and Witches,* in: Past and Present 140 (1993), S. 45–78.
Holmes, George: *Europe: Hierarchy and Revolt, 1320–1450,* New York 1975.
Hopkins, Matthew: *The Discovery of Witches,* London 1928.
Horsley, Richard A.: *Who were the Witches? The Social Roles of the Accused in the European Witch Trials,*in: Journal of Interdisciplinary History 9 (1979), S. 689–715.
Houlbrooke, Ralph R.: *The Decline of Ecclesiastical Jursidiction under the Tudors,* in: *Continuity and Change,* hg. v. Rosemary O'Day und Felicity Heal, Leicester 1976.
Institoris, Heinrich/Sprenger, Jakob: *Malleus Maleficarum (Der Hexenhammer),* München 1989 (Nachdruck der Ausgabe von 1906).
James I, King: *Daemonologie,* hg. v. George B. Harrison, London 1924.
Jobe, Thomas Harmon: *The Devil in the Restoration Science: The Glanvill-Webster Witchcraft Debate,* in: Isis 72 (1981), S. 343–356.
Kamber, Peter: *La chasse aux sorciers et sorcières dans le Pays de Vaud. Aspects quantitatifs (1581–1620),* in: Revue Historique Vaudoise 90 (1982), S. 21–33.
Kamen, Henry: *Inquisition and Society in Spain in the Sixteenth and Seventeenth Centuries,* Bloomington 1985.
Ders.: *The Spanish Inquisition,* New York 1965.
Kamensky, Jane: *Words, Witches and Women Trouble: Witchcraft, Disorderly Speech and Gender Boundaries in Puritan New England,* in: Essex Institute Historical Collections 128 (1992).
Karlsen, Carol: *The Devil in the Shape of a Woman: Witchcraft in Colonial New England,* New York 1987.
Kearney, Hugh: *Scholars and Gentlemen,* London 1970.
Kenyon, John Philipps: *The Popish Plot,* London 1972.
Kieckhefer, Richard: *European Witch Trials. Their Foundations in Popular and Learned Culture, 1300–1500,* London 1976.
Ders.: *Magie im Mittelalter,* München 1992.
Ders.: *The Repression of Heresy in Medieval Germany,* Philadelphia 1980.
Kirkton, J.: *The Secret and True History of the Church of Scotland,* hg. v. C. K. Sharpe, Edinburgh 1917.
Kittredge, George L.: *Witchcraft in Old and New England,* Cambridge, Mass., 1929.
Kivelson, Valerie A.: *Through the Prism of Witchcraft: Gender and Social Change in Seventeenth-Century Muscovy,* in: *Russia's Women: Accommodation, Resistance, Transformation,* hg. v. Barbara Evans Clements, Barbara Alpern Engel und Christine D. Worobec, Berkeley 1991, S. 74–94.
Klaits, Joseph: *Servants of Satan: The Age of the Witch Hunts,* Bloomington 1985.
Klaniczay, Gábor: *Benandante-kresnik-zduhac-táltos,* in: Ethnographia 94 (1983), S. 116–134.

Ders.: *Decline of Witches and Rise of Vampires in 18th-Century Habsburg Monarchy,* in: Ethnologia Europea 17 (1987), S. 165–180.
Ders.: *Hungary. The Accusations and the Universe of Popular Magic,* in: *Early Modern European Witchcraft,* hg. v. Bengt Ankarloo und Gustav Henningsen, Oxford 1990, S. 219–256.
Ders.: *Shamanistic Elements in Central European Witchcraft,* in: *Shamanism in Eurasia,* hg. v. Mihaly Hoppal, Göttingen 1984.
Konig, David: *Law and Society in Colonial Massachusetts,* Chapel Hill, N.C. 1980.
Kors, Alan C./Peters, Edward (Hgg.): *Witchcraft in Europe, 1100–1700,* Philadelphia 1972.
Kunstmann, Harmut H.: *Zauberwahn und Hexenprozeß in der Reichsstadt Nürnberg,* Nürnberg 1970.
Kunze, Michael: *Straße ins Feuer. Vom Leben und Sterben in der Zeit des Hexenwahns,* München 1982.
Ders.: *Der Prozeß Pappenheimer,* Ebelsbach 1981.
Lamont, William: *Godly Rule,* London 1969.
Lancre, Pierre de: *Tableau de l'inconstance des mauvais anges et démons,* hg. v. Nicole Jacques-Chaquin, Paris 1982.
Langbein, John: *Prosecuting Crime in the Renaissance,* Cambridge, Mass., 1974.
Ders.: *Torture and the Law of Proof,* Chicago 1977.
Ders.: *The Criminal Trial before the Lawyers,* in: University of Chicago Law Review 45 (1978), S. 263–316.
Lange, Ursula: *Untersuchungen zu Bodins Démonomanie,* Frankfurt a. M. 1970.
Larner, Christina: *James VI and I and Witchcraft,* in: *The Reign of James VI and I,* hg. v. Alan Gordon Rae Smith, London 1973.
Dies.: *Crimen exceptum? The Crime of Witchcraft in Europe,* in: *Crime and the Law,* hg. v. V. Gatrell u. a., London 1980, S. 49–75.
Dies.: *Enemies of God. The Witch-Hunt in Scotland,* Baltimore-London 1981.
Dies.: *Witchcraft and Religion: The Politics of Popular Belief,* Oxford 1984.
Dies./Lee, C. H./McLachlan, H. V. (Hgg.): *Source-Book of Scottish Witchcraft,* Glasgow 1977.
Laslett, Peter: *Verlorene Lebenswelten, Geschichte der vorindustriellen Gesellschaft,* Frankfurt a. M. 1991.
Lassen, A.: *The Population of Denmark in 1660,* in: Scandinavian Economic History Review 13 (1965).
LaVey, Anton S.: *The Satanic Bible,* London 1969.
Le Roy Ladurie, Emmanuel: *Die Bauern des Languedoc,* Stuttgart 1983.
Lea, Henry C.: *Geschichte der spanischen Inquisition,* 3 Bde., Nördlingen 1988.
Ders.: *Geschichte der Inquisition im Mittelalter,* 3 Bde., hg. v. Joseph Hansen, Nördlingen 1987.
Ders.: *Materials toward a History of Witchcraft,* hg. v. Arthur C. Howland, 3 Bde., New York 1957.
Ders.: *Die Inquisition,* hg. v. Joseph Hansen, ND Frankfurt a. M. 1992.
Lenman, Bruce/Parker, Geoffrey: *The State, the Community and the Criminal Law in Early Modern Europe,* in: V. Gattrell u. a. (Hgg.), *Crime and the Law,* London 1980, S. 11–48.
Leutenbauer, Siegfried: *Hexerei- und Zauberdelikt in der Literatur von 1450 bis 1550,* Berlin 1972.

Levack, Brian P.: *The Great Scottish Witch Hunt of 1661–1662,* in: Journal of British Studies 20 (1984), S. 90–108.
Levy, Leonard W.: *Accusatorial and Inquisitorial Systems of Criminal Procedure. The Beginnings,* in: *Freedom and Reform,* hg. v. H. Hyam und L. Levy, New York 1967.
Lorenz, Sönke: *Aktenversendung und Hexenprozeß, dargestellt am Beispiel der Juristenfakultäten Rostock und Greifswald (1570/82–1630),* 2 Bde., Bern 1982.
Loriut, F. E./Bernabe, J.: *La sorcellerie paysanne,* Brüssel 1977.
Luhrmann, Tanya M.: *Persuasions of the Witch's Craft: Ritual Magic in Contemporary England,* Cambridge, Mass., 1989.
McCaghy, C.: *Deviant Behavior,* New York 1976.
MacDonald, Michael: *Mystical Bedlam,* Cambridge 1979.
Ders. (Hg.): *Witchcraft and Hysteria in Elizabethan England,* London 1990.
Macfarlane, Alan: *Witchcraft in Tudor and Stuart England,* New York-London 1970.
Mackenzie, Sir George: *The Laws and Customes of Scotland Matters Criminal*, Edinburgh 1678.
Mair, Lucy: *Witchcraft,* New York 1969.
Mandrou, Robert: *Magistrats et sorciers en France au XVIIe siècle,* Paris 1968.
Martin, Ruth: *Witchcraft and the Inquisition in Venice, 1550–1650,* Oxford 1989.
Marx, J. Jean: *L'Inquisition en Dauphiné,* Paris 1914.
Marwick, Max (Hg.): *Witchcraft and Sorcery,* London 1970.
Masters, R.: *Eros and Evil,* New York 1966.
Merchant, Carolyn: *The Death of Nature: Women, Ecology and the Scientific Revolution,* New York 1980.
Merzbacher, Friedrich: *Die Hexenprozesse in Franken,* München 1957.
Metcalf, Alida: *Families of Planters, Peasants and Slaves: Strategies for Survival in Santana de Parnaba, Brazil, 1720–1820,* phil. Diss. Univ. Texas at Austin 1983.
Michelet, Jules: *Die Hexe,* Wien 1988.
Midelfort, H. C. Erik: *Recent Witch-Hunting Research, or where do we go from here?,* in: Papers of the Bibliographical Society of America 62 (1968), S. 373–420.
Ders.: *Witch Hunting in Southwestern Germany, 1562–1684: The Social and Intellectual Foundations*, Stanford 1972.
Ders.: *Witch-Hunting and the Domino Theory,* in: *Religion and the People, 800–1700,* hg. v. James Obelkevich, Chapel Hill, N.C., 1979, S. 277–288.
Ders.: *Heartland of the Witchcraze: Central and Northern Europe,* in: History Today 31 (1981), S. 27–31.
Ders.: *Johann Weyer and the Transformation of the Insanity Defense,* in: *The German People and the Reformation,* hg. v. R. Po-Chia Hsia, Ithaca 1988, S. 234–262.
Ders.: *Witchcraft, Magic and the Occult,* in: *Reformation Europe: A Guide to Research,* hg. v. Steven E. Ozment, St. Louis 1982, S. 183–209.
Miller, Perry: *The New England Mind: From Colony to Province,* Cambridge, Mass., 1953.
Monter, E. William (Hg.): *European Witchcraft,* New York 1969.
Ders.: *Frontiers of Heresy: The Spanish Inquisition from the Basque Lands to Sicily,* Cambridge 1990.
Ders.: *La sodomie à l'époque moderne en Suisse romande,* in: Annales 29 (1974), S. 1023–1033.
Ders.: *Witchcraft in France and Switzerland: The Borderlands during the Reformation,* Ithaca 1976.

Ders.: *The Pedestal and the Stake: Courtly Love and Witchcraft,* in: *Becoming Visible: Women in European History,* hg. v. Renate Bridenthal und Claudia. Koonz, Boston 1977, S. 119–136.
Ders.: *Witchcraft in France and Italy,* in: History Today 30 (1980), S. 31–35.
Ders.: *Ritual, Myth and Magic in Early Modern Europe,* Athens, Ohio, 1983.
Muchembled, Robert: *Les derniers bûchers. Un village de Flandre et ses sorcières sous Louis XIV,* Paris 1981.
Ders.: *Kultur des Volks – Kultur der Eliten. Die Geschichte einer erfolgreichen Verdrängung,* Stuttgart 1984.
Ders.: *Satan ou les hommes? La chasse aux sorcières et ses causes,* in: Marie-Sylvie Dupont-Bouchat u. a. (Hgg.), *Prophètes et sorciers dans les Pays-Bas, XVIe–XVIIIe siècles,* Paris 1978, S. 33–39.
Ders.: *Satanic Myths and Cultural Reality,* in: *Early Modern European Witchcraft: Centres and Peripheries,* hg. v. Bengt Ankarloo und Gustav Henningsen, Oxford 1990, S. 139–160.
Ders.: *The Witches of the Cambrésis: The Acculturation of the Rural World in the Sixteenth and Seventeenth Centuries,* in: *Religion and the People, 800–1700,* hg. v. James Obelkevich, Chapel Hill, N.C., 1979.
Murray, Alexander: *Medieval Origins of the Witch Hunt,* in: The Cambridge Quarterly 7 (1976).
Murray, Margaret A.: *The Witch-Cult in Western Europe,* Oxford 1921.
Dies.: *The God of the Witches,* London 1933.
Dies.: *The Divine King of England,* London 1954.
Naess, Hans E.: *Norway: The Criminological Context,* in: *Early Modern European Witchcraft: Centres and Peripheries,* hg. v. Bengt Ankarloo und Gustav Henningsen, Oxford 1990, S. 367–382.
Nauert, C. G.: *Agrippa and the Crisis of Renaissance Thought,* Urbana, Ill., 1965.
Nemec, Jaroslav: *Witchcraft and Medecine, 1484–1793,* Washington 1974.
Newes from Scotland, London 1591.
Notestein, Wallace: *A History of Witchcraft in England,* Washington 1911.
Nottingham, Elizabeth K.: *Religion: A Social View,* New York 1971.
Oates, Caroline: *The Trial of a Teenage Werewolf, Bordeaux 1613,* in: Criminal Justice History 9 (1988), S. 1–30.
Obelkevich, James (Hg.): *Religion and the People, 800–1700,* Chapel Hill 1979.
Oberman, Heiko A.: *Luther. Mensch zwischen Gott und Teufel,* Berlin 1987.
Ders.: *Masters of the Reformation,* Cambridge 1981.
Österreich, Traugott Konstantin: *Die Besessenheit,* Langens 1921.
O'Keefe, Daniel L.: *Stolen Lightning: The Social Theory of Magic,* New York 1982.
O'Neil, Mary: *Magical Healing, Love Magic and the Inquisition in Late Sixteenth-Century Modena,* in: *Inquisition and Society in Early Modern Europe,* hg. v. Stephen Haliczar, Totowa, N. J. 1987, S. 88–114.
Ozment, Steven E.: *When Fathers ruled,* Cambridge 1983.
Ders. (Hg.): *Reformation Europe: A Guide to Research,* St. Louis 1982.
Parke, F. N.: *Witchcraft in Maryland,* in: Maryland Magazine 31 (1936).
Parker, Geoffrey: *Some Recent Work on the Inquisition in Spain and Italy,* in: Journal of Modern History 54 (1982), S. 519–532.
Parrinder, Geoffrey: *Witchcraft: European and African,* London 1958.

Paulus, Nikolaus: *Hexenwahn und Hexenprozesse, vornehmlich im 16. Jahrhundert,* Freiburg 1910.
Pearl, Jonathan L.: *Bodin's Advice to Judges in Witchcraft Cases,* in: Proceedings of the Annual Meeting of the Western Society for French History 16 (1989), S. 95–102.
Ders.: *Humanism and Satanism: Jean Bodin's Contribution to the Witchcraft Crisis,* in: Canadian Review of Sociology and Anthropology 19 (1982), S. 541–548.
Ders.: *Witchcraft in New France in the Seventeenth Century. The Social Aspect,* in: Historical Reflections 4 (1977), S. 191–206.
Perkins, William: *Discourse of the Damned Art of Witchcraft,* in: Ders., *Works III,* Cambridge 1613.
Peters, Edward: *Inquisition,* New York 1988.
Ders.: *The Magician, the Witch and the Law,* Philadelphia 1978.
Ders.: *Folter. Geschichte der peinlichen Befragung,* Hamburg 1991.
Pfister, C.: *Nicolas Rémy et la sorcellerie en Lorraine à la fin du XVIe siècle,* in: Revue Historique 93/94 (1907), S. 225–239.
Pitt-Rivers, Julian: *Honour and Social Status,* in: *Honour and Shame: The Values of Mediterranean Society,* hg. v. Joannes G. Peristiany, Chicago 1966.
Pitts, John L.: *Witchcraft and Devil Lore in Channel Islands,* Guernsey 1886.
Pohl, Herbert: *Hexenglaube und Hexenverfolgung im Kurfürstentum Mainz,* (= Geschichtliche Landeskunde 32) Stuttgart 1988.
Pollock, Adrian: *Social and Economic Characteristics of Witchcraft Accusations in Sixteenth and Seventeenth-Century Kent,* in: Archaeologica Cantiana 95 (1979), S. 37–48.
Popkin, Richard H.: *The History of Scepticism from Erasmus to Descartes,* Assen 1960.
Quaife, Geoffrey R.: *Godly Zeal and Fusions Rage: The Witch in Early Modern Europe,* London 1987.
Rabb, Theodore: *The Struggle for Stability in Early Modern Europe,* New York 1975.
Radfort, G. H.: *Thomas Larkham,* in: Reports and Transactions of the Devonshire Association 24 (1892).
Rémy, Nicolas: *Demonolatry,* London 1930.
Riezler, Siegmund von: *Geschichte der Hexenprozesse in Bayern,* Stuttgart 1896; Nachdruck Essen 1983.
Robbins, Rossell Hope: *The Encyclopedia of Witchcraft and Demonology,* New York 1959.
Roper, Lyndal: *Witchcraft and Fantasy in Early Modern Germany,* in: History Workshop Journal 32 (1991), S. 19–43.
Rose, Elliot: *A Razor for a Goat,* Toronto 1962.
Rosen, George: *Psychopathology of the Social Process: I. A Study of the Persecution of Witches in Europe as a Contribution to the Understanding of Mass Delusion and Psychic Epidemics,* in: Journal of Health and Human Behavior 1 (1960), S. 200–211.
Rothkrug, Lionel: *Religious Practices and Collective Perceptions: Hidden Homologies in the Renaissance and Reformation,* in: Historcal Reflections 7 (1980), S. 3–264.
Ders.: *Icon and Ideology in Religion and Rebellion, 1300–1600: Bauernfreiheit and Religion Royale,* in: Janós M. Bak/Gerhardt Benecke (Hgg.), *Religion and Rural Revolt,* Manchester 1984, S. 31–61.
Russell, Jeffrey B.: *Witchcraft in the Middle Ages,* Ithaca 1972.

Ruthven, Margaret: *Torture: The Grand Conspiracy,* London 1980.
Sabean, David W.: *Power in the Blood: Popular Culture and Village Discourse in Early Modern Germany,* Cambridge 1984.
Sawyer, Ronald C.: *«Strangely handled in all her Lyms»: Witchcraft and Healing in Jacobean England,* in: Journal of Social History 22 (1989), S. 461–486.
Schormann, Gerhard: *Hexenprozesse in Nordwestdeutschland,* Hildesheim 1977.
Ders.: *Hexenprozesse in Deutschland,* Göttingen 1981.
Scribner, Bob: *Witchcraft and Judgement in Reformation Germany,* in: History Today 40/4 (1990), S. 12–20.
Scot, Reginald: *The Discoverie of Witchcraft,* hg. v. Montague Summers, London 1930; Nachdruck New York 1972.
Sebald, Hans: *Hexen – Damals und Heute,* Frankfurt a. M. 1987.
Segl, Peter: *Der Hexenhammer. Entstehung und Umfeld des Malleus Maleficarum von 1487,* Köln 1988.
Seth, Ronald: *Children against Witches,* New York 1969.
Seymour, St. John: *Irish Witchcraft and Demonology,* Dublin 1913.
Shapiro, Barbara J.: *Probability and Certainty in Seventeenth Century England,* Princeton 1983.
Sharpe, James Anthony.: *Witchcraft and Women in Seventeenth-Century England: Some Northern Evidence,* in: Continuity and Change 6 (1991), S. 179–199.
Ders.: *Witchcraft in Sevententh-Century Yorkshire: Accusations and Counter Measures* (= Borthwick Papers 81), York 1992.
Shumaker, Wayne: *The Occult Sciences in the Renaissance,* Berkeley 1972.
Silverblatt, Irene: *Moon, Sun and Witches: Gender Ideologies and Class in Inca and Colonial Peru,* Princeton 1987.
Soldan, Wilhelm G./Heppe, Heinrich/Bauer, Max: *Geschichte der Hexenprozesse,* 2 Bde., Hanau 1911.
Soman, Alfred. F.: *Decriminalizing Witchcraft: Does the French Experience furnish a European Model?,* in: Criminial Justice History 10 (1989), S. 1–22.
Ders.: *The Parlement of Paris and the Great Witch Hunt (1565–1640),* in: Sixteenth Century Journal 9 (1978), S. 31–44.
Ders.: *Le rôle des Ardennes dans la décriminalisation de la sorcellerie en France,* in: Revue historique ardennaise 23 (1988), S. 23–46.
Ders.: *Trente procès de sorcellerie dans le Perche (1566–1624),* in: L'Orne littéraire 8 (1986), S. 42–57.
Ders.: *Witch Lynching at Juniville,* in: Natural History 95/10 (1986), S. 6–15.
Souza, Laura de Mello e: *O diablo e a terra de Santa Cruz,* São Paulo 1987.
Stafford, Helen: *Notes on Scottish Witchcraft Cases 1590–91,* in: *Essays in Honour of Conyers Read,* hg. v. N. Downs, Chicago 1953.
Summers, Montague: *The History of Witchcraft,* New York 1956.
Szasz, Thomas S.: *The Myth of Mental Illness,* New York 1961.
Tazbir, Janusz: *A State without Stakes,* Wydawniczy 1973.
Teall, John L.: *Witchcraft and Calvinism in Elizabethan England: Divine Power and Human Agency,* in: Journal of the History of the Ideas 23 (1962).
Tedeschi, John: *Inquisitorial Law and the Witch,* in: *Early Modern European Witchcraft. Centres and Peripheries,* hg. v. Bengt Ankarloo und Gustav Henningsen, Oxford 1990, S. 83–118.

Ders.: *Preliminary Observations on writing a History of the Roman Inquisition,* in: F. F. Church – T. George (Hgg.), *Continuity and Discontinuity in Church History*, Leiden 1979.

Thomas, Keith: *Religion and the Decline of Magic,* London 1971.

Thomasius, Christian: *Über die Folter,* übers. und hg. v. Rolf Lieberwirth, Weimar 1960.

Ders.: *Dissertatio de Crimine Magiae – Vom Laster der Zauberei,* München 1986.

Thompson, Roger: *Unfit for Modest Ears,* London 1979.

Thorndike, Lynn: *A History of Magic and Experimental Science,* 8 Bde., New York 1923–1958.

Tourney, Garfield, *The Physician and Witchcraft in Restoration England,* in: Medical History 16 (1972), S. 143–155.

Trevor-Roper, Hugh R.: *Der europäische Hexenwahn des 16. und 17. Jahrhunderts,* in: Ders.: *Religion, Reformation und sozialer Umbruch,* Frankfurt a. M./Berlin 1970, S. 95–179.

Unverhau, Dagmar: *Akkusationsprozeß – Inquisitionsprozeß. Indikatoren für die Intensität der Hexenverfolgung in Schleswig-Holstein,* in: *Hexenprozesse. Deutsche und skandinavische Beiträge,* hg. v. Christian Degn, Hartmut Lehmann und Dagmar Unverhau, Neumünster 1983, S. 59–142.

Dies.: *Kieler Hexen und Zauberer zur Zeit der großen Verfolgung (1530–1676),* in: Mitteilungen der Gesellschaft für Kieler Stadtgeschichte 68 (1981), S. 41–96.

Valentinitsch, Helfried (Hg.): *Hexen und Zauberer. Die große Verfolgung, ein europäisches Phänomen in der Steiermark,* Graz 1987.

Veith, Ilza: *Hysteria: The History of a Disease,* Chicago 1965.

Volk, Franz: *Hexen in der Landvogtei Ortenau und der Reichsstadt Offenburg,* Lahr 1882.

Wakefield, Walter L./Evans, Austin Patterson (Hgg.): *Heresies of the High Middle Ages,* New York 1969.

Walker, Daniel Pickering: *Spiritual and Demonic Magic: From Ficino to Campanella,* London 1958.

Ders.: *Unclean Spirits: Possession and Exorcism in France and England in the Late Sixteenth and Early Seventeenth Centuries,* London/Philadelphia 1981.

Walzer, Michael: *The Revolution of the Saints,* Cambridge, Mass. 1965.

Watkins, Susan Cotts: *Spinsters,* in: Journal of Family History 9 (1984), S. 310–325.

Wesley, John: *The Journal of the Rev. John Wesley, A. M.,* New York 1906.

West, Robert H.: *Reginald Scot and Renaissance Writings on Witchcraft,* Boston 1984.

Weyer, Johann: *Witches, Devils and Doctors in the Renaissance: Johann Weyer's De praestigiis daemonum,* hg. v. George Mora, Binghamton 1991.

White, Lynn, Jr.: *Death and Devil,* in: *The Darker Vision of the Renaissance,* hg. v. R. S. Kinsman, Berkeley 1974.

Whitelocke, Sir Balstrode.: *Memorials of the English Affairs,* London 1682.

Wiers-Jenssen, Has: *Anne Pedersdotter: A Drama in four Acts,* übers. v. John Masefield, Boston 1917.

Williamson, Arthur: *Scottish National Consciousness in the Age of James VI,* Edinburgh 1979.

Willock, I. D.: *The Origins and Development of the Jury in Scotland,* Edinburgh 1966.

Wiseman, Richard: *Witchcraft, Magic and Religion in the Seventeenth-Century Massachusetts,* Amherst 1984.

Wright, Anthony D.: *The Counter-Reformation,* New York 1982.

Wüst, Wolfgang: *Inquisitionsprozeß und Hexenverfolgung im Hochstift Augsburg im 17. und 18. Jahrhundert,* in: Zeitschrift für Bayerische Landesgeschichte 50 (1987), S. 109–126.

Yates, Frances Amelia: *The Occult Philosophy in the Elizabethan Age,* London 1979.

Zagorin, Perez: *Rebels and Rulers. 1500–1660,* 2 Bde., Cambridge 1981.

Zguta, Russell: *Was there a Witch Craze in Muscovite Russia?,* in: Southern Folklore Quarterly 40 (1977), S. 119–127.

Ders.: *Witchcraft Trials in Seventeenth-Century Russia,* in: American Historical Review 82 (1977), S. 1187–1207.

Zika, Charles: *Fears of flying: Representations of Witchcraft and Sexuality in Early Sixteenth-Century Germany,* in: Australian Journal of Art 8 (1989–90).

Zilboorg, G.: *The Medical Man and the Witch during the Renaissance,* New York 1941.

Namen- und Ortsregister

Aus dem Verlagsprogramm

Geschichte des Mittelalters und der Frühen Neuzeit:

Richard van Dülmen

Kultur und Alltag in der Frühen Neuzeit

Band 1. Das Haus und seine Menschen
Vierte Auflage 2005. 316 Seiten mit 64 Abbildungen. Paperback

Band 2. Dorf und Stadt
Dritte Auflage 2005. 373 Seiten mit 68 Abbildungen. Paperback

Band 3. Religion, Magie, Aufklärung
Dritte Auflage 2005. 343 Seiten mit 63 Abbildungen. Paperback

Theater des Schreckens

Gerichtspraxis und Strafrituale in der frühen Neuzeit
Sechste Auflge 2014. 240 Seiten mit 15 Abbildungen und 13 Tabellen. Paperback
Beck Paperback Band 0349

Johan Huizinga

Holländische Kultur im 17. Jahrhundert

Eine Skizze. Mit einem Nachwort von Bernd Roeck.
2007. 208 Seiten mit 28 Abbildungen. Paperback
Beck'sche Reihe Band 1737

Udo Di Fabio und Johannes Schilling (Hg.)

Die Weltwirkung der Reformation

Wie der Protestantismus unsere Welt verändert hat
2017. 213 Seiten mit 9 Abbildungen und 2 Karten. Klappenbroschur
Beck Paperback Band 6261

Luise Schorn-Schütte

Konfessionskriege und europäische Expansion

Europa 1500–1648
2010. 276 Seiten mit 14 Abbildungen. Paperback
Beck'sche Reihe Band 1983

Verlag C.H.Beck München